房地产行业

税务特点、风险与规避

杨春根 著

中国财经出版传媒集团
中国财政经济出版社

图书在版编目(CIP)数据

房地产行业税务特点、风险与规避/杨春根著.--北京:中国财政经济出版社,2023.10

ISBN 978-7-5223-2151-6

Ⅰ.①房… Ⅱ.①杨… Ⅲ.①房地产税—税收管理—研究—中国 Ⅳ.①F812.423

中国国家版本馆CIP数据核字(2023)第184563号

责任编辑:陈志伟　　责任印制:史大鹏

封面设计:MXK DESIGN STUDIO Q:1765628429　　责任校对:徐艳丽

房地产行业税务特点、风险与规避

FANGDICHAN HANGYE SHUIWU TEDIAN、FENGXIAN YU GUIBI

中国财政经济出版社 出版

URL: http://www.cfeph.cn

E-mail: cfeph@cfeph.cn

社址:北京市海淀区阜成路甲28号　邮政编码:100142

营销中心电话:010-88191522

天猫网店:中国财政经济出版社旗舰店

网址:https://zgczjjcbs.tmall.com

北京时捷印刷有限公司印刷　各地新华书店经销

成品尺寸:170mm×240mm　16开　32印张　435 000字

2023年10月第1版　2023年10月北京第1次印刷

定价:128.00元

ISBN 978-7-5223-2151-6

(图书出现印装问题,本社负责调换,电话:010-88190548)

本社图书质量投诉电话:010-88190744

打击盗版举报热线:010-88191661　QQ:2242791300

自序

在税收业务的花园里面挖呀挖呀挖，种大大的种子开大大的花。

据说，在税收业务这片花园里，有三朵最耀眼的花：并购重组税务、房地产税务和国际税收。由于不太懂外语，我从未敢涉足国际税收研究，总担心“种大大的种子，开小小的花”。但对并购重组的税务和房地产税务，我一直怀有浓厚的兴趣。

为什么这几块业务称得上最耀眼的花？我想其主要原因：一方面是这些税收业务相对复杂，另一方面是这些业务的处理结果具有较大的不确定性。不确定性带来最大的好处是“好玩”，你不知道最终结果会是什么，就会抱着希望和梦想，努力去寻找最好的答案。

好玩，是写这本书的动机之一。

亲身经历过太多的案例，亲耳听过太多的故事，房地产公司由于各方面的疏忽，导致项目最后白白多缴上千万元、上亿元税款。作为一名旁观者，也为当事方感到心痛。心痛他们，没有在最佳时机作出最佳选择，到后来连改正的机会都没有，只能收获最差的结果。

好痛，是写这本书的最主要动机。

为了给这本书一个清晰的定位，写此书前，自己对这本书画了三条红线：

第一条红线，不要写成一本工具书。不希望写一本面面俱到、没有特色的书。我希望通过这本书，能写出房地产行业的税务特点，写出房地产行业三大税种的特殊之处。只有摸清行业的特点和各税种的特点，才能给具体的业务处理，提供最好的思路和解决方法。

第二条红线，不要写成只讲税收的书。房地产行业的税收，如果脱离开发的实际，就税收谈税收，等于是闭门造车。房地产行业的很多税收问题，不是由于税务本身引起的，解决房地产的税收问题，很多时候需要在税收之外寻找方案。房地产的税收，要和业务相结合，和财务相结合，才有生命和落地的可能。

第三条红线，不是讲税收筹划的书。税收筹划尽管是个中性词，但用在房地产税务上有点小词大用。房地产的税务，要有大逻辑、宽思维，以前瞻的眼光，规划的思路，才能系统性、预见性地化解风险。

此书的写作过程比较顺利。2022年8月，我把第一本书（即《企业并购重组税务处理规则解析与实务应用》）的书稿交给出版社后，就着手写这本书，前后花了近一年时间，基本成书。中间没有太多的波澜，只是写作的过程犹如爬山，苦中有乐，也才体会到"年少只识多巴胺、中年才懂内啡肽"的真正含义。

此书的结构，基本参照我平时讲课的顺序。总的思路是：先总后分、先公后私。

第一章主要介绍房地产行业的特点和这个行业的税务特点，并着重介绍房地产行业三大税种的特殊之处。

第二章介绍房地产行业的股权、组织架构与税务关系。

第三章介绍房地产行业融资的税务问题与风险，包括传统的融资方式：银行贷款、拆借资金、信托融资等方式的税务处理，也介绍了资产证券化、不动产投资信托基金（REITs）等创新融资方式的税务处理。

第四章到第八章，按照房地产开发的流程，分别介绍拿地、报批报建、建设施工、预售、完工交付、土地增值税清算等环节的税务处理和风险规避。

第九章介绍了房地产行业的个人所得税风险与处理，主要介绍房地产公司内部、外部以及资本运作中的个人所得税问题。

这是我继《企业并购重组税务处理规则解析与实务应用》后独立编写的第二本书，在此特别想感谢：

感谢我的第一本书的读者。是你们给了我太多的肯定和表扬。表扬听多了，难免有点窃喜，化窃喜为动力，鞭策我以更快速度写出了这一本书。

感谢曾经谋面和未曾谋面的各位税友。和你们的交流中，我总会收获多多。税友们的业务专著、专业文章，微信里的每一次探讨，都是我知识和灵感的主要来源。在此特别要感谢何广涛、姜新录、胡晓明、徐海平、吴伟强、梁晶晶、姚家焕等老师和朋友，感谢你们对我在写作过程中的指导和帮助。

感谢中国财政经济出版社商业出版中心尉敏主任，又是一次愉快的合作。尉敏主任亲自编辑、审阅此书，对本书的出版付出了辛勤的劳动。

感谢我的夫人和儿子，感谢你们对我的鼎力支持，感谢你们为家所做的一切。有爱，有欢笑，有聊不完的话，这就是家的意义。

感谢我的第二本书的读者。请原谅本书的粗糙。第一本书出来后，我反思写得太过圆滑，圆滑到没几个人提出不同的意见。这本书，我就没有作太多打磨，想更多展示自己的思考。所以，难免会粗糙，难免会有不周全。希望您带着思考和批判的眼神，提出宝贵的建议（联系邮箱1251881708@qq.com）。

杨春根

2023年8月

目录
CONTENTS

第一篇　房地产行业的税务特点与风险概述　1

第1讲　房地产行业的特点　2
第2讲　房地产开发的主要节点　9
第3讲　房地产行业会计的逻辑　18
第4讲　房地产行业税务的特点　24
第5讲　房地产行业增值税的逻辑与风险　29
第6讲　企业所得税的特点与个性　41
第7讲　房地产行业企业所得税的逻辑与风险　55
第8讲　房地产行业土地增值税的逻辑与风险　66
第9讲　房地产行业税务风险的管控与税务优化　74
第10讲　低利润下的房地产税务管理思路　79

第二篇　房地产行业的股权、组织架构与税务关系　85

第11讲　不同持股模式下的税务问题分析　86
第12讲　合伙企业及其税务问题　96
第13讲　房地产企业的开发模式：集团、母子与总分公司　106
第14讲　关联交易的税务处理　114

第三篇　房地产行业融资中的税务风险　119

第15讲　公司的注册资本大好还是小好?　120
第16讲　融资税务风险：银行贷款和拆借资金　125
第17讲　集团内资金往来的税务风险　132
第18讲　信托融资的税务风险　140
第19讲　资产证券化的税务问题及风险　146
第20讲　基础设施领域不动产投资信托基金（REITs）的税务处理　152

第21讲　融资中的其他税务风险　159

第四篇　不同拿地模式下的税务处理与风险　163

第22讲　土地招拍挂中的税务风险与规避　164
第23讲　土地出让金返还的税务处理与风险　175
第24讲　土地招拍挂中的额外拿地条件　182
第25讲　配建保障房的税务处理与风险　188
第26讲　城市更新中的税务问题与风险　195
第27讲　回迁安置房的税务处理　205
第28讲　置换地的税务风险　213
第29讲　以股权收购方式拿地的税务处理与风险　215
第30讲　在建工程收购的税务问题　223
第31讲　资产剥离的几种方式　228
第32讲　法拍地的税务风险与规避　234
第33讲　合作开发与合作建房的税务处理与风险　239
第34讲　委托代建的税务问题与风险　247
第35讲　土地使用税的税务风险　251

第五篇　报批报建的税务问题与风险　257

第36讲　报批报建过程中应注意的税务问题　258
第37讲　精装修的税务处理与风险　262
第38讲　境外设计费的税务处理　268
第39讲　《印花税法》实施后的税务风险与管控　273

第六篇　建设、预售阶段的税务问题与风险　277

第40讲　“合同控税”视角下的税务风险　278
第41讲　“以票控税”视角下的税务风险　284
第42讲　甲供材的税务风险　291
第43讲　项目施工现场的水电税务处理及风险　296
第44讲　园林绿化的税务问题　300

第45讲　几种特殊销售模式下的税务风险　304
第46讲　房地产行业的留抵退税　309
第47讲　如何解决增值税超预缴？　318
第48讲　如何解决企业所得税超“预缴”　325
第49讲　房地产企业佣金扣除中的税务风险　333
第50讲　如何做好土地增值税的预缴　337
第51讲　房产税的处理与风险　341

第七篇　竣工交付阶段的税务处理与风险　351

第52讲　竣工备案对税收的影响　352
第53讲　土地款抵减对各税种的影响　355
第54讲　企业所得税的成本分摊　361
第55讲　企业所得税的税前扣除原则和扣除凭证　367
第56讲　以后年度取得的发票能否追溯调整？　374
第57讲　房地产行业有趣的几项扣除　379
第58讲　土地增值税清算补税情形下的企业所得税退税　385
第59讲　完工未售物业的税务风险　391

第八篇　土地增值税清算的税务风险与规避　395

第60讲　土地增值税清算时点　396
第61讲　土地增值税的清算单位和计算单位　401
第62讲　扯不清理还乱：成本核算对象、计税成本对象与清算业态　407
第63讲　土地增值税角度的开发成本6大明细　414
第64讲　土地增值税的土地成本的分摊　422
第65讲　房地产企业其他成本的分摊方法　429
第66讲　地下车位的土地增值税处理　436
第67讲　土地增值税上利息和税金的扣除　443
第68讲　转让价格明显偏低　447
第69讲　清算期间和清算后的土地增值税计算和申报　455
第70讲　旧房的土地增值税计算　460
第71讲　工业地产开发的税收问题　465

第九篇　个人所得税的风险与规避　473

第72讲　2019年版个人所得税的变化　474
第73讲　房地产公司的个人所得税风险（内）　479
第74讲　房地产公司的个人所得税风险（外）　487
第75讲　房地产行业资本运作中的个人所得税风险　493

第一篇

房地产行业的税务特点与风险概述

第1讲　房地产行业的特点

本书的中心思想是讲解房地产行业的税务风险与化解。税务的风险，是和这个行业的特点密切相关的，让我们先对房地产这个行业作个简单的了解。

什么是房地产行业？传统的答案是：房地产行业是指进行房地产投资、开发、经营、管理、服务的行业，属于第三产业，是具有基础性、先导性、带动性和风险性的产业。

在众人的眼里，各有各的理解和看法。在国家的眼里，房地产业是个淘气的顽童，既可爱又可能随时闯祸，需要给予更多的关注并进行重点干预。在百姓的眼里，房地产业为我们实现了“住得更好”的小目标，但又掏空了我们的钱包。在金融和资本市场从业者的眼里，房地产玩的就是金融，房地产公司就是一只基金，筹了钱，投了地，适当开发后再退出，“募投管退”一样不能少。在税务人眼里，税额大、风险高是房地产行业的标签。在房地产从业者的眼里，时常会有这么一种委屈在心头：这行业有点像夜壶，要用的时候捧上手，不用的时候一脚踢。

随着时代的发展，房地产行业不仅仅从事住宅和商业地产的开发和运营，文旅地产、产业地产、康养地产等，都是房地产业的组成部分。

与其他行业相比较，房地产行业具有组织形式独特、开发周期长、资金密集、开发产品独特、成本构成独特、与政府关系独特等特点。这些天生的特点，决定了房地产行业的税务处理，具有与其他行业不一样的独特性。所以本书的开篇之作，是交代清楚房地产这个行业具有的一些独特个性。

组织形式独特性

我们先来个简单的互动：您想买新楼盘的时候，会关注这个楼盘是哪家房地产开发商旗下的公司开发的，但会不会关注具体是哪个公司开发的呢？答案基本是否定的，因为我们只要知道这个楼盘开发商的“血统”，至于具体是哪个公司开发的，对我们来说不重要，告诉我也记不住。

这实际上隐含了房地产开发的两个组织特性：一个是开发的集团化；另一个是开发具体项目时，项目公司都是以单个法人为组织形式进行开发和管理的。

关于房地产开发的集团化，其主要作用是统一品牌、统一管理，这会在第二篇中重点讲述。这里重点讲一下项目公司的子公司形式。

房地产公司基本上以一个项目一个子公司的形式组织开发，其主要出发点有两个：第一是出于风险隔离的需要。房地产开发是个高投入、高产出、高风险的行业，对项目的开发，采取单独设立子公司的方式，主要目的是风险的隔离。万一哪个子公司出了事，风险不会蔓延到其他公司身上。第二是出于资本运作和融资的需要。一个项目一块地，放在一个公司里，有利于下一步引进合作方。如果两个项目不同地块放在同一家公司，要引进合作方，势必要对另一块地进行剥离。但土地的剥离，“一动就要缴税”。

房地产公司，以子公司形式组织具体地块的开发。拿一块地，成立一个项目公司进行开发，等这个项目开发完后，一般不会再以这个公司为主体去开发另一个项目。这种组织方式，不是一种不同项目的滚动开发，带来的最大问题是税务方面的问题。这种开发模式，会给增值税、企业所得税的处理，带来巨大的挑战。

开发周期长

一般的房地产开发项目，从拿到地到最后的交房或物业的投入使用，周期通常在2—3年以上，这和普通的工业制造、商业批零等行业有所不同。工业制造、商业批零等行业，周转速度快、周转频率高，一年内能周转几次到几十次；而房地产开发，是几年在做同一个产品，要通过几年的时间才能开发完成适合人们居住或使用的合格产品。

正是因为房地产的开发周期长，如果像其他行业一样，做成了产成品才能对外销售，势必对房地产开发行业的资金占用带来极大问题。为此，针对这个行业开发的特点，国家制定了商品房预售制度。从事房地产开发的企业，只要办好相关的规证，总的开发投资达到一定比例时，就可以向公众进行预销售。商品房预售制度，减轻了房地产开发企业的巨大资金投入压力，实际上也是国家政策指导下的一种融资手段。

国家在制定房地产行业税收政策时，关于几大税种，都有和其他行业不一样的税收政策。如增值税的预缴、土地增值税的预缴、企业所得税未完工前收入确认等规则。这些与其他行业不一样的政策，最基本出发点是不能等到企业实际确认收入时再缴税，而是在预售阶段，企业有了资金的流入，就要预缴一部分税款。

这种政策安排，不是基于真正纳税义务的发生而缴纳税款，而是考虑到以下两方面：一是房地产开发企业有了资金的流入，有能力承担必要的纳税资金；二是房地产开发企业的开发周期实在太长，真的等到纳税义务发生时再缴税，不利于国家税款及时、均衡地组织入库。

属于资金密集型行业

有一句话是这样说的：房地产公司老板的一生，是借钱的一生。这话有点夸张，却也道出了一个实情，房地产这个行业，投入资金大，属于资金密集型行业。一般的房地产项目，从拿地到拿全四证办下开发贷时，企业或者股东要在短时间内筹集大量的资金，少则几千万元，多则几亿元甚至几十亿元。如果到预售阶段，销售情况不理想，企业不能及时回流资金，会承担巨大的利息支出。很多房地产企业，不是倒在亏损的路上，而是倒在筹不到资金的路上。

房地产公司资金密集型特点，给税务处理带来的问题有：一是开发成本中的利息支出占比，比一般行业高；二是针对国家的宏观调控政策，房地产企业不断创新融资方式和融资渠道，各种融资的名目，五彩缤纷。不同的融资工具和融资方式的创新，给税务处理带来了相当大的挑战。

开发产品独特性

房地产企业生产的产品，即住宅或商业不动产等，具有非常独特的地方。

一是开发周期长。前文已进行了详细介绍。

二是不可移动性。不动产的不可移动性，决定了房地产开发的产品基本上是公开、透明的。这种透明性，决定了房地产开发产品的销售回款，基本上也是透明、难以隐藏的。

三是经政府部门登记确权。土地使用权和房屋等不动产，按照法律规定，必须经登记后确权。以开发住宅为例，拿到土地使用权要办理产证，造好房子要办理产证，房子交给小业主后要办理小产证。

在一些税种的处理上，税务机关会以产证的办理和产证是否转移，来判断如何进行税务处理。

理论上来说，不动产一经登记后确权，就不能再反悔，如果要再返回去，税收上又视为一道交易，就会再多一道税出来。

成本构成独特性

房地产行业的成本构成，有其行业的独特性。房地产开发的成本构成主要有以下四方面：

第一，土地（严格说是土地使用权），是房地产公司的“面粉”。这个“面粉”有三个特殊之处：特殊之一，土地资源基本掌握在政府手中，供应商是比较单一、很难选择的；特殊之二，没有替代品可用，没有土地就不可能开发房地产；特殊之三，土地的价格，不同城市、相同城市不同板块、相同城市相同板块但不同性质的用地，价格相差很大。

房地产开发中，土地成本是最大的成本组成项。在一二线城市，土地成本的占比可能达到总成本的70%以上；四五线城市，土地的成本也可能超过20%。因此，在房地产行业的税务处理上，处理好土地成本的税务问题，整体项目的税务处理也就成功了一半。

第二，建安工程。建安工程的成本，一般是房地产开发的第二大块成本支出。其占成本的具体比例，因土地成本占比的不同而不同。虽然在总成本中的占比不确定，但单方的建安工程成本，基本上是在比较固定范围内浮动。

第三，利息支出。利息支出因各房地产公司的资金实力和融资渠道不同而不同。一般来说，央企、地方国企等开发商，自有资金雄厚，不需要大量的外部融资，且外部融资的成本较低，所以其利息支出占开发成本比重较低。但对绝大部分民营房地产公司来说，其开发资金主要靠外部融资，融资的利息较高，因此利息支出占项目总开发成本的比例可能会达到10%以上。

正因为房地产行业利息占成本比重比一般行业高，因此，利息的支出能否在增值税、企业所得税和土地增值税前抵扣或扣除，对房地产企业来说是一个重大问题。举个简单例子，一个利息占成本比重1%的企业，和另一个利息占比10%的企业，其他条件都一样，但两者的税负肯定相差甚远。

第四，税金支出。对一般的工业、商业服务业等行业来说，税金占成本的比重不会太高，有的可能低到忽略不计。但从事房地产开发的行业，税金的负担普遍高于一般性行业。从事住宅、商业地产等开发项目，税金支出占成本比例可能达到10%以上，有的项目的税金可能占总成本的20%以上。本章第4讲将对这个问题进行专门讲述。

与政府关系的独特性

政府是房地产开发中最大的“材料”供应商，土地资源基本掌握在各级地方政府手中，土地出让收入是各级地方政府财政收入的主要来源。由于土地资源是最稀缺资源、土地收入分级分成、地方政府负有房价过快上涨的压力等因素，政府在土地出让过程中，往往设置不同的拿地条件，对房地产企业来说，这些条件也是拿地的一块支出和成本。不同的拿地条件，背后是不同的税收负担。

房地产开发接受政府多部门的监管。房地产公司从拿到地开始，在房屋开发的报批报建、开工建设、商品房预售、完工竣备、交房办理产证等所有环节，无不受政府多部门的管理，既要办理各类规证，又需要缴纳相应的各类规费。政府这只“有形的手”和市场这只“无形的手”，都深深影响着项目的开发和进度，也影响着项目的生和死。

由于房地产开发要接受政府多部门的监管，税务机关很容易从兄弟部门手中取得项目开发的相关信息和数据，这为税务机关“综合管税”打下了基础。我们也看到，部分税务机关在房地产行业的税务管理中，实行一条龙的管理方式，嵌入了其他部门的信息，有的放矢进行管理。

房地产开发，是受国家宏观调控影响最大的行业之一。由于房地产开发，一方面关系老百姓的“住”；另一方面，房地产行业关联的产业链长，所需资金巨大。房地产行业一旦“发热”，会对整个社会的经济和金融带来巨大的波动；房地产行业一旦“发冷”，由于其本身占全社会GDP比重以及加上关联行业所占GDP的比重较大，会严重影响经济的运行。因此，国家根据整个宏观经济的态势和房地产的现状，不同时期有不同的调控方向和手段。在调控手段上，国家运用“有形的手”和“无形的手”，包括金融政策的调控、税收政策的调控、购房政策的调控等，无不深深影响着税收处理。

第2讲　房地产开发的主要节点

房地产项目公司的墙上，通常会挂着两张图：一张是开发节点图，图表上罗列出项目开发的重要节点，少的几十个，多则近百个，同时会标明每个节点的完成进度和与计划的对比；另一张图是销控图，反映预售后项目的销售进度。

为什么要把这两张图挂在墙上示众？因为这两张图反映了房地产开发的两个最大特点和理念：前一张反映了“进度就是时间，时间就是金钱”；后一张图反映了“销售为王，现金流为王”。

平时在讲解房地产行业的税务处理，或者交流房地产行业的税务问题时，对没有从事过房地产税务实操的人来说，他们最大的阻碍是对房地产这个行业的运作模式和特点缺乏足够的了解。研究行业的税收政策，最好的切入点是了解这个行业的运营模式。这里，以一般拿地的开发模式为例，把房地产开发中重要的、与税务处理有密切关系的几个节点，作简单的介绍，相信肯定会对你有所帮助。

项目策划

有点规模的房地产集团，内部都设有投拓部门，专门负责新项目的开拓。

对符合集团开发方向的一些项目，他们会负责前期的调查分析。最典型的做法是：有些地区集中供地后，对公布的新地，投拓部门会专门进行分析、测算，从中寻找有开发意向的目标。在这个过程中，投拓部门对项目的基本情况会进行了解，特别是对有意向的地，报经决策层同意后，进行报名参拍。在这一阶段，投拓部门会联系公司的财务（税务）部门，进行项目的测算。不同的地在不同的地方，这需要对当地税收政策、税收管理环境、能否退还多缴的税等情况作一些了解。

如表1–1所示，是在拿地环节做整个项目的利润测算和现金流测算时，需要公司财务（税务）部门了解的一些当地情况。

表1–1　　拿地环节需要公司财务（税务）部门了解的本地情况

指标	内容	反馈意见
税收政策	当地的土地增值税预征率多少？是否确认？	
	当地的所得税预计毛利率多少？是否确认？	
	当地的土地增值税清算政策按二分法还是三分法？	
	当地的土地增值税对普通住宅的认定标准？	
	当地的土地使用税政策是否确认？缴纳的起始时间？	
	车位是否有产权？当地的土地增值税清算政策车位是否参与清算？如参与清算，土地成本的分摊方式是什么？	
	当地的土地增值税退税环境是否了解？是否可退税？退税难度如何？	
	当地的增值税退税环境是否了解？是否可退税？退税难度如何？	
	当地对于精装修成本土地增值税前扣除的规定如何？	
	是否有涉及无偿移交、有偿代建、无偿代建等特殊的条件？是否需要视同销售考虑税金？如视同销售，价格如何确定？	
	其他针对税金的注意事项有哪些（如有）？	
	如为收并购项目，溢价、交易路径是否已考虑？	

土地拍卖环节

房地产公司报名拍地时，一般以母公司名义或“马甲”公司名义去报名。竞拍成功后，会在竞拍确认书上签字，在规定时间内，与当地国土资源部门签订土地出让合同。

签订土地出让合同时，下面5个点会影响到房地产公司以后的税务处理：

1. 以哪个主体名义签订合同。

2. 土地出让金票据抬头和票据形式。

3. 合同中的部分条款与税务关系密切，特别要注意下列几项：

（1）出让宗地的面积和用途（住宅、商业等）；交付土地的时间；土地状况。

（2）土地的出让价款。有些地方会注明价款的构成，如写明不包括契税、耕地占用税、城市基础设施配套费等。不同性质的用地是否单独标明出让金的构成。

（3）土地价款的支付时间，是否分期支付；是否有利息。

（4）开工期限、竣工期限。

（5）总建筑面积、容积率区间、规划指标、车位配比情况。

（6）自持面积、配套面积。

（7）特殊的拿地条件。

（8）违约条款，如支付滞纳金等。

4. 地下空间，是否需要补缴出让金等。

5. 有些拿地项目，会与政府签订补充协议，对出让合同中未明确的事项进行约定，一定要注意这些条款与税的关系。

成立项目公司

我们先来探讨一个问题。一般的企业，其注册地和实际经营地分离，没有太大的问题。但对从事房地产开发的项目公司来说，注册在A地，实际开发项目在B地，这种情况做得到吗？答案是基本上做不到。这其中主要原因是什么？一是因为房地产公司的税收，是每个地方的重要税收来源，谁都不希望自家的金鸡，跑到别人家里去下蛋。因此各地在土地出让的公告中，一般都会明确要求，如拍得土地者，必须在当地成立项目公司进行开发。二是从事房地产开发的经营业务和从事别的行业不一样，他在具体开发过程中，要和当地的多个政府部门打交道，要申领多个规证和办理多个环节的审批手续。所以，在当地成立项目公司，进行房地产的开发和销售，是一种最通行的做法。

一般意义上，房地产公司拍得土地后，应该在第一时间内，在当地成立项目公司，然后以项目公司名义，与国土资源部门签订正式的土地出让合同。在设立项目公司时，要充分考虑与税务相关的因素。主要有：

1.项目公司的股东构成。

2.项目公司的注册资本大小。

3.一些特殊项目的开发，需要确定是以一个公司为主体进行开发，还是分两个或两个以上主体来进行开发。

4.特殊的一些物业，需要确定是装在地产公司，还是从拿地开始，就设计好装在其他公司里。

5.一些特殊的项目开发，是否需要提前考虑并谈好财政返还等事项。

立项与规划设计

房地产项目公司在取得土地使用权后，要向发展改革委办理立项备案手续。发展改革委的立项批复或者备案表中，一般会载明项目名称、总投资额、建设规模（用地面积和建筑面积）等指标。

如果当地土地增值税的清算，以发展改革委的立项为依据，则发展改革委的立项大小，直接关系到土地增值税的清算单位。

在一些特殊地产开发项目立项备案表中，会载明所属行业，这可能会影响到开发项目是否属于房地产开发的判断。

规划设计是非常重要的环节。房地产开发，概念先行，规划先行。在这个环节需要明确目标市场，明确产品定位，明确客户定位。定位明确后，才可根据用地情况详细进行规划和设计。规划设计直接影响着项目的税务处理，举个最简单的例子，各种户型的大小和配比，直接决定普通住宅的数量和比重。

报批报建

报批报建环节需要办理建设用地规划许可证。以出让方式取得国有土地使用权的建设项目，建设单位在取得建设项目的批准、核准、备案文件和签订国有土地使用权出让合同后，向城乡规划主管部门领取建设用地规划许可证。

建设用地规划许可证，是房地产公司用地的法律凭证，一般会载明用地面积、用地红线图等。

报批报建办理工程规划许可证。建设工程规划许可证，是城市规划行政主管部门依法核发的，确认有关建设工程符合城市规划要求的法律凭证。建设工程规划许可证是建设单位建设工程的法律凭证，是建设活动中接受监督检查时的法定依据。没有此证的建设单位，其工程建筑是违章建筑，不能领取房地产权属证件。

在全国近一半的省份，土地增值税以工程规划许可证为清算单位。工程规划许可证的最小领证单位为一单体一证，最大领证单位为一项目一证。在以工程规划许可证为清算单位的地区，一定要提前做好测算和规划，实务中，多办一张证多缴上千万元的税，少办一张证多缴上千万元税的“血案”，比比皆是。

开工建设

开工建设前要办理工程施工许可证。在办理工程施工许可证之前，开发项目已经确定了总包单位和监理单位。

工程施工许可证，是建筑施工单位符合各种施工条件、允许开工的通行证，是建设单位进行工程施工的法律凭证，也是今后房屋权属登记的主要依据之一。

部分地区的施工许可证可按照单体建筑办理，也可按照组合楼栋办理，还可项目整体办理，选择的余地比较大。

在增值税上，施工许可证是判断新老项目的标准。

领取商品房预售证

根据《城市商品房预售管理办法》的规定，商品房预售实行许可制度。开发企业进行商品房预售，应当向房地产管理部门申请预售许可，取得商品房预售许可证。未取得商品房预售许可证的，不得进行商品房预售。

> 第五条　商品房预售应当符合下列条件：
>
> （一）已交付全部土地使用权出让金，取得土地使用权证书；
>
> （二）持有建设工程规划许可证和施工许可证；
>
> （三）按提供预售的商品房计算，投入开发建设的资金达到工程建设总投资的25%以上，并已经确定施工进度和竣工交付日期。

商品房预售许可证上，每个地方的内容和格式不一定都相同，不过基本上会载明以下事项：售房单位、项目名称、房屋坐落地、预售房源等内容。但对预售的房源，各地载明的内容会各不相同。同一个地方，在不同时期，也会有不同写法。

对房地产公司来说，取得商品房预售许可证意义非凡。商品房预售许可证取得以前，房地产公司一直是在砸钱：买地的钱、各种开发的前期费用、各种要缴纳的规费等。等取得商品房预售许可证后，可以销售期房，才终于等到现金回流了。

取得商品房预售许可证，对房地产公司的税务管理也具有非凡意义。在此之前，至多是缴一点印花税、土地使用税之类的小税种。开始预售后，房地产公司的增值税、企业所得税、土地增值税都开始缴纳，大额的税款要缴纳或预缴，税务风险急剧增大。

商品房预售

商品房预售流程，一是签订商品房预售合同，合同一般为制式合同，有些条款可以增加或修改。二是商品房预售合同签订后，要在规定时间内办理网签手续。三是在收取房款时，房地产公司一般先开具收据，等到业主办完按揭手续放款后，有的房地产公司会开具不征税发票，也有的房地产公司在预售阶段不开具发票。

此阶段关注的税务问题主要有：一是三大税种的预缴，不要出现大的风险；二是如何处理好票和税的问题。有个真实案例：某房企收到部分预收房款，申报缴纳了对应的税金，开具了全款的不征税发票，被税务机关比对后发现，认定为少预缴了税款。

竣工验收备案

房地产项目竣工后，由房地产开发企业及勘察、设计、施工、监理等单位进行综合验收。

工程竣工验收合格后15天内，要向当地建设主管部门办理工程竣工备案的相关手续。

对各方来说，竣工验收备案又是具有不同意义的一个重要节点。对小业主来说，以前买的是期房，会担心有随时“烂尾”的风险，通过了竣工验收并备了案，表明这房子是“成品”了，再也不用担心“烂尾”的风险了。当然，还有一个非常重要的意义，业主们盼星星盼月亮，竣工验收备案，意味着离交房的时点更近了。一般的商品房开发中，竣工验收备案到实际交房，不会超过3个月的时间。

竣工验收备案，对房地产公司来说，是生产“半成品”向做成“成品”的一个跨越。我们习惯于将竣工验收备案前的销售，叫卖期房；将竣工验收备案后的销售，叫卖现房。

竣工验收备案，对房地产公司的会计核算来说，也是非常重要的一个节点。一般意义上，竣工验收是成本核算停止资本化的时点。竣工验收前，发生的成本应予以资本化，计入开发成本等科目；竣工验收后，发生的成本不再资本化。

竣工验收备案，在税收上同样是非常重要的一个节点，对增值税、土地增值税、企业所得税来说，都非常重要，这会在专门的章节中进行讲解。

这里有一份重要的文件需要提醒：房地产开发项目在建成后，办理初始产权登记前，需要委托有资质的测绘单位，对建成的房产开展测绘，并取得房屋测绘成果报告。房屋测绘成果报告上的有关信息和数据，是进行土地增值税清算时的重要依据。

交房

为什么每个房地产公司都会非常重视交房这个环节和节点呢？因为在商品房预售合同或者销售合同中，都会约定具体的交房时间，同时也会约定清楚，如果延迟交房话，房地产公司要承担赔偿的责任。所以，对房地产公司来说，按时交房，不仅是面子和声誉的问题，也是钱的问题。对购房的小业主来说，拿到了房子，下一步再办好产证，这时才能在物理上和法律上都拥有真正的房子。

交房环节涉及诸多的税务处理和发票开具等问题。实务中，也有一些延迟交房一个月、省下税收上千万元的案例。这会在以后的文章中进行讲解。

对小业主来说，交房环节还会涉及契税的缴纳等问题。

自持物业的运营

对于部分开发项目，房地产公司会主动或被动地自持部分物业。被动自持如土地出让合同中就注明，配建商场、商业城等需要自持几年；主动自持如看到一些商铺等可能会增值，先自持运营一段时间。

自持的物业数量多的话，是继续放在项目公司名下，还是放到专门负责运营的商管公司名下，这其中会有重大的税务问题，不同模式下税负差异巨大。物业运营过程中，租金的房产税、增值税等也都是需要关注的重点。

第3讲　房地产行业会计的逻辑

先讲段亲身的经历吧。毕业前的实习，是在乡下的一个税务所。每天清晨的工作，是去农贸市场收屠宰税。而经常发生的事是，案板上明明放了两个猪头，屠夫总是说今天才杀了一头猪。屠夫也总会拿着明晃晃的刀说：那猪头不是我的！那时候最大的理想，就是等哪一天发达了，给天下的屠夫每人配一个记账的会计，让天下再也没有难收的屠宰税。

到了现阶段，我国税收早已跨过了对杀几头猪、种几亩田收税的阶段。当下的税务，更需要紧紧地依靠会计核算。税务和会计核算的关系，可谓是“相爱相杀”。一方面，税收离不开会计；另一方面，税收总是怀疑会计核算的不忠和背叛。

税收离不开会计，这话主要有以下几层含义：

第一，会计是经济活动的反映，税收依靠会计核算的成果。会计管理和核算，是现代税收管理的基础。为此，《税收征管法》明确规定，纳税人必须按规定设置账簿，根据合法、有效凭证记账，进行核算。同时，《税收征管法》也规定，纳税人伪造、变造、隐匿、擅自销毁账簿、记账凭证，或者在账簿上多列支出或者不列、少列收入，或者经税务机关通知申报而拒不申报或者进行虚假的纳税申报，不缴或者少缴应纳税款的，是偷税。

税收必须依靠会计核算的成果，最典型的如企业所得税。企业所得税的征税对象是所得，但是税收没有自己的会计，只能借助于会计核算的成果。在会计核算出利润的基础上，进行税会差异的调整，从而计算出应纳税所得额出来。

第二，一个企业税收的处理，本身是一项经济活动，其过程和结果必须要有明确、可靠的会计记载。最典型的如增值税，有销售要体现销项税额，有成本费用发生要体现进项税额，只有拥有一个持续、可靠的会计记载，到月末才算得出要缴多少增值税。

第三，税收政策有时依赖于会计政策和会计核算。税收政策不可能对所有经济活动都有具体规定，当税收政策不明确时，可以参考会计政策和会计处理的结果。如《企业所得税法》中有具体的规定：

> 第二十一条　在计算应纳税所得额时，企业财务、会计处理办法与税收法律、行政法规的规定不一致的，应当依照税收法律、行政法规的规定计算。

同时，《国家税务总局关于企业所得税应纳税所得额若干税务处理问题的公告》（国家税务总局公告2012年第15号）对税会差异进行了协调：

> **八、关于税前扣除规定与企业实际会计处理之间的协调问题**
>
> 根据《企业所得税法》第二十一条规定，对企业依据财务会计制度规定，并实际在财务会计处理上已确认的支出，凡没有超过《企业所得税法》和有关税收法规规定的税前扣除范围和标准的，可按企业实际会计处理确认的支出，在企业所得税前扣除，计算其应纳税所得额。

除了上面讲到的所得税扣除以外，在部分业务的其他税种处理上，由于没有现成的税收文件和规定可以参照，税务机关在执行政策时，也往往会参照会计的处理。这时，会计的处理，就直接影响了税收的处理。

房地产行业会计收入确认时点

财政部于2017年修订印发了《企业会计准则第14号——收入》(以下简称“新收入准则”)。新收入准则第四条规定：

> 企业应当在履行了合同中的履约义务，即在客户取得相关商品控制权时确认收入。取得相关商品控制权，是指能够主导该商品的使用并从中获得几乎全部的经济利益。

新收入准则第五条规定：

> 当企业与客户之间的合同同时满足下列条件时，企业应当在客户取得相关商品控制权时确认收入：
>
> (一)合同各方已批准该合同并承诺将履行各自义务；
>
> (二)该合同明确了合同各方与所转让商品或提供劳务(以下简称“转让商品”)相关的权利和义务；
>
> (三)该合同有明确的与所转让商品相关的支付条款；
>
> (四)该合同具有商业实质，即履行该合同将改变企业未来现金流量的风险、时间分布或金额；
>
> (五)企业因向客户转让商品而有权取得的对价很可能收回。

按照新收入准则的规定，要在客户取得相关商品控制权时确认收入，这种控制权是指能够主导商品使用并从中获益的权利。结合房地产开发的实际情况，以及我国目前的商品房预售制度，从房屋买卖合同签订到实际交付给客户，中间间隔时间较长。而且在房屋买卖合同签订后，客户并没有取得房屋使用权，也不能从未交付的房屋中获益。因此，大部分房地产公司的观点是，房地产控制权转移的标志是交房，交房之前房屋控制权在开发企业，交房之后控制权在客户，并且只有通过客户验收，房地产开发企业才算履行了合同主要义务。

新收入准则规定了两种确认收入方法：按时段确认收入和按时点确认收入。实务中，我们也发现，有个别房地产开发企业，按时段确认收入；也有个别房地产开发企业，虽采取了按时点确认收入的方法，但会计收入的确认时点是在交房之前的完工环节或者更早。

按照一般意义上的做法，本书中按交房作为会计确认收入的时点。研究或从事房地产的税务，一定要清晰会计上的收入确认时点，这样才能对房地产行业的增值税、企业所得税和土地增值税这三大税种的政策逻辑有比较透彻的认识。

会计核算的逻辑

目前，各房地产开发公司执行的会计制度各不相同。有的企业执行会计制度，有的企业执行会计准则，还有的企业执行小企业会计准则。不管执行何种会计制度，由于房地产行业的特殊性，其会计的处理上都具有一定的逻辑。

收入核算的特殊性。房地产行业收入核算的特殊性，主要是其收入的确认时间问题。前面已经进行了详细的介绍，这里补充两点：第一点，正是因为房地产行业会计收入确认的时点比较特殊，与三大税种的纳税义务时间有一定的差异，才导致房地产行业的税收是如此的复杂。第二点，收入确认的特殊性，导致利润的波动非常有规律。大部分项目公司的利润，其每年的排布形状就像一个倒写的T字。前面亏、后面亏，只有交房年度有大额的利润。

成本与费用核算的特殊性。由于房地产项目开发周期长，房地产的成本先资本化计入“开发成本”科目，待交房确认销售收入时再结转成本。房地产项目开发过程中发生的费用（管理费用、销售费用及部分利息费用），可以在开发的各个年度直接计入当期的损益。和一般的企业不同，一般的企业“资本化”还是“费用化”，对企业的会计利润影响不大，对税金的影响也不大。但对房地产项目公司来说，这个影响就大多了，且不同的税种会有不同的影响。

存货核算的逻辑。房地产开发公司购入的土地使用权，是其开展经营活动重要的“原材料”，和一般的生产企业等不同，生产企业购置的土地使用权，单独列入“无形资产”进行核算。而房地产开发公司购置的土地使用权，一般放在开发成本核算，随着收入和成本的结转，土地使用权转入开发产品和主营业务成本。

借款费用的资本化。一般行业的利息支出不是企业成本的组成部分，而是作为费用支出直接在各期进行列支。对房地产企业来说，利息支出是房地产开发成本的重要组成部分，达到资本化的时点，利息支出就必须资本化。

税金核算的特殊性。对房地产项目公司来说，和其他行业相比，税金的核算也具有其独特性。一个是营业税时代的营业税、城市维护建设税、教育费附加、地方教育附加，以及营改增后的城市维护建设税和附加，应该以“费用化”形式，在发生当期扣除呢？还是类似“资本化”形式，强调配比性，只能在收入确认时才能扣除？这在实务中有很大争论。另一个是在土地增值税清算以前，部分房地产企业财务核算上会预提部分土地增值税。

非常不正经的话题

以上讲了房地产行业会计上一些特点和特有的逻辑。最后，我们来谈论一个非常不正经的话题。房地产行业的会计处理，到底按照会计的规定来做账，还是参照税收上的相关处理，做账时向税务靠拢呢？如果你是上市公司或者国有性质的房地产开发公司，那当然按会计准则的相关规定进行账目处理。对于一般的民营房地产企业来说，会计的处理会向税收靠拢，不图会计核算信息的精准和会计报表的漂亮，只图在税务处理上占点优势、少点折腾，似乎是一种更好的选择。

第4讲　房地产行业税务的特点

这么多行业里，设税务总监岗位的，估计最多的是房地产公司。这从一个侧面说明了房地产这个行业，税务管理的特殊性和重要性。房地产行业的税务管理，有什么不一样的地方呢？我们专门在这一讲中进行介绍。

特点一：涉及税种多

中国现行开征的18个税种，容我啰嗦，复述一下：增值税、消费税、关税、企业所得税、个人所得税、资源税、城镇土地使用税、土地增值税、房产税、契税、车辆购置税、车船税、印花税、烟叶税、环保税、船舶吨税、耕地占用税、城市维护建设税。

大部分的税种，大到增值税，小到印花税，房地产开发公司都可能碰到。房地产行业的税种多，还具有以下三个明显的特点：

第一，大税种，大问题。房地产项目公司，缴税的前三甲是：增值税、土地增值税和企业所得税。和别的行业相比较，土地增值税对房地产公司影响很大。

第二，小税种，也会引发大问题。如房产税、城镇土地使用税、契税、个人所得税等，这些传统意义上的小税种，对房地产公司来说，也不是一般的小。如果处理不当，极容易引发大的税务风险。

第三，冷门税种，凑热闹。一般意义上，房地产开发公司不会是耕地占用税和环保税的纳税义务人，但是实际工作中，房地产开发公司经常会碰到这两个冷门的税种。

特点二：税额大，税负重

一个非常有心的第三方机构，根据上市公司每年披露的年报，对我国8大行业的税负进行了统计。这里的税负是指缴纳的税款占营业收入的比重。

在对8大行业2017—2021年的数据统计发现，8大行业中，税负最高的是房地产开发行业，平均税负为16.6%。其中增值税税负6.5%左右；企业所得税税负4.5%左右；土地增值税税负5.24%左右，远远高于其他7大行业的实际税负。

以上数据统计，基本符合房地产行业的总体税负情况，平时经常碰到的房地产开发公司，总体税负区间也在10%—20%。

在不考虑房地产开发行业特殊的税种——土地增值税时，房地产公司的增值税和企业所得税，在几大行业中，其实际税负也名列前茅。

6.5%左右的增值税税负，和电力能源行业并列前茅。理论上，房地产公司的增值税税率是9%（以前是11%和10%），加上土地成本能差额扣减，不至于会产生如此高的增值税负。但房地产企业是个资金密集型企业，部分民营企业的融资成本占总开发成本的10%以上，这部分成本是不能在增值税上进行抵扣的。再加上增值税的预缴制度和实际取得进项发票滞后等因素，直接加大了房地产行业的增值税税负。

4.5%左右的企业所得税税负，和金融行业并列前茅。4.5%的所得税税负，按25%所得税税率来计算，相当于所得税上增值是18%左右。当然，结转收入当年，房地产公司手里拿到了多少的成本发票、有多少成本和费用是没有发票的、实际利润没有达到当地的预计毛利率而多缴的企业所得税等因素都会导致房地产公司实际所得税负的变化。

5.24%左右的土地增值税税负，是房地产行业特有税负和贡献。当然，这只是全国某一时期的平均值，每个项目的土地增值税税负因为影响因素多，税负相差也大。

特点三：税收政策复杂，税务风险大

房地产行业涉及的税种多，税收政策相对复杂，这给税务机关和房地产公司的人员带来了较大挑战。

由于房地产开发涉及的税款金额大，是很多地方财政收入的主要来源，因此，平时的风险应对、纳税评估、税务稽查等，房地产企业往往都是被税务机关关注的重点。

关于房地产行业的税务风险，在本篇第9讲中会进行专门阐述。

特点四：行业敏感，税收优惠少

房地产开发由于其行业的敏感性和特殊性，许多税收优惠政策不能一视同仁地享受。

1.部分税收优惠政策制定时，其鼓励范围有特定的界定，房地产行业往往被排除在适用范围之外。如增值税针对一些行业推出减免税等政策；企业所得税中的研发费加计扣除、小微企业等优惠。

2.部分税收优惠政策制定时，适用全行业的税收政策，却出于限制房地产行业的目的，将房地产行业排除在适用范围之外。典型的是改制重组的土地增值税政策，唯有房地产企业不能适用。

3.有些不能算是税收优惠的政策，在实际操作中，房地产企业也往往被

“歧视”。如按照《税收征管法》的规定，纳税人缴税有困难且符合条件的，可以申请办理税款的缓缴手续。但在某些特殊时期，部分地区的税务机关往往对房地产行业做出了不能办理缓缴的限制。

这里把房地产开发和物业经营中，能用得到的一些税收优惠和税收政策，进行简单的介绍：

1.增值税税率调整。营业税时代，房地产行业缴纳营业税的税率是5%。营改增时，当时销售不动产的适用税率是11%。此后，国家两次调整了增值税税率，从11%调到10%和9%，目前的适用税率是9%。当然，房地产行业的销项税率调到了9%，其主要的进项税对应的税率，即建筑安装的税率也调到了9%，土地使用权的“进项税额”也调整为9%。

2.增值税留抵退税政策。从2019年4月1日起，全国范围内的所有行业，试行增值税期末留抵退税制度，房地产行业也很荣幸地能申请退点留抵税回来了。据说，这项政策有点“歪打正着”，房地产行业成为这项政策极大的受益者。关于留抵退税政策以及需要注意的问题，会在后文专门讲述。

3.企业所得税的小微企业政策。从事房地产开发的企业，不可能也不能享受所得税上的小微企业优惠。但从事商业出租、物业管理等相关的企业，可以享受这项优惠措施。

4.固定资产加速折旧政策。《财政部 税务总局关于设备器具扣除有关企业所得税政策的通知》（财税〔2018〕54号）规定，企业在2018年1月1日至2020年12月31日期间新购进的设备、器具，单位价值不超过500万元的，允许一次性计入当期成本费用在计算应纳税所得额时扣除，不再分年度计算折旧。此后，财政部和国家税务总局陆续下文，将此项政策延续到2027年底。

5.安置转业军人的税收优惠。为安置自主择业的军队转业干部而新开办的企业，自领取税务登记证之日起，其提供的应税服务3年内免征增值税。享受该增值税免征必须同时符合两个条件：一是安置的自主择业军队转业干部占企业总人数60%（含）以上；二是军队转业干部必须持有师以上部队颁发的转业证件。

6.普通住宅的免征土地增值税优惠。增值率20%以下的普通住宅，在清算时可以免征土地增值税。对房地产开发企业来说，这是非常重要的税收优惠。从事房地产财税管理的人员，要时刻牢记“争取普宅不缴税”这句话，并要用这句话时刻提醒自己，以实际行动贯穿项目开发的全过程。

7.税款缓缴政策。《税收征管法》规定，纳税人因有特殊困难，不能按期缴纳税款的，经省、自治区、直辖市税务局批准，可以延期缴纳税款，但是最长不得超过三个月。税款的缓缴，一般流程是房地产公司资金困难情况下，向税务机关提出申请，税务机关收到纳税人延期缴纳税款申请后，对其生产经营和货币资金情况进行核实，情况属实且符合法定条件的，可以批准纳税人延期缴纳税款。

第5讲　房地产行业增值税的逻辑与风险

2016年全面实施营改增，营业税退出了历史舞台，所有行业都改征增值税。房地产行业也不例外，从原来的缴纳营业税，改为缴纳增值税，这对房地产行业来说，是一个巨大的转变。

房地产行业本身的开发特点，决定了其不能和其他行业一样，采取通用的增值税计算缴纳模式。财政部和国家税务总局在营改增时，为房地产行业量身定制了特别的政策。在营改增正式实施前，国家税务总局就制定和下发了2016年18号公告：

房地产开发企业销售自行开发的房地产项目增值税征收管理暂行办法

第一章　适用范围

第一条　根据《财政部 国家税务总局关于全面推开营业税改征增值税试点的通知》（财税〔2016〕36号）及现行增值税有关规定，制定本办法。

第二条　房地产开发企业销售自行开发的房地产项目，适用本办法。

自行开发，是指在依法取得土地使用权的土地上进行基础设施和房屋建设。

第三条　房地产开发企业以接盘等形式购入未完工的房地产项目继续开发后，以自己的名义立项销售的，属于本办法规定的销售自行开发的房地产项目。

第二章　一般纳税人征收管理

第一节　销售额

第四条　房地产开发企业中的一般纳税人（以下简称“一般纳税人”）销售自行开发的房地产项目，适用一般计税方法计税，按照取得的全部价款和价外费用，扣除当期销售房地产项目对应的土地价款后的余额计算销售额。销售额的计算公式如下：

销售额=（全部价款和价外费用－当期允许扣除的土地价款）÷（1+11%）

第五条　当期允许扣除的土地价款按照以下公式计算：

当期允许扣除的土地价款=（当期销售房地产项目建筑面积÷房地产项目可供销售建筑面积）×支付的土地价款

当期销售房地产项目建筑面积，是指当期进行纳税申报的增值税销售额对应的建筑面积。

房地产项目可供销售建筑面积，是指房地产项目可以出售的总建筑面积，不包括销售房地产项目时未单独作价结算的配套公共设施的建筑面积。

支付的土地价款，是指向政府、土地管理部门或受政府委托收取土地价款的单位直接支付的土地价款。

第六条　在计算销售额时从全部价款和价外费用中扣除土地价款，应当取得省级以上（含省级）财政部门监（印）制的财政票据。

第七条　一般纳税人应建立台账登记土地价款的扣除情况，扣除的土地价款不得超过纳税人实际支付的土地价款。

第八条　一般纳税人销售自行开发的房地产老项目，可以选择适用简易计税方法按照5%的征收率计税。一经选择简易计税方法计税的，36个月内不得变更为一般计税方法计税。

房地产老项目，是指：

（一）“建筑工程施工许可证”注明的合同开工日期在2016年4月30日前的房地产项目；

（二）“建筑工程施工许可证”未注明合同开工日期或者未取得“建筑工程施工许可证”但建筑工程承包合同注明的开工日期在2016年4月30日前的建筑工程项目。

第九条　一般纳税人销售自行开发的房地产老项目适用简易计税方法计税的，以取得的全部价款和价外费用为销售额，不得扣除对应的土地价款。

第二节　预缴税款

第十条　一般纳税人采取预收款方式销售自行开发的房地产项目，应在收到预收款时按照3%的预征率预缴增值税。

第十一条　应预缴税款按照以下公式计算：应预缴税款=预收款÷（1+适用税率或征收率）×3%

适用一般计税方法计税的，按照11%的适用税率计算；适用简易计税方法计税的，按照5%的征收率计算。

第十二条　一般纳税人应在取得预收款的次月纳税申报期向主管税务机关预缴税款。

第三节　进项税额

第十三条　一般纳税人销售自行开发的房地产项目，兼有一般计税方法计税、简易计税方法计税、免征增值税的房地产项目而无法划分不得抵扣的进项税额的，应以《建筑工程施工许可证》注明的“建设规模”为依据进行划分。

不得抵扣的进项税额=当期无法划分的全部进项税额×（简易计

税、免税房地产项目建设规模÷房地产项目总建设规模）

第四节　纳税申报

第十四条　一般纳税人销售自行开发的房地产项目适用一般计税方法计税的，应按照《营业税改征增值税试点实施办法》（财税〔2016〕36号文件印发，以下简称《试点实施办法》）第四十五条规定的纳税义务发生时间，以当期销售额和11%的适用税率计算当期应纳税额，抵减已预缴税款后，向主管税务机关申报纳税。未抵减完的预缴税款可以结转下期继续抵减。

第十五条　一般纳税人销售自行开发的房地产项目适用简易计税方法计税的，应按照《试点实施办法》第四十五条规定的纳税义务发生时间，以当期销售额和5%的征收率计算当期应纳税额，抵减已预缴税款后，向主管税务机关申报纳税。未抵减完的预缴税款可以结转下期继续抵减。

第五节　发票开具

第十六条　一般纳税人销售自行开发的房地产项目，自行开具增值税发票。

第十七条　一般纳税人销售自行开发的房地产项目，其2016年4月30日前收取并已向主管地税机关申报缴纳营业税的预收款，未开具营业税发票的，可以开具增值税普通发票，不得开具增值税专用发票。

第十八条　一般纳税人向其他个人销售自行开发的房地产项目，不得开具增值税专用发票。

第三章　小规模纳税人征收管理

第一节　预缴税款

第十九条　房地产开发企业中的小规模纳税人（以下简称“小规模纳税人”）采取预收款方式销售自行开发的房地产项目，应在收到预收款时按照3%的预征率预缴增值税。

第二十条　应预缴税款按照以下公式计算：应预缴税款=预收款÷（1+5%）×3%

第二十一条　小规模纳税人应在取得预收款的次月纳税申报期或主管税务机关核定的纳税期限向主管税务机关预缴税款。

第二节　纳税申报

第二十二条　小规模纳税人销售自行开发的房地产项目，应按照《试点实施办法》第四十五条规定的纳税义务发生时间，以当期销售额和5%的征收率计算当期应纳税额，抵减已预缴税款后，向主管税务机关申报纳税。未抵减完的预缴税款可以结转下期继续抵减。

第三节　发票开具

第二十三条　小规模纳税人销售自行开发的房地产项目，自行开具增值税普通发票。购买方需要增值税专用发票的，小规模纳税人向主管税务机关申请代开。

第二十四条　小规模纳税人销售自行开发的房地产项目，其2016年4月30日前收取并已向主管地税机关申报缴纳营业税的预收款，未开具营业税发票的，可以开具增值税普通发票，不得申请代开增值税专用发票。

第二十五条　小规模纳税人向其他个人销售自行开发的房地产项目，不得申请代开增值税专用发票。

第四章　其他事项

第二十六条　房地产开发企业销售自行开发的房地产项目，按照本办法规定预缴税款时，应填报“增值税预缴税款表”。

第二十七条　房地产开发企业以预缴税款抵减应纳税额，应以完税凭证作为合法有效凭证。

第二十八条　房地产开发企业销售自行开发的房地产项目，未按本办法规定预缴或缴纳税款的，由主管税务机关按照《中华人民共和国税收征收管理法》及相关规定进行处理。

新老项目划分

从事房地产开发业务的企业，一般意义上，都是增值税一般纳税人，应该按照“销项税额减进项税额减留抵税额”的规则，计算缴纳增值税。但房地产行业开发周期长，“营改增”又是按2016年4月30日为时点的，如果“一刀切”都按一般计税方法，跨“营改增”时点的房地产项目，前期没有进项发票，会造成很大问题。基于此，国家税务总局在2016年第18号公告中，针对新老项目制定了不同的增值税计税规则。对于一般纳税人销售房地产新项目，按照一般计税规则计算缴纳；对于房地产老项目，可以选择一般计税方法，也可以选择适用简易计税方法按照5%的征收率计税。房地产老项目是指：

1.“建筑工程施工许可证”注明的合同开工日期在2016年4月30日前的房地产项目；

2.“建筑工程施工许可证”未注明合同开工日期或者未取得“建筑工程施工许可证”，但建筑工程承包合同注明的开工日期在2016年4月30日前的建筑工程项目。

老人老办法，新人新办法。新老项目采用不同的计税规则，为房地产行业“营改增”的顺利过渡，打下了政策上的基础。

不同的增值税计税规则，不仅影响的是增值税，还深深影响着企业所得税、土地增值税等税种，这些都将后话后说。

进项税额划分

财税〔2016〕36号营改增文件，对适用一般计税方法的一般纳税人，兼营简易计税方法项目、免征增值税项目而无法划分不得抵扣的进项税额，制定了按销售额占比法来进行划分，具体公式如下：

不得抵扣的进项税额=当期无法划分的全部进项税额×（当期简易计税方法计税项目销售额+免征增值税项目销售额）÷当期全部销售额

上面进项税额的划分方法，对一般的行业来说，都没有问题。但一旦碰到房地产开发这个特殊的行业，就又会有问题了。举个简单例子，某房地产开发企业，同时开发两个项目，一个按一般计税，另一个按简易计税。一般计税的新项目，还处于开发预售阶段，简易计税项目已处于现房销售阶段。如果按照财税〔2016〕36号文件的进项分摊方法，所有无法划分的进项税额，均分摊给了有销售额的简易计税项目，这显然是不合理的。为此，国家税务总局在2016年第18号公告中，对房地产开发行业制定了特别的进项税额分摊方法，即按照建设规模比例法进行分摊：

第十三条　一般纳税人销售自行开发的房地产项目，兼有一般计税方法计税、简易计税方法计税、免征增值税的房地产项目而无法划分不得抵扣的进项税额的，应以"建筑工程施工许可证"注明的"建设规模"为依据进行划分。

不得抵扣的进项税额=当期无法划分的全部进项税额×（简易计税、免税房地产项目建设规模÷房地产项目总建设规模）

2016年第18号公告讲到的按建设规模比例法进行分摊，只适用于房地产开发企业同时存在一般计税、简易计税、免征增值税的房地产项目，不适用于房地产企业既有房地产开发，又有其他增值税应税行为的情况。如某房地产企业，既有新老项目，同期又发生了建筑材料的销售，应该先按照财税〔2016〕36号文件的规定，将共同发生且不可分割的进项税额，先按销售额占比法在两项不同的销售行为之间（房地产销售和材料销售）进行分摊，然后再在销售房地产不同的计税方法间进行分摊。

预售收入预缴制度

在理解房地产行业的预售收入预缴增值税制度前，必须先了解房地产企业销售自己开发的房地产，其纳税义务的发生时间。因为只有发生纳税义务，房地产企业才能在增值税上，计算销项税额并计算当期应该缴纳的增值税。

财税〔2016〕36号营改增文件，对列入“营改增”范围的应税行为，统一规定了纳税义务发生时间：

> 纳税人发生应税行为并收讫销售款项或者取得索取销售款项凭据的当天；先开具发票的，为开具发票的当天。
>
> 收讫销售款项，是指纳税人销售服务、无形资产、不动产过程中或者完成后收到款项。
>
> 取得索取销售款项凭据的当天，是指书面合同确定的付款日期；未签订书面合同或者书面合同未确定付款日期的，为服务、无形资产转让完成的当天或者不动产权属变更的当天。

一般意义上，房地产企业销售开发产品，其纳税义务发生时间为合同约定的交房时间。交房时间一般为正式拿地后的2—3年。

在2016年营改增税制设计时，考虑到国家税款及时入库的需要，设计了预售环节预征增值税的制度。即采取预收款方式销售自行开发的房地产项目，应在收到预收款时按照3%的预征率预缴增值税。

房地产行业增值税预缴制度，是基于我国目前实行的商品房预售制度而制定的规则。第一，预售期间，房地产企业有了现金的流入，完全有能力承担纳税资金。第二，考虑的也是税款均衡入库的需要，如果真的等到交房时一次性缴税，国家似乎也等不及。第三，是平移了营业税时代预售期间也缴纳营业税的做法。

发票的开具

增值税发票的开具，一般要和增值税的纳税义务发生时间相吻合。对于房地产公司来说，交房才是增值税纳税的时点，也是开具发票的时点。

但由于商品房的预售制度，在预售阶段，小业主付了钱，得给小业主收据。有些银行在办理按揭贷款时，也要求提供税务机关监制的发票。为此，国家税务总局专门在开票系统中的“未发生销售行为的不征税项目”下，设置了602“销售自行开发的房地产项目预收款”编码。房地产公司在预收房款时，可以先开具不征税的发票，等正式交房时，再开具正式的发票。

土地款抵减销售额

我国现行的增值税，实行的是凭发票（其他凭证）抵扣进项税额。房地产企业的开发成本中，土地价款是最大成本，一般的项目，土地成本占比为30%以上，在一二线城市，土地成本占比可能高达70%以上。占比如此高的“进项税额”，如果在计算增值税时不能抵扣，会造成房地产开发行业增值税税负畸高的情形。

房地产企业从一二级市场拿地，其上游是一个特殊的主体：国家。而且国家在供地时，不会开具增值税发票，只会开具财政票据。财政票据不是增值税合规的抵扣凭证，怎么解决这个问题？

此时，必须要明确一个大前提：从政府手里拿地，也必须解决其进项税额的问题。如果这个问题不解决，会导致两个严重的后果：一个是转让土地使用权、转让在建工程以及转让不动产，都已纳入增值税的征税范围，房地产公司从别的途径取得的土地使用权，已经可以凭增值税专用发票抵扣进项税额。因此不解决这个问题，会导致从一二级市场拿地税负偏高，也不公平的结果。

另一个是，会导致不同区域、不同地价的开发项目，增值税税负出现巨大差异的情况。设想一下，一线城市的地价占总开发成本的70%，五线城市的地价占总开发成本的20%。如果不解决地价的抵扣问题，那一线城市开发的房地产项目，70%的进项税额没得抵扣，而五线城市开发的房地产项目，只有20%的进项税额不能抵扣，这其中的差异，是差到天上去了，也的确是不公平的。

那如何解决这一问题呢？这里可能有两种处理的思路：一是把政府的土地出让金票据作为增值税抵扣凭证，虚拟出一个进项税额在计算增值税时扣除。这种做法可能会造成的结果是，由于我国增值税实行的是购进扣税法，在增值税纳税义务发生时点，土地价款虚拟的进项税额一次性作为进项税额抵扣，而没有考虑到房地产项目的实际销售情况。二是不按虚拟进项税额来处理，而是作销售额扣减处理。2016年第18号文件正是按第二种思路来设计的：

房地产开发企业中的一般纳税人销售自行开发的房地产项目，适用一般计税方法计税，按照取得的全部价款和价外费用，扣除当期销售房地产项目对应的土地价款后的余额计算销售额。销售额的计算公式如下：

销售额=(全部价款和价外费用－当期允许扣除的土地价款)÷(1+11%)

当期允许扣除的土地价款=(当期销售房地产项目建筑面积÷房地产项目可供销售建筑面积)×支付的土地价款

土地价款允许在增值税的销售额中扣除，实行差额征税方式，且对允许差额的土地价款，按照销售的建筑面积占比进行分期的差额。笔者觉得这是个天才式设计，一方面解决了土地价款不能抵扣进项税的问题，另一方面又针对房地产开发的特点，实行了类似于实耗扣税法的抵扣方法。

当然，土地价款的差额征税制度，也引发了其他一些问题，如土地增值税清算收入的确认等，这也将后话后说。

房地产行业的增值税之痛

让我们先闭上眼睛，脑海里梳理一下，在增值税时代，房地产项目公司从生到死过程中，其全生命周期的增值税处理：

拿了地，办好了各种手续开了工，各种各样的成本和费用开始发生，期间发生的进项税额，处理方式就一个字：等。等到交房那一刻，产生了销项，累积的进项才有抵扣的权利。拿了预售证，开始卖房子，按3%预缴增值税，此时预缴的增值税，不管是日光盘月光盘，只要有收入就预缴，至于预缴的税款，处理起来也就是两个字：等等。一等交房那一刻，产生了销项税金；二等累积的进项抵扣完后，产生了应该缴纳的增值税款，此时才有机会抵预缴的税款。

您会发现，一般情况下，在交房之前，房地产项目公司的账面上会趴着大量的预缴税款和留抵税款，两税款共存，占据企业大量的资金。此为房地产公司第一痛。

按3%预缴的增值税，在开发产品全部销售后，就一定能抵完？答案是不一定。在高地价的背景下，完全有可能出现面粉贵于面包情形，项目本身的增值率是倒挂的，此时预缴的增值税能申请退还吗？答案又是不一定。此为房地产公司第二痛。

增值税的一般计税，目前实行的是凭票扣税制度。前面讲到的房地产项目公司开发过程中，在交房的时点，销项要作销项，但是进项凭证不一定全部能拿到。大部分房地产公司，付款没有那么及时，真正交房时，销项全部体现了，成本全部发生了，工程款项却只付了一半，付了一半的后果是拿不到发票，该抵的进项没得抵。

增值税是个按月计算缴纳的税种。前面缴了一大堆的税，后面才拿到票，形成一堆留抵税额，若退不回来，后续又不会再发生销售收入，后果真是很严重。此为房地产公司第三痛，即进销项不配比。

营业税时代真简单，按个固定税率一缴纳就了事。增值税时代真复杂，既要管预缴又要管实缴，既要管销项又要管进项。不但工作量增加了，责任更是增大了。增值税的一般计税规则，对财务人员的核算水平和涉税处理能力，还是有很高的要求的。此为房地产公司第四痛。

第6讲　企业所得税的特点与个性

对于房地产企业来说，企业所得税也是非常关键的一个税种。

企业所得税是对企业的各项所得征收的一种税，我国的企业所得税有几个基本特点，只有先摸清楚它的个性和脾气，才能做好所得税的日常管理。

企业所得税第一个特点是它具有明显的法人税制特征。2008年实施的企业所得税法，与以往相比，更具有法人税制的特征。法人税制具有两大特征和功能：一是明确界定纳税主体。对企业法人或单位法人征收企业所得税，独立的企业法人或其他法人，是所得税独立的纳税主体；不具有独立法人资格的分公司等，只能实行汇总纳税。二是明确界定应税行为。在同一法人内部的资产转移，不需要征收企业所得税；资产出了法人内部，就构成所得税的应税事项。

这种精神在《国家税务总局关于企业处置资产所得税处理问题的通知》（国税函〔2008〕828号）中体现得淋漓尽致。资产在总、分机构之间的移送，无须确认所得缴纳企业所得税；内部改变资产的用途，无须确认所得缴纳企业所得税。归纳起来就是，只要资产还在法人内部流转，没有转移到法人外部，就不需要缴纳企业所得税。反之，资产从一个法人转移到另一个法人，就构成应税事项，需要确认其所得。

房地产开发企业，拿一块地，成立一个独立的项目公司，集团公司和项目公司之间、各个项目公司之间，都是独立的法人，都是独立的所得税纳税主体。它们之间，一是不能合并纳税，二是不能盈亏互抵，三是相互之间提供劳务或服务，要按独立交易原则计价。

企业所得税第二个特点即其是个彻彻底底的综合税。企业不同形式、不同来源的各种收入，在计算所得时，是合并在一起计算的。综合税的最大好处就是不同性质的所得，其盈和亏可以充分相互抵减。

联系到房地产开发企业，如果项目公司只造房子、卖房子，只做一项业务，那对它来说，所得综合也没多大意义。如果再搞点副业，比如卖点钢筋水泥之类的，那两项业务之间的盈和亏可以相互抵减。

企业所得税第三个特点即其是个年度税。一个企业2017年成立并开始经营，2017年、2018年等每个公历年度都是一个独立的所得税计税年度。按照税法规定口径，需要确认每个纳税年度的收入、成本、费用、税金、损失等金额，计算出税收上的应纳税所得额。

年度税意味着年度间盈亏相抵是有限制的，年度内的盈亏互抵是无限的。年度间盈亏相抵的有限性表现在两个方面：一是时光不能倒流，当年的亏损只能用以后年度所得去弥补，而不能用以前年度所得去弥补。二是芳华是短暂的，亏损弥补有期限的规定，一般的弥补期不得超过5年。

联系到房地产开发企业，房地产企业每年要算出一个所得，所得为正就缴税，所得为负即亏损，可以往后5年去弥补。前面的亏损可以用后面的盈利来弥补，后面的亏损不能用前面的盈利来弥补，后续没有业务产生不了所得，则后面的亏损就废了。

由于房地产行业开发的特殊性，国家税务总局针对这个行业制定了专门的所得税处理办法，即有名的《房地产开发经营业务企业所得税处理办法》（国税发〔2009〕31号）。为一个行业单独制定所得税的处理办法，唯房地产行业才有此待遇，其他行业都只有望文兴叹的份儿。

房地产开发经营业务企业所得税处理办法

第一章　总　则

第一条　根据《中华人民共和国企业所得税法》及其实施条例、《中华人民共和国税收征收管理法》及其实施细则等有关税收法律、行政法规的规定，制定本办法。

第二条　本办法适用于中国境内从事房地产开发经营业务的企业（以下简称企业）。

第三条　企业房地产开发经营业务包括土地的开发，建造、销售住宅、商业用房以及其他建筑物、附着物、配套设施等开发产品。除土地开发之外，其他开发产品符合下列条件之一的，应视为已经完工：

（一）开发产品竣工证明材料已报房地产管理部门备案。

（二）开发产品已开始投入使用。

（三）开发产品已取得了初始产权证明。

第四条　企业出现《中华人民共和国税收征收管理法》第三十五条规定的情形，税务机关可对其以往应缴的企业所得税按核定征收方式进行征收管理，并逐步规范，同时按《中华人民共和国税收征收管理法》等税收法律、行政法规的规定进行处理，但不得事先确定企业的所得税按核定征收方式进行征收、管理。

第二章　收入的税务处理

第五条　开发产品销售收入的范围为销售开发产品过程中取得的全部价款，包括现金、现金等价物及其他经济利益。企业代有关部门、单位和企业收取的各种基金、费用和附加等，凡纳入开发产品价内或由企业开具发票的，应按规定全部确认为销售收入；未纳入开发产品价内并由企业之外的其他收取部门、单位开具发票的，可作为代收代缴款项进行管理。

第六条 企业通过正式签订《房地产销售合同》或《房地产预售合同》所取得的收入，应确认为销售收入的实现，具体按以下规定确认：

（一）采取一次性全额收款方式销售开发产品的，应于实际收讫价款或取得索取价款凭据（权利）之日，确认收入的实现。

（二）采取分期收款方式销售开发产品的，应按销售合同或协议约定的价款和付款日确认收入的实现。付款方提前付款的，在实际付款日确认收入的实现。

（三）采取银行按揭方式销售开发产品的，应按销售合同或协议约定的价款确定收入额，其首付款应于实际收到日确认收入的实现，余款在银行按揭贷款办理转账之日确认收入的实现。

（四）采取委托方式销售开发产品的，应按以下原则确认收入的实现：

1.采取支付手续费方式委托销售开发产品的，应按销售合同或协议中约定的价款于收到受托方已销开发产品清单之日确认收入的实现。

2.采取视同买断方式委托销售开发产品的，属于企业与购买方签订销售合同或协议，或企业、受托方、购买方三方共同签订销售合同或协议的，如果销售合同或协议中约定的价格高于买断价格，则应按销售合同或协议中约定的价格计算的价款于收到受托方已销开发产品清单之日确认收入的实现；如果属于前两种情况中销售合同或协议中约定的价格低于买断价格，以及属于受托方与购买方签订销售合同或协议的，则应按买断价格计算的价款于收到受托方已销开发产品清单之日确认收入的实现。

3.采取基价（保底价）并实行超基价双方分成方式委托销售开发产品的，属于由企业与购买方签订销售合同或协议，或企业、受托方、购买方三方共同签订销售合同或协议的，如果销售合同或协议中约定的价格高于基价，则应按销售合同或协议中约定的价格计算的价款于收到受托方已销开发产品清单之日确认收入的实现，企业按规定支付受托方的分成额，不得直接从销售收入中减除；如果销售合同或协议约定的价格低于基价的，则应按基价计算的价款于收到受托方已销开发产品清单之日确认收入的实现。属于由受托方与购买方直接签订销售合同的，则应按基价加上按规定取得的分成额于收到受托方已销开发产品清单之日确认收入的实现。

4.采取包销方式委托销售开发产品的，包销期内可根据包销合同的有关约定，参照上述1至3项规定确认收入的实现；包销期满后尚未出售的开发产品，企业应根据包销合同或协议约定的价款和付款方式确认收入的实现。

第七条　企业将开发产品用于捐赠、赞助、职工福利、奖励、对外投资、分配给股东或投资人、抵偿债务、换取其他企事业单位和个人的非货币性资产等行为，应视同销售，于开发产品所有权或使用权转移，或于实际取得利益权利时确认收入（或利润）的实现。确认收入（或利润）的方法和顺序为：

（一）按本企业近期或本年度最近月份同类开发产品市场销售价格确定；

（二）由主管税务机关参照当地同类开发产品市场公允价值确定；

（三）按开发产品的成本利润率确定。开发产品的成本利润率不得低于15%，具体比例由主管税务机关确定。

第八条　企业销售未完工开发产品的计税毛利率由各省、自治区、直辖市税务局按下列规定进行确定：

（一）开发项目位于省、自治区、直辖市和计划单列市人民政府所在地城市城区和郊区的，不得低于15%。

（二）开发项目位于地及地级市城区及郊区的，不得低于10%。

（三）开发项目位于其他地区的，不得低于5%。

（四）属于经济适用房、限价房和危改房的，不得低于3%。

第九条　企业销售未完工开发产品取得的收入，应先按预计计税毛利率分季（或月）计算出预计毛利额，计入当期应纳税所得额。开发产品完工后，企业应及时结算其计税成本并计算此前销售收入的实际毛利额，同时将其实际毛利额与其对应的预计毛利额之间的差额，计入当年度企业本项目与其他项目合并计算的应纳税所得额。

在年度纳税申报时，企业须出具对该项开发产品实际毛利额与预计毛利额之间差异调整情况的报告以及税务机关需要的其他相关资料。

第十条　企业新建的开发产品在尚未完工或办理房地产初始登记、取得产权证前，与承租人签订租赁预约协议的，自开发产品交付承租人使用之日起，出租方取得的预租价款按租金确认收入的实现。

第三章　成本、费用扣除的税务处理

第十一条　企业在进行成本、费用的核算与扣除时，必须按规定区分期间费用和开发产品计税成本、已销开发产品计税成本与未销开发产品计税成本。

第十二条　企业发生的期间费用、已销开发产品计税成本、营业税金及附加、土地增值税准予当期按规定扣除。

第十三条　开发产品计税成本的核算应按第四章的规定进行处理。

第十四条　已销开发产品的计税成本，按当期已实现销售的可售面积和可售面积单位工程成本确认。可售面积单位工程成本和已销开发产品的计税成本按下列公式计算确定：

可售面积单位工程成本=成本对象总成本÷成本对象总可售面积

已销开发产品的计税成本=已实现销售的可售面积×可售面积单位工程成本

第十五条　企业对尚未出售的已完工开发产品和按照有关法律、法规或合同规定对已售开发产品（包括共用部位、共用设施设备）进行日常维护、保养、修理等实际发生的维修费用，准予在当期据实扣除。

第十六条　企业将已计入销售收入的共用部位、共用设施设备维修基金按规定移交给有关部门、单位的，应于移交时扣除。

第十七条　企业在开发区内建造的会所、物业管理场所、电站、热力站、水厂、文体场馆、幼儿园等配套设施，按以下规定进行处理：

（一）属于非营利性且产权属于全体业主的，或无偿赠与地方政府、公用事业单位的，可将其视为公共配套设施，其建造费用按公共配套设施费的有关规定进行处理。

（二）属于营利性的，或产权归企业所有的，或未明确产权归属的，或无偿赠与地方政府、公用事业单位以外其他单位的，应当单独核算其成本。除企业自用应按建造固定资产进行处理外，其他一律按建造开发产品进行处理。

第十八条　企业在开发区内建造的邮电通信、学校、医疗设施应单独核算成本，其中，由企业与国家有关业务管理部门、单位合资建设，完工后有偿移交的，国家有关业务管理部门、单位给予的经济补偿可直接抵扣该项目的建造成本，抵扣后的差额应调整当期应纳税所得额。

第十九条　企业采取银行按揭方式销售开发产品的，凡约定企业为购买方的按揭贷款提供担保的，其销售开发产品时向银行提供的保证金（担保金）不得从销售收入中减除，也不得作为费用在当期税前扣除，但实际发生损失时可据实扣除。

第二十条　企业委托境外机构销售开发产品的，其支付境外机构的销售费用（含佣金或手续费）不超过委托销售收入10%的部分，准予据实扣除。

第二十一条　企业的利息支出按以下规定进行处理：

（一）企业为建造开发产品借入资金而发生的符合税收规定的借款费用，可按企业会计准则的规定进行归集和分配，其中属于财务费用性质的借款费用，可直接在税前扣除。

（二）企业集团或其成员企业统一向金融机构借款分摊集团内部其他成员企业使用的，借入方凡能出具从金融机构取得借款的证明文件，可以在使用借款的企业间合理地分摊利息费用，使用借款的企业分摊的合理利息准予在税前扣除。

第二十二条　企业因国家无偿收回土地使用权而形成的损失，可作为财产损失按有关规定在税前扣除。

第二十三条　企业开发产品（以成本对象为计量单位）整体报废或毁损，其净损失按有关规定审核确认后准予在税前扣除。

第二十四条　企业开发产品转为自用的，其实际使用时间累计未超过12个月又销售的，不得在税前扣除折旧费用。

第四章　计税成本的核算

第二十五条　计税成本是指企业在开发、建造开发产品（包括固定资产，下同）过程中所发生的按照税收规定进行核算与计量的应归入某项成本对象的各项费用。

第二十六条　成本对象是指为归集和分配开发产品开发、建造过程中的各项耗费而确定的费用承担项目。计税成本对象的确定原则如下：

（一）可否销售原则。开发产品能够对外经营销售的，应作为独立的计税成本对象进行成本核算；不能对外经营销售的，可先作为过渡性成本对象进行归集，然后再将其相关成本摊入能够对外经营销售的成本对象。

（二）分类归集原则。对同一开发地点、竣工时间相近、产品结构类型没有明显差异的群体开发的项目，可作为一个成本对象进行核算。

（三）功能区分原则。开发项目某组成部分相对独立，且具有不同使用功能时，可以作为独立的成本对象进行核算。

（四）定价差异原则。开发产品因其产品类型或功能不同等而导致其预期售价存在较大差异的，应分别作为成本对象进行核算。

（五）成本差异原则。开发产品因建筑上存在明显差异可能导致其建造成本出现较大差异的，要分别作为成本对象进行核算。

（六）权益区分原则。开发项目属于受托代建的或多方合作开发的，应结合上述原则分别划分成本对象进行核算。

成本对象由企业在开工之前合理确定，并报主管税务机关备案。成本对象一经确定，不能随意更改或相互混淆，如确需改变成本对象的，应征得主管税务机关同意。（注：本条款废止，详见国家税务总局公告2014年第35号）

第二十七条　开发产品计税成本支出的内容如下：

（一）土地征用费及拆迁补偿费。指为取得土地开发使用权（或开发权）而发生的各项费用，主要包括土地买价或出让金、大市政配套费、契税、耕地占用税、土地使用费、土地闲置费、土地变更用途和超面积补交的地价及相关税费、拆迁补偿支出、安置及动迁支出、回迁房建造支出、农作物补偿费、危房补偿费等。

（二）前期工程费。指项目开发前期发生的水文地质勘察、测绘、规划、设计、可行性研究、筹建、场地通平等前期费用。

（三）建筑安装工程费。指开发项目开发过程中发生的各项建筑安装费用。主要包括开发项目建筑工程费和开发项目安装工程费等。

（四）基础设施建设费。指开发项目在开发过程中所发生的各项基础设施支出，主要包括开发项目内道路、供水、供电、供气、排污、排洪、通信、照明等社区管网工程费和环境卫生、园林绿化等园林环境工程费。

（五）公共配套设施费：指开发项目内发生的、独立的、非营利性的，且产权属于全体业主的，或无偿赠与地方政府、政府公用事业单位的公共配套设施支出。

（六）开发间接费。指企业为直接组织和管理开发项目所发生的，且不能将其归属于特定成本对象的成本费用性支出。主要包括管理人员工资、职工福利费、折旧费、修理费、办公费、水电费、劳动保护费、工程管理费、周转房摊销以及项目营销设施建造费等。

第二十八条　企业计税成本核算的一般程序如下：

（一）对当期实际发生的各项支出，按其性质、经济用途及发生的地点、时间区进行整理、归类，并将其区分为应计入成本对象的成本和应在当期税前扣除的期间费用。同时还应按规定对在有关预提费用和待摊费用进行计量与确认。

（二）对应计入成本对象中的各项实际支出、预提费用、待摊费用等合理地划分为直接成本、间接成本和共同成本，并按规定将其合理地归集、分配至已完工成本对象、在建成本对象和未建成本对象。

（三）对期前已完工成本对象应负担的成本费用按已销开发产品、未销开发产品和固定资产进行分配，其中应由已销开发产品负担的部分，在当期纳税申报时进行扣除，未销开发产品应负担的成本费用待其实际销售时再予扣除。

（四）对本期已完工成本对象分类为开发产品和固定资产并对其计税成本进行结算。其中属于开发产品的，应按可售面积计算其单位工程成本，据此再计算已销开发产品计税成本和未销开发产品计税成本。对本期已销开发产品的计税成本，准予在当期扣除，未销开发产品计税成本待其实际销售时再予扣除。

（五）对本期未完工和尚未建造的成本对象应当负担的成本费用，应按分别建立明细台账，待开发产品完工后再予结算。

第二十九条　企业开发、建造的开发产品应按制造成本法进行计量与核算。其中，应计入开发产品成本中的费用属于直接成本和能够分清成本对象的间接成本，直接计入成本对象，共同成本和不能分清负担对象的间接成本，应按受益的原则和配比的原则分配至各成本对象，具体分配方法可按以下规定选择其一：

（一）占地面积法。指按已动工开发成本对象占地面积占开发用地总面积的比例进行分配。

1.一次性开发的，按某一成本对象占地面积占全部成本对象占地总面积的比例进行分配。

2.分期开发的，首先按本期全部成本对象占地面积占开发用地总面积的比例进行分配，然后再按某一成本对象占地面积占期内全部成本对象占地总面积的比例进行分配。

期内全部成本对象应负担的占地面积为期内开发用地占地面积减除应由各期成本对象共同负担的占地面积。

（二）建筑面积法。指按已动工开发成本对象建筑面积占开发用地总建筑面积的比例进行分配。

1.一次性开发的，按某一成本对象建筑面积占全部成本对象建筑面积的比例进行分配。

2.分期开发的，首先按期内成本对象建筑面积占开发用地计划建筑面积的比例进行分配，然后再按某一成本对象建筑面积占期内成本对象总建筑面积的比例进行分配。

（三）直接成本法。指按期内某一成本对象的直接开发成本占期内全部成本对象直接开发成本的比例进行分配。

（四）预算造价法。指按期内某一成本对象预算造价占期内全部成本对象预算造价的比例进行分配。

第三十条　企业下列成本应按以下方法进行分配：

（一）土地成本，一般按占地面积法进行分配。如果确需结合其他方法进行分配的，应商税务机关同意。

土地开发同时连结房地产开发的，属于一次性取得土地分期开发房地产的情况，其土地开发成本经商税务机关同意后可先按土地整体预算成本进行分配，待土地整体开发完毕再行调整。

（二）单独作为过渡性成本对象核算的公共配套设施开发成本，应按建筑面积法进行分配。

（三）借款费用属于不同成本对象共同负担的，按直接成本法或按预算造价法进行分配。

（四）其他成本项目的分配法由企业自行确定。

第三十一条　企业以非货币交易方式取得土地使用权的，应按下列规定确定其成本：

（一）企业、单位以换取开发产品为目的，将土地使用权投资企业的，按下列规定进行处理：

1. 换取的开发产品如为该项土地开发、建造的，接受投资的企业在接受土地使用权时暂不确认其成本，待首次分出开发产品时，再按应分出开发产品（包括首次分出的和以后应分出的）的市场公允价值和土地使用权转移过程中应支付的相关税费计算确认该项土地使用权的成本。如涉及补价，土地使用权的取得成本还应加上应支付的补价款或减除应收到的补价款。

2. 换取的开发产品如为其他土地开发、建造的，接受投资的企业在投资交易发生时，按应付出开发产品市场公允价值和土地使用权转移过程中应支付的相关税费计算确认该项土地使用权的成本。如涉及补价，土地使用权的取得成本还应加上应支付的补价款或减除应收到的补价款。

（二）企业、单位以股权的形式，将土地使用权投资企业的，接受投资的企业应在投资交易发生时，按该项土地使用权的市场公允价值和土地使用权转移过程中应支付的相关税费计算确认该项土地使用权的取得成本。如涉及补价，土地使用权的取得成本还应加上应支付的补价款或减除应收到的补价款。

第三十二条　除以下几项预提（应付）费用外，计税成本均应为实际发生的成本。

（一）出包工程未最终办理结算而未取得全额发票的，在证明资料充分的前提下，其发票不足金额可以预提，但最高不得超过合同总金额的10%。

（二）公共配套设施尚未建造或尚未完工的，可按预算造价合理预提建造费用。此类公共配套设施必须符合已在售房合同、协议或广告、模型中明确承诺建造且不可撤销，或按照法律法规规定必须配套建造的条件。

（三）应向政府上交但尚未上交的报批报建费用、物业完善费用可以按规定预提。物业完善费用是指按规定应由企业承担的物业管理基金、公建维修基金或其他专项基金。

第三十三条　企业单独建造的停车场所，应作为成本对象单独核算。利用地下基础设施形成的停车场所，作为公共配套设施进行处理。

第三十四条　企业在结算计税成本时其实际发生的支出应当取得但未取得合法凭据的，不得计入计税成本，待实际取得合法凭据时，再按规定计入计税成本。

第三十五条　开发产品完工以后，企业可在完工年度企业所得税汇算清缴前选择确定计税成本核算的终止日，不得滞后。凡已完工开发产品在完工年度未按规定结算计税成本，主管税务机关有权确定或核定其计税成本，据此进行纳税调整，并按《中华人民共和国税收征收管理法》的有关规定对其进行处理。

第五章　特定事项的税务处理

第三十六条　企业以本企业为主体联合其他企业、单位、个人合作或合资开发房地产项目，且该项目未成立独立法人公司的，按下列规定进行处理：

（一）凡开发合同或协议中约定向投资各方（即合作、合资方，下同）分配开发产品的，企业在首次分配开发产品时，如该项目已经结算计税成本，其应分配给投资方开发产品的计税成本与其投资额之间的差额计入当期应纳税所得额；如未结算计税成本，则将投资方的投资额视同销售收入进行相关的税务处理。

（二）凡开发合同或协议中约定分配项目利润的，应按以下规定进行处理：

1.企业应将该项目形成的营业利润额并入当期应纳税所得额统一申报缴纳企业所得税，不得在税前分配该项目的利润。同时不能因接受投资方投资额而在成本中摊销或在税前扣除相关的利息支出。

2.投资方取得该项目的营业利润应视同股息、红利进行相关的税务处理。

第三十七条　企业以换取开发产品为目的，将土地使用权投资其他企业房地产开发项目的，按以下规定进行处理：

企业应在首次取得开发产品时，将其分解为转让土地使用权和购入开发产品两项经济业务进行所得税处理，并按应从该项目取得的开发产品（包括首次取得的和以后应取得的）的市场公允价值计算确认土地使用权转让所得或损失。

第六章　附　则

第三十八条　从事房地产开发经营业务的外商投资企业在2007年12月31日前存有销售未完工开发产品取得的收入，至该项开发产品完工后，一律按本办法第九条规定的办法进行税务处理。

第三十九条　本通知自2008年1月1日起执行。

第7讲　房地产行业企业所得税的逻辑与风险

前一讲我们分析了企业所得税这个税种的特点，也长篇大幅罗列了国税发〔2009〕31号文件，目的就是为了分析清楚房地产行业企业所得税的逻辑与风险。

完工前后两种不同的计算缴纳方式

房地产预售阶段取得的收入，增值税和土地增值税均实行预缴制度，预缴的方法，是定一个预缴的比例税率进行申报预缴。企业所得税对预售阶段取得的收入进行征税，是否也是税款的预缴呢？国税发〔2009〕31号文件规定，企业通过正式签订《房地产销售合同》或《房地产预售合同》所取得的收入，应确认为销售收入的实现。

这是一个非常特殊的规定，企业所得税将房地产企业预售收入，确认为所得税上的收入。这种规定，既独立于企业所得税的一般收入确认原则，也独立于会计上收入确认的原则，另辟蹊径，自成一体。

企业所得税是对所得课征的一种税，所得是收入扣除成本费用后的余额。

企业所得税对预售收入确认为收入，有了收入，到哪里去找成本？因为房地产开发项目，在完工之前的预售阶段，成本没有完全发生并进行可靠的计量。于是国税发〔2009〕31号文件虚拟出一个利润，即计税毛利额。企业销售未完工开发产品取得的收入，应先按预计计税毛利率计算出预计毛利额，计入当期应纳税所得额。

企业销售未完工开发产品的计税毛利率由各省、自治区、直辖市税务局按下列规定进行确定：

1.开发项目位于省、自治区、直辖市和计划单列市人民政府所在地城市城区和郊区的，不得低于15%。

2.开发项目位于地及地级市城区及郊区的，不得低于10%。

3.开发项目位于其他地区的，不得低于5%。

4.属于经济适用房、限价房和危改房的，不得低于3%。

计税毛利率的意思，可以反向理解：如15%的计税毛利率，意思也就是由于完工之前，房地产企业无法确定其成本，所得税上给你一个暂估的成本，即预售收入的85%。

开发产品完工前，企业所得税以收入乘以计税毛利率，同时可以扣除费用和税金后的余额，为计算缴纳所得税的依据。

开发产品完工后，房地产开发企业应及时结算其计税成本并计算此前销售收入的实际毛利额，同时将其实际毛利额与其对应的预计毛利额之间的差额，计入当年度企业本项目与其他项目合并计算的应纳税所得额。

开发产品完工后，房地产企业再卖的房子，就按实际利润来计算其对应的所得了。收入本身就有，其成本的确定，按照国税发〔2009〕31号文件的规定，在完工年度，对开发的产品应按可售面积计算其单位工程成本，据此再计算出已销开发产品计税成本和未销开发产品计税成本。对本期已销开发产品的计税成本，准予在当期扣除，未销开发产品计税成本待其实际销售时再予扣除。

收入的确认时点

前面讲清楚了一个点，房地产企业的预售收入，在企业所得税上也是收入，必须在取得收入当期申报缴纳企业所得税。但预售的收入是一种特殊性质的收入，为此国税发〔2009〕31号文件专门给这种收入规定了特有的收入确认时点。

观国税发〔2009〕31号文件第六条的规定，对收入的确认，采用的是收付实现制，而不是传统意义上的权责发生制。如一次性付款，按照收到钱的时间确认收入；采取银行按揭方式付款的，首付款于实际收到日确认收入，余款在银行按揭贷款办理转账之日确认收入。

对于现房的销售，房地产公司应该按照国税发〔2009〕31号文件的规定来确认收入，还是按企业所得税的一般性收入确认规则来确认收入呢？国税发〔2009〕31号文件似乎没有讲清楚这一点。笔者理解，开发产品完工后的现房销售，应该按企业所得税的一般规则来确认收入，即按照《国家税务总局关于确认企业所得税收入若干问题的通知》（国税函〔2008〕875号）的规定，以遵循权责发生制为原则，以风险和报酬的转移为主要标准，来确认收入的实现。

成本与费用的严格区分

一般的行业在企业所得税的管理上，虽然强调要区分成本和费用，但都只是作了一些原则性规定。但房地产行业不一样，国税发〔2009〕31号文件，对房地产开发企业有严格要求：企业在进行成本、费用的核算与扣除时，必须按规定区分期间费用和开发产品计税成本，两者不能相互混淆。

房地产企业的预售收入，按计税毛利率缴纳所得税时，可以扣除当期发生的期间费用。因此，站在企业所得税的角度，能进费用的尽量不进成本，这样可以争取在预售阶段少缴点所得税，同时也能在一定程度上避免“前面缴税、后面亏损，亏损又不能用”的情形。

完工前所得税季度申报的逻辑

企业所得税按年计算，按季申报预缴，年终汇算清缴。开发产品未完工之前，由于会计上也没有记载“收入”，季度申报时，这一块收入要缴纳企业所得税吗？答案是肯定的，在季度申报时必须申报缴纳预售收入对应的所得税。

为了保证房地产行业这种特殊的计税方式，企业所得税季度申报表中，设置了一些专门的栏次，供地产企业来填报。所得税季度申报表（部分）如表1-2所示。

表 1-2　企业所得税季度申报表（部分）

行次	预缴税款计算	本年累计
1	营业收入	
2	营业成本	
3	利润总额	
4	加：特定业务计算的应纳税所得额	

我们要明确一点，一般情况下，企业所得税季度申报的依据，是企业财务核算的会计利润数，一般季度申报时，对税会差异不作纳税调整。举个最简单的例子，季度申报时，职工福利费超标了，业务招待费按发生额60%扣除，或者会计上不作收入、税法上需要视同销售的收入，在季度申报时都不用纳税调整，直接按会计核算的口径申报就行了。

但是，房地产企业的预售收入是个例外。房地产企业在预售期间，会计上是不做收入的，但这些预售收入在所得税上规定为收入，为了保证年度内税款能够均衡地入库，季度申报表中在“利润总额”后面，专门设置了一行：“4.加：特定业务计算的应纳税所得额”，用来调增预售收入按预计毛利额缴税的所得额。

完工前企业所得税年度申报的逻辑

为了比较全面地反映房地产行业的年度申报调整过程，现行企业所得税年度申报表专门腾出了半张表格，用来调整房地产行业税会差异（见表1-3）。

表 1-3　A105010 视同销售和房地产开发企业特定业务纳税调整明细表（部分）

行次	项目	税收金额	纳税调整金额
		1	2
21	三、房地产开发企业特定业务计算的纳税调整额（22—26）		
22	（一）房地产企业销售未完工开发产品特定业务计算的纳税调整额（24—25）		
23	1.销售未完工产品的收入		*
24	2.销售未完工产品预计毛利额		
25	3.实际发生的税金及附加、土地增值税		
26	（二）房地产企业销售的未完工产品转完工产品特定业务计算的纳税调整额（28—29）		
27	1.销售未完工产品转完工产品确认的销售收入		*
28	2.转回的销售未完工产品预计毛利额		
29	3.转回实际发生的税金及附加、土地增值税		

这半张表可拆分为两部分来分析。第一部分调整的是预销售阶段，未完工产品按预计毛利额缴税的所得额，即表格的第22行至第25行。第23行填写未完工产品的销售收入，第24行反映未完工产品的预计毛利额，即第22行乘当地预计毛利率，第25行填写实际缴纳但会计上未计入当期损益的城市建设

税、教育费附加以及土地增值税等。这里要注意的是防止税金的重复扣除。

第一部分实际上调整了两个税会差异事项：一个是预售收入，会计上不做收入、所得税上必须按预计毛利确认所得；另一个是有关附加税和土地增值税，会计上暂不计入损益，但企业所得税上允许当期扣除的税会差异。

举个简单例子，某房地产开发公司，2020年拿到预售许可证，当年取得销售收入10 000万元，按照预缴的增值税缴纳城市维护建设税、教育费附加和地方教育附加共计36万元，预缴土地增值税200万元。相关的税金及附加，会计上根据与收入配比原则，未计入应缴税金及附加等损益科目。当地预计毛利率10%。办理2020年企业所得税年度申报时，填表如表1–4所示。

表1–4　　某房地产开发公司2020年企业所得税申报

行次	项目	税收金额	纳税调整金额
21	三、房地产开发企业特定业务计算的纳税调整额（22—26）	7 640 000	7 640 000
22	（一）房地产企业销售未完工开发产品特定业务计算的纳税调整额（24—25）	7 640 000	7 640 000
23	1. 销售未完工产品的收入	100 000 000	*
24	2. 销售未完工产品预计毛利额	10 000 000	
25	3. 实际发生的税金及附加、土地增值税	2 360 000	
26	（二）房地产企业销售的未完工产品转完工产品特定业务计算的纳税调整额（28—29）		
27	1. 销售未完工产品转完工产品确认的销售收入		*
28	2. 转回的销售未完工产品预计毛利额		
29	3. 转回实际发生的税金及附加、土地增值税		

这764万元的税会差异，最终结转到年度申报表的主表中去，体现为当年的所得，申报缴纳当年的企业所得税。

完工年度的纳税调整

表1-3的第二部分，即第26行到第29行，是完工年度的纳税调整。到完工年度，一般意义上会计上也结转了收入和成本，此时销售的房产，会计上已经体现了损益。由于在未完工年度，所得税上“提前确认了收入和成本”，因此在完工年度的所得税年度申报时，必须将以前缴纳的税冲回，否则会造成重复缴税。

表格的第26行到第29行，就是起到这个反向调整的作用。第27行填写销售未完工产品转完工产品确认的销售收入，第28行填写转回的销售未完工产品预计毛利额，第29行填写转回实际发生的税金及附加、土地增值税。

第二部分实际上也调整了两个税会差异事项。一个是会计上已经做了收入，但所得税上以前按预计毛利确认所得缴了税，这部分所得必须在此调减回来，否则会造成重复缴税。另一个是对有关附加税和土地增值税，会计上以前年度不计入损益，但企业所得税上，以前年度已扣除过一次，在结转收入的年度，必须对这部分税金反冲回来，否则会造成重复扣除。

接上面案例。到了2022年，该开发项目竣工备案且到年底交了房，会计上也于2022年度确认了收入和成本。假设总的收入就是10 000万元，会计上的成本是8 000万元，那么当年会计上确认了利润2 000万元且体现在企业的利润表上。这10 000万元收入，企业已于2020年按10%预计毛利率缴纳了企业所得税，因此在办理2022年度申报时，必须把这一部分“提前确认的所得”在申报时反冲回来。

办理2022年度企业所得税申报时，填表如表1-5所示。

表 1-5　　某地产开发公司 2022 年度企业所得税申报

行次	项目	税收金额	纳税调整金额
21	三、房地产开发企业特定业务计算的纳税调整额（22—26）	-7 640 000	-7 640 000
22	（一）房地产企业销售未完工开发产品特定业务计算的纳税调整额（24—25）		
23	1.销售未完工产品的收入		*
24	2.销售未完工产品预计毛利额		
25	3.实际发生的税金及附加、土地增值税		
26	（二）房地产企业销售的未完工产品转完工产品特定业务计算的纳税调整额（28—29）	7 640 000	7 640 000
27	1.销售未完工产品转完工产品确认的销售收入	100 000 000	*
28	2.转回的销售未完工产品预计毛利额	10 000 000	
29	3.转回实际发生的税金及附加、土地增值税	2 360 000	

这个案例中，在2022年度，会计上已经确认了2 000万元的利润，假设没有其他的税会差异，这2 000万元的会计利润自然而然地转成所得税上的所得，并在年度申报表的“应纳税所得额”中体现出来，但其中的一部分764万元，前期按预计毛利率缴过税了，所以在此年度必须反冲回来。

上面讨论的是完工年度所得税上要结转收入和成本、会计上也同时结转了收入和成本的填表方法及调整方法。实务中，经常会遇到一种情况，就是企业所得税上按完工时间结转了已销售部分的收入和成本，但当年由于没有达到交房时点，所以这一年会计上也就没有确认收入和成本。这时，纳税申报表就不是如上的填写和调整方法了。由于会计上未确认收入，税收上确认了收入，这时的纳税调整就直接到纳税调整主表（A105000表）的相关栏次进行调整，而不是在A105010表进行调整。

房地产企业的所得税之巨痛：前盈后亏

房地产行业的企业所得税，完工之前按预售收入和预计毛利额计算缴税，这和预征税款有天壤之别。预征税款是一种“先预缴，再清算”的行为，有预缴必有清算，有清算必有多退少补。对于预售收入，在房地产企业所得税上，是一种完完全全的缴纳义务，后续没有可以清算的动作。

正是因为企业所得税上是一种完整的缴纳义务，所以这给房地产项目公司带来了很大的一个问题：前盈后亏且退不了税。完工之前，房地产项目公司缴纳了一大堆的企业所得税，完工结转收入、成本以后，形成了一大堆巨额的亏损，前面缴的税没法退，后面形成的亏损，由于房地产开发基本上采用项目开发形式，项目开发完成后，一般不会再用这个项目公司继续开发或从事其他的业务，形成的亏损也大概率没有用了。

前盈后亏形成的原因

房地产项目公司的前盈后亏是怎么形成的？对症才能下药，我们先来找一下“症”在哪儿：

原因1：项目的实际毛利率远远没有计税毛利率那么高。假如某开发项目，当地规定的计税毛利率是15%，在预销售阶段，按15%计算缴纳了企业所得税，到完工年度结转收入和成本时，实际毛利率只有7%—8%，由于企业所得税是个按年计算缴纳的税种，后面的亏损不能结转到前面年度去弥补，所以形成了前面缴税、后面亏损的困局。

最直观的，把上面举例中的数据改一下，按预计毛利率计算出来的所得是764万元，但完工年度算出来真正的利润是264万元。在完工年度，通过纳税调整，所得税上调整出了500万元的亏损。房子也卖完了，也不再开发其他项目了，后期也就没收入没所得了，亏损也就没用了。

原因2：成本票滞后。项目完工年度结转收入和成本时，企业所得税的税前扣除也需要合法有效的扣除凭证。如果这一年度，项目公司没有完整取得扣税凭证，当年汇算清缴时则会多缴税款。此后年度再取得发票，虽然税法有具体文件规定，可以追溯调整，但由于涉及退还以前年度的企业所得税，绝大部分税务机关不支持追溯调整的做法。所以，以后年度取得的发票或扣税凭证，只能在以后年度扣，从而形成了一堆以后年度的亏损。当然，国税发〔2009〕31号文件规定，在完工年度，在证明资料充分的前提下，其发票不足金额允许预提，但最高不得超过合同总金额的10%。这只是解决了部分问题。

原因3：土地增值税引起的前盈后亏。前面讲到过，在预售阶段，房地产企业缴纳所得税时，可以扣除相应的税金，包括土地增值税。这里的税金，仅指当年实际缴纳的税款。如果房地产开发项目，实际增值率高，在土地增值税清算后，要补缴大额的土地增值税。由于一般情况下，企业所得税结转收入在前，土地增值税清算在后，因此清算补缴的土地增值税，在税款缴纳年度扣除，又形成了所得税上的巨额亏损。

对于这种情形造成的亏损，企业所得税有专门的文件规定，符合一定的条件，可以向税务机关申请退还以前年度多缴的企业所得税。

原因4：盈利的产品卖在前，亏损的产品未卖完。最典型的是，在完工产品结转收入和成本时，增值高利润高的住宅全卖完了，这一块对应的所得额大，先缴了一大块所得税。但此时，房地产项目公司留下一大堆有产权的地下车库没有卖，由于车库收入和成本倒挂严重，如果在不同年度的话，车库的亏损就抵不了住宅的利润，从而导致前面缴了大额所得税，后面有一堆的亏损用不了。

以上罗列了前盈后亏形成的四种主要原因，原因还有很多，不再一一罗列。“前盈后亏、后亏又不能用”是房地产开发企业在企业所得税上最大的痛。这种痛，主要是由于行业的特点和税制设计造成的；这种痛，让课税的所得脱离了企业的实际利润；这种痛，有时会让房地产企业痛得无法呼吸。

房地产企业所得税之其他痛

房地产开发企业在企业所得税上的第二痛是：成本和费用凭票扣除。凭票扣除当然是对所有行业的要求。但对房地产公司来说，其杀伤力不一样，原因主要有两个：一个是房地产公司由于其行业的特殊性，好多实际发生的支出是拿不到发票的，但这些也是真真实实的支出。另一个是对一般企业来说，迟点拿到票，当年多缴点税，由于循环的运转，后面有了亏损可以用起来，只是时间性差异。但对房地产企业就不一样了，完工年度没拿到票，全部或绝大部分的收入已实现，对应的扣除却少了一大块。后面拿到的票，哪怕让你在后面的收入里扣，前面多缴的企业所得税永远退不回。

房地产开发企业在企业所得税上的第三痛是：税会差异的巨大和纳税调整的复杂性。税会差异的巨大，主要就是收入确认上的差异。这种差异，给房地产行业的企业所得税申报和处理，带来了较高的难度，企业时常会出现申报错误的情形。曾经遇到过好几个案例，在税务师鉴证过的所得税年度申报表上，出现了错缴上千万元企业所得税情形。

在此好心提醒，房地产集团公司的税务总监或者集团主管税务的行家，要像对待土地增值税清算一样，对待每个项目公司的企业所得税年度申报，花点时间仔细审核下年度申报表，尤其是完工结转年度的申报表。更专业一点，更仔细一点，每一年的汇算清缴，大的地产集团省下一个“小目标”是完全有可能的事。

第8讲　房地产行业土地增值税的逻辑与风险

对房地产开发企业来说，有一个非常特殊而又重要的税种：土地增值税。说它特殊，是因为从事房地产开发业务以外的其他行业，基本上碰不到这个税种。说它重要，是因为税种小，事儿大，一不小心容易翻了船。

土地增值税是以纳税人转让国有土地使用权、地上的建筑物及其附着物所取得的增值额为征税对象，依照法定税率征收的一种税。土地增值税是非常奇特的一个税种，奇特之一为税率高，土地增值税采用超率累进税率，最高一档的适用税率为60%，为目前所有税种中最高的税率；起步税率为30%，起步价也高得出奇。奇特之二为文件规定少，如此重要的一个税种，财政部、国家税务总局出台的文件，不超过100个，很多重要的政策，由于执行中没有明确的规定，导致纳税遵从的风险很大。奇特之三为“十里不同音”。由于政策规定得不明确，导致基层税务机关的执行口径非常不一致。奇特之四为争议多，因为政策的不明确，加上对房地产公司来说，涉及的税款金额大，政策上的一个点，影响的税款就可能是上千万元、几亿元。因此，房地产企业和税务机关在土地增值税上的争议频频发生，土地增值税也赢得了“土地争执税”的美誉。

时间上分割：预缴+清算制度

土地增值税以增值额为征税对象。理论上，土地增值税的纳税义务发生时间，必须以房地产开发项目的竣工结算为前提。只有项目办理了竣工结算，整个项目的成本和费用才有一个可靠的核算结果。但是，和增值税实行预缴原理相同，土地增值税也实行预缴制度。

《土地增值税暂行条例》规定，纳税人在项目全部竣工结算前转让房地产取得的收入，由于涉及成本确定或其他原因，而无法据以计算土地增值税的，可以预征土地增值税，待该项目全部竣工、办理结算后再进行清算，多退少补。

条例虽然说预征土地增值税的截止时点为项目竣工结算前，但实际操作中，土地增值税的预缴时点远比这个要晚，一直要晚到土地增值税的清算为止。所以讨论土地增值税的计算和缴纳，我们可从清算申报日前、清算期间（申报日至清算结果出来）、清算后三个时间段来讨论。

清算申报日前，按当地规定比例预缴土地增值税，这应该是非常明确的。言下之意，在税务机关没有清算之前，房地产公司就得一直预缴着。

清算期间的土地增值税缴纳。清算申报日到清算审核结果出来，中间至少间隔几个月的时间。这段时间如何进行土地增值税的申报缴纳呢？是继续采取预缴方式还是其他计算方式，各地有各地的规定，但有一点是明确的，这个期间销售的房子，不管有没有预缴土地增值税，大概率是没有参与清算的。

清算后销售尾盘的申报缴纳。按相关文件规定，在土地增值税清算时未转让的房地产，清算后销售或有偿转让的，纳税人应按规定进行土地增值税的纳税申报，扣除项目金额按清算时的单位建筑面积成本费用乘以销售或转让面积计算。因此，尾盘的土地增值税缴纳，大的规则是明确的，这部分房产的销售，没有土地增值税预缴这个动作，直接参照清算的结果，办理税款的计算和缴纳。这个期间销售的房子，总体也是没有参与清算的。

从上面讲述可以看出，清算申报前销售的房产，参与了土地增值税的清算。清算申报日后销售的房产，大概率是没有参与清算这一活动的。

从土地增值税的设计来说，同一个项目中销售的房产，应该作为一个整体进行清算，这样不同房产的增值，才能在计算土地增值税时，进行完整的互抵。但现实是由于清算时点的规定，以及大部分地方不支持二次清算，造成了现实中的土地增值税清算范围仅仅包括已销的大部分房产，其不是对所有销售房产进行的一次完整意义上的清算。

土地增值税的“预缴+清算”制度，既需要我们把握好清算的时点，也需要我们平衡好预缴和清算这两个环节缴的税。从道理上说，预缴时缴得少点，清算时稍微补点税，这是最好的选择。毕竟前期缴多了税，虽然有清算的制度，但后期想把税退回来，是有一定的难度和不确定性的。

空间上的分割：清算单位与三分法

增值税和企业所得税，一般都是以企业为单位来计算缴纳税款。但土地增值税和这两个税种有所不同，它有专门的计算单位：清算单位。

《土地增值税暂行条例实施细则》第八条规定，土地增值税以纳税人房地产成本核算的最基本的核算项目或核算对象为单位计算。国家税务总局《关于房地产开发企业土地增值税清算管理有关问题的通知》（国税发〔2006〕187号）规定，土地增值税以国家有关部门审批的房地产开发项目为单位进行清算，对于分期开发的项目，以分期项目为单位清算。

由于国家税务总局层面对清算单位规定的比较原则，各省根据本地实际情况，规定了土地增值税的清算单位，有的以发展改革委立项为标准，有的以建设工程规划许可证为标准，也有的以会计核算为标准。

以工程规划许可证作为清算单位为例，某个房地产开发公司拿了一块地进行开发，报批报建时，拿了两张工程规划许可证，在土地增值税清算时，就必须按两个清算单位进行清算。假如其中一个单位的增值率是负的，另一个单位的增值率是正的，二者之间的盈和亏不能相互抵减。

空间上的分割，不只是不同清算单位间的分割，在同一清算单位内，还要区分普通住宅、非普通住宅和其他三个类别，分别计算增值额。如上面案例中，同一个开发项目，两张工程规划许可证，分为两个清算单位。每一个清算单位中，又存在着三种业态，这时土地增值税清算时，就被人为分割成6个计算单位，分别计算增值额，且6个计算单位间，相互的盈和亏不能抵减。

土地增值税清算时，人为把同一个项目，分割为N个清算单位和计算单位，这是土地增值税最大的一个特点，是很多税企之间产生争执的根源，是导致土地增值税实际税负与项目实际增值偏离过大的原因，是导致土地增值税负明显偏高的重要原因。

一个如此重要的税种，最终其缴纳税款的多少，取决于报批报建时拿了几张证，这本身是非常不严肃的事，也是对税法刚性的一种损害。每每谈到这个税种，总有点恨铁不成钢的感觉。真的不希望这个税种被称为“劣税”，真诚地希望，借土地增值税立法之机，改掉这个税种税制上天生的一些“顽疾”。这也是税收法治的必经之路。

独特的扣除方式

土地增值税的征税对象是增值额，增值额等于收入减除税法规定的扣除项目金额后的余额。对于房地产公司销售开发的产品来说，扣除项目包括：

1.取得土地使用权所支付的金额；

2.房地产开发成本；

3.房地产开发费用；

4.与转让房地产有关的税金；

5.财政部规定的其他扣除项目。

计算土地增值税的增值额时，其扣除项目之所以不称之为成本的扣除，而称之为扣除的项目，主要原因是土地增值税的扣除包含了三个部分：实际发生的扣除、按比例计算的扣除和虚拟的扣除。

实际发生的扣除。对于取得土地使用权所支付的金额、房地产开发成本（不含资本化利息）以及与转让房地产有关的税金等，在扣除时，按照实际发生的原则据实进行扣除。

按比例计算扣除。对于房地产开发费用，采取按一定比例计算扣除的方法。利息支出，如符合一定条件的，可以据实扣除；不符合规定条件的，也按一定比例计算扣除。

虚拟的扣除。从事房地产开发的纳税人，可按取得土地使用权所支付的金额和开发土地和新建房及配套设施的成本的合计数，加计20%的扣除。这实际上是一种虚拟的扣除，如同所得税上的研发费加计扣除，是一种“无中生有”的扣除，目的是为了鼓励正常的房地产开发。

从上面分析可以看出，土地使用权和开发成本，在计算土地增值税时，不但可以扣除，而且可以加计扣除。如果在按比例计算利息扣除的情形下，100元的成本，可以起到130元的抵税效应。所以，站在土地增值税的角度，能进成本则进成本，绝不进费用。

土地增值税税率的设计

《土地增值税暂行条例》颁布于1993年，基于国家参与土地收益分配、抑制炒买炒卖土地获取暴利行为的需要，当时设计了四级超率累进税率，对增值率高的多征税，增值率低的少征税，以充分发挥国家对过高增值收益进行有效调节的作用。

我们以一个来自网络的例子，来说明土地增值税的计算和超率累进税率的特征。

某项目清算收入140 000万元，可以扣除的项目中，土地使用权费及开发成本合计68 000万元，没有按项目计算分摊利息，相关税金及附加700万元。

扣除项目=68 000+68 000×10%+700+68 000×20%=89 100（万元）

增值额=140 000−89 100=50 900（万元）

增值率=50 900÷89 100×100%=57.13%

应纳土地增值税=50 900×40%−89 100×5%=15 905（万元）

举这个例子，除了想说清楚土地增值税的增值额和税款是怎么计算出来的以外，还想说明三个问题。

第一个问题，超率累进税率和全率累进税率的区别。上述的计算过程采用了简化的方法，实际上我们可以采用税法规定的计算方法进行计算：

增值额未超过扣除项目金额50%的部分；增值额超过扣除项目金额50%，未超过100%的部分；增值额超过扣除项目金额100%，未超过200%的部分；增值额超过扣除项目金额200%的部分，分别适用30%、40%、50%、60%的税率。

增值额50 900万元，其中未超过扣除项目金额50%的部分为44 550万元；超过扣除项目金额50%，未超过100%的部分为6 350万元。

应纳土地增值税=44 550×30%+6 350×40%=13 365+2 540=15 905（万元）

如果土地增值税适用的是全率累进税率，则：

应纳土地增值税=50 900×40%=20 360（万元）

全率累进税率和超率累进税率最大区别是：全率累进税率只要达到某一档级，就全额适用这一档的税率；超率累进税率对每个等级部分分别规定相应税率，分别计算税额，各级税额之和为应纳税额。

为什么要单独说这个事？因为经常有人会说，在土地增值税的管理中，要特别注意土地增值税适用税率的跳档问题，这种说法其实是错误的，是对土地增值税超率累进税率的误解。所以，在实际工作中，如果是个征税项目，不必拘泥于税率是否跳档。

第二个问题，就如个人所得税年终奖单独计税的规定，土地增值税中，会不会有多1元增值额多缴几千元税款的事情发生？回答是肯定的，有这种情况，且可能会存在多1元增值额多缴几千万元的税款的情形。土地增值税的跳档现象只会出现在普通住宅免税的临界点上下。我们知道，增值率低于20%的普通住宅，享受免征土地增值税的税收待遇，高于20%的，就一下子全额跳档，全部适用30%的税率。

说这个问题，是为了说明这个道理，开发项目中有普通住宅的，其增值额和增值率的管控，是多么重要。

第三个问题，超率累进税率的优点和缺点。和最传统的比例税率相比较，比例税率最大好处是考虑了横向的公平，你公司赚了1亿元，缴2 500万元的所得税；我公司赚了1亿元，也缴2 500万元的所得税。但超率累进税率就不一样了，你公司项目的增值1亿元，可能缴3 000万元的土地增值税；我公司项目的增值也是1亿元，可能缴4 000万元的土地增值税。因为同样赚1亿元，双方的增值率不一定相同。

超率累进税率的缺点，是没有考虑到横向公平。优点是，考虑到了纵向的公平。同一个项目里，增值越高，适用的税率越高，缴的税越多。

土地增值税的痛点

同一房地产公司开发的同一项目，由于土地增值税对清算单位和计算单位有专门的规定，人为地分割成N个计算区间，造成的结果是，不同的计算单位间盈亏不能相互抵减。

土地增值税最大痛点是贫富不均。如上面案例中，不同开发业态中，可能有的增值率是负的，有的增值率增值很高，但不同业态间不能平均一下，从而造成土地增值税税负增高。

最典型的是普通住宅增值率为负情况下，不能和其他业态放在一起清算，眼睁睁看着“亏的亏上天，赚的赚上天”，从而引发了不少税企争议。

由于土地增值税特殊的计算方法，极有可能会出现这些情形：同一个项目，同样的增值额，缴纳的土地增值税不一样；一个项目，总的增值是正的，但土地增值税清算结果是不缴税；一个项目，总的增值是负的，但土地增值税清算结果是缴很多的土地增值税。也就是说，土地增值税最后清算的结果，很大程度上取决于办了几个证、开发的不同产品业态的分布等因素。贫富不均是土地增值税最大的痛点。

土地增值税的第二个痛点是缴税容易退税难。土地增值税的政策是非常清晰的，在清算环节，多退少补。但一方面清算的主动权，在税务机关手里，税务机关往往对退税的项目在时间安排上没有补税的项目那么主动，有时甚至故意往后拖延。另一方面，对于退税的项目，由于税务机关自身执法风险的考虑，在政策上能紧不松，致使好多应该能退税的项目都退不到税。还有些地方，虽然政策规定了土地增值税的清算退税，但实际操作中，从不办理退税，让纳税人多缴的土地增值税，在以后的开发项目中抵减。这对房地产项目公司来说，是非常致命的。毕竟哪个房地产公司，能保证在当地还能拿地继续开发呢？

土地增值税第三个痛点，是土地增值税也实行凭票扣除制度。在土地增值税清算时点，如果发生的成本没有足额取得发票，是不能作为开发成本在计算时扣除的。

第9讲 房地产行业税务风险的管控与税务优化

相比较而言，房地产行业的税务风险，比其他行业的税务风险更大。房地产行业的税务风险，有几个比较明显的特点：

一个是税务风险比较高。房地产企业普遍是当地税务机关的重点税源，税收金额较大，往往是当地税务部门关注的重点和焦点，也是风险推送和税务稽查的重点对象。

另一个是税务风险的滞后性。所谓滞后性，是指其税务风险是累积后再暴发出来的。税务机关对正在开发的地产项目，一般不会进行税务稽查，要查也要等到项目基本清盘时再进行稽查。所有的房地产开发项目，都要过土地增值税清算这一关，这其中的税务风险也是滞后的。房地产行业的税务风险，是前期多年累积下来的结果，所以我们经常会看到，某某房地产企业被税务稽查补了上千万元税款的案例报道。

产生税务风险的主要根源

房地产企业的税务一查一个准，一查就大额。其税务风险产生的原因主要有：

税种多、税收政策烦琐且复杂。房地产行业涉及的税种多，其税收政策又相对复杂，这给相关的财务人员带来了巨大的挑战。实务中，能精通地产税收的财务人员少之又少。由于对政策的不了解，会产生很多的税务风险。再加上房地产行业不是一个持续开发的行业，每个项目的税务处理都有不同之处。这些因素都会导致税务风险的加剧。

税收政策的不确定性。房地产行业税收政策的不确定性，主要有两个原因。一个是土地增值税等地方性税种，各地在政策口径的掌握上有较大的主动权，每个地方都会有一些内部的口径和解释，且基本不对外公开。如果不了解这些当地的口径，会产生极大的税务风险。还有一个产生根源是税收政策的滞后性。地产行业在开发模式、融资、销售等方面，由于国家的监管及自身需要，会不断创新方式方法，这些方面的创新，在税收政策上都是没有现成的规定可以参照的。税收政策的滞后性，给房地产企业的税务处理带来了不确定性和较大税务风险。

税收征管环境的改变和税务机关的征管力度。回顾这些年来的税制改革和征管改革，从营改增到金三上线，从个税的改革到金四的上线，从国地税合并到社保、规费等归税务机关收缴，这些年我们走过了一段特别的税收改革之路。这些改革，最终的结果是我国的税收征管环境发生了巨大的变化。税收的征管，已从传统意义上的以人管税、以票管税，逐步在向信息管税、数据管税进行转变。

有很多房地产企业，很不习惯这种转变，观念还停留在侥幸、冒险的阶段，殊不知，税务机关的信息之网、大数据之网，已经把所有企业网在网中央。有的房地产企业，还停留在税务上出点事，找个熟人托点关系就能摆平的阶段，殊不知，税务机关内部现在是大征管系统管理，做事都是留有痕迹的。

税务风险的规避

在现行税收征管大环境下，如何减少和规避房地产企业的税务风险，这里谈一下笔者自己的看法。

对税务风险，要有一个准确的判断。第一，房地产公司不可能没有税务风险。第二，在处理具体税务问题时，对风险要分级对待。有些税务风险，是必须规避的，这些风险绝对不能发生，或者已经发生必须要化解掉的。有些风险，应该尽量把它降低到可控范围内，降低到可以承受的范围内。这就是对税务风险的把控程度，房地产企业必须有清醒的认识和判断。

从化解和规避风险的角度，可从以下几个方面进行着力。

懂政策。房地产企业的财会人员，如果要规避税务风险，需要懂得政策是第一位的。只有熟悉税收政策和规定，知道税务上的红线在哪儿，税务处理时的坑在哪儿，才会主动去规避税务的风险。接触过不少房地产行业的财会人员，有一个深刻体会，就是无知者无畏。有些搞税的人，自身不熟悉税收政策，胆子又特别大，笔者真是为其所在公司的老板担心。说句心里话，房地产公司负责税务的岗位，其重要性非同小可，其人员的素质，要又红又专，既要懂专业，又要有人品，这绝对不是句玩笑话。

善沟通。房地产行业从事税收管理的人员，既要低头干活，又要抬头看天。抬头看天的意思是要善于沟通，取得理解。沟通主要有两个层面的工作：一个是内部的沟通，你有没有发现，房地产的很多税务风险，是被“内人”逼出来的，融资的人要拓展融资渠道、创新融资手法，但这些拓展和创新会给税务上带来巨大风险。地产的营销部门，换法子搞促销、创新销售方式，但又给税务的处理上带来灾难。搞税的人，本身在公司的话语权低，如果加上不会沟通，那只能所有“黑锅”由搞税的人来背，所有的责任由搞税的人来承担。还有一个是外部的沟通，特别是和税务机关的沟通。这里的沟通当然不是庸俗意义上沟通。

房地产公司税务的优化

税收筹划本身是个中性词语，但税收筹划这几个字，用在房地产行业身上，有点小“词”大用了。房地产行业税务的管理，具有前瞻性、系统性和专业性，所以，用税收优化来表述房地产行业的税收规划，更加贴切。

有效化解和降低企业的税务风险，是税收优化的方向。不要多缴税、缴错税，是房地产行业税务优化的第一目标。合理合法地少缴税，是房地产行业税务优化的第二目标。

房地产行业的税收优化，是个自上而下、部门配合的工程。单靠企业的财务或税务部门，是做不了税收优化的。

房地产行业的税收优化，要做在业务的前端。从A地到B地，可以坐飞机、坐高铁，也可以开车去，不同的方法，不一样的成本，不一样的效益。税收的优化也是如此，达到同一个目标，有多种途径可供选择，选一条成本最低、风险最小、税负最低的路径，这是优化的最高层次，也是成本最低的税负筹划。房地产税收的处理，最怕的是做急诊医生，最好方法是做保健医生。

房地产行业的税收优化，是个动态的过程。经常有人会咨询：我们这个项目已经交房好多年了，马上就要做土地增值税的清算了。我们自己粗粗一算，增值率高得吓人，能不能做个优化的方案，看看有没有好的办法。回答基本是四个字：无药可救。房地产的税收优化，不是在某个环节想点办法就能解决的事。优化的办法，必须贯穿整个开发流程，是一个全过程、全链条的规划。

房地产行业的税收优化，要建立在比较精准的测算基础之上。对一个项目公司来说，从房地产企业一拿地开始，就要做好项目税负情况的测算，对整个项目的开发和销售，进行整体的税负测算。只有在测算基础上，才能有针对性提出税负优化方案。在项目的运营过程中，要根据情况的变化，对原税负情况和优化方案进行动态的调整。

特别要强调一点，不管是叫筹划，还是叫优化，一切的前提，是合法合规。

本书后面的章节中，主要围绕房地产开发各个阶段、各个环节的税务风险，来进行分析和探讨。这里只是作一些概括性的表述，欲知具体风险与规避之道，请看后面章节。

第10讲　低利润下的房地产税务管理思路

伴随着城镇化、工业化的步伐，中国的房地产行业已经走过了最辉煌的三四十年，那种闭着眼拿地、躺着就能赚钱的时代，已经一去不复返了。房地产行业，从黄金时代正式步入了青铜时代。

“哪怕只有1%或2%的利润，我们也得拿地。”这是前段时间一位房地产公司的大佬说的，这也是国内大部分房地产公司现状的真实写照。这么高代价地拿地，后果又是什么？“不拿地等死，拿了地是死缓”，如此低的利润，稍有不慎，等项目整盘清算后，谁又能保证不是亏损的呢？

在如此低的利润下，好多房地产公司发出了向管理要效益的口号。税务的管理，是地产管理中非常重要一个内容。当前的背景下，地产项目的税务管理会显得更加重要。可以这么说，一个房企在融资成本既定的情况下，税收的管理，直接决定了一个项目的盈和亏。我们来看一下表1–6。

表1–6　某项目的税负测算　单位：万元

计税科目	清算金额	预征金额	两者孰高
增值税	5 067.29	12 650.71	12 650.71
附加税	608.07	1 518.09	1 518.09
土地增值税		8 939.83	8 939.83
企业所得税		5 051.56	5 051.56

表1–6是前几年某房地产公司拿地前，做的一个简单的税负测算表。项目货值40多亿元，预计利润3%左右。三大税种的测算情况是：

增值税按销项减进项算，整个项目要缴5 067万元。但按3%预缴增值税约12 651万元。

土地增值税，整盘清算的话，不用缴纳土地增值税，但需要按规定的比例预缴税款约8 940万元。

企业所得税，整个项目测算下来，是亏损不用缴税的，但须按规定“预缴”税款约5 052万元。

上面讲到的土地增值税，假设以后是可以退得回来的。但企业所得税，由于不是预缴的税款，肯定是退不回来的。增值税超预缴7 000多万元，一般情况下也退不回来。两个税再加上附加税，就会白白地多缴13 000万元。要知道，整个项目的利润也就12 000万元左右，而且是管控得非常到位情况下。所以，项目的税务事项没有处理好，会把整个项目的利润给吃完。

在这种新态势下，地产的管理层、地产直接负责税务管理的财务和税务人员，应该做些什么呢？

像重视拿地和融资一样重视税务管理

房地产开发企业的税收，与工业、商业等其他行业相比，具有独特的个性。房地产开发企业的“一个公司开发一个项目”的开发运营模式，决定了所得税“亏损可结转弥补”规则，在房地产开发企业中是很难实现的。超高税率的土地增值税，以及土地增值税不按公司和不按项目整体计算的方式，决定了哪怕亏损的项目，也有可能要缴纳巨额的土地增值税。再加上增值税、所得税、土地增值税三大税种都采用预缴的方法（通俗说法），直接加重了房地产行业的税负。

房地产行业的税收成本，是总成本中的一个重要组成部分，哪怕亏损的项目，该缴的税还得缴，何况缴出的税里面，有多少是错缴、早缴、不应该缴的呢？能拿地、会融资、善销售、会税务管理，是现阶段的房地产行业必备的生存之道。

税务管理的全流程管控

有多少项目，房地产开发企业自己算出来是可以退还土地增值税的，到税务局一清算审核，都成了补税的项目；有多少项目，一被税务稽查，形形色色的问题都暴露出来了。为什么这么多地产公司都经不起税务局的“大考”？究其原因，病根出在忽视过程的控制，结果是所有的问题到最后集中暴发。

地产项目的开发周期，一般要经历两到三年或以上的时间，开发周期长，经历节点多。每一个节点都和税务管理密切相关，哪一个节点稍有不慎，都会给后面的各税种管理埋下“大坑”，“前人挖坑后人跳”是地产税务管理中的真实写照。地产税务的全周期管理，是地产开发的性质决定的，开发周期长，人员流动大，决定了地产税务的全过程管理；地产税务的全周期管理，也是地产行业三大税种的特有“预缴”性质决定的，没有其他任何一个行业，会和地产一样有“先预缴、再清算”的税款计算和缴纳方式。

全流程的税务管理，除了要关注每一个节点可能引发的税务问题外，还需要做到：

业税的融合。全流程的管控，一定是和业务结合的，没有和其他业务部门的交流，没有其他业务部门的配合，都是就税管税、纸上谈兵。

简单以土地增值税管理为例，决定土地增值税税负高低主要因素有：项目分期、清算时点、成本分摊及车位销售，哪一个也离不开其他部门的配合，哪一个也不是负责管税的部门能单独决定的。

财税的融合。不客气地说，税务管理中出现的很多问题，都是财务核算惹的祸。在地产的管理中，财务核算的差异，会导致“多缴税、少缴税”，也会导致“早缴税、晚缴税”。分析其中原因，有些是部分税收政策不明确情况下参照会计处理的结果，有些是税收政策本身有弹性，这时不同的会计处理决定了税收的处理，更多原因是会计处理不当引发的税务问题。

税务管理的精细化

在利润普遍偏高的时代，地产公司只要拿到地，管得再粗犷，也只是损失几个点的利润，少赚几个点而已。现在的情况完全不同了，只有向管理要利润、向管理要效益。很多地产公司发出了向制造业学习的口号，学习制造业的精细化管理。地产行业的税务管理，如何做到精细化？

一要有人、有团队。地产公司的多层级组织架构以及地产税务管理的难度，决定了地产的税务管理，要坚持“团队+精英”管理方式，90%的共性问题由团队中各成员来分级、分头解决，10%高难度问题由团队中的精英来解决。

二要有抓手。项目的全周期预算管理，是精细化管理的抓手和切入点。税金预算是项目全周期预算的一个组成部分，把税务精细化管理落实到项目的预算管理中，以项目的预算管理撬动税务的精细化管理。

三要懂政策、用政策，精细管理不是偷税漏税，是合理地用好用足税收政策。小规模纳税人的优惠、增值税留抵退税、不同产品不同的预征率等政策的运用，既没有税收风险，又可以创造价值。

税务管理的前置

地产税务的管理，要前置到公司的设立和股权的设计，前置到业务发生前交易模式和结构的设计，前置到合同协议的起草和审核，前置到各种融资途径的安排，前置到各种营销方案的设计等环节。

一个地产项目，到了产品设计和报批报建结束的环节，这个项目要缴多少税已经基本确定了（不考虑有争论的情况），后面可调节的余地已经很小了。所以说前置管理，是最好的税收筹划，是风险最低、收益最高的税收筹划。

各税统筹，才能决胜千里

增值税、所得税和土地增值税，是地产行业的三大税种。高利润的时代，地产税务管理关注更多的是土地增值税，怎么降低土地增值税的税负，是重中之重。

到了低利润的时代，增值税和所得税的管理显得越来越重要。一个只有几个点利润的项目，增值税的超预缴和企业所得税的超“预缴”，会吃掉整个项目的利润。增值税一大堆的留抵不一定消化得了，再加上3%的预缴，其增值税的税负可想而知。所得税按15%的预计毛利缴了税，到最后留下的是一大堆不知道怎么消化的可弥补亏损。

在三大税种的处理上，其努力的方向应该有所不同。增值税是个刚性十足的税种，一般情况下争取不要出风险，是增值税管理上的方向。企业所得税，是个非常讲理的税种，有些问题处理上，遵循内在的税理，基本上就没风险。土地增值税，有点任性且自在独行。我们在讨论增值税和所得税时，总是在想怎么做最符合税法的规定，但土地增值税就不一样了。同一个事项，可能会有多个结果，很多也是一个沟通的过程。土地增值税上，适当做些优化，争取利润最大化，是这个税种上的主攻方向。

地产公司的税务管理走到今天，只有做到：自上而下重视、业财税联动配合、全周期精细管理、多税种统筹平衡，才能助地产公司在残酷的竞争中，走得更远。

第二篇

房地产行业的股权、组织架构与税务关系

第11讲 不同持股模式下的税务问题分析

稍微有点历史的房地产集团，内部会有许许多多的公司，多得连老板自己也不知道自己名下有多少家公司。这些公司一般采用的是有限责任公司的组织形式。不同的公司，有不同的作用和使命。有的纯粹是管理型的公司，有的纯粹是投资用的平台公司，有的是从事实体开发的项目公司，有的是从事商业运营和管理的公司，有的是为房地产开发做上下游配套的产业链公司，如建筑、设计、销售公司。在设立公司时，首先要碰到的问题是：谁来当公司的股东？

在民营的房地产公司层面，由谁当股东，大概率有三种选择：一是老板个人或关联人当公司的股东；二是中间的平台公司当股东；三是合伙企业当股东（见图2–1）。

站在税收的角度，这三类不同的投资主体，各有什么利和弊？这一讲中，让我们先对前两类股东做个简单的分析。

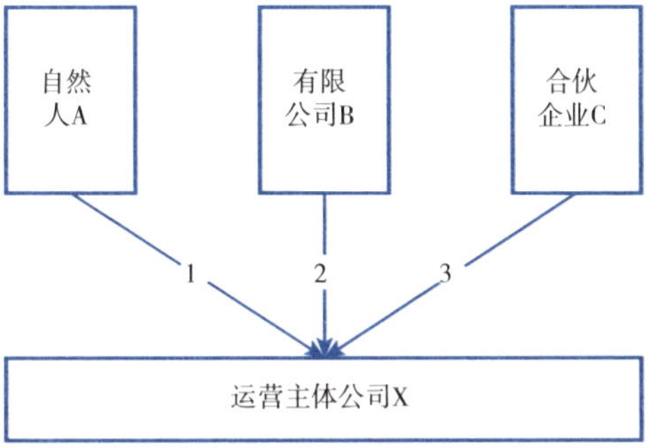

图 2–1　公司股权架构

个人直接当股东的利与弊

在许多房地产公司的股东中，我们都能找到自然人的身影。个人直接当有限公司的投资人和股东，在税务上有什么好和不好呢？

投资是为了赚钱，从被投资企业赚钱，通常有两个途径：一是分红；二是把投资的企业养大了再卖股权。前者称为养鸡生蛋型，后者称为养小猪卖大猪型。

分红的税收。按照现行个人所得税法规定，个人从被投资企业分得的股息红利，要缴20%的个人所得税，且不能扣除任何费用。

股权转让的税收。自然人转让股权，属于个人所得税法里的“财产转让所得”。自然人一转让股权，就要按规定缴纳20%的个人所得税。

从上述分析中得知，自然人直接持股模式，在不比较税负高低前提下，最大缺点是中间没有隔离带，也没有缓冲带，会产生“瞬时缴税”的效果，没有太多的操作空间。一分红就要缴税，你会说，我不分红就不会产生20%的个人所得税，但有时候不是个人股东决定得了分不分红的。你说我决定得了不分红，为了税我打死也不分红。个人股东可以变通下，采取其他方法，把企业的利润回流到个人股东层面。常用的方法也就是这几种：

通常做法一：采用股东借款的形式，但税法早就看透了你的小心思。个人所得税法早有规定，个人股东向企业借款，12个月内不归还且不用于生产经营的，视为股息红利的分配，缴纳20%的个人所得税。我们来看下《财政部 国家税务总局关于规范个人投资者个人所得税征收管理的通知》（财税〔2003〕158号）文件是怎么规定的：

二、关于个人投资者从其投资的企业（个人独资企业、合伙企业除外）借款长期不还的处理问题

纳税年度内个人投资者从其投资企业（个人独资企业、合伙企业除外）借款，在该纳税年度终了后既不归还，又未用于企业生产经营的，其未归还的借款可视为企业对个人投资者的红利分配，依照"利息、股息、红利所得"项目计征个人所得税。

股东向投资企业借款且长期不归还，在个人所得税上推断为股息红利的分配，要缴纳个人所得税。有些企业在账上长期挂着这么一笔账：

借：其他应收款——××股东

　　贷：库存现金（银行存款）

这其实隐藏了较大的税收风险。这几年，个人股东长期占用企业资金被追补个人所得税的案例，出现频次有增多现象。最典型是黄山市某有限公司股东借款案，主管税务机关要求几名个人股东补缴上百万元的个人所得税，个人股东不服，从最初的税务行政复议，历经一审、二审，最后官司一直打到省高院，法院均维持税务机关的补税决定。

通常做法二：既然利润回流不了，我就把个人股东及家庭的费用支出往企业里塞，大到买个车、小到吃个饭，既少缴了企业所得税，又达到了股东用钱的目的。这其中的税务风险可得掂量清楚，那可是标标准准的偷税，既有企业所得税风险，又有个人所得税的风险。这个问题上，企业所得税和个人所得税的法规里都有相应规定。企业所得税里的税前扣除，要求严格区分企业的支出和股东的支出，股东的支出视为“与取得生产经营收入无关的支出”，不能在被投资企业所得税前扣除。同样，在财税〔2003〕158号文件里，个人所得税对此也作出了限制：

一、关于个人投资者以企业（包括个人独资企业、合伙企业和其他企业）资金为本人家庭成员及其相关人员支付消费性支出及购买家庭财产的处理问题

个人独资企业、合伙企业的个人投资者以企业资金为本人、家庭成员及其相关人员支与企业生产经营无关的消费性支出及购买汽车、住房等财产性支出，视为企业对个人投资者利润分配，并入投资者个人的生产经营所得，依照“个体工商户的生产经营所得”项目计征个人所得税。

除个人独资企业、合伙企业以外的其他企业的个人投资者，以企业资金为本人、家庭成员及其相关人员支付与企业生产经营无关的消费性支出及购买汽车、住房等财产性支出，视为企业对个人投资者的红利分配，依照“利息、股息、红利所得”项目计征个人所得税。

你看，股东的个人支出放在被投资企业里列支，企业所得税和个人所得税来了个“双保险、双限制”。一不小心，可能既要补25%的企业所得税，又要补20%的个人所得税，这可比分红缴个人所得税的成本高多了。

分红不缴个人所得税真没有办法？其实还有一条光明之路：有本事把企业搞上市。按照现行税收规定，个人从上市公司分得的股息红利，采取差别化的税收待遇，持股12个月以上免征个人所得税，持股时间1个月到12个月，减半征收个人所得税，持股1个月以下按规定缴纳个人所得税。

实在上不了市，也只能走新三板挂牌这条路，按照《财政部 税务总

局 证监会关于继续实施全国中小企业股份转让系统挂牌公司股息红利差别化个人所得税政策的公告》（财政部 税务总局 证监会三部门发布的2019年第78号公告），个人投资者取得新三板挂牌企业的分红，也能比照上市公司的政策，适用差别化的税收待遇。

知易而行难。讲个真实的小故事：有两个亲兄弟，成立了一家有限责任公司，通过几年的经营，公司发展得很好。想继续扩大生产，但融不到资金。这时当地有一家很大的A公司，愿意来投资，最后谈判结果是这家A公司投资进来，占34%的股份。几年后，企业账面上积累了上千万元的利润，这时A公司提出要分红。分就分吧，毕竟人家投资要讲究回报的。分红的结果，是两兄弟缴了好几百万元的个人所得税。这时两兄弟真傻了：我要这钱干嘛用？拿了这钱还不是再投到公司里去的，这不是白白缴了一道个人所得税嘛！

聊完了养鸡生蛋型的股息红利分配，再来聊一下养小猪卖大猪型的股权转让。个人所得税里有个税目叫“财产转让所得”，个人卖股权就属于财产转让所得。个人直接转让股权，一卖股权就会产生20%的个人所得税。而且2018年修订的新个人所得税法，对个人转让股权作出了前置性管理规定。《个人所得税法》第十五条是这样规定的：“个人转让股权办理变更登记的，市场主体登记机关应当查验与该股权交易相关的个人所得税的完税凭证。”

分析完了个人直接持股在税收上的弊，再分析下其中的利。个人直接持有股权，会产生“瞬时缴税”的痛，但也有税负最轻的甜。与个人通过平台公司及合伙企业等间接持股模式相比较，如果考虑到最终的投资利润或所得要回流到个人股东层面，有时个人直接持股的税负是最轻的。何以见得？等看完了几种持股的模式，再做个比较，您就会发现，个人直接持股有时税负在几种模式中是最低的。

用有限公司当股东的利与弊

在设立房地产开发的项目公司或其他用途的公司时，往往会以现有的公司或新设立公司作为投资的主体，用公司来当公司的股东。我们接下来分析下这种情形下的税务问题。

通过公司制持股平台间接投资和持股，除了基于法律上“以有限挡无限”外，税收上最主要的好处是：平台公司承担利润贮存器的功能。

如前文图2-1所示。运营主体公司X产生利润，缴纳企业所得税后，把税后利润分配给有限公司B。这时持股平台B公司分得的利润，属于居民企业来源于居民企业的股息红利，可以享受免征企业所得税的待遇。

假设B公司的股东是自然人，持股公司B想把利润分配给自然人，这时自然人股东会产生20%的个人所得税。如果利润不回流到个人股东层面，就永远不会产生所得税。

公司制持股平台，可以担当起“利润贮存器”的角色，只要利润不回流到个人层面，就永远不会产生所得税。图2-1中，个人可以把从运营主体公司分回利润，贮存在有限公司B层面。等有新的投资项目时，以B公司作为投资主体，从而不会产生所得税。这是个人直接投资和个人通过合伙企业投资所无法比拟的优势，也是我们经常提倡的每个老板都要有自己的一个钱袋子的原因。老板通过这个钱袋子投资出去，再把利润回收到钱袋子，有好的投资项目时再通过钱袋子投资出去。循环往复，老板个人既隔离了风险，又不会产生企业所得税和个人所得税。

持股平台采用公司模式，当有多个投资项目时，项目之间的盈亏可以相互抵减。平台公司B投资多个企业，当投资企业发生亏损，他们的经营亏损只能在自身层面进行结转弥补。但当被投资的企业注销或转让投资企业的股权时，发生的投资亏损可在平台公司B的层面，进行盈亏的相互抵减，从而在一定程度上降低投资的风险和企业的税负。

平台公司的亏损还可以跨年结转弥补。按照现行企业所得税法的相关规定，法人公司制企业发生的亏损，可以用以后年度的所得来弥补，一般企业弥补期限为5年，“二般”企业弥补期限为8年，“三般”企业的弥补期限为10年（高新技术企业和科技型中小企业）。

为下一步资本运作打下了基础。公司制企业在企业所得税上有很多特殊性税务处理政策及优惠，这是个人直接持股下的个人所得税制以及合伙持股下的合伙税制所无法比拟的。在平台公司转让被投资企业股权过程中，目前企业所得税有较多的特殊政策和优惠政策。

聊完了用有限公司当股东的好处，我们再来分析一下这种间接持股模式税收上的弊：重复征税。

当持股平台公司B要转让运营主体公司的股权时，产生的股权转让所得，平台公司要按适用税率缴一道企业所得税。这部分股权转让所得，如果要分配到个人手中，个人又要按“股息红利”缴一道20%的个人所得税。不是说好的中间商无差价吗？怎么多架了一层公司，多出了一道企业所得税出来？是的，这是所谓的古典税制下的重复征税，会产生高达40%的税负，即：

25%企业所得税+（1–25%）×20%的个人所得税

个人投资经营实体时，通过公司制持股平台间接投资，税收上的弊端除了会产生转让股票的增值税外，最大弊端是重复缴纳企业所得税和个人所得税。究其原因，是我国采用的古典税制产生的经济性重复征税决定的。

现实中有很多案例，本不想搭中间公司的股权结构，但最后还是“无奈地”用了这种结构。如一些公司在上市前，高管或员工通过公司制持股平台持有股份；又如有些公司的股权激励中，采用了公司制的持股平台。等股票上市解禁后，高管或员工想减持股票，就会面临高达40%的所得税税负，令上市公司和员工痛不欲生，各显神通来规避这高额的税负。

接下来的讨论，我们不从实务操作角度去探讨规避两道所得税的问题，因为实务操作中，多是由于地方政府出台的一些“地方粮票”，才导致有操作的空间。在这里，我们只从税收原理上来探讨，在已经搭建了公司制持股模式下，其重复缴税解决的可能性问题：

方法1：直接拆除公司层架构

直接拆除公司架构，在税收上视为公司的注销。按照《财政部 国家税务总局关于企业清算业务企业所得税处理若干问题的通知》（财税〔2009〕60号）文件规定，法人制公司的注销，要做两个层面的税收清算：一是公司本身层面的清算，二是股东层面的清算。公司层面清算，视为公司的资产按公允价出售，公司会产生清算的企业所得税。股东层面的清算，相当于公司把清算后财产分给股东，个人股东在税收上视为投资收回，有投资所得也要缴纳一道个人所得税。

方法2：将公司直接变更为合伙企业

合伙企业本身不缴纳企业所得税和个人所得税，而由合伙企业的合伙人来缴纳所得税，这岂不是一个很好的解决途径？要知道合伙企业不是法人，法人制的公司如果可以直接变更为合伙企业，《财政部 国家税务总局关于企业重组业务企业所得税处理若干问题的通知》（财税〔2009〕59号）文件也写得很清楚，在税法上，企业由法人变更为非法人，也视同公司的注销和清算，也要缴纳公司清算的所得税和股东层面的所得税。

方法3：将公司的投资资产转让给个人

公司将其持有的投资资产，转让给投资者个人，同样面临两道所得税：公司转让了资产要缴纳企业所得税，公司把利润分给个人股东，又是一道个人所得税，无非是个人取得了这部分投资资产，持有的计税成本抬高了，但起不到规避所得税的效果。

不过实务中的确有人这么操作。有一个公开的案例报道：某上市公司的其中一个发起人是个人甲，个人甲通过中间持股平台公司持有上市公司的股票。股票解禁后，中间持股平台公司以很低的价格，把持有的股票转让给个人甲，既少缴了增值税又少缴了企业所得税。这种操作，其实是在收入上做点文章，当然最后还是被主管税务机关发现并作了纳税调整。

从以上分析可以看出，个人的财产通过中间平台公司投资出去，要想拆掉公司的架构，在税收上视为清算和分配。拆和不拆、怎么个拆法，税负其实都是一样的。当个人的财产投入到公司、披上公司的面纱后，个人的财产就转换成公司的财产。资产如果在公司层面增值，再要想把公司的财产，转换成个人的财产，会面临高额的税负。“投进去容易，分回来有税”，这是现行税制决定的。

境外公司当股东的利与弊

有限公司当股东的情形下，还有一些特殊情况。有部分房地产公司的股东，或者它们股东的股东，是境外的非居民企业。这里面除了正常的境外企业投资外，有没有税收考量的成分在里面？我们来分析这种持股模式下的税务问题。

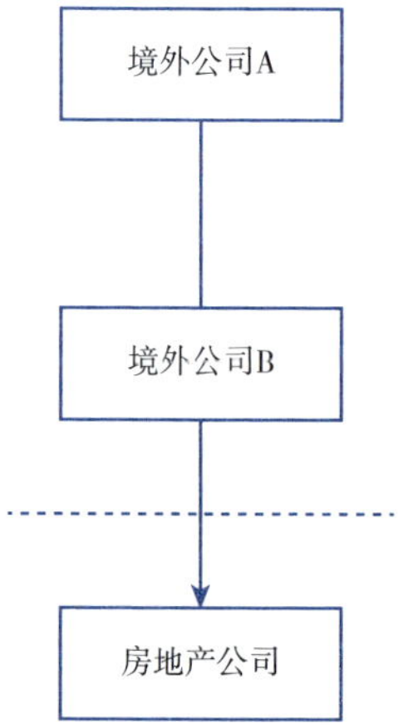

图 2-2　境外公司当股东的持投模式

分红的税收问题。境内的居民企业分红给境外的非居民企业，其分红要按规定缴一道预提所得税。不过预提所得税的税率一般也只是10%，如果税收协定有更加优惠的，按协定的优惠税率来缴纳。如分给我国香港特别行政区的企业，其优惠税率为5%。

股权转让的税收问题。境外非居民企业B转让境内居民企业的股权，属于转让境内的财产所得，应该缴一道预提所得税，其税率一般也为10%。

换一种情况，不是由非居民企业B来直接转让股权，而是由非居民企业A转让非居民企业B的股权，也相当于间接转让了境内企业的股权。这种情形下，税法规定，我国对这种间接的股权转让，有征税的权利，但实务中，能征得到税的比例是极低的。

讲完了个人当股东和公司当股东在税收上的好和坏。最后还得提醒一点，以上分析，都是基于一般的行业和企业而言的。从事房地产开发的项目公司，可不是一般的企业。房地产项目公司不是一种持续开发和经营的企业，属于“干一票”就走的情形，因此，项目公司要谨慎使用自然人直接持股的模式。

第12讲　合伙企业及其税务问题

房地产企业在设立新公司或新主体时，主要有两种可以选择的组织模式：一种是经常使用的有限责任公司，还有一种是合伙企业的模式。在许多房地产公司的股东中，我们也经常会看到合伙企业当有限责任公司的股东。在这一讲中，我们就合伙企业这种组织形式的特点以及税务上的处理，进行专门的剖析。

有限责任公司是按照公司法设立的一种组织形式；合伙企业是按照合伙企业法设立的一种组织形式。

合伙企业的组织模式，通常包括普通合伙企业和有限合伙企业两大类，这里重点介绍下有限合伙企业。2006年合伙企业法修订时，增加了有限合伙企业这种模式。由于采取了“有限+无限”的组合方式，有限合伙企业被广泛运用到投资、员工持股、股权激励等领域。

有限合伙企业由普通合伙人和有限合伙人组成。普通合伙人执行合伙企业的事务，说得通俗点，普通合伙人就是合伙企业里管事的人，他对合伙企业债务承担无限连带责任。有限合伙人以其认缴的出资额为限对合伙企业债务承担责任，通俗理解即有限合伙人就是负责出钱的人，他既不承担合伙企业的日常管理，又只对合伙企业债务负有限责任。普通合伙人简称GP（General Partner），有限合伙人简称LP（Limitied Partner）。

对合伙企业有了大致的了解后，让我们来分析一下个人通过合伙企业投资的税务问题。如图2–3所示，个人是有限合伙企业A的合伙人，通过有限合伙A投资到被投资企业B。

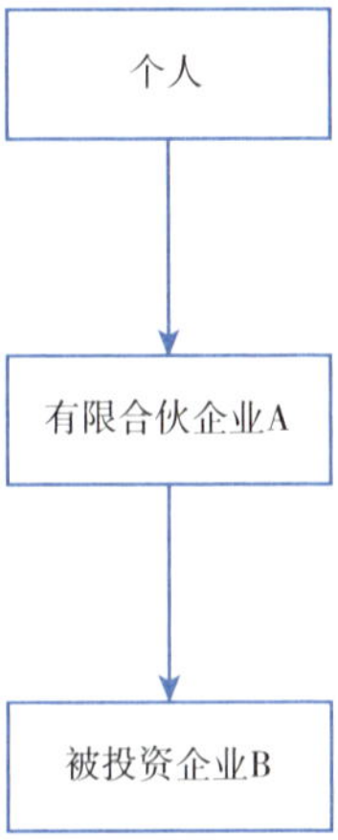

图2–3　个人通过合伙企业投资

合伙企业在增值税上是纳税实体，是增值税的纳税义务人，这不用争论。当然，合伙企业发生了房产税、城镇土地使用税、印花税等应税行为，也应该独立缴纳这些税种。平时有争论的也只是合伙企业的资金是否缴纳印花税问题，这里不作讨论。

合伙企业的税收难点，难在所得税的处理上。合伙企业在所得税上是纳税虚体，类似于透明体和导管，这是税收上的一个难点。合伙企业本身不是所得税的纳税义务人，本身不负有所得税的纳税义务。合伙企业的所得税由各合伙人缴纳，合伙人是个人的，由个人缴纳个人所得税；合伙人是法人单位的，由法人单位缴纳企业所得税；合伙人是合伙企业的，往上一直穿透到个人或企业法人层面。

理论上说，合伙企业虽然不是所得税的纳税人，但它应该是所得额的归集和计算人。合伙企业的收入，必须在合伙企业层面进行归集，按规定进行成本费用扣除和弥补亏损后，按照各合伙人的分配比例分给各合伙人。但不同的收入类型，在税收上有着不一样的处理方式。

合伙企业的利息股息红利收入

利息股息红利收入，在合伙企业上采取直接穿透方式。利息、股息、红利不需要在合伙企业层面进行归集，直接按比例划分至各合伙人层面。我们来看下《国家税务总局关于〈关于个人独资企业和合伙企业投资者征收个人所得税的规定〉执行口径的通知》（国税函〔2001〕84号）文件的规定：

二、关于个人独资企业和合伙企业对外投资分回利息、股息、红利的征税问题

个人独资企业和合伙企业对外投资分回的利息或者股息、红利，不并入企业的收入，而应单独作为投资者个人取得的利息、股息、红利所得，按“利息、股息、红利所得”应税项目计算缴纳个人所得税。以合伙企业名义对外投资分回利息或者股息、红利的，应按《通知》所附规定的第五条精神确定各个投资者的利息、股息、红利所得，分别按“利息、股息、红利所得”应税项目计算缴纳个人所得税。

如图2–3中，被投资企业B当年宣布分红，其中有限合伙企业A分得100万元。这100万元，在个人所得税上直接视为各合伙人的所得。假设各自然人合伙人分得80万元，直接视为个人取得的“利股红”收入，由合伙企业A按20%税率代为申报个人所得税。

个人合伙人取得的股息红利适用20%个税税率，但法人合伙人分得的股息红利，能否参照居民企业从居民企业分回的股息红利，享受免税政策，这是实务中很多企业的痛点。实际工作中，绝大部分税务机关都认为，这不属于直接的投资，从而不能免征企业所得税。同样的股息红利，在个人所得税上直接穿透按20%征税，而在企业所得税免税待遇上，却不能采取穿透方式，这就是合伙企业政策上“有时透、有时不透”的特殊之处。

合伙企业的股权转让收入

图2–3中，有限合伙企业A转让被投资企业B的股权，其取得的收入先在合伙企业层面进行归集，再分给各合伙人。法人单位分得的所得，按照自身适用的税率计算缴纳企业所得税。麻烦的是个人合伙人，按什么税目税率缴纳个人所得税？其实这在国家层面的政策上是明确的，个人从合伙企业取得的生产经营所得，2019年前按照“个体工商户的生产经营所得”计算缴纳，2019年新个人所得税法实施后，按照“经营所得”计算缴纳。我们来看下新个人所得税法实施条例对经营所得的规定：

> 经营所得，是指：
>
> 1.个体工商户从事生产、经营活动取得的所得，个人独资企业投资人、合伙企业的个人合伙人来源于境内注册的个人独资企业、合伙企业生产、经营的所得。

无论是2019年前还是2019年后，经营所得适用的最高税率都是35%，比股息红利20%的税率高了一大截。有些地方政府为了招商引资，纷纷出台政策，你把合伙企业设在我这里，不管是什么性质的所得，我都按20%税率征收个人所得税。这些“地方粮票”的出台，倒掩盖了个人合伙人取得经营所得应该按5%至35%税率征税的全国统一政策。

财政部、国家发展改革委、国家税务总局和证监会2019年发布的《关于创业投资企业个人合伙人所得税政策的通知》（财税〔2019〕8号）明确，对符合条件的合伙制创投基金，可以选择按单一投资基金核算或者按创投企业年度所得整体核算两种方式，如选择按单一投资基金核算，个人合伙人从该基金应分得的股权转让所得和股息红利所得，按照20%税率计算缴纳个人所得税。如选择按年度所得整体核算的，其个人合伙人应从创投企业取得的所得，按照“经营所得”项目适用5%—35%的超额累进税率计算缴纳个人所得税。

个人通过合伙企业持股税收上的好处

个人投资经营实体时，通过有限合伙持股平台间接投资，除了从运营成本、决策效益、对公司的控制权等角度有独特的优势外，税收上的好处主要有：

和个人通过中间持股公司投资比较，个人通过合伙企业投资，少了一道企业所得税。这也是很多财税圈人士宣称的合伙企业不会产生重复纳税的由来。但这种“不会产生重复纳税”是有特定含义的。一是只是和个人通过中间持股公司相比较；二是投资分回的股息红利，无论直接投资还是通过合伙企业投资或者通过公司制持股平台投资，税负基本一致。

通过合伙企业投资，税收上还有一个好处是改变了个人所得税的纳税地点。例如，上海的某自然人，投资了一家广州的B公司，自然人要转让B公司的股权，其纳税地点在广州，不管是自然人自己申报还是由股权的受让方代扣代缴，纳税地都不变。换一种投资方式，该自然人在江西设立了一家合伙企业，通过设在江西的合伙企业投资到广州的B公司。这时候，再转让B公司的股权，其纳税地点就变成江西了。在日常工作中，经常会见到有一些合伙企业的聚集地和“大本营”，其中的奥妙，您仔细体会体会。

个人通过合伙企业持股税收上的弊端

通过合伙企业持股，税收上也有不少弊端。

弊端一，税收政策的不明确。到目前为止，关于合伙企业的税收规范性文件，只有区区几份，应该说我们国家还没有真正建立起合伙企业的税收体系，导致在税务机关执法和纳税人履行纳税义务时，许多关于合伙企业的税收政策，只能靠自己理解和猜测。

弊端二，和个人直接持股相比，通过合伙企业持股的模式，税负不一定是最低的，特别是“利股红”以外的其他收入，如果金额大，就会面临适用35%高税率的情况。

合伙企业的税收风险

法人企业也好，个人也好，通过有限合伙企业的架构去投资，在税收上存在着较多的风险。这些风险是由多方面原因造成的。

一方面，是由于合伙企业本身的税制特点造成的。有时候合伙企业是税收上的实体，有时候又是税收上的虚体，这导致了对合伙企业税收认识上会产生偏差，从而由于认识和理解的差异，造成多缴税少缴税、迟缴税早缴税的风险。

另一方面，合伙企业的税收风险产生于合伙税收政策的不确定性。合伙企业的税收，存在着“政策复杂、文件不多”的尴尬局面。由于合伙企业的穿透原理，合伙人的所得不仅需要区分合伙人类型，还需要区分不同的所得项目，其复杂程度可想而知。目前仅有的区区几份文件，怎能解决得了合伙企业的所有涉税政策呢?

这里把平时经常会碰到的几个风险点作简单的介绍。

1. 合伙企业不分红也得缴税

我们先来看一下《财政部 国家税务总局关于合伙企业合伙人所得税问题的通知》(财税〔2008〕159号)对此是如何表述的:

> 三、合伙企业生产经营所得和其他所得采取“先分后税”的原则。具体应纳税所得额的计算按照《关于个人独资企业和合伙企业投资者征收个人所得税的规定》(财税〔2000〕91号)及《财政部 国家税务总局关于调整个体工商户个人独资企业和合伙企业个人所得税税前扣除标准有关问题的通知》(财税〔2008〕65号)的有关规定执行。前款所称生产经营所得和其他所得,包括合伙企业分配给所有合伙人的所得和企业当年留存的所得(利润)。

这一条款其实明确了各合伙人应计缴的所得,包括合伙企业实际分配的所得和虽没实际分配但合伙企业已经实现的所得。

合伙企业本身不是所得税的纳税人,不承担所得税纳税义务。合伙企业实现的所得,直接穿透到各合伙人层面去纳税。因此,“先分后税”的“分”,不是实际分配,而是按分配比例“划分”的意思。也就是说,合伙企业的经营所得,如果不实际分配,它的合伙人也必须按约定的比例,把自己的“那一块”领回家,各领各的孩儿,各缴各的税。合伙企业层面实现了利润,哪怕当年不分红,各合伙人也负有纳税的义务,这是合伙企业的所得税属性决定的。当然,当合伙企业真正分配利润时,合伙人不再缴纳所得税。

还得提醒下,在所得税上,合伙企业不能承担“利润贮存器”的角色,它只是“利润直通车”。

2. 法人合伙人的股息红利能否免征企业所得税

有这么一个自身经历的案例,能很好地体现“以数治税”背景下智慧税务的威力和合伙企业税务的风险点。自从企业所得税的税收优惠，从备案制改为纳税人留存资料备查后，税务机关把企业所得税汇算清缴的后续管理和审核，作为一个重要的税收优惠管理手段。某地税务局在所得税后续管理中，经数据比对，发现辖区内一企业，没有对外股权投资的相关信息，但该企业在税收优惠的有关表格中，有大额的免税股息红利收入。在与企业沟通后，发现是企业通过合伙企业投资取得股息收入，企业作了免税的申报。

法人企业通过合伙企业投资，分回来的股息红利，免不免企业所得税？答案基本是否定的，大部分税务机关执行的口径也是要征税。一般的解释是，根据《企业所得税法》第二十六条规定，居民企业间能享受免税的股息红利，是指居民企业间的直接投资；如果通过合伙企业去投资，就不属于直接投资了。纳税人心里可能有一万个想不通：我直接去投资，分回来的股息能免企业所得税，怎么一通过合伙去投资就要缴税了呢？

合伙企业在税收上的确是矛盾的集合体。合伙企业从被投资企业分回的股息红利，在合伙企业层面是视为“穿透”的，其不需要在合伙企业层面进行归集。如果合伙人是个人的，在税收属性上也视为个人直接取得的股息红利，按“利股红”税目申报缴纳个人所得税。但同是股息红利，怎么到法人企业层面，这“穿透”就失灵了呢？没办法，这就是税制和税收政策的不明确造成的。

3. 多层合伙架构下的“利股红”

前面介绍过，合伙企业取得的收入中，“股息、红利、利息”收入是比较特殊的一种收入类型，在个人所得税上，不视为个人取得的经营所得，而视为个人直接取得的“利股红”收入，按20%缴纳个人所得税。在单层的合伙企业架构中，其性质是十分清晰的，但在多层合伙架构（见图2–4）中，情况又是怎样的？

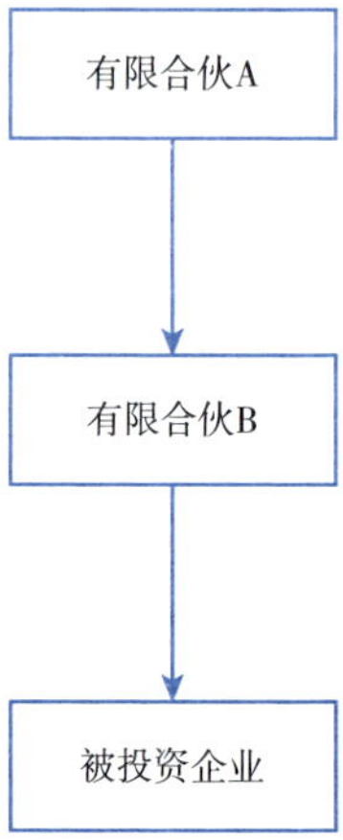

图 2-4　多层合伙架构

某自然人是合伙企业A的合伙人，合伙企业A又是合伙企业B的合伙人。当合伙企业B取得“利股红”收入，对于个人合伙人来说，是属于“利股红”所得，还是属于经营所得，这在目前税法中也是找不到答案的。有人认为，只要是“利股红”所得，按照最底层取得收入的属性来判断，可以一直往上穿透到自然人身上。也有人认为，对合伙企业A来说，从合伙企业B取得的“利股红”，应判断为经营所得。这就造成了个人合伙人层面，是按20%税率来缴税，还是按5%—35%税率来缴税的争论。

这里还有个非常严肃的话题：自然人通过多层合伙企业投资，最底层的“利股红”收入，经过多层合伙架构后，如果税法上判断为经营所得，那自然人就负有年度汇算清缴主动申报的义务，不如实进行申报，性质上就可以定性为偷税了。

房地产行业什么情况下会用合伙企业？

通过上面的讲解，我们基本搞清楚了合伙企业这种组织模式，其在经营运作和税务上的特殊之处。最后回过头来，说一下从事房地产业务的行业，什么情况下会采用合伙企业这种组织模式呢？

员工跟投平台。国内的许多房地产企业，包括头部房地产企业，为把公司的利益和高管、员工的利益进行深度的捆绑，往往会建立员工跟投机制。在搭建员工跟投平台时，合伙企业是用得最多的一种方式。

股权激励平台。无论是上市公司的股权激励，还是非上市公司的股权激励，用合伙企业作为员工的激励平台，是经常采用的方式。在公司决策和管理上，以合伙企业作为激励平台，可以提高决策和运作效益。但是在税收上，既要考虑被激励对象——员工的税收负担，也要考虑激励主体——企业的税收情况，如企业所得税前能否扣除等问题。

设立对外投资平台或地产私募基金时，往往也以合伙企业这种模式进行运作。在有房地产开发背景的私募基金设立时，可以采用以下几种方式：有限责任公司制的模式、合伙企业模式、契约型基金模式。其中，由于合伙企业的特殊之处和税务上的优势，地产基金往往采用合伙模式。

第13讲　房地产企业的开发模式：集团、母子与总分公司

在从事房地产开发的企业中，我们经常会看到集团、母子公司、总分公司等不同的组织和开发模式。这一讲我们从税务角度，来探究一下其中的奥妙。

房地产行业的集团模式

企业集团是指以资本为主要联结纽带的母子公司为主体，以集团章程为共同行为规范的母公司、子公司、参股公司及其他成员企业或机构共同组成的具有一定规模的企业法人联合体。

在从事房地产开发和运营的行业中，集团是普遍运用的一种组织模式。我们先来看一下某地产集团的组织架构（见图2–5）。

具有一定规模的房地产开发企业，普遍采用集团这种模式，不同的是，部分大型房企，采用的是如图2–5所示的四层组织管理体系：集团（部门）、区域中心、地区公司和项目公司。有部分房地产集团，由于开发项目不是太多，就采用三层的组织管理体系：集团（部门）、城市公司和项目公司。

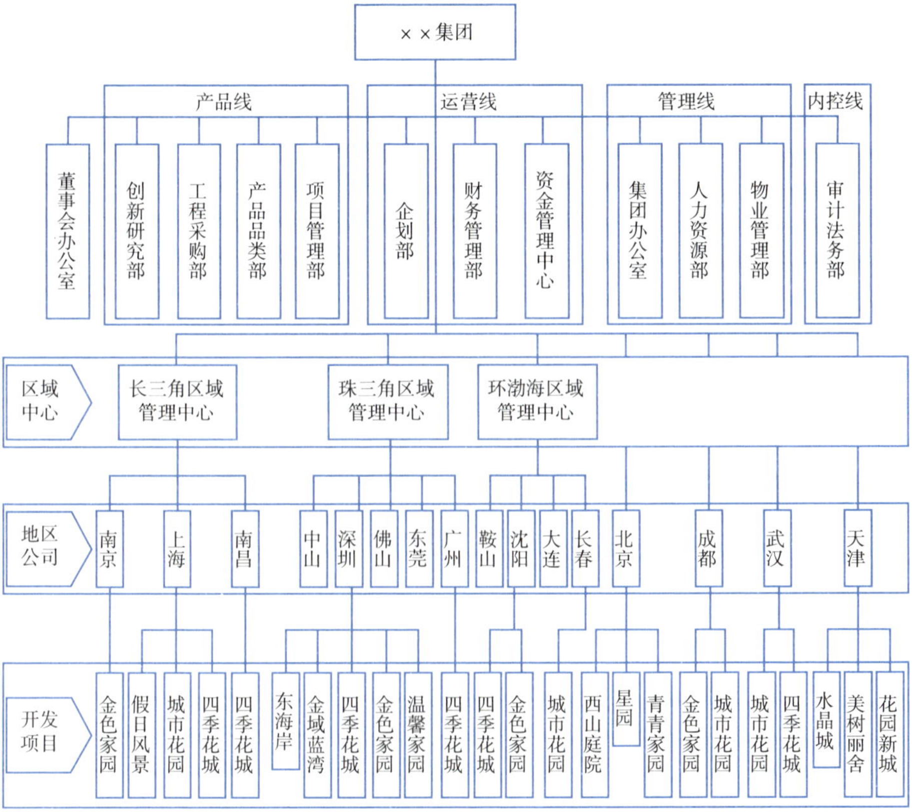

图 2-5　××集团及区域中心、地区公司的组织架构

集团模式的好处有：一是便于统一品牌，形成自己的品牌优势。如知道这楼盘是XX旗下的房地产公司开发的，我们便相信品质基本上是有保证的；知道这楼盘是YY旗下的房地产公司开发的，便知道其园林和景观肯定差不了；如果这楼盘是ZZ旗下的房地产公司开发的，心里便会担心“不会烂尾吧？”

二是节约运营成本，地产项目的开发，从拿地到最后交付，有许多工作具有较强的专业性和临时性。在开发众多的项目时，可以将部分工作集中在集团层面开展，如投资拿地、规划与设计、法务、财务税务等。

三是便于资金的管理和使用。房地产行业是个资金密集型行业，在集团层面，建立资金池或者实行资金的集中管理，有利于提高资金的使用效益和保证资金的安全。

从税务的角度来考虑，集团模式的主要好处有：

一是企业所得税上广告费的分摊。《财政部 国家税务总局关于广告费和业务宣传费支出税前扣除有关事项的公告》（财政部 税务总局公告2020年第43号）文件规定，对签订广告费和业务宣传费分摊协议的关联企业，其中一方发生的不超过当年销售（营业）收入税前扣除限额比例内的广告费和业务宣传费支出可以在本企业扣除，也可以将其中的部分或全部按照分摊协议归集至另一方扣除。另一方在计算本企业广告费和业务宣传费支出企业所得税税前扣除限额时，可将按照上述办法归集至本企业的广告费和业务宣传费不计算在内。

二是集团内资金拆借免征增值税。房地产行业，最终同一控制下的不同企业主体间拆借资金，不收取利息，是非常常见的行为。如何解决其无偿拆借资金又不缴增值税呢？利用企业集团这一模式，是一种较好的方法。这块内容，会在第三篇中进行讨论。

三是集团内资金的统借统还。增值税和企业所得税上，对统借统还有专门的政策规定，其前提也必须是同一集团内部的企业间。

四是集团这种模式，在股权激励、研发费的集团统一研发等方面，其税务处理上有诸多的单独优惠，这里不再展开。

从税务的角度来考虑，集团模式也有一些坏处：

一是以集团的模式进行开发和运作，部分工作集中在集团层面，集团公司往往向下属项目公司收取管理费或服务费。这给税务处理带来了风险，税务机关认不认可集团内费用的收取、多少比例的费用是合理的等，都是需要解决的问题。

二是同一集团内的企业，是以资本为主要联结纽带和以股权关系所维持的，基本上构成关联企业，容易成为关联交易的监控对象。税务管理上，构成关联交易，在企业所得税上，容易成为特别纳税调整的对象。

在土地增值税的清算上，关联交易也会导致一些问题。我们来看一下某地税务机关的土地增值税清算管理办法中的规定：

> 房地产开发企业办理土地增值税清算所附送的前期工程费、建筑安装工程费、基础设施费、开发间接费用的凭证或资料不符合清算要求或不实，是指存在下列规定的各种情形：
>
> ……
>
> 6.房地产开发企业与工程承包企业互为关联企业，建安造价高于当地扣除项目金额标准的。

开发模式：以子公司形式进行开发

房地产开发一般采用单独设立子公司形式进行开发，建筑企业一般采用分公司形式提供建筑服务，这是行业里的常规。

建筑企业承接新项目时，一般采用分公司形式，主要考虑的是资质共享问题。大一点的建设项目，在招投标时，要求有一定资质等级的企业，因此建筑企业都会采用分公司的方式。

房地产开发就不一样了，目前的法规中，对房地产开发企业设立的门槛较低。一般的房地产开发，对其开发资质也没特别的要求。

房地产开发以子公司名义进行开发，一个项目一个子公司，更多是出于风险隔离和资本运作的需要，这也给房地产项目公司带来了税务处理上“无法弥补的伤害”。

毫无疑问，在增值税、企业所得税和土地增值税上，子公司是一个独立的纳税主体。房地产公司选择了以子公司名义来进行开发，也就选择了子公司独立纳税的规则。从第一篇的有关讲解中，我们也知道，房地产公司的很多税收问题，都是由于选择了子公司开发“闯的祸”。

再深究房地产采用子公司开发模式，为什么在税收上会产生这么大问题。工业企业、商业企业，很多情况下不也是采用子公司的方式在进行运作吗？最根本原因是，房地产开发的本身，具有不配比的属性。由于开发产品的特殊性，房地产项目公司的收入与成本是花几年时间才能完成一次完整的配比，又由于项目公司的特殊性，一生只配比一回。但增值税的计税属性，是一个月配比一次；所得税的计税属性，是一个年度配比一次。当增值税和所得税遇见房地产开发这种模式，“留抵税额结转抵扣”“亏损可以用以后年度所得弥补”等规则基本失灵了。这三者碰撞在一起，有如更年期碰到青春期，是调和不了的碰撞。

开发模式：以总分公司形式进行开发

实务中，的确有以分公司为开发主体的情况存在。我们从税务角度，来分析下总分开发模式下的税务问题。

首先是增值税。以分公司名义进行开发，增值税上可视为独立纳税人。但由于在增值税方面是独立的纳税人，其增值税的进项发票，抬头应该是分公司，否则在增值税处理上会存在一定的瑕疵。土地出让金的票据、有关政府规费收据等，可能只能开给总公司，这里面有没有税务风险，需要看主管税务机关意见。

其次是企业所得税。2008年后的企业所得税，具有明显的法人税制的特征。分公司不具有独立的法人资格，其企业所得税需要汇总到总公司统一计算再按比例进行分配。因此，企业所得税上，由于总分公司的汇总缴纳，其票据的抬头倒没有多大问题。关键是涉及不同税务机关，如何按比例把税款在不同地区间分配的问题。

最后是土地增值税。以分公司名义进行开发，土地增值税应该是以总公司名义进行申报纳税，还是以分公司名义进行申报缴税，现行税法规定得不是太清晰。不过，好在土地增值税的计算单位，最大的也是按项目进行计算和清算。至少有一点，哪怕是以分公司来作为纳税主体，由于土地增值税的计算基本上是与会计核算相脱离的，因此问题不是很大。其中的票据问题，如果以总公司名义开进来的，会存在一定的问题。

从上面对三个税种的分析来看，站在税收角度考虑，总分开发模式最麻烦的问题是：

1.税收分成问题；

2.票据抬头的问题；

3.收入做账的问题。

曾经碰到过一个总公司拿地、分公司开发的案例。总公司前几年拿了一块地，土地出让金票据开给了总公司，土地证也办在总公司名下，并且只能以总公司的名义办理报批报建。一句话，所有的手续和规证全在总公司名下。

在开发时，以分公司为主体来进行开发，所有的成本发票和费用发票，全开给了分公司。

到交房时，要给小业主开发票了，由于手续全是总公司办的，开票只能由总公司开。

问题就来了：收入是做在总公司还是分公司？做在总公司，其少了一大块发票，何况真正的意图是想把收入体现在分公司。收入做在分公司，其又少了土地出让金、各种规费的收据。

最后，把收入调到了分公司。在对其企业所得税和土地增值税的扣除上，税务机关提出了质疑，如处理不好，税款相差的金额是上亿元。

很多房地产项目选择以分公司名义进行开发，其实很多不是真实的分公司在开发，而是以分公司开发之名，行的是转让土地使用权之实。实务中，笔者碰到过类似的“挂靠开发”，某公司有两块地，由于没有足够的开发能力，想把其中的一块地转让给其他公司。但土地和房产一样，一动就会涉及巨额税款。于是乎，地不动，继续在原公司名下，原公司成立个分公司，以这个分公司名义进行挂靠开发。这种做法的后遗症真的会很大。

第一个后遗症是“分赃不均”，地价涨了，有人想违约了，最致命的是，地还在想违约人公司的名下。第二个后遗症是，如果哪一天，真实的合作合同摆在税务局的办公桌上，很有可能被视为转让土地使用权而征收高额的税费。第三个后遗症是项目开发过程中的税费怎么划分，也是容易引起争论的点。

笔者个人想法，以分公司名义进行开发，税收上存在较大的不确定性和较大风险，选择这种开发模式时一定要慎重。

其他业务板块中的母子与总分运用

上面讲的都是房地产开发业务中，其组织模式如何选择的问题。房地产集团中，还有一些其他业务板块，如物业管理等，由于从事具体业务的不一样，其模式的选择上，会有所不同。以物业管理为例，来简单地探讨两个问题。

一个问题是，不同的业务板块，装在同一个集团还是装在不同的集团？从税务角度来考虑，装在同一集团内部，税务上能占点优势。如地产的物业板块上了市，融到了钱，最终钱还得用到地产开发上去，如分属在不同集团，税务上会享受不到同一集团内的政策。当然，装不装在同一集团内，还有其他一些重要因素的考虑。

另一个问题是如物业管理这种业务板块，在具体从事经营时，是母子形式好，还是总分形式好？房地产的项目公司卖了房子，要引进物业公司进行物业的管理和维护。一般意义上，肥水不流外人田，有自己的物业公司，当然得自己干。但物业公司的引入，一般也是有资质要求的。所以，物业公司接受新小区管理时，一般以成立一家分公司名义，进行单独的管理。

在税务处理上，一个物业公司下面，有上百家分公司。从增值税角度，没多大问题，分公司是独立纳税人，反正下游基本上不需要抵扣，可独立登记为小规模纳税人，从而降低增值税的税负。但企业所得税上，分公司不是独立纳税人，必须和总公司汇总计算缴纳。一汇总，问题就出来了。物业管理的每家分公司，基本上是微微盈利的企业，汇总后，就成了大大盈利的企业，得按25%来缴企业所得税。

以前，许多分公司都可视为独立的纳税人，独立计算缴纳所得税。现在，由于小微企业的优惠一放再放，税务部门不再允许分公司独立享受小微企业的优惠政策。

从所得税角度来考虑，从事物业管理的公司，似乎是母子公司的模式更加划算。大一点的物业管理公司，模式的变化可能一年能省下上千万元的税款。

第14讲　关联交易的税务处理

关联交易，是指具有关联关系的企业或个人之间发生的经济业务事项。界定关联交易的前提，是交易双方存在着关联关系。

企业与其他企业、组织或者个人具有下列关系之一的，构成关联关系：

一是股权关系。一方直接或者间接持有另一方的股份总和达到25%以上；双方直接或者间接同为第三方所持有的股份达到25%以上。

二是资金借贷关系。双方存在持股关系或者同为第三方持股，虽持股比例没有达到上面第一项的规定，但双方之间借贷资金总额占任一方实收资本比例达到50%以上，或者一方全部借贷资金总额的10%以上由另一方担保（与独立金融机构之间的借贷或者担保除外）。

三是特许权关系。双方存在持股关系或者同为第三方持股，虽持股比例未达到上面第一条的规定，但一方的生产经营活动必须由另一方提供专利权、非专利技术、商标权、著作权等特许权才能正常进行。

四是购销及劳务关系。双方存在持股关系或者同为第三方持股，虽持股比例未达到上面第一项的规定，但一方的购买、销售、接受劳务、提供劳务等经营活动由另一方控制。

这里所说的控制，是指一方有权决定另一方的财务和经营政策，并能据以从另一方的经营活动中获取利益。

五是人员的任命或者委派关系。一方半数以上董事或者半数以上高级管理人员（包括上市公司董事会秘书、经理、副经理、财务负责人和公司章程规定的其他人员）由另一方任命或者委派，或者同时担任另一方的董事或者高级管理人员；或者双方各自半数以上董事或者半数以上高级管理人员同为第三方任命或者委派。

六是亲属关系。具有夫妻、直系血亲、兄弟姐妹以及其他抚养、赡养关系的两个自然人分别与双方具有上面第一至第五项关系之一。

七是实质关系。双方在实质上具有其他共同利益。

关联交易不用怕

业务做大了，企业设多了，关联交易就不可避免。哪怕就成立一个企业，照样也会存在股东与被投资企业间资金往来、业务往来等情况。因此，在税务处理上，关联交易是难以避免的，也不用担心，关联方完全可以进行正常的业务往来。

企业所得税上有规定，企业与其关联方之间的业务往来，不符合独立交易原则而减少企业或者其关联方应纳税收入或者所得额的，税务机关有权按照合理方法调整。如果企业不提供与其关联方之间业务往来资料，或者提供虚假、不完整资料，未能真实反映其关联业务往来情况的，税务机关有权依法核定其应纳税所得额。

因此，关联方之间的业务往来，只要业务是真实的，且按照独立交易原则结算或收取费用，在税务上是没有风险的。

关联交易要谨慎

税务局最担心的是，关联方之间由于存在着特殊的利益关系，企业往往利用关联方之间的交易进行税收筹划和安排。在企业所得税上，关联企业之间也会存在着高税率和低税率之差，存在着亏损企业和盈利企业之间的实际税负差。土地增值税上，一方面由于地产的项目开发，其开发成本可以在计算土地增值税时加计扣除，企业可能通过关联企业之间交易价格的设计，来人为加大成本从而减少土地增值税；另一方面，由于房地产销售环节多了个土地增值税，因此把相关房产以较低价格销售给关联方，从而规避房地产开发企业缴纳土地增值税的情形。因此，相关的税种，都会对关联方交易进行税收上的限制。我们来看两份文件。

一份是国家税务总局2014年大企业关联交易税收风险管理工作指引：

房地产企业的关联交易主要税收风险和审核要点

主要审核是否向关联方转移土地增值额或利润额，以少缴土地增值税、营业税和企业所得税。由于土地增值税是房地产企业特有的税种，向上下游关联企业转移增值额避税，成为房地产企业的首选。

（1）房地产业务的上游或下游是否存在关联企业。包括上游的施工企业、装修企业和材料设备提供商，下游的商场、宾馆酒店、置业或物业公司等。

（2）是否存在受地产商控制的施工企业（构成关联企业）。

（3）关联交易的单位建筑成本与费用，是否显著高于其他企业的同类建筑造价或预算造价，以多开建筑业发票方式虚增施工成本。

（4）销售给关联方的商铺、住房价格是否明显低于非关联正常价格。

（5）相对土地成本，项目的土地增值率或利润率是否显著偏低。

还有一份是某市土地增值税清算管理办法：

纳税人办理清算申报时，应当提交以下清算资料：关联交易详细书面说明，包括纳税人在房地产开发过程中接受关联方规划、设计、可行性研究、勘察、建筑安装、绿化、装修等服务，向关联方购买设备、材料以及纳税人向关联方转让开发产品等情况。

利用关联方交易做所谓的税筹，一定要注意其中的风险。关联交易要有真实业务的发生；关联方要具备实质经营的能力，包括有人员有场地等；关联交易要有商业的合理性；关联定价要相对公允。

房地产行业，如何规避关联交易的税务风险？

最重要的当然是关联交易的定价要合理，要按照独立交易原则结算或收取费用。一般情况下，其价格的波动区间要控制在市场价格的合理区间内。

集团和下属公司之间，要厘清工作职责，在内部文件或规定中明确，下属公司的哪些工作由集团公司来承担。服务费的收取，不能笼统地规定一个收费比例，或者按照营业收入比例来收取服务费，最规范的做法是按每项工作的工作量来收取服务费。总之，关联方之间的服务费收取，“事出要有因，收费要合理”。

最后，讲两个关联交易税务处理上的小故事。

某房地产集团公司，设在A市，集团每年要向各项目公司收取大额的服务费、品牌使用费等，在当地要缴25%的企业所得税，且当地没有税收返还政策。通过B市一家从事招商引资的服务机构的牵线，房地产集团在B市设立了一家新的企业，由这家新成立的企业负责向集团内企业收取服务费、品牌使用费等，并争取到增值税、企业所得税实际入库税款一定比例的财政返还政策。后来，B市税务机关在风险应对时发现，新设立的企业仅挂有员工3人，办公场地也是租来的一间十多平方米的房子，却每年收取上亿元的服务费，所以对服务费的真实性提出了质疑。更让税务机关不解的是，房地产集团公司从来没有向B市企业授予品牌的特许使用，但B市企业却一直在向关联公司收取品牌使用费。

房地产公司，在税收洼地或者有财政返还的地方，设立集采中心或者其他关联公司，进行集团内的交易，一定要注意其中的税务风险。要把业务做真做实，否则一不小心，就掉进了虚开发票的坑里。

还有一个小故事。某集团公司的关联交易，出于其他方面一些考虑，链条做得比较长。类似于A卖给B，B再卖给C之类的交易。结果在链条的中间，有一家企业是小规模纳税人。刚开始大家都没人注意这事儿，后来终于有人发现了：不对呀，这种关联交易不是凭空多缴增值税嘛！是的，关联企业之间的交易，要么大家都是一般纳税人，如果中间夹杂了个小规模纳税人，相当于把前期的进项税金白白损失掉了。

第三篇

房地产行业融资中的税务风险

第15讲　公司的注册资本大好还是小好？

房地产公司的注册资本，不同的资质，有不同的要求，如四级资质，不能低于100万元人民币；一级资质，不能低于5 000万元人民币。我们看到有的项目公司注册资本，就是千万元，有的项目公司的注册资本，有几十亿元。项目公司的注册资本，到底是大点好还是小点好？我们从经营的角度和税务的角度两方面来探讨这个问题。

从经营的角度来考虑

从经营的角度来考虑，一个企业的价值与注册资本的大小没有必然的联系。企业的价值和净资产相关，净资产等于资产减去负债。

在有限责任公司里，股东以各自的出资额对公司承担有限责任。出资额越大，承担的责任也就越大。

增资容易减资难。股东的权益性投资，一旦进公司的实收资本，要想再从企业减资，手续非常烦琐复杂，还可能涉及税务问题。相对来说，增资的手续就简单多了，股东间形成一个决议，到工商部门去办一下增资手续，非常简单和便捷。

注册资本越小，越有利于下一步的股东引进和资本运作。房地产公司拿到土地、项目公司成立后，很多企业一般会以股权合作的方式，引进新的股东，或者在某个时点，房地产公司不想自己开发、想以股权转让的方式转手，无论以股权转让还是以增资扩股的方式，标的公司的注册资本越小，就越有利。

从税收的角度来考虑

假设一个项目公司的注册资本就千万元，一般来说，房地产公司在预售以前只有现金流出，没有现金流入的，在正式能预售以前，买地要花钱、办理各种审批手续要花钱、设计施工要花钱。股东投入的钱远远不够，要么依靠股东借款，要么依靠外部借款去解决。从税务的角度，来看一下资本性投入和借款的投入有什么不同之处。

股东资本性投入的资金，在项目公司层面没有抵税的效应。资本性投入，以取得税后利润的分配为回报，项目公司在所得税前不能列支相关的资金成本，与股东以债权投资相比较，失去了抵税的效果。

为了防止企业通过资本弱化来达到避税效果，税法对此有专门的限制。资本弱化，是指企业通过加大借贷款等债权性投资而减少股份资本等权益性投资比例的方式增加税前扣除，以降低企业税负的一种行为。资本弱化在税收上的主要后果是增加利息在所得税前的扣除，同时减少了股息的支出。

2008年施行的《企业所得税法》中，制定了相应的资本弱化条款，企业从其关联方接受的债权性投资与权益性投资的比例超过规定标准而发生的利息支出，不得在计算应纳税所得额时扣除。随后，财政部和国家税务总局发布了《关于企业关联方利息支出税前扣除标准有关税收政策问题的通知》（财税〔2008〕121号），对资本弱化有了更详细的规定：

一、在计算应纳税所得额时，企业实际支付给关联方的利息支出，不超过以下规定比例和税法及其实施条例有关规定计算的部分，准予扣除，超过的部分不得在发生当期和以后年度扣除。

企业实际支付给关联方的利息支出，除符合本通知第二条规定外，其接受关联方债权性投资与其权益性投资比例为：

（一）金融企业，为5∶1；

（二）其他企业，为2∶1；

二、企业如果能够按照税法及其实施条例的有关规定提供相关资料，并证明相关交易活动符合独立交易原则的；或者该企业的实际税负不高于境内关联方的，其实际支付给境内关联方的利息支出，在计算应纳税所得额时准予扣除。

财税〔2008〕121号文件的第一条，分别规定了金融企业和一般企业债资比的比例，超过债资比的部分，对应的利息，不能在企业所得税前扣除；房地产企业不属于金融企业，其债资比的限制为2∶1。

财税〔2008〕121号文件的第二条，讲到了两种情形下的例外原则。

实务中，最大的争议是，符合财税〔2008〕121号文件第二条规定的情形，受不受第一条的制约。资本弱化条款实际上是一种反避税的手段，属于特别纳税调整范畴。《企业所得税法》对适用特别纳税调整，有其前提条件：不符合独立交易规则、有避税的实际后果。因此，只要符合财税〔2008〕121号文件第二条的情形，则不受债资比的限制，可以全额在所得税前扣除利息。

在债资比的规定中，还有几个值得关注的点：

一是企业所得税上债资比的限制，是一种反避税条款，是对利息扣除金额的一种限制，而不是一种对债务和股权的判断标准。所以超过债资比的利息，其性质还是利息，税务上视为不能扣除的利息，对出资方来说，还是按利息收入缴纳所得税。

二是对于房地产开发企业来说，如果超过规定的债资比需要进行纳税调整，应该何时进行纳税调整？我们要明确一个前提，债资比的限制只是企业所得税上的规定，会计上没有关于债资比的限制。对房地产公司来说，如果发生债资比超标要纳税调整，应该在利息支出当期调整，还是在完工年度结转收入和成本时调整？如果是费用化的利息，当然应该在利息支出当期的年度申报时进行纳税调整，因为利息的支出已经进入了当年的会计损益，直接影响当年的企业所得税申报了；如果是已经资本化的利息，应该在完工当年结转收入和成本时进行纳税调整，因为资本化的利息支出，没有进入利息支出当年的会计损益。

三是有些特殊的债务，如何计算债资比的问题。如房地产集团公司内的统借统还资金，其形式上看是从关联方取得的，受关联企业"债资比"的限制吗？这在目前的政策上是不明确的。部分税务机关认为，统借统还的资金，虽然通过集团内的关联公司转了一道手，但基本上可判断为是从金融机构借来的钱，因此，统借统还资金可以不受债资比的限制。

"资本强化"的故事

看了上面的讲述，你可能得出了一个结论：过度的资本弱化，会有避税的嫌疑，税法对此会提出质疑并有可能进行特别的纳税调整。从税务的角度来分析，过度放大资本，是不是一定不会有税收上的目的？

有这么一个"资本强化"的故事：某地一家央企，从事垄断行业，属于躺着也赚钱的那种，一年要缴几亿元的企业所得税。有一年，这家央企收购了一家亏损累累的企业，百分百控股这家企业。被收购企业亏损的原因是其属于重资产行业，前期投入了大量资金，背了一身债，每年要承担上亿元的利息支出。母公司泪汪汪地看到，自己每年缴几亿元的所得税，而自己的

“儿子”亏损越积越多用不完。于是想了这么一招，母公司反正有的是融资渠道，借来了钱，再以增资方式注入到子公司里，子公司把债务还掉，以后年度再也不会发生亏损了。而母公司借钱的利息，可以名正言顺在母公司税前扣除。

这种操作，当然是符合税收规定的。其主要理由是：第一，股权等权益性投资对应的利息支出，不需要资本化，可以直接费用化在当期扣除；第二，税法只对资本弱化有避税嫌疑的规定，从来没有说“资本强化”会有避税嫌疑。

最后提示一个风险点：目前，除了部分行业的注册资本必须全部到位外，大部分行业都允许注册资本认缴。在注册资本没有全部到位情形下，对未缴足部分，会计上不要计入实收资本科目，否则可能会提前缴纳印花税。

第16讲　融资税务风险：银行贷款和拆借资金

据说国外很多做房地产的，背后的金主都是玩金融的，这事儿笔者无法考证。不过国内做房地产开发，靠自身积累的钱去搞开发，是远远不够的。大部分房地产公司，必须依靠各种方式的融资，才能做大规模，滚大雪球。

融资的三大种类

融资的分类，按其性质，主要有三大类：债务融资、股权融资和信用融资。

信用融资，是房地产公司经常使用且成本最低的融资手段。我们习以为常的商品房的预售，实际也算是信用融资的一种。房子刚钻出地面，基本上还处于图纸阶段，小业主就支付大部分或全部的房款，相当于小业主为房地产公司在垫钱开发。此外，房地产开发公司，经常要求总包方垫资施工，能拖的则拖，这也是一种信用融资，且大部分情况下不用支付任何融资费用。

信用融资因为不支付融资费用，因此也没有税务处理的问题。我们重点来谈下其他两种融资方式。

股权融资。站在项目公司的层面，引进新的股东，加大注册资本，是一种股权融资。站在股东的角度，转让出部分股权，拿到部分现金，也是股权融资的一种。股权融资，融到的是钱，付出的代价是部分或全部股权。

股权融资看似不需要付出融资利息和成本，但实际上其融资成本是最高的。因为股权融资中，原股东的股权被稀释，一是在公司的话语权降低，二是本来能赚的钱，要拿出一部分来分给其他新进的股东。所以股权融资看似没付出代价，其成本实际上是最高的。

对于融资方来说，股权融资支付的股息红利，不能在企业所得税前扣除；对于出资方来，由于是权益性收入，不需要缴纳增值税，也可以享受居民企业间所得税的免税政策。

债务融资。债务融资中，出资方让渡的是一定时间内资金的使用权，并同时向融资方收取一定比例的资金占用利息。对融资方来说，符合条件的利息支出，可以在企业所得税前扣除；对于出资方来说，利息收入应该按规定缴纳增值税和所得税。

银行贷款的税务风险

向银行贷款，补充开发资金和流动资金的不足，是房地产公司的一个重要融资手段。银行向房地产企业发放贷款，一般有开发贷款、并购贷款、补充流动资金贷款以及经营性物业贷款。银行对房地产公司的开发贷款有较高的门槛，一般要满足“四三二”的要求，即：项目四证齐全、企业资本金达到30%、开发商二级以上资质。

银行是标准的金融机构，向银行支付的利息支出，税收上没有多大的风险。对融资方来说，利息的进项税额，目前还不能抵扣。

企业所得税上，银行的借款利息，不管利率高低，税务上都是认可的。银行利息的所得税扣除上，最大问题是扣除票据的问题。无论是营业税时代还是增值税时代，在较长的一段时间内，银行一般不向客户开具发票，而是以利息结息单作为收取利息的凭据。税务机关也认同以结息单进行扣除。

企业所得税法实施后的第十年，即2018年，国家税务总局以公告形式，下发了《企业所得税税前扣除凭证管理办法》，对企业所得税税前扣除凭证进行了规范。其中第九条规定，企业在境内发生的支出项目属于增值税应税项目的，对方为已办理税务登记的增值税纳税人，其支出以发票（包括按照规定由税务机关代开的发票）作为税前扣除凭证。

在2018年度国家税务总局召开的政策解读会上，国家税务总局的有关领导也专门就此政策进行了解读：对方为已办理税务登记的增值税纳税人，其支出以发票作为税前扣除凭证。至此，如果借款方没有取得银行开具的利息发票，将面临企业所得税不能税前扣除的风险。

向其他企业拆借资金

向其他非金融机构拆借资金，包括企业与企业间的资金拆借，也是部分房地产公司的融资渠道。

增值税处理上，非金融机构把钱借给别人并收取利息，也属于增值税上的“贷款服务”，按规定开具增值税普通发票，融资方不能在增值税上抵扣。

企业所得税的处理上，《企业所得税法实施条例》第三十八条规定，非金融企业向非金融企业借款的利息支出，不超过按照金融企业同期同类贷款利率计算的数额的部分，可以在企业所得税前扣除。

《企业所得税法实施条例》没有讲清楚，什么是金融企业同期同类贷款利率，导致实务操作中有不少争议和不同的口径。国家税务总局在《关于企业所得税若干问题的公告》（国家税务总局公告2011年34号）中，对此作了较为明确的规定：

一、关于金融企业同期同类贷款利率确定问题

根据《实施条例》第三十八条规定，非金融企业向非金融企业借款的利息支出，不超过按照金融企业同期同类贷款利率计算的数额的部分，准予税前扣除。鉴于目前我国对金融企业利率要求的具体情况，企业在按照合同要求首次支付利息并进行税前扣除时，应提供“金融企业的同期同类贷款利率情况说明”，以证明其利息支出的合理性。

“金融企业的同期同类贷款利率情况说明”中，应包括在签订该借款合同当时，本省任何一家金融企业提供同期同类贷款利率情况。该金融企业应为经政府有关部门批准成立的可以从事贷款业务的企业，包括银行、财务公司、信托公司等金融机构。“同期同类贷款利率”是指在贷款期限、贷款金额、贷款担保以及企业信誉等条件基本相同下，金融企业提供贷款的利率。既可以是金融企业公布的同期同类平均利率，也可以是金融企业对某些企业提供的实际贷款利率。

房地产企业在向非金融机构支付借款利息并作所得税扣除时，负有主动举证来证明利率合理性的责任。实务中，有几点值得注意：

一是部分地方的税务机关，每年都会公布一个当地认可的利率的最高值，这种情形下，企业一般无须再自我举证利率的合理性。二是如果要自我举证，一般首选本省范围内的信托公司、财务公司的实际贷款利率。相对来说，这几类非银行金融机构的利率，要远远高于银行的贷款利率。三是房地产公司向小贷公司贷款的利息，基本可参照向金融机构的贷款，不需要举证可全额扣除利息。四是当地小贷公司的利率，能否作为举证的参照，各地有不一样的掌握口径。五是向税务机关提供的不一定是正式文件，有关的合同复印件、网上截图等，只要能证明同等情形下的实际贷款利率，均为有效的证明。

向个人拆借资金

向股东个人借钱，向员工借钱，向其他个人借钱，这都是部分民营房地产公司的融资渠道。

个人把钱借给企业用，并收取利息，个人应该按规定缴纳个人所得税和增值税。个人所得税，按“股息、利息、红利”税目和20%税率缴纳，并由支付利息方代扣代缴。增值税上，个人按贷款服务缴纳增值税，由于个人成为不了一般纳税人，所以只能按小规模纳税人的征收率计算缴纳。

从个人手中借钱，企业所得税上，有专门的文件规定。我们来看下《国家税务总局关于企业向自然人借款的利息支出企业所得税税前扣除问题的通知》（国税函〔2009〕777号）的规定：

一、企业向股东或其他与企业有关联关系的自然人借款的利息支出，应根据《中华人民共和国企业所得税法》（以下简称税法）第四十六条及《财政部 国家税务总局关于企业关联方利息支出税前扣除标准有关税收政策问题的通知》（财税〔2008〕121号）规定的条件，计算企业所得税扣除额。

二、企业向除第一条规定以外的内部职工或其他人员借款的利息支出，其借款情况同时符合以下条件的，其利息支出在不超过按照金融企业同期同类贷款利率计算的数额的部分，根据税法第八条和税法实施条例第二十七条规定，准予扣除。

（一）企业与个人之间的借贷是真实、合法、有效的，并且不具有非法集资目的或其他违反法律、法规的行为；

（二）企业与个人之间签订了借款合同。

房地产公司向个人拆借资金，想在企业所得税上扣除利息，必须具备几个前提条件：

一是借贷的真实性和合法性。向个人拆借资金，可能会涉及非法集资等法律上问题，因此要求其借贷关系成立且真实合法。二是要求有借款合同，通过借款合同证明借贷关系的成立。三是和向其他非金融企业借款一样，可以扣除的利息支出，不得超过按照金融企业同期同类贷款利率计算的数额的部分。四是要有借款人的发票。实务中，向个人借款支付的利息，发票是最大问题。由于向个人借款时，大部分情况约定由用钱的人负担个人的税收。所以，在向个人借钱时，要充分考虑其实际的融资成本。

举个简单例子。假如某房地产公司向个人借钱，其约定年化利率为10%，个人的税收由房地产公司来承担。个人的利息，按规定缴3%增值税，20%的个人所得税，那实际负担会增加23%左右，也就相当于融资的利息抬高到12.3%左右。

利息支出，在增值税上不能抵扣，在土地增值税上，一般按比例计算扣除。为个人的利息承担23%左右的税负，同时代开了增值税发票，对房地产公司来说，带来税收上的好处是企业所得税可以扣除。这里要考虑几个问题，一个是企业所得税名义税率是25%，但实际上大部分地产项目的实际税负，是达不到这个税率的。另一个是企业所得扣除的滞后，大部分利息支出要在结转收入和成本时才能扣除，而为个人承担的税款却是早已提前缴纳的，这里有个时间上的不同步。

委托贷款的税务问题及风险

委托贷款，是指由委托人提供资金，由商业银行（受托人）根据委托人确定的借款人、用途、金额、币种、期限、利率等代为发放、协助监督使用、协助收回的贷款。对商业银行来说，委托贷款业务是一种委托代理业务，只是一种通道业务，商业银行只收取代理手续费，不承担信用风险。

委托贷款实际上出资方是委托人，委托人收取的利息，按规定缴纳增值税、企业所得税或个人所得税，并向借款人开具增值税普通发票。对于借款人来说，如果委托人是非金融机构，其利息的所得税扣除，就必须受金融企业同期同类贷款利率的限制。

第17讲　集团内资金往来的税务风险

前面讲到过，房地产开发一般采取集团的模式。同一集团内部，有几十个、上百个独立的企业法人。在税务管理上，一个法人就是一个纳税主体。但房地产开发中，不同的主体融资能力是不同的，同一个时期的不同主体资金情况是不同的。同一个时点上，有的开发主体可能需要大量资金，有的主体可能现金流十分充裕。所以，对房地产集团来说，实行资金的集中管理和调配，是房地产企业提高资金运作效益、降低资金成本的必选之路。我们看到，一些稍微上点规模的地产集团，内部专门成立财务公司或者资金中心，统筹全集团的资金管理和使用。这种方式，在税务管理上会带来一些困惑，让我们对最常见的集团内无偿拆借资金和集团内资金的统借统还这两种情形，来分析其中的税务问题。

集团内无偿拆借资金的增值税问题

对一些实现资金集中管理的房地产集团，资金在不同法人间进行调配，往往不计算相应的资金占用费。在没有成立集团的一些房地产开发公司，资金在不同项目公司之间，进行无偿的调配，也是一种常态。在税务的处理上，无偿使用资金，在增值税和企业所得税上，会有一定的税务风险。

无偿拆借资金增值税的处理。营业税时代，无偿拆借资金要不要视同销售缴纳营业税问题，争论很大，实务中执行的口径也非常不一致。营改增后，这问题相对来说比较明确了。

营改增的财税〔2016〕36号文件规定，单位或者个体工商户向其他单位或者个人无偿提供服务，除用于公益事业或者以社会公众为对象的除外，都应该按视同销售服务处理。因此，同一集团内部的不同企业之间，无偿拆借资金不收取利息的行为，在营改增后，增值税上要视同销售缴纳增值税，政策上是清晰的。

对一般的业务来说，增值税上的视同销售，按理说没有太大问题。上有销项，下游也有抵扣的进项，视同销售不会产生重复纳税的情况。不过利息的视同销售，问题就大了，由于利息不能抵扣进项税额，上游要视同，下游没得抵，集团内的资金，如果多转几道，本金用来缴税都不够。

考虑到集团内资金往来的实际情况，财政部、国家税务总局在《关于明确养老机构免征增值税等政策的通知》（财税〔2019〕20号，以下简称“20号文件”）中明确：自2019年2月1日至2020年12月31日，对企业集团内单位（含企业集团）之间的资金无偿借贷行为，免征增值税。而后续相关的文件，又将此免税的政策延长到2023年底。

20号文件的第一层意思是，企业之间的无偿拆借资金行为，在营改增后，是要视同销售缴纳增值税的；第二层意思是，对集团内的不同主体间的资金无偿拆借，考虑到其特殊性，税法给予了一定时期内免税的优惠政策。注意，是免税，意思是本应该征的税给予了优惠的照顾。

20号文件的言下之意是，除集团外的企业，拆借资金不收利息的，都是不能免增值税的。

总结一下，按照现有税收政策，只有集团内的企业间拆借资金不收利息，是可以免征增值税的。无偿拆借资金的增值税视同销售问题，是目前增值税政策和管理上的一个争论点。如何解决这个问题，这里稍作探讨：

思路1，充分利用集团模式。20号文件及后续的文件，均明确免税政策只适用集团范围内的企业。

2018年前，企业集团是要办理核准登记的。成立企业集团需要具备三个基本条件：集团母公司注册资本在5 000万元人民币以上，母公司和其子公司（至少5家）的注册资本总和在1亿元人民币以上，集团成员单位均具有法人资格。

2018年开始，国家取消了集团核准登记的行政许可。企业不需要再办理企业集团核准登记和申请“企业集团登记证”。企业法人可以在名称中的组织形式之前使用“集团”或者“（集团）”字样，该企业为企业集团的母公司。需要使用企业集团名称和简称的，母公司应当在章程中记载，并在申请企业名称登记时一并提出。母公司全资或者控股的子公司、经母公司授权的参股公司，可以在名称中冠以企业集团名称或者简称。工商和市场监管部门对企业集团成员企业的注册资本和数量不做审查。取消企业集团核准登记后，集团母公司应当将企业集团名称及集团成员信息通过国家企业信用信息公示系统的“集团母公司公示”栏目向社会公示，接受社会监督。

思路2，以批准的财务公司的名义，进行资金的集中管理和使用。财务公司是指依据《公司法》和《企业集团财务公司管理办法》设立的，是指以加强企业集团资金集中管理和提高企业集团资金使用效率为目的，依托企业集团、服务企业集团，为企业集团成员单位提供金融服务的非银行金融机构。经批准设立的财务公司，可以吸收成员单位存款和办理成员单位贷款。

通过集团的财务公司，实行资金集中管理和调配。由于财务公司具有对内揽储的功能，成员企业放到财务公司的钱，可以视为储蓄利息，不征收增值税。

当然，企业集团的财务公司，由于具有金融机构性质，审批的难度相当高。

思路3，适当收点利息。在增值税的处理上，有时适当收点利息，可能比不收利息的税务风险更小。适当收点利息，把握好内部资金往来的收费标准，有时是一种解决此类问题的办法。

思路4，约定靠后的利息支付时间。增值税利息收入的纳税义务时点，以纳税人发生应税行为并收讫销售款项或者取得索取销售款项凭据的当天；先开具发票的，为开具发票的当天。

无偿拆借资金企业所得税的处理

《企业所得税法实施条例》中写道，企业发生非货币性资产交换，以及将货物、财产、劳务用于捐赠、偿债、赞助、集资、广告、样品、职工福利或者利润分配等用途的，应当视同销售货物、转让财产或者提供劳务，但国务院财政、税务主管部门另有规定的除外。因此，企业之间无偿拆借资金，在企业所得税上是要视同销售的。

关联方之间的资金拆借，属于特别纳税调整范畴。无论是在国家税务总局颁布的《特别纳税调整实施办法》中，还是在2017年颁布的《特别纳税调查调整及相互协商程序管理办法》中，均强调，实际税负相同的境内关联方之间的交易，只要该交易没有直接或者间接导致国家总体税收收入的减少，原则上不作特别纳税调整。

境内关联方之间无偿拆借资金，如果双方的实际税负相同，应该不用进行纳税调整。政策是清晰的，政策的本意也是清晰的，境内关联方之间交易，没有导致总体税款减少的话，肉还在锅里，进行调整也没多大意义。但是，实际操作中没有这么简单。由于资金的往来双方，往往不是同一税务机关管辖的，对借出方的税务机关来说，没有收利息就相当于我这里少了一部分税款。于是有部分税务机关，在此政策上采用偏紧的掌握尺度。房地产公司一定要注意其中的税务风险。

有些基层税务机关在执法时，对实际税负相同的资金拆借，不进行纳税调整。但是一旦发现资金的拆出方，一方面借出的钱不收利息，另一方面向别人借钱支付了利息，这时就会按照企业所得税法的有关规定，把相应的利息支出判定为与取得生产经营无关的支出，从而不让在企业所得税前扣除。

如何解决资金拆借不收利息不缴所得税的问题？这里提供一些解决的思路。

思路1，政策的规定是明确的，企业要保证往来双方的实际税负相同，且要保证在拆借资金的每一年，其企业所得税年度申报表反映的实际税负是相同的。这种情形下，税务机关是无权进行纳税调整的。

思路2，如同增值税的处理一样，有时适当收点利息，可能是解决问题的一种出路。

思路3，约定靠后的利息支付时间。企业所得税利息收入的纳税义务时点，以合同约定的应付利息的日期来确认收入。

在无偿拆借资金问题上，要统筹好增值税和所得税的关系。20号文件及后续的文件明确，集团范围内的企业可以适用免征增值税政策。有些人认为20号文件是增值税上的“良药”，却是所得税上的“毒药”。理由是20号文件解决了不收利息不缴增值税问题。但所得税处理上，会造成这么一种悲剧：借出钱的一方，有利息支出不能扣；借入钱的一方，因为没有支付利息也不能扣。站在整个集团的角度，借钱进来支付的利息，一次也没得扣。

统借统还业务的增值税处理与风险

增值税上有统借统还的政策，企业所得税上有统借统还的政策。那什么是统借统还？2016年36号营改增文件中，对统借统还业务，有较明确的定义。统借统还业务是指：

1. 企业集团或者企业集团中的核心企业向金融机构借款或对外发行债券取得资金后，将所借资金分拨给下属单位（包括独立核算单位和非独立核算单位，下同），并向下属单位收取用于归还金融机构或债券购买方本息的业务。

2. 企业集团向金融机构借款或对外发行债券取得资金后，由集团所属财务公司与企业集团或者集团内下属单位签订统借统还贷款合同并分拨资金，并向企业集团或者集团内下属单位收取本息，再转付企业集团，由企业集团统一归还金融机构或债券购买方的业务。

统借统还业务，有点类似于搞批发。集团内有融资能力和融资渠道的企业，把钱从银行借进来后，再批发给集团内的其他企业使用，并收取同等利率的利息。

财税〔2016〕36号文件规定，对集团内的统借统还业务收取的利息收入，免征增值税，我们可以从以下几方面把握这项政策：

有适用的范围。统借统还业务免征增值税政策，只适用于企业集团或企业集团中的核心企业以及集团所属财务公司向企业集团或者集团内下属单位收取的利息。言下之意，企业集团内的任何一家核心企业，都可以是统借统还业务的主体。

有资金来源的限制。统借统还业务，免征增值税，其资金来源必须是金融机构的借款或者通过发行债券取得的资金。

有规定的利息支付标准。统借统还业务的主体，在利息的处理上，必须“平进平出”，按照支付的借款利率水平，向集团内其他单位收取利息，才可以免征增值税。

说说容易做做难。讲三个真实发生过的案例。

第一个案例，某集团公司有超强的融资能力，其下属子公司的钱，基本上是通过集团公司借进来的。同一年度内，集团公司会发生好几笔贷款的业务，借钱进来再分给下面的子公司用。每次借进来的钱，其借款的利率都不一样，该集团一般在年末时，按一个平均的利率向子公司收取利息。税务机关在风险应对时，对此提出了异议，认为统借统还的利息，必须一笔笔对应清楚，否则就不能免征增值税。

第二个案例，某集团的统借统还业务，在向银行借钱支付利息的同时，按约定向银行额外支付了2%的融资顾问费。集团要向下属公司结算利息时，把利息加上2%的融资顾问费，一并向下属公司收取。主管税务机关发现后，认为此业务不符合统借统还中利息“平进平出”的要求。

第三个案例，某房地产集团，以集团公司名义借来钱，先把钱划给区域公司，再由区域公司把钱划给要用钱的项目公司用，也就是中间通过区域公司转了一下。税务机关提出了不同看法，认为项目公司的钱，来自区域公司。

企业所得税上的统借统还业务

对于统借统还业务的处理，企业所得税上没有一般性的规定。唯独对房地产开发企业，在国税发〔2009〕31号文件中有单独的说法。国税发〔2009〕31号文件规定，企业集团或其成员企业统一向金融机构借款分摊集团内部其他成员企业使用的，借入方凡能出具从金融机构取得借款的证明文件，可以在使用借款的企业间合理地分摊利息费用，使用借款的企业分摊的合理利息准予在税前扣除。

国税发〔2009〕31号文件对房地产行业的规定，采用的是一种类似于“共同接受服务、共同分摊成本”的处理思路。所得税的处理上，必须受增值税以及增值税发票的限制。其中最大问题是，统借统还业务，要不要开具发票？

实际资金使用方要不要取得发票才可以税前扣除，这一向是个有争议的问题。争议的来源是国税发〔2009〕31号文件中，采取的是类似于利息分摊的方式。笔者个人理解，一项业务需不需要发票，关键看业务属于不属于增值税的征税范围，如属于增值税征税范围，必须要取得发票。营改增文件，对集团内的统借统还业务，界定为免征增值税，意思为属于增值税的征税范围，由于需要照顾而采取了免税的政策。因此，个人理解，集团内的统借统还业务，应该开具免税的普通发票。对于不是同一集团内的统借统还业务，因为要缴增值税，真正资金使用方肯定要取得发票才能扣。

还得总结一下。财税〔2016〕36号文件关于统借统还免征增值税政策和财税〔2019〕20号文件关于集团内拆借资金免征增值税政策，两个政策解决的是不一样的问题。财税〔2019〕20号文件解决的是不收利息不缴增值税的问题，财税〔2016〕36号文件解决的是收了利息再转付，利息不缴增值税的问题。

最后就集团内资金往来，有三个风险点需要提醒一下。第一个风险是很多房地产集团和公司，由于内部的资金往来太频繁，其他应收款、其他应付款等往来科目上，同时挂着巨额的数字。这很容易触发税务上的预警。因此，定期清理往来科目，是降低税务风险的必做功课。第二个风险是统借统还业务要免征增值税，要从内部合同、利息收取、资金走向、如何开具发票四个方面，提前做好规划。第三个风险是集团内资金往来（含统借统还业务）如果免了增值税，考虑适当转点进项税出来。

第18讲　信托融资的税务风险

信托的本意为受人之托、代为理财。信托融资，相比于银行融资，虽然融资的成本要远远高于银行贷款的利息，但由于其融资的灵活性，已经成为很多房地产公司的重要融资渠道。有一个统计资料，说是信托资金的10%—20%左右，流向了房地产开发行业。

信托投向房地产开发的资金，一般有四种方式。第一种是信托贷款的形式，但由于政府监管的要求，这种方式运用得比较少。哪怕是可以采取贷款的方式，很多信托公司也对发放对象有具体的要求，如一般要达到“四三二”条件。

第二种方式，是信托以股权的形式进入房地产的项目公司，当项目公司的股东，这种融资形式目前是符合监管要求的。以股权形式进去，也有两种方式：增资入股或者从原股东手中购买一部分股权。当然，当真正的股东和分得税后利润，除部分有地产背景的信托公司愿意干这活外，大部分信托公司和信托委托人是不愿意采用这种方式的。

第三种方式，明股实债。明股实债，也称假股权真债权投资。这是一种比较常见的投资方式和融资工具，融资双方出于规避某些方面监管、方便信托资金退出、降低资产负债率等因素考虑，以股权名义接受投资，同时又给予固定回报等债权投资的待遇，这是一种兼具了权益和债权双重特性的投资业务。

以股权的形式进去，又想以债权的方式取得固定回报，就要靠投资协议的约定。一般情况下，采取以下两种方法均能达到收取固定回报的目的，一个是协议中直接约定资金的固定回报率，同时约定清楚信托不参与税后利润的分配。还有一种是约定好对赌条款，通过对赌方式，实现信托资金拿到固定回报。

第四种方式，受益权信托。对受益权信托的融资，会在下一讲中进行介绍。

真债和真股税务处理

上面第一种和第二种形式，是真债和真股。实务中，信托采用这两种方式的比例不是太高。原因是如果是真债方式，房地产公司可以通过银行融资等渠道，利息还要低得多。真股的方式，就相当于国外的REITs了，投资者不愿意等这么久。在有些信托融资中，也会采用“真股+真债”的组合。

真债的税务处理是，双方按借贷进行税务处理。对融资方来说，支付的利息可以在企业所得税前扣除。

信托某种意义上只是一个通道。信托计划的钱，大多来自投资人（见图3-1）。当然，信托计划的投资人有多种，有的可能是合格投资者，有的可能是银行理财，也有可能是其他资管计划。信托计划收取固定的利息后，除了扣下一部分管理费用和税金外，要将利息分给各委托人。这里面会涉及几个问题：

1.信托计划是不是独立的纳税人？我们国家还没有真正建立起信托税制。按照现行税法规定，我国的信托计划不是独立的纳税主体，无须办理税务登记，也不负有独立的纳税义务。因此信托计划不需要独立缴纳增值税和所得税。

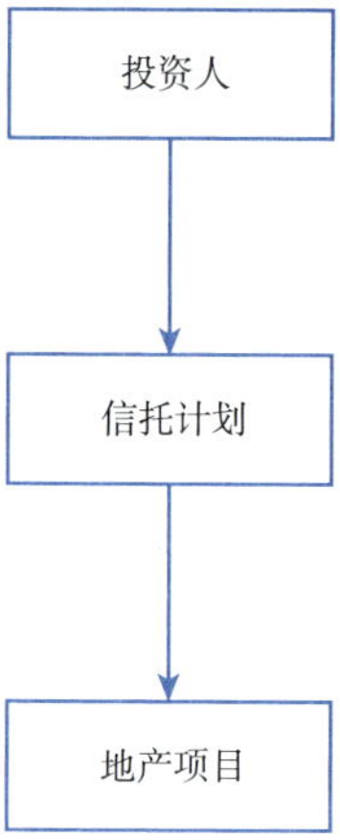

图 3-1 信托计划

2. 信托计划这种贷款利息的增值税怎么缴？信托的增值税和个人所得税，向来是税务管理的盲区。2016年营改增后，国家也意识到资管产品（包括信托计划）的增值税问题到了非明确不可的地步。2016年底，财政部和国家税务总局就在财税〔2016〕140号文件中明确，资管产品运营过程中发生的增值税应税行为，以资管产品管理人为增值税纳税人。2017年又下发财税〔2017〕56号文件，规定资管产品管理人运营资管产品过程中发生的增值税应税行为，暂适用简易计税方法，按照3%的征收率缴纳增值税，并规定自2018年1月1日起施行。至此，包括信托计划在内的资管产品，由谁来缴纳增值税、怎么缴增值税的问题，终于得到了明确。

3. 贷款利息能开具增值税发票吗？在已经明确资管产品增值税的纳税义务人是资管产品管理人的前提下，开具发票问题也就迎刃而解了。信托贷款的利息，可以由信托公司开具增值税普通发票。

真股的税务处理是，信托公司以真股方式，为房地产公司提供股权融资，就按权益性投资进行税务处理。对于融资方房地产公司来说，支付的是“共担风险、共享利润”的税后利润，也就不能在企业所得税前扣除了。对于信托计划来说，也就不存在缴纳增值税的问题。

假股权、真债权方式的融资

明股实债，也称假股权真债权投资，这是信托资金比较常用的投资方式。

目前对明股实债比较清晰的定义，是中国证券投资基金业协会在《证券期货经营机构私募资产管理计划备案管理规范第4号——私募资产管理计划投资房地产开发企业、项目》中的表述。其中写道，明股实债，是指投资回报不与被投资企业的经营业绩挂钩，不是根据企业的投资收益或亏损进行分配，而是向投资者提供保本保收益承诺，根据约定定期向投资者支付固定收益，并在满足特定条件后由被投资企业赎回股权或者偿还本息的投资方式，常见形式包括回购、第三方收购、对赌、定期分红等。

一项融资业务，到底是“股”还是“债”，交易结构上可以是复杂的，业务上可以是模糊的，但在两种情形下，必须要给个明确的说法。

一种情形是，利益相关方把这事闹到法院了，这时司法上得给个说法。如定性为债权，投资人就享有优先于股东的清算财产分配权；如果定性为股权，就应该滞后于债权被清算。

是股还是债，官司打到法院的可多了。法院在处理此类案件时，也感觉到非常棘手，因为这毕竟是世界性的难题。据说，法院在区分股和债时，通常有10多项必须考虑的因素。

另一种情形是，税收处理上必须有个清晰说法。如果作债处理的话，被投资方可以作为利息在所得税前扣除；如果作股处理的话，被投资方则不得在所得税前扣除。

为了明确兼具权益和债权双重特性的投资业务的税务处理，国家税务总局于2013年下发了《关于企业混合性投资业务企业所得税处理问题的公告》（国家税务总局公告2013年第41号），并把这种投资统称为混合性投资业务。

国家税务总局2013年41号公告对“假股真债”这种投融资模式，给出了明确的5个判断标准。

（一）被投资企业接受投资后，需要按投资合同或协议约定的利率定期支付利息（或定期支付保底利息、固定利润、固定股息，下同）；

（二）有明确的投资期限或特定的投资条件，并在投资期满或者满足特定投资条件后，被投资企业需要赎回投资或偿还本金；

（三）投资企业对被投资企业净资产不拥有所有权；

（四）投资企业不具有选举权和被选举权；

（五）投资企业不参与被投资企业日常生产经营活动。

必须同时符合上述5个条件，投资企业和被投资企业才可以按债权融资处理，且双方的税务处理必须一致，即投资方作利息收入处理，被投资方作融资费用（利息）处理。如果不同时符合5个标准，则双方都按权益性投资处理，即投资方作股息收入处理，被投资方作股息分配处理。

国家税务总局在2013年41号文件中给出的5个判断标准，在税法上是一种积极而有益的探索。

第一个条件，强调的是如果属于债权投资，需要存在较为固定的回报。固定的回报，是债和股最大的区别。作为债权，取得的投资回报，不与被投资企业的经营业绩挂钩，不按企业的投资效益进行分配，也不按投资者的股份份额取得回报。投资者没有或很少承担风险，实际为企业债务融资的一种。

第二个条件，强调的是如果属于债权投资，需要具备较为固定的到期日。存在固定的到期日，则表明有固定的还款义务，这是债务的特征。如果没有固定到期日的约定，表明还款在某种程度上与企业的命运挂上了钩，这种情况下，股的特征更强一些。

第三个条件，强调的是如果属于债权投资，信托计划对被投资企业净资产不拥有所有权。被投资企业如果依法停止生产经营活动需要清算的，投资企业的投资额可以按债权进行优先清偿，但对被投资企业净资产不能按投资份额拥有所有权。这也是债权和股东权益的一个重要区别。

第四个条件，强调的是债权方对公司的有限控制力。信托披着“股”外衣，行的是“债”之实，按“名分”可进入被投资公司的决策层和管理层。国家税务总局2013年41号公告讲到的不具有选举权和被选举权，是说信托计划不能按出资比例，来参与公司的实际控制。意思也就是，被投资企业在选举董事会、监事会成员时，信托计划不能按持股比例进行表决或被选为成员。如信托资金占项目公司的股权为51%，信托公司可以以派人方式参与被投资企业的董事会、监事会，但不能按持股的比例，来占董事会、监事会一半以上的席位。

第五个条件，强调的是债权方对公司的有限管理力。信托资金只是个债主，不能参与企业的日常生产经营。但是，投资资金如果指定了专门用途的，信托计划可以监督其资金运用情况。一般情况下，信托不参与到企业的管理层，但在企业的重大投资、信托资金的使用等问题上，为了保证信托资金的安全，可以承担起监督的职责。

实务中，要真正符合国家税务总局2013年41号文件的5个条件，是比较难的。好在国家税务总局2013年41号文件给出了一种从实质上判断股和债的处理思路。再加上2018年起对资管产品由管理人缴纳增值税，可以开具对应的增值税普通发票，对明股实债这种融资方式，在所得税处理上，矛盾没有像以前那么突出了。

相类似的融资工具还有永续债。财政部、国家税务总局在《关于永续债企业所得税政策问题的公告》（财政部 税务总局公告2019年第64号）中对永续债的企业所得税政策进行了明确，其原理和明股实债处理相似，也强调投资双方的税务处理一致性，这里不再作详细的讨论。

第19讲 资产证券化的税务问题及风险

资产证券化是指以基础资产未来所产生的现金流为偿付支持，通过结构化设计进行信用增级，在此基础上发行资产支持证券的过程。

资产证券化有很多种分类方法。如按基础资产分类，根据证券化的基础资产不同，可以将资产证券化分为不动产证券化、应收账款证券化、信贷资产证券化、未来收益证券化、债券组合证券化等类别。

房地产公司的资产证券化

房地产公司在运营过程中，会产生各类已经形成的资产，如在商业地产开发完成后，房地产公司自持的物业，包括酒店、写字楼、商场、车位等。房地产公司在运营过程中，也会有一些虽未形成资产但未来会产生稳定现金流的应收账款等权利，如销售房款的尾款、提供物业管理的物业收费权等。尽管有些资产称不上是企业现有的资产，但都是可以用来证券化的基础资产。通过对现有资产和未来资产的证券化，提前实现现金的流入，是房地产公司的一个创新融资渠道。

相对于其他的融资渠道，通过资产证券化进行融资，具有盘活或激活资产、融资成本低、融资门槛低、融资期限长等好处。盘活或激活资产，特别是将未来的现金流转化为现时的现金流，增加房地产企业的融资能力。资产证券化这种融资途径，进入门槛相对较低，受制约的条件相对较少，且也是国家鼓励的融资方向。相对于银行贷款等方式，资产证券化的融资成本可能更低。我们经常看到一些大型房地产公司，通过发行资产证券化的产品，融资成本能做到4%左右，大大低于其他途径融资的成本，故有些地产公司以发行资产证券化产品方式，来置换其他来源的融资。

目前我国房地产资产证券化主要的操作模式包括类REITs、ABS（商业房地产抵押贷款支持证券）、运营收益权ABS（如酒店收入）、物业费ABS和购房尾款ABS等类型。类REITs会在专门一讲中进行介绍。这一讲主要介绍CMBS这种融资方式，其实弄懂了CMBS，其他类的资产证券化，也就一通百通了。

商业物业抵押贷款支持证券（CMBS）

图3-2是国内房地产企业发行CMBS的典型交易结构图。

我们以国内第一例交易所挂牌的商业物业抵押贷款支持证券（CMBS）产品——高和招商-金茂凯晨专项资产管理计划为例，谈一下交易结构和其中的税务问题。

我们先大致了解一下CMBS的构筑和发行，以及发行后的资金流向。

凯晨置业持有凯晨世茂中心写字楼，写字楼当时评估价约120亿元，当时的年收取租金约5亿元。

第一步，形成基础资产。上海金茂是凯晨置业的股东，上海金茂将40亿元货币资金委托给方正东亚信托，设立单一资金信托计划，方正东亚向凯晨置业发放信托贷款，贷款总额为40亿元。上海金茂从而拥有该信托计划的信托受益权。

第二步，管理人设立专项计划，向投资者发行，用投资者（认购人）的认购资金，受让原始权益人上海金茂持有的信托受益权，专项计划成为方正东亚单一资金信托的受益人。

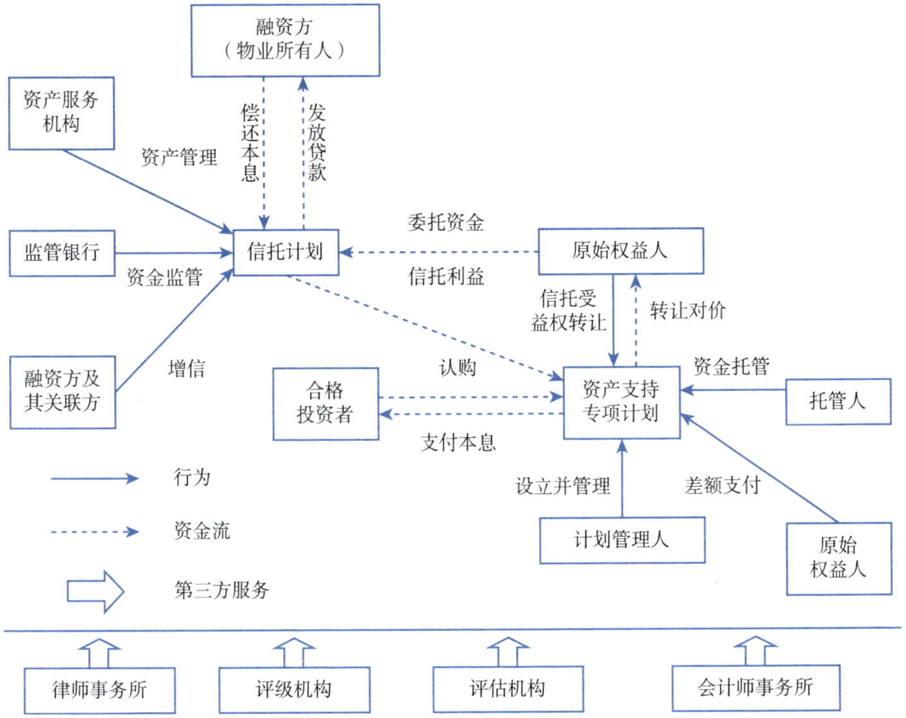

图 3-2　国内房地产企业发行 CMBS 的典型交易结构

这里要强调一下，表面上看，原始权益人上海金茂持有的信托受益权，是本案例中的基础资产。但真正的基础资产，是凯晨置业持有凯晨世茂中心写字楼的租金收益。因为基础资产需要能产生稳定、持续的现金流，而租金收入具有不确定性。因此将信托受益权作为基础资产。

第三步，发行后现金流向。自专项计划基准日起，实际融资人凯晨置业，按月向监管账户归集租金收入。监管银行将相应特定期间的监管租金收入持续划付至信托账户，每一个信托分配日，方正东亚应根据信托合同的相关约定将信托利益转入专项计划账户。

从上面案例可以发现，我们国家现行的CMBS和国外的CMBS有些不一样。国外的CMBS，基本上是以物业向银行的抵押贷款作为资产证券化的基础资产。而我国的CMBS，基本上是原始权益人先通过信托发放贷款，形成信托受益权，再以此信托受益权为基础资产，达到资产证券化目的。还有，我国发行的CMBS，基础资产是一项单项的资产，没有以资产池方式先归集多项资产再发行CMBS的做法。

CMBS中的税务难点与风险

接下来我们再来探讨下CMBS的税务问题以及风险。

关于资产证券化的税务处理，财政部和国家税务总局在2006年下发过《关于信贷资产证券化有关税收政策问题的通知》（财税〔2006〕5号）文件。此文件只是对银行业开展信贷资产证券化业务试点中的有关税收政策进行了明确。所以，房地产公司CMBS的税务问题，只能参照各个税种的一些综合性规定。

上述高和招商-金茂凯晨专项资产管理计划中，由于实物资产没有发生转移，因此架构搭建环节和发行环节的税务处理，相对比较简单。不简单的是，在支付利息环节，由于采取了“信托计划+资产支持专项计划”的双SPV结构，在增值税资管新规的情形下，税务处理会比较复杂，税务风险也有所增大。

先看一下简化后的结构图（见图3-3）。

其中的税务处理，我们从下往上，一层一层分析：

第一层，实际融资方凯晨置业。CMBS发行过程中，凯晨置业没有转移相关物业的所有权，相关的物业仍在凯晨置业名下，所以不产生税收。

凯晨置业收取的物业出租收入，仍按规定缴纳增值税、所得税等，并向租户开具增值税发票。

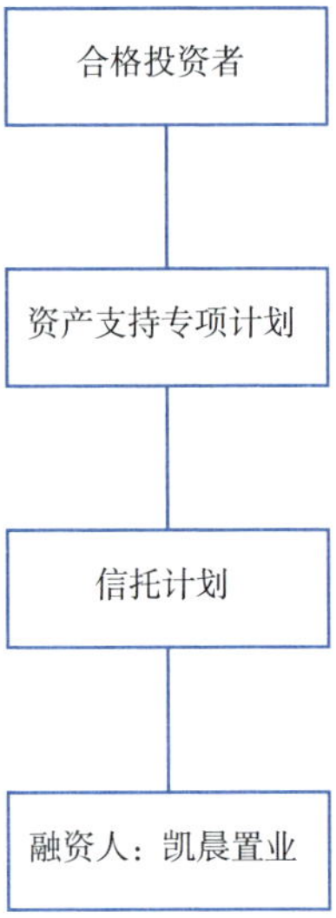

图 3-3　简化后结构图

第二层，信托计划。原始权益人上海金茂，把信托的受益权转让后，实际借款人凯晨置业和信托计划之间，就形成了借贷的法律关系。

凯晨置业须定期向信托计划支付本息。对信托计划来说，按照资管增值税的规定，由管理人来按3%征收率缴纳利息的增值税，并向凯晨置业开具增值税普通发票。这个环节的政策是清晰的。

第三层，资产支持专项计划。信托计划把利息支付给资管计划，资管计划收到的利息收入要不要缴纳3%的增值税？这里的政策相对来说不明确，争议也比较大。

这环节缴不缴税，对实际借款人凯晨置业的影响很大。因为中间环节的税收，最终是由实际借款人来承担的，相当于会抬高借款人的实际支付利息和融资成本。

当然，这个环节不管缴不缴增值税，资管计划都不用给信托计划开具发票。

第四层，投资者。投资者从资产支持专项计划取得的收益是否缴纳增值税？这又是一个有争议问题。

目前有两种观点：一种观点认为，专项计划不承诺保本，投资者取得的收益不缴纳增值税；另一种观点认为，尽管专项计划不承诺保本，仅约定预期利润率，但如果专项计划分配的收益具有利息性质，投资者依然要缴纳增值税。

同理，这个环节不管缴不缴增值税，投资人都不用给资管计划开具发票。

投资者的所得税问题。投资者是法人企业的，所有收入都要缴纳企业所得税，除了规定可以免税的以外。

个人投资者，从专项计划取得的收益，要不要缴个人所得税？这是目前个人所得税的税制中最大的政策盲区之一。

第20讲　基础设施领域不动产投资信托基金（REITs）的税务处理

假如你对REITs还不是很了解，请打开电脑或手机上的证券交易软件，输入508007、508027等代码，跳出来的就是上市交易的公募REITs。说得通俗点，REITs就是只基金，企业把持有的具有稳定现金流的不动产剥离出来，作为发行REITs的基础资产，单独上市发行。当然，上市的方式不是以传统发行股票形式，而是以发行公募基金的形式。

对发行人来说，REITs能有效盘活存量资产，形成良性投资循环，提升直接融资比重，降低企业杠杆率的作用。对国家来说，REITs作为中等收益、中等风险的金融工具，具有流动性高、收益稳定、安全性强等特点，有利于丰富资本市场投资品种，拓宽社会资本投资渠道。

为盘活存量资产、形成投资良性循环，构建以国内大循环为主体，国内国际双循环相互促进的新发展格局，2020年4月，国家发展改革委和中国证监会联合印发《关于推进基础设施领域不动产投资信托基金（REITs）试点相关工作的通知》（证监发〔2020〕40号），布置开展基础设施REITs试点工作。随后，中国证监会下发了《公开募集基础设施证券投资基金指引（试行）》。2021年，第一批9只基金公开上市发行。后续有更多的基础设施领域不动产投资信托基金将陆续发行上市。

税收规定

为了解决REITs搭建和发行中的企业所得税问题，财政部和国家税务总局于2022年1月下发了《关于基础设施领域不动产投资信托基金（REITs）试点税收政策的公告》（财政部 税务总局公告2022年第3号，以下简称“3号公告”），公告对基础设施REITs设立前的重组过程、设立过程、运营过程等阶段的税务问题进行了明确规定：

一、设立基础设施REITs前，原始权益人向项目公司划转基础设施资产相应取得项目公司股权，适用特殊性税务处理，即项目公司取得基础设施资产的计税基础，以基础设施资产的原计税基础确定；原始权益人取得项目公司股权的计税基础，以基础设施资产的原计税基础确定。原始权益人和项目公司不确认所得，不征收企业所得税。

二、基础设施REITs设立阶段，原始权益人向基础设施REITs转让项目公司股权实现的资产转让评估增值，当期可暂不缴纳企业所得税，允许递延至基础设施REITs完成募资并支付股权转让价款后缴纳。其中，对原始权益人按照战略配售要求自持的基础设施REITs份额对应的资产转让评估增值，允许递延至实际转让时缴纳企业所得税。原始权益人通过二级市场认购（增持）该基础设施REITs份额，按照先进先出原则认定优先处置战略配售份额。

三、对基础设施REITs运营、分配等环节涉及的税收，按现行税收法律法规的规定执行。

四、本公告适用范围为证监会、发展改革委根据有关规定组织开展的基础设施REITs试点项目。

下面以一个公开发行的基础设施REITs为案例，分别介绍下各环节的所得税及其他税种处理。

重组环节的所得税处理

苏州甲公司是集团旗下负责开发、运营工业园区产业园的企业，是基础设施项目2.5产业园一期、二期项目的原始权益人，根据集团安排，拟将产业园一期、二期项目作为基础资产（入池资产），发行基础设施REITs进行融资。

2.5产业园一期、二期项目共有19幢研发楼，已经于2013年实际投入使用，入池项目的收入主要为租金收入、物业费收入及停车费收入。假设入池项目资产的账面价8亿元，评估价15亿元。

由于原始权益人不仅仅拥有入池资产，因此发行基础设施REITs的第一步，必须把入池资产先单独剥离出来。此案例中，甲公司先设立全资项目公司，再将入池资产划转到项目公司，这一环节称为重组环节（见图3-4）。

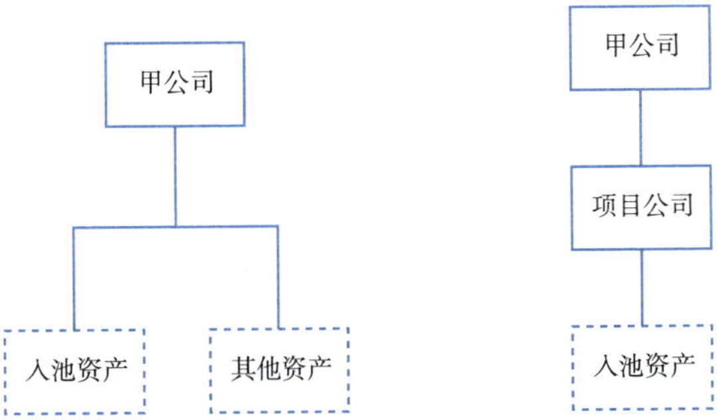

图 3-4　入池资产从公司剥离

在重组阶段，原始权益人甲公司把基础资产剥离给全资的项目公司，由于是两个不同法人间的资产转移，一般意义上，企业所得税的处理应视为销售处理。3号公告规定，在此环节，可按照划转的特殊性税务处理，项目公司取得基础设施资产的计税基础，以基础设施资产的原计税基础8亿元确定；原始权益人取得项目公司股权的计税基础，以基础设施资产的原计税基础8亿元确定。同时划入方和划出方均不确认所得。

在重组环节，3号公告对原始权益人把资产转移给项目公司，给予了所得税的特殊性税务处理，即转移环节先不缴所得税，但项目公司拿到基础资产，也只能按原计税基础替代。

重组环节的其他税种处理

要注意的是，3号公告是企业所得税的相关文件，也只讲了企业所得税的处理。在资产的转移过程中，还会涉及增值税、土地增值税、契税等税种。每个税种都有自己的规定，都有自己的处理方式，此环节一定要处理好每一个税种。

这一环节，契税一定要争取到免税的政策，因为上道环节缴不缴契税，不影响下一环节的契税，也就是契税缴了也“白缴”。契税的政策，具体可参考财政部、国家税务总局2021年17号公告。站在契税的角度，原始权益人要先设立好子公司，再以划转的方式，把不动产过户到子公司名下。

这一环节，土地增值税一定要争取不缴，因为资产转移的最终目的是为了融资，不是为了卖。这一环节缴了土地增值税，缴了也“白缴”。具体可参考财政部、国家税务总局2021年21号公告。到底采用划转、投资、分立等何种方式，要视当地土地增值税政策的口径而定。

这一环节的增值税，缴还是不缴？如原始权益人有大量的留抵税额，笔者意见还是缴，把进项税额传递到项目公司去。如原始权益人没有留抵税额，可选择不征收增值税的政策，当然项目公司也没有对应的进项税额可抵了。

设立环节的税务处理

在设立阶段，管理人设立的资产支持专项计划，收购原始权益人持有的项目公司100%股权，从而把基础资产转移到资产支持专项计划名下，发行基金并募集资金（见图3-5）。

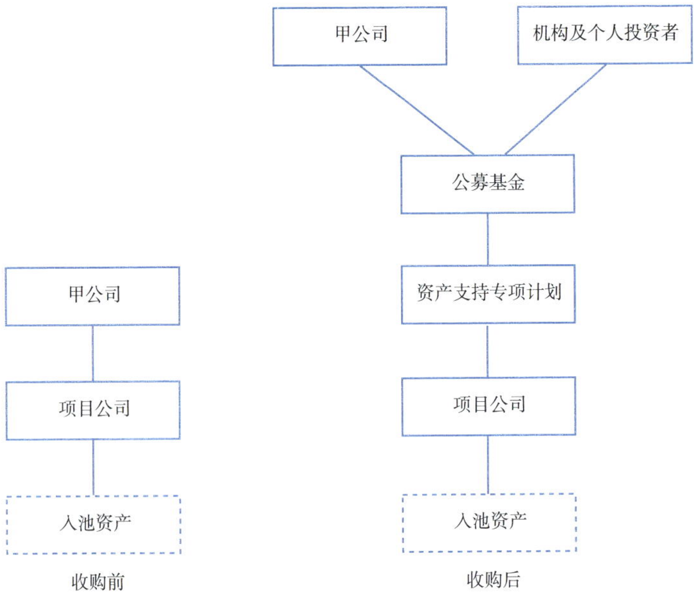

图3-5　收购前后结构变化

在这一环节，3号公告规定，原始权益人向基础设施REITs转让项目公司股权实现的资产转让评估增值，当期可暂不缴纳企业所得税，允许递延至基础设施REITs完成募资并支付股权转让价款后缴纳。

这一环节的股权转让，转让方是原始权益人，收购方是为发行REITs而设立的资产支持专项计划。这种转让虽然是融资结构的安排，但所得税上视为真实的股权转让，应该缴纳企业所得税。3号公告考虑到转让环节没有纳税必要资金，所以给出了一种递延纳税的政策。

根据《公开募集基础设施证券投资基金指引（试行）》规定，基础设施项目原始权益人或其同一控制下的关联方参与基础设施基金份额战略配售的比例合计不得低于本次基金份额发售数量的20%，其中基金份额发售总量的20%持有期自上市之日起不少于60个月，超过20%部分持有期自上市之日起不少于36个月。因此，3号公告还规定，对原始权益人按照战略配售要求自持的基础设施REITs份额对应的资产转让评估增值，允许递延至实际转让时缴纳企业所得税。

延续上面案例，假设原始权益人转让项目公司股权，股权转让款为16亿元（含配售部分），同时配售20%的基金份额。5年后将配售20%的基金份额进行转让，取得收入5亿元。

REITs完成募资并支付股权转让价款时，原始权益人甲公司应该确认所得：

16×80%–8×80%=6.4（亿元）

确认的6.4亿元所得中，包括了重组环节和设立环节没有确认的部分所得，递延到本环节缴纳。

配售20%的基金份额，于5年后实际转让时，原始权益人确认所得：

5–8×20%=3.4（亿元）

确认的3.4亿元所得中，包含了重组环节和设立环节没有确认的部分所得，递延到本环节缴纳。

重组环节，原始权益人可以采取特殊性税务处理；设立环节，原始权益人可以采取税款递延到实际取得收入时再缴税。通过两个环节的递延纳税，把原始权益人在剥离资产环节应该缴的税，递延到实际取得收入时再缴税。应该说，针对基础设施领域不动产投资信托基金的企业所得税政策，其设计非常独特且巧妙。

在设立环节，由于是通过股权转让的方式进行的，不会存在增值税和契税的问题。唯一可能有的风险是，转移的是100%股权且对应的资产很可能全部是不动产，有可能被穿透缴纳土地增值税的风险。

运营和分配环节的税务

对基础设施REITs运营、分配等环节涉及的税收，3号公告没有给出特殊的政策，所以继续沿用原有的政策。

运营环节的企业所得税，如属于从事公共基础设施的减免税范围，仍可在剩余年限内继续享受。

股息分配环节的所得税。如项目公司取得运营利润按规定缴纳或减免企业所得税后，进行利润分配，资产支持专项计划不具有所得税的纳税义务。

本次试点的基础设施REITs采用了“封闭式公募基金+资产支持专项计划”的结构，现行税收规定已经给予了非常优惠的政策。

按照《财政部 国家税务总局关于企业所得税若干优惠政策的通知》（财税〔2008〕1号）规定，对证券投资基金从证券市场中取得的收入，包括买卖股票、债券的差价收入，股权的股息、红利收入，债券的利息收入及其他收入，暂不征收企业所得税。对投资者从证券投资基金分配中取得的收入，暂不征收企业所得税。因此，机构投资者，包括原始权益人从公募基金取得的分红收入，不缴纳企业所得税。

和企业通过股权（股票）的方式、直接投资于原始权益人相比较，通过公募REITs方式参与投资，两种不同的投资方式，机构投资者的所得税税负基本相同，均不存在所得税重复征税的问题。

看完了上一讲的CMBS和这一讲的REITs，你是不是觉得金融创新里那些“高大上”的玩意儿，瞬间变成了“小儿科”了？是的，华美的袍子背后，隐含的是普通的交易结构和不变的税收规则。

第21讲　融资中的其他税务风险

房地产行业，由于其资金需求量大，再加上国家对房地产行业的调控手段中，把资金调控放在第一位，“关闸断水”和“开闸放水”成为不同时期的主要调控举措。地产行业在夹缝中拓展与创新融资渠道和方法。有一句玩笑话，在地产公司做融资的人的眼里，公司的所有财产都可以用来融资。在本篇的最后一讲中，我们来探讨下地产行业其他一些融资方式，并分析其中的税务问题和风险。

真融资、假销售的融资税务风险

我们先来看两个真实的案例。

第一个案例来自于2018年度全国十大税务司法审判案例。XL公司于2013年3月20日与陈某伟、林某签订总价为5 500万元的商品房买卖合同，约定了XL公司逾期交房的违约责任。一年后，XL公司以商品房买卖合同无法履行为由，向某市仲裁委员会申请仲裁，要求解除商品房买卖合同，支付违约金。经仲裁部门调解，陈某伟和林某除收回签订合同时支付的5 500万元外，还以违约金名义收取了3 328万元。后某市纪委和检察院接到举报，对陈某伟、林某与XL公司的资金往来进行调查，陈某伟等承认借款5 500万元给XL公司，月利率5%，XL公司以商品房作抵押，双方签订了商品房买卖合同，陈某伟、林某共收取利息3 328万元。

据此情报，某市地税局稽查局对陈某伟、林某、XL公司立案调查，经查并经市局重大案件审理委员会审理认为，陈某伟、林某与XL公司的交易名为房屋买卖，实为借贷，依照规定要求陈某伟就借贷利息收入2 140.5万元缴纳营业税、个人所得税等税费563万元。陈某伟不服，向某省地税局提出行政复议，未得到支持；向法院提起诉讼，一审驳回其诉求；上诉，二审法院维持一审主要判决。最高人民法院在再审决定中认为，税务机关可以根据实质课税原则独立认定案涉民事法律关系，对案涉民间借贷利息收入应按照规定征收营业税、个人所得税等税款，支持了税务局的处理决定，同时提出考虑利息所得额时应确定是否属于实际所得，以避免重复计征。

第二个案例是青岛苏宁置业有限公司诉青岛市税务局稽查局案例。2011年12月，苏宁电器集团有限公司（以下简称为“苏宁电器”）向青岛苏宁置业有限公司（以下简称为“青岛苏宁”）支付4.193亿元购房诚意金，认购其所开发的青岛苏宁生活广场负一层至五层用于连锁经营的业务，但一直未签订商品房预售合同和正式合同。青岛苏宁因未在2011年度企业所得税汇算清缴期内及时申报企业所得税而被青岛市稽查局作出收取滞纳金的处理决定。青岛市中级人民法院经二审判决，认为青岛苏宁与苏宁电器收取购房诚意金，锁定苏宁生活广场负一层至五层的行为，实际上达成了房屋买卖的合意，青岛苏宁收取的4.193亿元构成预售收入，应依法缴纳企业所得税。青岛苏宁依法应于2012年1月19日前申报缴纳该部分企业所得税，其于2013年5月31日才缴纳入库，所以青岛市稽查局作出的加收定额滞纳金的处理决定并无不当。

以上两个案例，第一个案例是从“购房者”角度，被税务机关追补利息的营业税和个人所得税；第二个案例是从“售房者”角度，被认定为房屋是真实出售而追补企业所得税。从现有资料来看，这两个案例的共同点，都是基于真融资背景下的假售房，房地产企业真正目的是为了融资需要。但两个案例有不同的司法结果，第一个根据实质，被认定为真实的融资，出资方陈某伟缴纳了流转税和个人所得税，第二个案例在未签订售房合同的情况下，仍根据其形式，认定融资方要根据所得税文件规定，确认所得税上的收入并加收滞纳金。

房地产公司出于各种目的，以“假售房、真融资”形式进行筹资活动，其中税务风险非常巨大。这里以较为常见的“期房假售”来分析其中的税务风险：

第一个风险，由于签订的是房地产销售合同，对于出资方来说，希望尽早办理网签手续，以确认其在某种形式下拥有了房屋的所有权。对房地产公司来说，税务处理上按其形式，确认为房产的销售，如果属于预售阶段的房产，要按规定申报缴纳3%增值税、2%左右的土地增值税，还要按预计毛利率缴纳25%的所得税，其税负可能接近10%左右。

这些税，房地产公司是缴还是不缴？缴吧，实际上是为了借钱签了个售房合同，这么多税款，相当于把融进来的钱，先花掉10%用来缴税，真有点不合算。况且下次还要解除合同，后面税务的事更复杂。不缴吧，税务局其实能掌握网签的信息，一查就准，不缴的风险会很大。

第二个风险，由于签的是房地产销售合同，房地产公司肯定拿不到利息的发票，在企业所得税上不能进成本扣除，在土地增值税上也不能据实扣除。如果最后以支付补偿金名义支付利息，支付的利息支出，往往在项目竣工备案后，企业所得税上可能只按费用扣除，且竣工备案后的费用扣除，也没多少意义。更何况，税务机关认可不认可这种赔偿支出也不好说。

售后回购的税务风险

有些房地产企业，对自持的物业，会采用售后回购的方式，其出发点不是为了卖，而是为了借钱。

会计上的处理。售后回购是指企业销售商品的同时承诺或有权选择日后再将该商品购回的销售方式。新收入准则第三十八条规定，企业因存在与客户的远期安排而负有回购义务或企业享有回购权利的，表明客户在销售时点并未取得相关商品控制权，企业应当作为租赁交易或融资交易进行相应的会计处理。回购价格不低于原售价的，应当视为融资交易，在收到客户款项时确认金融负债，并将该款项和回购价格的差额在回购期间内确认为利息费用等。

会计处理上，带有融资性质的售后回购，视为融资交易。但在税务处理上，每个税种有不一样的处理思路和方法。

增值税上，售后回购视为先卖后买二次交易，要按规定缴纳增值税。

土地增值税上，由于要开票要过户，也视为二次交易，要按规定缴纳土地增值税。

企业所得税的规定比较特殊。《国家税务总局关于确认企业所得税收入若干问题的通知》（国税函〔2008〕875号）第一条第（三）项规定：

> 采用售后回购方式销售商品的，销售的商品按售价确认收入，回购的商品作为购进商品处理。有证据表明不符合销售收入确认条件的，如以销售商品方式进行融资，收到的款项应确认为负债，回购价格大于原售价的，差额应在回购期间确认为利息费用。

契税的规定。因涉及不动产过户，售后回购也涉及契税的缴纳。

从上面分析来看，地产公司采取售后回购方式进行融资，税负是相当的高。不动产一出一进，最后还是放在地产公司的名下。可是，几个税加起来，可能得有几十个点那么高，如果再加上出资方不愿承担相关的税，那地产公司缴的税可能比利息要高上好几倍。

第四篇

不同拿地模式下的税务处理与风险

第22讲　土地招拍挂中的税务风险与规避

通过公开招拍挂方式拿地，仍然是大部分房地产公司拿地的主流方式。这一讲，我们来了解下其中的税务风险与规避之道。

土地出让金票据开给谁

每次参加竞拍时，由于不确定是否能拍到地，房地产公司通常的做法，是通过已设立的马甲公司，报名参加拍地。如果拍中，再设立新公司，作为本次拿地的开发主体。这其中主要关注点在于土地出让合同谁去签、土地出让金票据开给谁等问题。

自然资源部（原国土资源部）下发的《招标拍卖挂牌出让国有土地使用权规范》（国土资发〔2006〕114号）中有这么一段表述：

> 申请人竞得土地后，拟成立新公司进行开发建设的，应在申请书中明确新公司的出资构成、成立时间等内容。出让人可以根据招标拍卖挂牌出让结果，先与竞得人签订《国有土地使用权出让合同》，在竞得人按约定办理完新公司注册登记手续后，再与新公司签订《国有土地使用权出让合同变更协议》；也可按约定直接与新公司签订《国有土地使用权出让合同》。

从上述文件中可以看出，土地使用权出让合同有两种签法：一种是马甲公司签，马甲公司签了后，再和新公司签订变更协议；另一种是直接由新公司签合同。

我们再来看一下税务上对此是如何规定的。《财政部 国家税务总局关于明确金融房地产开发 教育辅助服务等增值税政策的通知》（财税〔2016〕140号，以下简称“140号文件”），对此有明确的表述：

八、房地产开发企业（包括多个房地产开发企业组成的联合体）受让土地向政府部门支付土地价款后，设立项目公司对该受让土地进行开发，同时符合下列条件的，可由项目公司按规定扣除房地产开发企业向政府部门支付的土地价款。

（一）房地产开发企业、项目公司、政府部门三方签订变更协议或补充合同，将土地受让人变更为项目公司；

（二）政府部门出让土地的用途、规划等条件不变的情况下，签署变更协议或补充合同时，土地价款总额不变；

（三）项目公司的全部股权由受让土地的房地产开发企业持有。

140号文件的这个条款，要想解决的是增值税上土地价款在新公司扣除的问题，这没有异议。但它想解决的可能是以下情形：

情形1，想解决的是母公司拍地，支付或部分支付了土地出让金，但票开给子公司这种情形。这种情形下，子公司由于不是付款主体，会导致土地出让金抵减销售额时有一定问题。

情形2，想解决母公司拍地，支付了土地出让金，但票也开给了母公司，这时新公司在土地出让金抵减销售额时，会出现票的抬头和抵减主体对不上的问题。

140号文件想解决上述哪个问题，实务中可能会有争论。

如果是第一种情况，无非就是子公司不是付款主体的问题。那通过这个文件，解决了增值税的问题。由于票据开给新公司，新公司在企业所得税和土地增值税处理上，也没有大的政策障碍。

如果是第二种情况，即票据开给母公司的情形，那140号文件解决了增值税上差额扣减的问题。由于140号文件是增值税的文件，企业所得税和土地增值税可能会存在巨大的风险。从这个角度来理解，我们强烈建议母公司拍地、子公司开发的模式下，土地出让金票据一定要开给新公司。

140号文件讲到三个条件必须同时具备。第一个是三方签订变更协议，第二个是土地状况不变，第三个是项目公司的股权结构不变。有争议的是第三个条件，是子公司成立时的股权必须由母公司持有，还是项目公司的股权一直不能变更呢？一般意义上理解，只要在项目公司成立时，由原有的受让方持有股权即可，项目公司成立后，可以引进合作方或者转让股权，具体政策需参考各地的口径。

对于持项目公司的股权一直不能变更这种观点的地方，一定要提前做好准备。解决方向是动不了下面股权，只有动上一层股权。在项目公司的母公司层面，引进新股东，不过前提是母公司层面不要装其他业务。

讲一个真实的案例。某房地产公司相中了一块地，以当地马甲公司名义进行拍地，地拍下来后，立即和早已谈好的第三方成立项目公司，结果当地税务局以不符合140号文件的条件为由，给该公司的增值税处理带来了很大的麻烦。

谁来缴印花税

母公司拍地、子公司开发的模式下，就土地出让合同的印花税，子公司缴了一道税，母公司又缴了一道税，这样的案例还是比较常见的。问题出在哪里？如何规避重复纳税情形？让我们来捋一捋。

我们先来看一下政策的规定。《印花税法》已于2022年7月1日正式实施，《印花税法》明确规定，在中华人民共和国境内书立应税凭证、进行证券交易的单位和个人，为印花税的纳税人，应当依照该法规定缴纳印花税。《关于印花税若干事项政策执行口径的公告》（财政部 税务总局公告2022年第22号，以下简称“22号文件”）中进一步明确，书立应税凭证的纳税人，为对应税凭证有直接权利义务关系的单位和个人。

母公司拍地、子公司开发的模式下，子公司是最终的拿地主体和拥有土地使用权的权利义务主体，那子公司是不是22号文件中讲的对应税凭证有直接权利义务关系的单位呢？文件对这点没有进行过解释。

以母公司的名义报名参加竞拍，竞拍成功后以母公司的名义与出让方签订《国有土地使用权出让合同》，会存在母公司缴纳印花税的风险。因此笔者建议，以母公司名义竞拍成功后，立马成立项目公司，以项目公司的名义签订出让合同。

如果这一点做不到，那母公司在与出让方签订《国有土地使用权出让合同》或补充协议中，或者按照140号文件所说的三方签订变更协议或补充合同中，必须载明后续设立的项目公司，全面承继《国有土地使用权出让合同》的权利义务条款，这样才能在和税务机关发生争议时，更具有说服力。总思路其实就是争取只由子公司来缴一道印花税。

子公司成立后，以子公司为纳税主体缴纳印花税，还有一个好玩的话题。如果当时子公司没有登记为一般纳税人，按照《财政部 税务总局关于进一步实施小微企业“六税两费”减免政策的公告》（财政部 税务总局公告2022年第10号）规定，小规模纳税人可以减半缴纳印花税。

要想吃肉，也得学会不惹上肉腥味。没有及时登记为一般纳税人，万一其间发生进项税额，应该如何处理？我们来看一下《国家税务总局关于纳税人认定或登记为一般纳税人前进项税额抵扣问题的公告》（国家税务总局公告2015年第59号）是怎么规定的：

> 纳税人自办理税务登记至认定或登记为一般纳税人期间，未取得生产经营收入，未按照销售额和征收率简易计算应纳税额申报缴纳增值税的，其在此期间取得的增值税扣税凭证，可以在认定或登记为一般纳税人后抵扣进项税额。

政策上是允许的，企业先按小规模纳税人缴了印花税，再登记为一般纳税人，其中间发生的增值税扣税凭证，是可以抵进项的。但就怕出现这样的情形：反正是小规模，该要的进项票也不要了。这样做，就得不偿失了。

“母拍地”可能发生的几种情形

讲完了增值税和印花税后，我们来总结一下母拍地、子开发模式下，可能出现的几种情况：

1.母公司拍地，子公司签订土地出让合同，票据开给子公司：属人畜无害型。

2.母公司拍地，母公司签订土地出让合同，票据开给子公司：属基本无风险型。增值税、企业所得税和土地增值税上，都没有风险，唯一风险可能是母公司缴了印花税，子公司所在地税务机关又要求缴一道印花税。

3.母公司拍地，母公司签订土地出让合同，票据开给母公司：属于高风险型。增值税能不能差额扣减，要看当地税务机关对140号文件的理解。但企业所得税和土地增值税上，要让税务机关认同，难度很大。

4.母公司拍地，母公司签订土地出让合同，票据开给母公司，土地使用证办在母公司名下：属于典型的“找死”型。现实中真的有这种情况，土地使用证办在母公司名下，下次要变更开发主体时，麻烦可大了。土地一动，增值税、所得税、土地增值税、契税等，全冒出来了。更大麻烦是，母公司如果直接转地，土地的“进项税额”不能抵，白白损失了一大块税金。

拿地环节的契税与风险

《中华人民共和国契税法》，从2021年9月1日起正式施行。土地使用权出让，属于契税法中的转移土地行为，房地产公司应该按规定缴纳契税。

土地使用权出让、出售，房屋买卖，契税的计税依据为土地、房屋权属转移合同确定的成交价格，包括应交付的货币以及实物、其他经济利益对应的价款。

《财政部 税务总局关于贯彻实施契税法若干事项执行口径的公告》（财政部 税务总局公告2021年第23号，以下简称“23号公告”）文件，对土地使用权出让时的计税依据有了更明确的规定：土地使用权出让的，计税依据包括土地出让金、土地补偿费、安置补助费、地上附着物和青苗补偿费、征收补偿费、城市基础设施配套费、实物配建房屋等应交付的货币以及实物、其他经济利益对应的价款。

23号公告明确了城市基础设施配套费、实物配建房屋等，都视为取得土地使用权支付的对价，因此要缴纳契税。

23号公告出台以前，对城市基础设施配套费是否要缴纳契税，是有很大争论的。争论的焦点在于，城市基础设施配套费，是不是拿地的对价和地价的组成部分？如果是，那毫无疑问应该缴纳契税；如果不是，那要求缴契税，法理上是站不住脚的。

实务中，城市基础设施配套费的缴纳环节，大多数是在房地产企业取得土地权属证明之后，在办理规划手续时取得“建设工程规划许可证”之前。缴费的标准，一般按建筑面积为标准计算。未缴纳的，国土规划部门不予核发“建筑工程规划许可证”。

如江苏省常州市2022年6月颁布的《常州市城市基础设施配套费征收管理办法》写道：

本办法所称配套费，是指政府及其所属部门依照国家有关规定征收、专项用于城市基础设施建设相关的政府性基金，属于非税收入，实行“收支两条线”管理。

配套费按照建设项目的建筑面积征收，计费面积以建设工程规划许可核准的建筑面积为依据，包括地上、地下面积等。具体收费标准和减免范围按有关规定执行。

缴费人缴清配套费，按照相关规定领取建设工程规划许可证。

从城市基础设施配套费的缴纳环节和计费标准来看，似乎与土地的取得没有太直接的关系。不过，23号公告好歹也算了结了一个长期有争议的税收问题。也有不少人进行了细致的考古工作，开始自我安慰：很久很久以前，地价的组成中的确包含了城市基础设施配套费，由于时代的变迁和为了征收的方便，后来把这一块费用推迟到办理报批手续时缴了。缴的时间变了，但其性质还是不变的，其祖上的确也曾经和土地款绑一起的。

既然文件明确了城市基础设施配套费要缴纳契税，再争论这问题也没有必要。我们还是留点精力来讨论其他几个问题吧。

1.这一块契税什么时候缴。

要明确这一块契税什么时候缴，首先得明确契税的纳税义务发生时间。

新契税法实施后，对房地产公司来说，有一个非常重要的变化，那就是何时缴纳拿地的契税。

旧的契税暂行条例规定，契税的纳税义务发生时间，为纳税人签订土地、房屋权属转移合同的当天，或者纳税人取得其他具有土地、房屋权属转移合同性质凭证的当天。同时规定，纳税人应当自纳税义务发生之日起10日内，向土地、房屋所在地的契税征收机关办理纳税申报，并在契税征收机关核定的期限内缴纳税款。

《契税法》第十条规定，纳税人应当在依法办理土地、房屋权属登记手续前申报缴纳契税。

新契税法对拿地的房地产企业，只要求在办理土地证之前完税就行了。但对于因改变土地性质、容积率等土地使用条件需补缴土地出让价款应当缴纳契税的，纳税义务发生时间为改变土地使用条件当日。发生此类情形，按规定不再需要办理土地、房屋权属登记的，纳税人应自纳税义务发生之日起90日内申报缴纳契税。

那城市基础设施配套费要缴纳契税，什么时候缴呢？文件对此没有明确。有两种理解：一种是缴纳土地款契税时，一起把这一块也缴了。另一种理解是，缴清了配套费后再缴纳契税。笔者更倾向于第二种理解，毕竟缴税要讲究确定性，缴多少税只有等真正计税依据定下来后，才能计算缴纳。

同理，对实物配建房屋等对应的契税，笔者也更倾向于等真正计税依据明确后，再申报缴纳契税。当然，对于契税的缴纳，要充分考虑到计入项目开发成本的因素。

一个小小的契税，弄得不好，要缴纳三次。这就是房地产行业的税务特殊之处。

2.城市基础设施配套费缴了契税后，其他税种上的处理。配套费要缴纳契税，其背后的逻辑是：它是取得土地对价的组成部分。按照这个逻辑去理解，增值税、企业所得税、土地增值税上有没有问题呢？

第一，在增值税上，允许抵减销售额的土地款项，目前税法采取了正例举方法，因此城市基础设施配套费一般情形下抵减不了。但也有个别省份，允许抵减。

第二，在企业所得税上，国税发〔2009〕31号文件讲到，土地征用费及拆迁补偿费，指为取得土地开发使用权（或开发权）而发生的各项费用，主要包括土地买价或出让金、大市政配套费、契税、耕地占用税、土地使用费、土地闲置费、土地变更用途和超面积补交的地价及相关税费、拆迁补偿支出、安置及动迁支出、回迁房建造支出、农作物补偿费、危房补偿费等。从31号文件意思来看，企业所得税上进土地成本，没有多大问题。

第三，在土地增值税上，土地增值税清算时，有部分税务机关认为城市基础设施配套费是代收代付费用，不允许纳税人加计20%扣除，这就值得商榷了。不能在征收契税时认为它是拿地成本，而在土地增值税清算时又将其确认为代收代付费用，这不成了典型的“双标”吗？土地增值税上，需要具体沟通。

契税在三大税种上的处理

谈到了契税，就顺便说一下这个问题：房地产开发企业以受让方式取得土地使用权，缴纳的契税，在增值税、企业所得税、土地增值税上能否抵减或扣除？

在企业所得税上，国税发〔2009〕31号文中明确，房地产开发企业取得土地使用权缴纳的契税，属于为取得土地开发使用权而发生的费用，列入“土地征用及拆迁补偿费”，可以作为计税成本在企业所得税前扣除。

在土地增值税上，国税函〔2010〕220号文件明确，房地产开发企业为取得土地使用权所支付的契税，应视同“按国家统一规定交纳的有关费用”，计入“取得土地使用权所支付的金额”中扣除。

在增值税上，营改增相关文件规定，房地产开发企业向政府部门支付的土地价款，可在计算增值税销项税额时抵减，土地价款包括土地受让人向政府部门支付的征地和拆迁补偿费用、土地前期开发费用和土地出让收益等。其中的土地前期开发费用，具体包括哪些项目，是否包括缴纳的契税，都没有明确规定。一般意义上理解，契税不属于增值税上的抵减范围。

土地出让金的利息与滞纳金税务处理与风险

土地出让金的利息与滞纳金，是两个不同的概念。土地出让金的利息，一般在签订土地出让合同时就约定清楚，拍得人可以分期缴纳土地出让金，并需要向有关部门支付利息，这实际上类似普通货物购销活动中，购买方由于延迟付款而支付的利息，是一种正常的商业行为。对这种利息，部分税务机关的观点是，将其认定为土地出让金的组成部分，可以在土地增值税、企业所得税上进行相应的扣除，如当年青岛市地方税务局，在土地增值税上有相应的规定：

> 土地出让合同中约定分期缴纳土地出让金的利息，计入取得土地使用权所支付的金额。

土地出让金的滞纳金，性质就完全不一样了。土地出让协议中一般都会约定出让金的缴纳时间，到期未缴纳属于违约行为，由此计算的延期付款利息属于违约金，必须计入营业外支出，不可以计入土地成本。因此，增值税上不能差额扣减，土地增值税上不能作成本扣除。

土地出让金的滞纳金，能否在企业所得税前扣除？答案是肯定的。企业所得税上不能扣除的滞纳金，仅限于税款滞纳金。而土地出让金的滞纳金，是基于民事合同关系而产生的，类似于交易行为中的一种罚息，可以在企业所得税前扣除。

曾经碰到过这么一个案例，某企业缴了两亿多元的土地出让滞纳金，多次沟通希望相关部门能够开具土地出让金的票据，最后未沟通下来。在票据的备注栏里，打上了“滞纳金”字样。这种票据，肯定可以在企业所得税前扣除。但是一次性作为营业外支出扣除，还是需要资本化到土地款中，等到结转开发成本时再扣除呢？当时也请教了不少专家，给出了不同的观点。当然，最后会计上计入了当期损益，所得税上也没有作纳税调整，2亿多元的滞纳金，换来了这个项目再没有所得税超预缴之忧。

第23讲　土地出让金返还的税务处理与风险

国家虽然明令禁止以各种名目各种形式返还土地出让金，但实务中存在不少房地产企业在拿地时，政府约定给房地产企业一定的土地返还款的情形。这种土地返还款，表面上看可能是企业支付的购买土地款的一部分，实质上可能是财政性补贴收入，可能是企业的经营性收入，也有可能是真正的出让金返还。返还的名目各不相同，返还的性质也各不相同，返还款的各个税种处理更不尽相同。总体处理原则，应该按返还款项不同的性质，进行不同的分情况分税种处理。

看似土地返还款，实属一级开发的垫资或服务收入

在一些一、二级联动开发的项目中，房地产公司前期参与了土地的一级开发，为政府土地开发提供资金、拆迁、土地平整等服务。在招拍挂时，房地产公司竞得参与开发的土地或其中的一块土地。政府在与企业签订协议时，在明确土地出让金价款的同时，将一级开发的收益以返还的形式支付给企业。

这部分返还款实质上是企业参与一级开发的收益，不能简单判断为土地出让金的返还。

房地产公司通过招拍挂购入土地100亩，与国土部门签订的出让合同价格

为5亿元，房地产公司已缴纳5亿元的土地出让金。协议约定，在土地出让金入库后以财政支持的方式给予房地产公司补助5 000万元，用于该项目土地及地上建筑物的拆迁费用支出。国土部门委托房地产开发公司代为支付建筑物拆除、平整土地费用1 000万元，并代委托方向原土地使用权人支付拆迁补偿费3 000万元。房地产公司实际向动迁户支付补偿款3 000万元，其余为垫资的利息收入。

我们先来看一下增值税的处理。这5 000万元的收入，对房地产企业来说，应该区分为建筑服务收入、代理服务收入及利息收入，分别计算缴纳增值税。相关业务对应的进项税额，也可在增值税上抵扣。

其次是土地增值税的处理，提供建筑物拆除、平整土地劳务取得的收入和代理服务取得的收入，不属于转让不动产收入，因此这些收入不属于土地增值税清算收入。

最后是企业所得税的处理，“补助”收入5 000万元，扣除对应的成本和费用后，计入当年所得缴纳企业所得税。

总之，这种收入与土地出让金无关，在会计处理以及三大税种处理上，视为为政府提供服务的收入，不需要冲减土地出让金。该案例中，土地出让金的金额仍是5亿元。

对一、二级联动开发的模式，想提醒两个风险点：

第一点是，在一、二级联动的开发中，最要回避的风险是土地出让金的坐支问题。如上面案例中，土地出让金为5亿元，前期房地产公司帮政府干活的报酬是5 000万元。在土地拍得后，政府说：你的5 000万元我也不还了，直接抵减土地出让金，房地产公司按4.5亿元来缴纳土地出让金。这时，房地产公司实际也只能取得4.5亿元的票据，在增值税、企业所得税和土地增值税上，也只能扣除4.5亿元所对应的部分。房地产公司一定要避免这种情况。也就是在一、二级联动的开发中，一定要“桥归桥、路归路”。

需要提醒的第二点是，房地产公司参与的一级开发中，约定的一级开发报酬可能不是一个固定的金额，而是采取与土地成交价格挂钩的类似于“共享利润”的分成方式。在营业税时代，《国家税务总局关于纳税人投资政府土地改造项目有关营业税问题的公告》（国家税务总局公告2013年第15号）对此有明确规定，投资方的行为属于投资行为，不属于营业税征税范围，其取得的投资收益不征收营业税。但增值税时代，是否可以不缴增值税，政策似乎不太明确。

看似土地返还款，实属政府出钱购买回迁房的收入

房地产公司通过招拍挂购入土地100亩，与国土部门签订的出让合同价格为5亿元，房地产公司已缴纳5亿元的出让金。协议约定，在土地出让金入库后以财政支持的方式给予房地产公司补助3 000万元，用于在该项目土地上建设回迁房的支出，回迁房建成后无偿移交给动迁户。

这3 000万元的实质，是政府掏钱购买房地产公司开发的回迁房，然后再用于安置回迁户。实际上这是政府支付的购房款项，应该按规定预缴和缴纳增值税、企业所得税和土地增值税。

这种收入，与土地出让金无关，在会计处理以及三大税种处理上，应视为房地产公司向政府销售住房的收入，不应该冲减土地出让金。

看似土地返还款，实属政府的项目内公配补助

房地产公司通过招拍挂购入土地100亩，与国土部门签订的出让合同价格为5亿元，房地产公司已缴纳5亿元的出让金。协议约定，在土地出让金入库后以财政支持的方式给予房地产公司补助3 000万元，用于在该项目内建造的学校、医院、幼儿园、体育场馆等配套设施，项目完工后相关配套设施移交给政府相关部门。

增值税的处理上，可能有两种理解：一种理解是属于向政府销售全部或部分公共配套设施的行为，这种理解下应该按规定缴纳增值税；另一种理解是这3 000万元属于政府的补助性质，与企业的销售无关，不应该缴纳增值税。

增值税的处理上，可以参考《国家税务总局关于取消增值税扣税凭证认证确认期限等增值税征管问题的公告》（国家税务总局公告2019年第45号）第七条规定：

> 纳税人取得的财政补贴收入，与其销售货物、劳务、服务、无形资产、不动产的收入或者数量直接挂钩的，应按规定计算缴纳增值税。纳税人取得的其他情形的财政补贴收入，不属于增值税应税收入，不征收增值税。

企业所得税处理上，国税发〔2009〕31号文件对此类情形有专门的规定，企业在开发区内建造的邮电通信、学校、医疗设施应单独核算成本，其中，由企业与国家有关业务管理部门、单位合资建设，完工后有偿移交的，国家有关业务管理部门、单位给予的经济补偿可直接抵扣该项目的建造成本，抵扣后的差额应调整当期应纳税所得额。

企业所得税上这种“坐支成本”式的处理思路，其前提是合资建设、有偿移交。因此补助的3 000万元，是一起建设的一种支付，应该冲减房地产公司账上的开发成本。

这种处理方式带来问题是，假如公配建设的总成本为1亿元，那冲减后，房地产公司可以扣除的成本只剩下7 000万元了。

土地增值税的处理上，补助的3 000万元如果被认定为属于向政府销售全部或部分公共配套设施的行为，那应视为转让不动产收入，此收入应一并计算土地增值税清算收入。如果不能认定为属于向政府销售全部或部分公共配套设施的行为，企业应将从政府部门取得的3 000万元补偿款项抵减房地产的开发成本。

看似土地返还款，实为项目外建设补助

房地产公司通过招拍挂购入土地100亩，与国土部门签订的出让合同价格为5亿元，房地产公司已缴纳5亿元。协议约定，在土地出让金入库后以财政支持的方式给予房地产公司补助3 000万元，用于在该项目外修建马路等基础设施工程建设。

增值税的处理。项目外帮政府干活、收政府的钱，属于典型的BT模式，房地产公司作为建筑服务总承包方，按建筑服务缴纳增值税，当然，为此发生的进项税额凭发票可以抵扣。

企业所得税处理。房地产公司取得的返还款3 000万元，属于提供建筑服务取得的收入，扣除相对应的成本和费用，差额应计入当年的应纳税所得额。

土地增值税的处理。房地产公司取得的土地返还款3 000万元，属于提供建筑服务取得的收入，不属于转让不动产收入，此收入不属于土地增值税清算收入。

总之，这种情形下的返还收入，与出让金无关，在会计处理以及三大税种处理上，也视为为政府提供服务的收入，无须冲减土地出让金。

未约定用途的补助款、奖励款

房地产公司通过招拍挂购入土地100亩，与国土部门签订的出让合同价格为5亿元，房地产公司已缴纳5亿元。协议约定，在土地出让金入库后以财政支持的方式给予房地产公司补助5 000万元，未约定用途，只是笼统说是补助

款、奖励款。

增值税的处理。房地产公司取得的返还款5 000万元，属于政府奖励，不属于增值税的征税范围，不征收增值税。在土地款抵减销售额时，大概率也是不用剔出来的，按5亿元抵减就行了。

企业所得税的处理。一般意义上，房地产公司取得的返还款5 000万元，是企业的收入，应计入当年应纳税所得额缴纳企业所得税。

房地产公司这里会觉得有点冤：拿地前，让我多报点价格，说好高出的钱后面以奖励的方式再返给我。但现在相当于这5 000万元绕了一圈，回来后少了25%。

其实也不要叫冤。在所得税的处理上，要么拿到钱时缴一道税，要么在土地款中冲掉5 000万元，二者选其一，结果是差不多的。其实笔者最担心的是，拿到钱时缴了一道税，几年后算所得税时又冲了一回成本，那才是真的冤。

企业所得税上还有个问题，这玩意儿靠不靠得上企业所得税的不征税收入？我们来看一下《财政部 国家税务总局关于专项用途财政性资金企业所得税处理问题的通知》(财税〔2011〕70号)中，对不征税收入规定的三个条件：

(一)企业能够提供规定资金专项用途的资金拨付文件；

(二)财政部门或其他拨付资金的政府部门对该资金有专门的资金管理办法或具体管理要求；

(三)企业对该资金以及以该资金发生的支出单独进行核算。

三个条件要同时符合，才能作为所得税上的不征税收入。三个条件中，第三个条件很容易做到，房地产公司对此笔奖励单独核算就行了。第一个条件有点难度，如果宽松点，资金拨付的单据也算拨付文件的话，这事也不难解决。第二个条件难度系数就高了，要政府出个资金管理办法似乎不太可能，弄个“专款专用”之类的管理要求看看能不能做到。

话说回来，企业所得税上的不征税收入的含义是：收入不作收入，成本也不能作成本。不征税收入用于支出所形成的费用，不能在计算应纳税所得额时扣除；用于支出所形成的资产，其计算的折旧、摊销不得在计算应纳税所得额时扣除。按道理说，征税收入和不征税收入，其所得税上最终结果是一样的，只是一种时间上的差异。

如果真的争取到了作不征税收入处理，笔者还得提醒下，作不征税收入处理后，在5年（60个月）内没有用完的部分，要计入应税收入总额再作为征税的收入。因此，作了不征税收入，也不是高枕无忧了，要合理地安排好资金的使用节奏。

土地增值税上的处理。房地产公司收到政府返还的土地出让金，没标明具体用途的，可以看作政府给房地产企业的土地价款的折让，在土地增值税的处理上，扣减相应的土地成本，是个大概率的事件。

土地增值税上冲土地成本，其实也不冤。因为为了拍这块地，真实的土地成本也只是4.5亿元。除非5 000万元是政府真出于“招商引资”等动机给的补助款，与土地拍卖没有直接的关系。这种情形下，如何去“申冤”？大致的出路如果是返还款项，返到房地产项目公司的名下是没有办法解决的。唯有一条路：政府真想给你点奖励，那就奖到其他的主体去。从主体去割裂相互的关系，才能从性质上去割裂资金的性质。

讲完了几种土地出让金返还的税务处理，最后还得提醒一下，土地出让金返还的会计处理很重要，要根据返还的业务实质，及时进行会计处理，不要长期挂在往来科目，否则极容易产生税收上的风险。

第24讲　土地招拍挂中的额外拿地条件

地方财政取得的出让金收入，有一部分要上缴上级的财政部门；在制定土地拍卖规则和土地出让金的收取中，各级地方政府有较大的自主权。地方政府出于不同的考虑，经常在土地出让时，制定一些特殊的拿地条件。这些特殊的拿地条件，直接影响房地产公司的税收负担，稍有不慎，就会掉入陷阱。这里就一些常见的拿地条件，进行税收上的分析。

限地价、竞缴纳其他资金

下面资料摘自某地的一份土地拍卖公告：

> 本次国有土地使用权拍卖出让，采取采用限地价、竞缴纳基础及配套设施代建基金的方式，按照价高者和缴纳基础和配套设施代建基金最多者得的原则确定竞得人。地块设定最高限制价格（30 000万元），竞买人报价不超过最高限制价格的，按价高且达底价者确定竞得人；当报价达到最高限制价格后，竞买方式转为竞向政府缴纳基础及配套设施代建基金，凡接受最高限制价格的竞买人均可参与竞买，竞买人按本次土地出让面积（31 660平方米）竞向政府缴纳基础及配套设施代建资金，

每次最底竞价为10元每平方米，竞价阶梯为10元每平方米或其整数倍，按照接受最高限制价格和缴纳基础及配套设施代建资金最高者确定竞得人。

上面的拍卖公告中，采取了限地价、竞向政府缴纳基础及配套设施代建基金的方式。假如某房地产公司以3亿元的底价加上1亿元的代建资金共两项代价，取得该宗土地使用权。关键问题是能够取到多少金额的土地出让金票据？以常理来推断，房地产公司也只能拿到3亿元的土地出让金票据。

还有1亿元，算什么支出？没拿到土地出让金票据，增值税上肯定作不了销售额的抵减，土地增值税上也会有非常大的难度，唯一能够沟通的，可能只剩下企业所得税了，有一张财政性收据，再加上企业所得税法上税前扣除“真实性、相关性、合理性”三大原则，问题不是太大。但如果当地税务局认定其为向政府的捐赠支出，企业所得税上也会有麻烦：一是票据合不合规；二是要受比例的限制。

实务中，在收取土地出让金以外，政府部门向房地产商收取其他方式的资金名目不限于上面的代建资金，如竞保障房建设资金、竞基础设施建设费等。拍地前，房地产开发公司一定要提前识别其中的税务风险，熟悉当地的税收政策口径。

红线外配建基础设施

实务中有无数的案例，房地产开发商在拿地时，政府会有一些额外的要求，如在红线外修建道路、公园、医院等公共基础设施。这些额外的条件，有的是土地招拍挂公告或者土地出让合同已经写明了的，有的是政府的口头要求，没有具体体现在相关的文件中。

假如政府要求房地产开发公司在小区外修建一个博物馆，房地产公司最后花了1亿元，这其中各税种的处理，我们来认真分析下。

增值税处理。建这个博物馆，一般情况下，土地、立项等都不会落在房地产公司的名下。房地产公司最后花了1亿元，拿到了1亿元的建安发票。增值税处理上有两种思路：一种思路是直接作进项税额抵扣，还有一种思路是视为拿地的成本，作为土地款项作销售额的抵减。

我们来分析下哪种处理思路更符合增值税的规定。

第一个是进项税额抵扣思路。红线外支出的进项税额，能否在公司抵扣？现行增值税对于进项税额抵扣，采取的是反列举的方式，也就是税法只规定哪些进项税不能抵扣。增值税进项税额的抵扣，没有与取得收入无关支出的判断标准，也没有红线外不能抵扣的相关规定。因此，作为进项税额的扣除，政策上是不存在障碍的，唯一前提条件是取得合规的抵扣凭证。

第二个是视为土地款项作销售额抵减的思路。营改增后，对土地价款抵减销售额，税法是采取了正例举的方式。能作为土地款抵减的仅限于：支付的土地价款［应当取得省级以上（含省级）财政部门监（印）制的财政票据］以及在取得土地时向其他单位或个人支付的拆迁补偿费用。因此，红线外的实物配建，很难靠得上抵减的政策。

从以上分析得知，红线外配建基础设施，在增值税处理上的比较靠谱做法是，拿到进项抵扣凭证，在增值税上进行抵扣。

以上只是法理上的探讨，有些情况下，房地产公司拿不到红线外支出的发票，当地口径又允许按土地款抵减，那就准备好资料，大胆地抵减吧。

企业所得税处理。红线外支出，要想能在企业所得税前扣除，至少要在三个方面站得住脚、经得起推敲。

第一，是否属于与取得收入有关的支出，也就是与地产公司的收入相不相关，这应该没多大问题。

第二，是否有合法有效的税前扣除凭证。这个也没多大问题，红线外发生的支出，需要向建筑服务的提供方要到发票。

第三，在所得税上放在成本的哪一块中扣除？红线外支出肯定不属于期间费用，那要列支只能放到开发成本中去。我们知道，国税发〔2009〕31号文件对企业所得税上的开发成本规定得很清楚，分为六大块：开发间接费，是为管理项目而发生的，靠不上；公共配套设施费，要求的是项目内发生的，靠不上；前期工程费，从费用的性质上判断，靠不上；建筑安装工程费和基础设施建设费，也都是要求项目内发生的，靠不上。唯一能靠的也就是土地的成本了。

红线外的支出，如果在土地出让合同或者政府其他文件中约定清楚，作为拿地的前提条件，是开发项目的必要支出，在企业所得税上扣除的概率是相当高的。

土地增值税处理。红线外的支出，在土地增值税处理上，从目前有明确规定的地方来看，有两种不同的观点：

《广州市地方税务局关于印发2014年土地增值税清算工作有关问题的处理指引的通知》（穗地税函〔2014〕175号）：

> 纳税人为取得土地使用权，在项目建设用地红线外为政府建设公共设施或其他工程发生的支出，根据《国家税务总局关于房地产开发企业土地增值税清算管理的有关问题的通知》（国税发〔2006〕187号）第四条第（一）项确定的相关性原则，纳税人如果能提供国土房管部门的协议、补充协议，或者相关政府主管部门出具的证明文件的，允许作为取得土地使用权所支付的金额予以扣除。

不要高兴得太早，下发文件明确可以扣除的地方是少之又少，全国大部分地方在文件中明确是不让扣除的。如某省的规定：

> 对于房地产开发企业发生的项目建设用地边界外（即规划用地“红线”外）的建设项目支出，一律不得在本项目清算时计算扣除。

总结一下，有文件明确可以扣除的地方，要根据当地的规定和要求，做好有关资料的收集和准备。有文件明确不能扣的地方，那就乖乖地缴枪投降。至于那些没有明文规定的地方，能争取扣就尽量争取扣除。

这里还有一个点需要关注，红线外支出如果可以在土地增值税上扣除，那肯定是作为开发成本的一项扣除，从目前可以扣除的几个地方的规定来看，都是作为土地成本来扣除的。因此，可以扣除的地方，理应也可以加计扣除。

红线外支出还有一种情况，即房地产企业自愿在红线外配建一些物业和工程。实务中这种情形也不少，房地产公司自愿把项目外的路拓得宽一点，把项目周边的绿化、景观搞得好看点，这种支出在税上的扣除更加难。有些企业就动起了脑筋，一张发票收进来，和项目内的支出混在一起。

“隐性”拿地条件

明枪易躲，暗箭难防。这里讲一个小故事：在北方一个偏僻的小城市，政府想建一个“地标式”的酒店。由于太过于偏僻，也没有企业想来投资酒店。政府于是出了个办法，把酒店周边的一块住宅用地和酒店的地，捆在一起出让，也就是拿这块住宅地必须和酒店地一起拿。外地的一家房地产开发商觉得有利可图，就通过勾地方式拿下了这两块地。住宅的地，拿得很便宜，楼面价约5 000元，当时同地段的楼面价约9 000元。当然政府的考虑是，造酒店、运营酒店，未来几年是要亏损的，这个亏损就用住宅地价来贴补了。结果你猜得到，若干年后，住宅的土地增值税要清算了，同地段同时期开发的别人家，基本不要缴土地增值税，就他家一清算，冒出了七八千万元的税款。

好多勾地的项目中，都会出现这种情况。住宅地价的便宜，是建立在造个酒店、造个商场有亏损的前提下。酒店、商场要自持，住宅和商业用房又不能放在同一清算单位内计算，造成的结果是，住宅的土地增值税高得有点缴不起。老板算算账，其实总体还是亏的。

如何规避这其中的税务问题？前提是拿地时算清账，在算清账的前提下和政府谈条件。房地产公司要有这么个理念：给你便宜的地，有时不如给财政返还更合算。

在拿地环节，如果不算好税负这笔账，不注意到其中的隐形税收成本，结局只有一个：高利润的项目变成低利润的项目，赚钱的项目变成亏损的项目。当然，拿地中的隐形成本如何在税收上显现化，如何解决在三税前抵扣或扣除等，是个复杂的政策问题，也是个技术问题。只有解决了“地价”在税上的扣除问题，并在此基础上解决好“地价”的分摊问题，一个地产项目的税务管理才成功了一半。

第25讲　配建保障房的税务处理与风险

前几年，土拍市场刮起了一阵风：限地价、竞配建。如上海市人民政府办公厅2021年出台的文件（沪府办规〔2021〕12号）中就明确：新出让商品住房用地继续配建不少于5%的保障性住房，无偿移交政府，主要用作公共租赁住房；继续配建不少于15%的开发企业自持租赁住房，主要用作保障性租赁住房，在土地出让合同中进行约定，并鼓励各区统筹配建面积，集中实施配建。

限地价、竞配建的大意就是当地价喊到一定金额，不能再往上喊了，改为喊谁愿意把开发的房子给政府，谁喊得多，谁就能拍得该地块。

我们来看一下《国有建设用地使用权出让地价评估技术规范》（国土资厅发〔2018〕4号）规定：

> 限地价、竞配建（或竞房价、竞自持面积等）。采用“限地价、竞房价（或竞自持面积）”方式出让的，在评估时应按本规范，评估出正常市场条件下的土地价格。
>
> 采用“限地价、竞配建”方式的，土地估价报告中应评估出正常市场条件下的土地价格，给出底价建议，以及根据市场情况建议采用的地价上限，并提出建议的起始价或起拍价，一般情况下应符合：起始价≤

出让底价≤地价上限。当起始价≤地价上限≤出让底价时，地价上限与出让底价之间的差额，应按配建方式和配建成本，折算最低应配建的建筑面积，并在土地估价报告中明示。

从土地价格设计和竞拍的规则来看，移交给政府的房子，是房地产开发企业拿土地对价的一部分。也就是房地产开发企业，用开发的产品，来用作支付一部分的地价款，这种思路和逻辑应该是成立的，否则我们没法谈下去了。

配建保障房的税务处理中，会涉及增值税、企业所得税、土地增值税、契税等税种，其中的税务处理相当复杂。由于国家税务总局层面对保障房没有明确的文件规定，有些税务局出台了当地的政策口径，典型的如广东、上海和广西。综合来看，已出台的地方口径中，主要根据不同的移交模式，给出了不同的处理思路。

目前，配建保障房，主要有政府有偿回购和无偿移交两种模式。无偿移交下，各地也出现了两种不同做法：第一种做法是建设的保障房初始产权登记在房地产开发公司名下，移交时，由房地产开发公司转登记到政府部门或政府设立的平台公司名下；第二种做法是建设的保障房的房屋产权直接登记在政府部门或政府设立的平台公司名下。

下面，我们以这三种常用的方式，即政府有偿回购、“无偿配建+直登”和“无偿配建+转登”，来讨论下其中的税务问题和税务风险。

政府有偿回购模式

在政府有偿回购方式下，房地产企业开票并作会计上的收入。在增值税、企业所得税和土地增值税的处理上，也要确认相应的收入。为建造配建房、公租房发生的建造成本，同样需要计入相应的成本中去。

政府有偿回购方式下，由于政府回购的价格远远低于同期开发的其他商品房价格，所以最大的问题是税务机关在三大税种处理上，认不认同政府规定的价格？个人认为，这不属于“价格明显偏低且无正当理由”的情形，也就是应视为有正当的理由，税务机关不应该调整其收入。

在办理项目的土地增值税清算时，低价有偿回购的物业，要处理好其清算单位和清算类型的归属，用好相关的负增值。

“无偿配建+直登”模式

“无偿配建+直登”模式下，配建房的初始产权登记，没有登记在房地产开发公司名下。房地产公司在移交配建房、公租房时，一般也不需要开具增值税发票。

增值税的处理。从形式和实质上，这种模式下，房地产公司没有形成开发产品。增值税上可以不按视同销售处理。为配建发生成本的进项税额，可以按规定抵扣。

部分地方认为，这种模式下，房地产企业应该按提供建筑服务在增值税上视同销售。

企业所得税的处理。和增值税处理相类似，企业所得税上也不视同销售处理。为配建而发生的成本，可以按规定在开发产品的成本中进行扣除。这种处理方法，和企业所得税上的公共配套有点类似，也就是收入不作收入、成本可以扣除。

土地增值税的处理。土地增值税清算时，企业配建的保障性住房，可参照国税发〔2006〕187号第（四）项第三款的规定处理，即建成后无偿移交给政府、公用事业单位用于非营利性社会公共事业的，其成本、费用可以扣除。当然，在计算土地增值税时，成本也可以加计扣除。

“无偿配建+转登”模式

“无偿配建+转登”模式下，配建的保障房初始产权登记在房地产开发公司名下，正式移交时，由房地产开发公司转登记到政府部门或政府设立的平台公司名下。因此，这种模式下，房地产公司要转移不动产的产权，一般也要开具发票。从形式上来说，有了产权过户这个动作，税务处理也会有所不同。

增值税的处理。这种模式下，房地产公司开发了产品且有了转移行为，增值税上应该视同销售处理，也就是要体现销项税额。

增值税处理上，会有几个麻烦：

第一个麻烦就是按什么价格来视同销售？营改增财税〔2016〕36号文件规定，纳税人发生视同销售行为而无销售额的，主管税务机关有权按照下列顺序确定销售额：（1）按照纳税人最近时期销售同类服务、无形资产或者不动产的平均价格确定。（2）按照其他纳税人最近时期销售同类服务、无形资产或者不动产的平均价格确定。（3）按照组成计税价格确定。组成计税价格=成本×（1+成本利润率），成本利润率由国家税务总局确定。

个人认为，配建房的属性和其他开发的房产有所不同，不能按纳税人其他房产的价格和其他纳税人房产的价格来视同收入。按成本加利润率方式来确认其价格，是比较合理的做法。

第二个麻烦是，视同销售的收入能在增值税上作差额扣减吗？现有的增值税政策上，能差额扣减的只限于有土地出让金票据的土地价款和向拆迁户支付的货币补偿，因此，现有的政策是不支持视同销售的收入可以差额扣减的。但这会带来很大问题，就如前面分析中讲到的，无偿的实物配建，其实质是少付了一部分土地价款，少付的钱用实物来抵偿了。不能因为没有一张票据，房地产公司就要多缴一道增值税。

我们来看一份法院的判决书摘录：

根据税收相关规定，原告向政府部门移交27 000平方米安置房的行为视同销售，依法应当缴纳房地产项目的增值税，而在计算销售额时从全部价款和价外费用中扣除的土地价款，应当取得省级以上（含省级）财政部门监（印）制的财政票据。如被告不能就27 000平方米安置房出具等值的省级以上（含省级）财政部门监（印）制的财政票据，即土地出让金发票，则原告以27 000平方米安置房的实物折抵的土地价款不能用于申报企业所得税和房地产项目增值税等相关税项的税前扣除，可能导致原告的税务负担明显超出合理预期，造成原告严重经济损失。

且基于公平原则和诚实信用原则，为避免原告负担的税务超出合理预期，被告出具的凭证应当是原告依法能够用于申报税前扣除的省级以上（含省级）财政部门监（印）制的财政票据，即与原告应向政府移交的27 000平方米安置房等值（9 798.3万元）的土地出让金发票。

被上诉人长汀县自然资源局应在上诉人长汀中城投广场开发有限公司向其交付27 000平方米安置房前向上诉人出具等值金额为9 798.3万元的土地出让金发票。

判决书所指的房地产开发商被逼无奈啊。一方面无偿给了政府价值1亿元的房产，另一方面又要多缴近千万元的增值税。出于无奈，向法院起诉请求政府开张土地出让金票据给他抵税用。

法院的判决书中，有一句话笔者很赞同。其讲到房地产公司的27 000平方米安置房，其实质就是实物折抵的土地价款。

当然，最后有没有开，不得而知。不过，这些事发生多了后，有些单位也学乖了，来看一下某地土地出让合同中一句原话：

配建面积不视为缴交实物地价，出让人不开具任何形式的地价发票。

目前，配建房视同销售的收入，能作增值税上差额扣减的地方真不多。在不能差额的地方，增值税视同收入的价格要能低尽量低。否则，有了销项没差额，会多缴一道增值税。

企业所得税的处理。这种模式下，房地产公司开发了产品且有了转移行为，企业所得税上应该视同销售处理。

企业所得税上的视同销售，收入视同的同时，必须要有视同的成本。对于这种无偿的配建，个人认为不是一种真正无偿，而是披着无偿的外衣，实质是用房换地。因此，在视同销售的同时，也应该确认视同销售的成本。在企业所得税上加一道收入，同时再加一道成本，所得税的总体税负不变。

不过，也有些地方的税务机关不认可这种做法，视同了收入，不能确认视同的成本。那对房地产公司来说，要多缴视同收入25%的所得税。

契税的处理。《财政部 税务总局关于贯彻实施契税法若干事项执行口径的公告》（财政部 税务总局公告2021年第23号，以下简称23号公告）中讲得很清楚，土地使用权出让的，计税依据包括土地出让金、土地补偿费、安置补助费、地上附着物和青苗补偿费、征收补偿费、城市基础设施配套费、实物配建房屋等应交付的货币以及实物、其他经济利益对应的价款。

23号公告规定在实物配建房屋是一种拿地就负有必须交付的义务，从而也构成了土地价款组成部分的角度，强调对应的部分也要缴纳契税。我们前面的分析，也是契合契税的这种立法原意的。

实物配建房要缴契税，这事明确了，而何时缴、缴多少，23号公告没有明确。

何时缴？在办理土地使用证时和地价款一起缴，还是等实际移交配建房时再缴纳契税？各地有不同的做法，务实的做法就是，等真正移交时，配建房的成本有了可靠数据，这时缴更加方便合理。

缴多少？配建保障房是土地出让的条件之一，因此配建保障房的建设成本应计入拿地成本中，作为契税的计税依据，按照建设成本金额缴纳契税更加合理。

讲完了三种模式下配建房的税务处理思路。你会发现，其实最有争议的是"无偿配建+转登"模式下的税务处理。曾经碰到过这么一个案例，有个项目中房地产公司配建了不少房子，在和税务机关沟通时，税务局认为，企业所得税上要视同收入但不能扣视同的成本，增值税上不能差额地扣减，结果一算账，房地产公司要多缴4亿多元的税款。所以，再次提醒各位读者，在拿地时，一定要了解清楚当地的税收政策口径，否则面临的可能是万丈深渊。

第26讲　城市更新中的税务问题与风险

改革开放已经走过了40多年的历程，在土地资源供需矛盾日益突出的情况下，拓展建设空间、保障发展用地，是推进节约集约用地工作的重要内容，也是改善城市面貌和人居环境，提升居民生活品质，建设宜居现代城市的必然要求。

较早提出“三旧”改造的是广东省，“三旧”是指城市范围内的旧村庄、旧厂房、旧城镇。自2009年以来，广东省在全国率先开展“三旧”改造试点工作。与之相配套，2017年，广东省地方税务局、国家税务局和广东省国土资源厅下发了《广东省“三旧”改造税收指引》(以下简称《指引》)，2019年经修改后重新下发。

广东省的《指引》，有两个非常值得看的地方。一个是《指引》详细罗列了广东省目前“三旧”改造中的改造模式。《指引》中，把广东省“三旧”改造分为两大类共九种改造模式。第一大类政府主导模式分为收储、统租、综合整治、合作改造四种模式；第二大类市场方主导模式分为农村集体自行改造、村企合作、企业自改、企业收购改造、单一主体归宗改造五种模式。

第二个值得看的地方是《指引》对每种模式下的税务处理，作出了详尽的说明。其中，对一些有争论的税收政策进行了明确，《指引》中的有些规定，是对现有政策的突破。

目前能查得到的公开资料，还有《广州市城市更新税收指引（2021年版）》《青岛市城市更新和城市建设税费政策指引》《连云港市城市更新税费政策指引》等。相对来说，广东省和广州市的指引写得更加详细，也有许多值得学习和借鉴的地方。这里以广东省和广州市的指引为例，将主要的几种开发模式与税务处理讲解如下。

政府主导下的收储模式

收储模式是指政府征收（含征收农村集体土地及收回国有土地使用权等情况）、收购储备土地并完成拆迁平整后出让，由受让人开发建设的情形。

具体做法举例：A市某旧厂房拆除重建改造项目，原厂房用地由政府收回后以公开出让方式引入投资者进行改造。

1.政府依照规划，按照法定程序，收回原厂房用地，并向原厂房权属人（被征收方）支付补偿。

2.经政府委托的施工企业对该土地进行建筑物拆除、土地平整等整理工作后，政府通过公开方式出让土地。

3.某商业地产公司（受让方）竞得土地后，向政府支付土地出让价款，并将该项目打造成为大型城市商业综合体。

收储模式下，涉及被征收方、土地受让方和工程施工方。三个主体相互独立，涉税问题也比较清晰。收储模式，又有征收收储、收购收储两种做法。

征收方式收储，是指被征收方（原权属人）的厂房用地被政府征收（收回），并取得货币补偿。增值税处理上，被征收方的土地使用权被政府征收（收回），属于土地使用者将土地使用权归还给土地所有者，按规定可免征增值税。

土地增值税处理，对被征收单位或个人因国家建设的需要而被政府批准征用、收回房地产的，可以免征其土地增值税。

企业所得税处理，如符合政策性搬迁规定情形的，按照政策性搬迁的相关政策处理，不符合政策性搬迁的，搬迁收入并计当年所得缴纳所得税。

土地受让方的税务处理没有特殊之处，按照正常的招拍挂拿地方式，来处理增值税等相关税种。

收购方式收储。政府以收购方式储备土地的，对原权属人来说，税收的负担就重了。

增值税处理，原权属人应按转让土地使用权缴纳增值税。

土地增值税的处理，原权属人转让土地使用权应缴纳土地增值税。该地块已纳入县（区）级以上“三旧”改造规划的，根据《中华人民共和国土地增值税暂行条例实施细则》第十一条第四款及《财政部 国家税务总局关于土地增值税若干问题的通知》（财税〔2006〕21号）第四条有关规定，免征原权属人的土地增值税。

企业所得税的处理，收购模式在一般情形下，不属于政策性搬迁，应该在当期缴纳企业所得税。

一定要注意，“征收”和“收购”一字之差，税款相差可能是千万元、上亿元级别的。

政府主导下的收储模式，意味着政府在供地时，可能会采取“限地价、竞配建”的方式。广东省和广州市的指引中，对直接移交方式、无偿移交方式、政府回购方式等，作出了详细的税务处理规定。这些方式下的税务处理思路，本书已在前面进行了介绍。这里将广东省和广州市指引中特殊的一些处理方法介绍一下。

直接移交方式的增值税处理。不动产登记部门直接将配套建设首次登记到政府指定的行政事业单位，受让方属于为政府无偿提供建筑服务，应按照视同销售的相关规定缴纳增值税。

无偿移交方式的增值税处理。不动产权属登记首次登记在开发企业名下，再通过转移登记将权属办至政府指定接收单位名下。受让方按照合同约定无偿移交配套建设，属于无偿转让不动产，应按照视同销售的相关规定缴纳增值税。如配套建设用于公益事业或者以社会公众为对象，不属于视同销售。

政府主导下的合作改造模式

合作改造模式是以政府统一组织实施（即政府为征地拆迁方）为前提，有两种类型：

第一种类型，一级二级分开做。政府在拆迁阶段通过招标等公开方式引入土地前期整理合作方（以下简称“合作方”）承担具体拆迁工作，该企业需要垫付征地拆迁补偿款。完成拆迁后，政府将拟出让土地通过招标、拍卖或者挂牌等公开方式确定土地使用权人，在土地使用权人支付地价款后，政府再向合作方支付拆迁费用与合理利润。

第二种类型，一级二级一起做，俗称一、二级联动。政府通过招标等公开方式征选合作方，既承担土地前期整理的具体拆迁工作，又是土地使用权人。合作方承担具体拆迁工作，垫付征地拆迁补偿款（含货币与非货币补偿），完成拆迁后，政府直接将拟出让土地使用权供应给合作方，所支付拆迁费用与合理利润抵减其应向政府缴交的地价款。

第一种类型中，涉及三方主体：被征收方、土地受让方和工程施工方。

被征收方取得货币补偿，按规定征免增值税、企业所得税、个人所得税和土地增值税等。

受让方以出让方式取得土地使用权，向政府部门支付土地价款，按规定进行税务处理。

工程施工方承担具体拆迁中的建筑物拆除、土地平整等劳务。按规定计算缴纳税款。

第二种类型中，涉及两方主体：被征收方、土地受让方。

土地受让方在其中扮演了两个角色：一级的土地开发和二级的房地产开发。

增值税的处理。对于土地受让方来说，在此种模式下，可能向被征收方支付货币或实物补偿。货币补偿，可以按照财税〔2016〕140号文件规定，进行增值税上的差额扣减。对于实物补偿，广东省的《指引》中只笼统说了一句：合作方向被征收方提供非货币形式的补偿，应按现行规定缴纳增值税。

土地增值税的处理。土地受让方负责拆迁安置，根据《国家税务总局关于土地增值税清算有关问题的通知》（国税函〔2010〕220号）的规定，用建造的本项目房地产安置回迁户的，安置用房视同销售处理，按《国家税务总局关于房地产开发企业土地增值税清算管理有关问题的通知》（国税发〔2006〕187号）第三条的规定确认收入，同时将此确认为房地产开发项目的拆迁补偿费。

企业所得税处理。合作方从事建筑拆除、土地平整工程业务等各项收入，应计入企业所得税收入总额，发生与取得收入有关的、合理的支出，可在计算应纳税所得额时扣除。企业从事上述劳务持续时间超过12个月的，按照纳税年度内完工进度或者完成的工作量确认收入的实现。

根据《国家税务总局关于印发〈房地产开发经营业务企业所得税处理办法〉的通知》（国税发〔2009〕31号）的规定，取得土地使用权所发生的支出作为土地开发成本进行税务处理。

当然了，一、二级联动中的最大税务风险是：一级的收益抵了二级拿地的土地出让金，这在前文讲解中，已经专门进行了提醒。

市场主导下的村企合作之土地整理后出让

广东省的《指引》中，用了较大篇幅介绍村企合作的改造模式。其中又将村企合作的改造，分为5种情形：土地整理后出让、土地整理后租赁、土地整理后以复建地块集中安置、土地整理后回购物业、土地整理后合作经营。

不仅是广东省，全国其他好多省市都在搞村企合作开发模式。大量房地产企业也以这种方式参与其中，去分一杯羹。这里对土地整理后出让、土地整理后以复建地块集中安置两种模式，进行重点讲解，先说下土地整理后出让这种模式。

土地整理后出让这种模式中，要注意的是无偿移交物业的税务处理。土地出让合同（公告）中一般会要求，由土地受让方将部分建成物业无偿移交农村集体经济组织。这种移交过程中，为了符合转移登记办理流程，土地受让方与农村集体经济组织签订商品房买卖合同，但农村集体经济组织实际不向土地受让方支付相关款项。

受让方增值税的处理。受让方将约定物业无偿移交农村集体经济组织，属于无偿转让不动产，应按照视同销售的相关规定缴纳增值税。

受让方企业所得税的处理。对无偿移交行为视同销售，应计入企业所得税收入总额，发生与取得收入有关的、合理的支出，可在计算应纳税所得额时扣除。

受让方土地增值税的处理。对无偿移交的物业，按照安置回迁房的政策处理。用建造的本项目房地产安置回迁户的，安置用房视同销售处理，按《国家税务总局关于房地产开发企业土地增值税清算管理有关问题的通知》（国税发〔2006〕187号）第三条第（一）项规定确认收入，同时将此确认为房地产开发项目的拆迁补偿费。

这种模式下的无偿移交物业，签订了商品房买卖合同但没有付款，同时又有开票、不动产过户等手续和动作，企业所得税和增值税上会有较大税收风险，房地产公司一定要提前算好税收这笔账。

曾经历过此类税务的处理，相当烦琐。一个烦琐点是开多少票。房地产公司、村集体经济组织、税务局，三方会有不同诉求和要求。一般情形下，开票金额定下后，各税的计税依据也按发票金额来确认。另一个烦琐点是增值税、企业所得税、土地增值税，三大税种各有诉求。土地增值税上一般并计收入后，可以作为拿地成本进行扣除、同时可以加计扣除。但增值税上，开票的金额不能差额抵减。企业所得税上，部分税务机关认为在作收入的同时，不能加一道成本，理由是双方签订的是房屋买卖合同。

土地增值税上，开票金额越高越好，企业所得税和增值税上，开票金额越低越好。房地产公司一定要综合测算，以降低税收成本。

村企合作之土地整理后以复建地块集中安置

有些村企合作项目中，把土地分为两种：复建地块和融资地块。这种模式在全国好多地方都有。其主要流程是：

在完成房屋拆迁补偿安置后，农村集体经济组织向当地自然资源部门申请办理集体建设用地转为国有建设用地手续，经批准转为国有后，土地分为融资地块与复建地块。复建地块采取划拨方式供应给村集体经济组织，融资地块由政府协议出让给开发企业。

开发企业按要求缴纳土地出让金后对融资地块实施改造，并承担复建地块物业建造及河涌整治、打通消防通道等工程成本。复建地块土地使用权与地上物业权属始终在村集体经济组织名下，未发生权属转移，开发企业与村集体经济组织也未签订复建地块与地上物业无偿转让合同。

村集体经济组织是复建地块业主单位，复建地块的土地征用及拆迁补偿费，复建物业的设计、建造、安装、装修装饰和竣工验收工作由开发企业委托施工企业负责，相关费用支出也由开发企业实际负担。设计、施工企业向开发企业开具发票。

这种模式中，有三方当事人：分别是被征收方、土地受让方（开发企业）和工程施工方。工程施工方的税务处理，和前面讲的模式基本相同。这里介绍下开发企业和村集体经济组织的税务处理。

在这种模式中，开发企业主要做了以下工作：开发企业以较低的价格，取得融资地块土地使用权，并以建造复建地块房产为代价补偿农村集体经济组织或村民。

讨论税务处理前，要明确一个前提，即融资地块的地在开发企业名下，但复建地块的地始终在村集体名下。

增值税的处理。开发企业承担复建地块物业建造及河涌整治、打通消防通道等事项，且复建地块土地使用权与地上物业权属始终在农村集体经济组织名下。开发企业属于无偿提供建筑服务，应按照视同销售的相关规定缴纳增值税。

土地增值税的处理。开发企业承担的，复建地块的土地征用及拆迁补偿费，复建物业的设计、建造、安装、装修装饰和竣工验收工作及河涌整治、打通消防通道等实际发生并取得合法有效凭证的成本，确认为房地产项目的土地征用及拆迁补偿费扣除。

企业所得税处理。取得土地使用权所发生的支出（包括复建地块相关支出）作为土地开发成本进行税务处理。

开发企业为复建地块而发生的各项支出，有点像代建，又有点像红线外配建的支出。广东省的规定中，增值税上，一边视同销售作销项，另一边可以抵扣发生成本的进项税额。土地增值税上，这块支出放在土地征用及拆迁补偿费扣除，基本解决了问题。企业所得税上，没有视同销售的说法，成本可以扣除，类似于所得税上公配的处理方法。

对于村集体经济组织，因为所有的建安成本全部体现在房地产公司，对应的发票也开给了房地产公司，如果建设的是用于自持的商业地产，对村集体经济组织来说，下次出租时，税收上会面临有收入无成本的问题。

市场方主导模式之单一主体归宗改造模式

在符合国土空间规划的前提下，改造范围内的权利主体通过签订搬迁补偿协议的方式，将房地产的相关权益转移到单一主体后，由该主体申请实施改造，在完成上盖物拆除后注销原有不动产权证书、办理土地收归国有手续，再由自然资源主管部门直接与单一改造主体签订协议出让合同。

单一主体归宗改造模式，最大特点是单一主体先受让再改造，有点先上车再买票的味道。

该模式中，如果受让土地方单独委托施工单位进行施工，会存在三方当事人，分别是原权属人、受让方和工程施工方。

原权属人形式上是将房地产的相关权益转移到单一主体，实质也是一种政府的收储行为，可以按规定免征增值税、土地增值税等。企业所得税上，如符合政策性搬迁的，就按政策性搬迁政策处理。

受让方以出让方式有偿取得土地使用权，向原权属人支付货币或实物补偿。根据政府要求，在连片改造范围内建造公交站场等设施。支付公交设施用地及地上建筑物相关平整土地和建筑安装工程相关费用，公交设施用地及地上建筑物被政府收回。

受让方税务处理方面，在支付拆迁补偿等业务上，和前面讲到的处理类似。比较特别的是，将改造区域内建设的公共设施（如公交站）无偿移交的税务处理。

增值税上，向政府交付公交站场，属于无偿转让不动产或提供应税服务，但以社会公众为对象，无须按视同销售缴纳增值税。

土地增值税上，与当地政府签订配建公共设施建设移交监管协议，根据《国家税务总局关于房地产开发企业土地增值税清算管理有关问题的通知》（国税发〔2006〕187号）的规定，按建造的与清算项目配套的公共设施处理。

企业所得税上，公共设施发生的相关支出计入开发产品计税成本。

单一主体归宗改造模式，由于采用的也是一、二级联动的做法，所以一定要注意，房地产公司不要“坐支”土地出让金。

以上介绍的是广东省和广州市关于“三旧”改造中的一些税务处理。这些操作模式，在这些地方相对来说已经比较规范。其他有些地方，“三旧”改造尚处于起步阶段，政府的有关部门和房地产公司对改造的模式和方法，都还处于摸索阶段，一定要注意其中的税务风险。

有这么一个案例：某地的一个工业企业，在市中心有很大一块地，按照政府要求，要“腾笼换鸟”。于是政府和企业谈好，这块地不能再搞工业了，可以做房地产开发，工业企业象征性交了点出让金，把自己名下的工业地变性为住宅开发用地，把原来企业名称改成了房地产公司，继续在原企业名下开发。这里面最大的税务风险是，以后卖了房子，增值税、企业所得税和土地增值税，能扣的土地成本，只有那么一点，税负会高得离谱。其实最好的办法，是参照上面一些做法，工业企业走收储的路，然后再成立新公司为主体去拿地，争取拿到出让金票据，以解决土地的成本问题。

第27讲　回迁安置房的税务处理

相对来说，回迁安置房的税务处理政策复杂，争论很多。这里，我们借助于某个场景，对回迁安置房的会计和税务处理进行全过程的分析。

拆房了

白白的墙上红红的“拆”字。2020年某一天，老杨家的独幢洋房，终于等到了被拆的那一天。这一片地有了新的规划，政府将在这里兴建一个崭新小区。地被一家房地产公司拍去了，政府和地产商约定，拆迁安置这事，还得地产商来做。老杨和地产商最终协商的结果是，地产商拆一还二，还两套等面积的房子给老杨。

我们得明确一个事，拆迁和安置这活，到底应该是谁干？从事情的表面看，好像是地产商包揽了一切，实际上，这活应该是政府的责任。

我们来看下文件是怎么规定的。2011年国务院发布的《国有土地上房屋征收与补偿条例》（国务院令第590号）第四条规定，市、县级人民政府负责本行政区域的房屋征收与补偿工作。地方政府作为拆迁房屋的征收与补偿主体，可以委托评估机构对被征收房屋的价值进行评估，房屋征收部门与被征收人以此确定被征收房屋价值的补偿金额。在此基础上，政府与被征收人签订房屋征收补偿安置协议，被征收人可以选择货币补偿，也可以选择房屋产权调换。对于选择房屋产权调换的，地方政府应当提供用于产权调换的房屋，并与被征收人计算、结清被征收房屋与产权调换房屋之间的差价。

规定很清楚，地方政府是唯一的拆迁房屋的征收主体和补偿主体。因此在拆迁还房的业务中，其背后的逻辑是政府征用了老杨的地，但政府当时没赔给老杨货币或实物，而是打了张欠条：这账以后再还。政府一转手，把地拍给了地产商，政府在中间一倒腾，本来向地产商收的出让金，少收一部分，少收的钱，地产商用将来的房子来抵。也可以这么理解，老杨当时相当于要了钱，不过是拿了钱当场预定了开发商的两套房。

房被拆了，老杨家没地方住，开发商花了60万元，给老杨租了几年的房，作临时过渡用。开发商的账上，记了这么一笔：

借：开发成本——土地征用及拆迁补偿——老杨过渡　　600 000

　　贷：银行存款　　600 000

对的，无论会计上还是税务上，安置拆迁户的支出，都应该计入拿地的成本。

拆迁环节的税务处理，无非就是老杨要不要缴税的问题，这里不再重复。

建房了

开发商在老杨原来的地皮上，建了一幢楼，共10套房。假如开发商这次就拿了这块地造了这么一幢楼，建这幢楼建安成本花了1 000万元。房地产公司的账上，记了这么一笔：

借：开发成本——建安　　10 000 000

　　贷：银行存款　　10 000 000

2022年，房子造好了，竣工决算也出来了，这时，房地产公司准备结转开发成本。

这里要注意，公司的账上，开发成本中有60万元的土地成本，有1 000万元的建安成本。房地产公司能卖的只有8套房，在结转成本时，必须把2套安置房的建安成本放到8套可售房的拿地成本里去。

借：开发成本——土地征用及拆迁补偿　　2 000 000

　　贷：开发成本——建安　　2 000 000

交房了

2022年底，终于交房了。这时地产商的8套房子也卖掉了，假如每套卖了200万元。这时面临的问题是，地产商也要给老杨开票、办过户手续，同时这2套房在增值税、企业所得税和土地增值税上应如何处理？

给老杨这2套房，会计上要做收入吗？有的地产公司做，有的不做收入。假如这里地产公司没有做收入，则后续处理如下。

增值税的处理。要开票、办过户手续，这2套拆迁房，增值税上肯定要体现销项税额。增值税上关键有这么几个问题：

一个是增值税的销售额如何确定。在增值税的处理上，有一种观点是视同销售说。如果是视同销售的话，就应该按照营改增的财税〔2016〕36号文件规定，确定其销售收入。另一种观点认为回迁房的实质，是一种非货币资产的交换，地产商用房子来交换部分的土地使用权。

在这个点上，个人也更倾向于这么一种观点：这是以房抵债的行为。对房地产公司来说，其用2套安置房，抵了欠政府的出让金；政府再用2套安置房，来抵欠老杨的拆迁款。这笔三角债就勾销了。

那么如何确定2套房的销售收入？在营业税时代，《国家税务总局关于纳税人开发回迁安置用房有关营业税问题的公告》（国家税务总局公告2014年2号，现已全文废止）规定：

纳税人以自己名义立项，在该纳税人不承担土地出让价款的土地上开发回迁安置房，并向原居民无偿转让回迁安置房所有权的行为，按照《中华人民共和国营业税暂行条例实施细则》（财政部 国家税务总局令第52号）第五条之规定，视同销售不动产征收营业税，其计税营业额按财政部 国家税务总局令第52号第二十条第一款第（三）项的规定予以核定，但不包括回迁安置房所处地块的土地使用权价款。

《营业税暂行条例实施细则》（现已全文废止）第二十条第一款第（三）项规定的核定方法是：

营业额=营业成本或者工程成本×（1+成本利润率）÷（1-营业税税率）

营改增后，增值税虽然没有平移国家税务总局2014年2号文件的政策。但是，营业税下的处理思路，还是值得增值税借鉴的。国家税务总局2014年2号文件虽然认为在营业税上认定为视同销售，但在对回迁安置房的价格上，不是按本企业同期同类销售价格和其他纳税人同期同类的销售价格来确定的，而是按组成计税价格确定。

营业税文件为什么这么规定？ 2014年2号文件解读稿写出了之所以这么规定的出发点：

回迁安置房与商品房性质不同，不宜按照同地段商品房市场价进行核定，应按照营业税细则第二十条第（三）款规定，以工程成本加利润的方式予以核定。

由于回迁安置房所处地块的土地出让价款并非该纳税人承担，实质上该地块的土地使用权不属于该纳税人，因此，核定的销售不动产计税依据中不应包含土地成本。

个人认为，也可以从另一角度来考虑这个事情。在老杨和地产商没有约定回迁房价格的前提下，绝不能按商品房价格来核定回迁房价格，特别是不能按移交回迁房当期的价格来核定。主要理由是，老杨与地产商签订拆迁补偿协议发生在2020年，交房发生在2022年。相当于在2020年签订协议时，老杨就用政府“该付未付”的土地征用费，支付了2套回迁房的价款。

按照2014年2号公告的这种思路，2套回迁房收入应为：

200×（1+10%）=220（万元）

增值税上第二个问题是，回迁房的实物形式安置，能否在增值税上差额扣减。这方面问题已经重复了多次，现行的政策是不支持的。但地产商会觉得很吃亏，用货币安置可以抵减，为什么用实物就不行？没办法，政策就这么规定的。

这个问题上，个人还是非常赞同某知名学者的观点：全天下就没有实物安置这一说法。

第三个问题是开票开多少。个人意见，按增值税确定的收入220万元开票。

说完了增值税的处理，我们再来讨论下企业所得税的处理。

企业所得税处理也是个迫在眉睫的事，因为交房当年肯定要进行所得税的处理，国税发〔2009〕31号文件规定，对回迁房处理无论是用房抵债也好，还是非货币性资产交换也好，都是要视同销售：

第七条　企业将开发产品用于捐赠、赞助、职工福利、奖励、对外投资、分配给股东或投资人、抵偿债务、换取其他企事业单位和个人的非货币性资产等行为，应视同销售，于开发产品所有权或使用权转移，或于实际取得利益权利时确认收入（或利润）的实现。确认收入（或利润）的方法和顺序为：

（一）按本企业近期或本年度最近月份同类开发产品市场销售价格确定；

（二）由主管税务机关参照当地同类开发产品市场公允价值确定；

（三）按开发产品的成本利润率确定。开发产品的成本利润率不得低于15%，具体比例由主管税务机关确定。

好在企业所得税的处理上，视同销售的最后结果不会影响所得税额。因此，所得税上按多少金额来确定，影响也不是很大。

说完了企业所得税上的处理，再来讨论下土地增值税的处理。土地增值税上，文件规定得很明确，我们来看下国税发〔2006〕187号文件：

1. 按本企业在同一地区、同一年度销售的同类房地产的平均价格确定；

2. 由主管税务机关参照当地当年、同类房地产的市场价格或评估价值确定。

土地增值税上，实物安置在作为收入的同时，可以作为成本扣除，也可以加计扣除，这在政策上是明确的，唯一会有争论的是价格如何确认的问题。该争论可能会有以下几种观点：

第一，按国税发〔2006〕187号文件的方法确认。同一项目中，一般不会有本企业的同类产品价格，所以只能由税务机关确定。

第二，按类似于增值税的方法核定。

第三，按同一项目中其他房产价格核定。

由于土地增值税存在加计扣除的放大效应，理论上实物安置的价格做得越高越好，但也有个边际的比例。超过一定比例，肯定是个无效的区间。

说完了三个主要税种的处理，其实还得说说契税。用实物安置，房地产公司也是要缴契税的。一般的理解，契税的计税依据应该是房地产公司实际承担的回迁房的建安支出，这是他拿地的对价。如上面案例中，按照两套安置房的建安成本200万元，来计算缴纳契税。

说完了四个税种，我们再来讨论三个问题：

第一个问题，增值税、所得税和土地增值税这三大税种，他们的计税依据是否要保持一致？道理上，每个税种有每个税种的逻辑，每个税种有每个税种的政策规定。但是在实务中，由于涉及开票开多少的问题，税务机关还是倾向于三大税种的计税依据保持一致，也就是和开票数保持一致。

第二个问题，如果要保持一致，这时就必须要有一种清醒的判断，收入高点好还是低点好？多少金额对企业最有利？这就需要进行测算了，主要是考虑土地增值税和增值税的问题。金额高了，高出部分要多缴9%的增值税，但土地增值税上可以起到加计扣除的效果。此时需要进行平衡点的测算，平衡点的测算中，不仅是增值税和土地增值税两个税种的平衡，其实土地增值税上本身也有平衡点，不是一味追求价格越高就越好。

第三个问题，如果按照开票数来作土地增值税的收入和土地成本，如案例中的销项税额则为：

$200\times(1+10\%)\times 9\%=19.8$（万元）

这部分销项税额是“无处可收”的销项税额，会计处理时，一般计入开发成本。在土地增值税清算时，要不要计入土地增值税的成本中去？这也是个有争议的问题。

货币安置与异地安置的税务风险提示

企业采用货币安置形式支付给拆迁户的钱，在增值税上可以作为土地款的抵减；在企业所得税上，也是土地成本的一部分；在土地增值税上，同样可作为土地的成本扣除和加计扣除。

支付货币形式进行安置，拆迁方不属于增值税征税范围，因此也拿不到发票。这就需要房地产公司有足够的资料和证据链，证明业务的真实性。税务机关一般都要求提供下列资料：政府拆迁文件、当事方的拆迁协议、身份证明、支付流水等。支付流水的一般要求，是非现金方式支付。

有些安置过程中，房地产公司会采用异地安置方式。土地增值税上规定，采取异地安置方式的，异地安置的房屋属于自行开发建造的，房屋价值按国税发〔2006〕187号第三条第（一）款的规定计算，计入本项目的拆迁补偿费；异地安置的房屋属于购入的，以实际支付的购房支出计入拆迁补偿费。

异地安置的支出，也属于土地成本的一项，可以在各税种前扣除。异地安置最大风险是，要不要把安置房产过户到自己公司名下，如果真这么做，会多一道契税。

第28讲　置换地的税务风险

置换地的情况，实务中虽然不太常见，但一旦发生，其中的税务风险不谓不高，不得不防。

甲公司于几年前，通过招拍挂拿了一块地，当时的总价是2亿元，由于各种外部的原因，一直没有开发。后来，出于城市规划的需要，政府要求收回这块地。政府同时承诺，把价格相近的一块地，用来置换给甲公司，新地块价格4亿元，老地块估值3.5亿元，甲企业和政府签订了土地置换协议，甲公司补缴了土地出让金0.5亿元。

土地置换后，甲公司手里有两张土地出让金票据，一张新的0.5亿元，一张老的2亿元。在后期的增值税、企业所得税和土地增值税的扣除上，税务局如果不开恩，只会认可0.5亿元。税务局当然可以不开恩，地都不是那块地了，老地的票据不可以拿到新地来扣除。税务局开了恩，能扣的最多也只是2.5亿元。甲公司在开发销售时，地价实际上已是4亿元，卖房子的定价，肯定是建立在地价4亿元的基础上，但土地成本最多只能扣2.5亿元，这会产生高额的增值税、企业所得税和土地增值税。

怎么算置换这笔账是赚了还亏了？看上去房地产公司好像不吃亏，拿老地的成本就2亿元，后面再追加0.5亿元，税上扣2.5亿元似乎也亏不到哪里去。但算算小账就明白了，扣2.5亿元基础上的利润似乎很高，但利润中再刨掉9%增值税、25%所得税、40%左右土地增值税，多产生的利润只剩下三成左右，这三成利润里面，还得再刨掉这么多年来已支付的拿老地融资的利息。仔细算下来，多出来的利润，要么缴银行了，要么缴国家了。

如何解决置换地税务问题以及规避其税务风险？解决思路，还得还原业务的实质。土地置换的实质，是政府收回了原来的地块，同时支付给甲公司3.5亿元的收储款项。同时，甲公司拍得新地块，缴纳土地出让金4亿元，其中3.5亿元用原土地收储款抵减，甲公司只需缴纳0.5亿元。

3.5亿元的收储款项，甲企业和政府签订土地收储合同，可以免征增值税和土地增值税，但需要就差额部分缴纳企业所得税。同时与政府签订土地出让合同，取得4亿元的土地出让金票据。这样，用25%的企业所得税，换回来抵25%所得税和9%增值税，以及40%以上的土地增值税。这是一种比较好的操作思路。

实务中，政府同意出具土地收储合同，但不愿意开具土地出让金票据。这时，让税务部门允许我先缴掉25%的所得税，下次你得让我扣4亿元的土地成本，可能会有一定的难度。尽管有政府4亿元的出让合同，有按收储缴掉税的缴款书，但还是少了一样最要紧的东西：出让金票据，毕竟票据只有2.5亿元。

笔者还碰到过另外一种土地置换的情形。甲公司手中的老地，政府要收回，把新地置换给甲公司所属同一集团下的乙公司。这种土地置换，乙公司要想在增值税、企业所得税和土地增值税上扣除土地成本，可想难度之高。

总之，土地置换中最要考虑的是，以后的税务处理上有多少成本可以扣除。

第29讲　以股权收购方式拿地的税务处理与风险

以收购股权方式，拿到项目公司股权，从而取得对应土地的开发权，是房地产公司进行二手地并购时，最常用的一种方式。股权收购方式，不仅能规避土地使用权不能转让的法律红线。这种交易方式，还具有交易简单、交易速度快等优势。但也有不少的劣势与风险。这一讲中，我们不以表扬为主，而是带着批评的眼光，来看一下股权收购中的税务风险。

股权“前生”与“后世”隐藏的税务风险

股权收购这种方式下，最大的风险是被收购企业暗藏的风险，如担保、债务、税务等问题。

收购方通过股权收购，成了被收购企业的大股东，虽然股东和投资企业是两个层面的税收主体，投资企业应该缴的税由投资企业缴，但最后买单的是投资企业的股东。在股权收购时，除了关注法律、财务、债务上隐藏的风险外，还要特别关注被投资企业税收上隐藏的风险。

讲两个真实发生的股权收购案例。好几年以前，绿×房地产集团从五家法人股东手里，把一个项目公司的股权收过来了。后来，当地的税务局向这家项目公司追缴税费、滞纳金及罚款，合计9 000多万元。项目公司缴掉了这9 000多万元后，绿×集团向法院起诉，希望向五个原股东讨回这些钱。因为这些烂事，都是发生在股权收购以前的，绿×集团感觉当了一回冤大头，一定要讨回来。

还有一个案例，是一家国有企业在政府主导下，以股权收购方式接盘一家濒临破产的房地产公司，等接盘后把该处理的债务处理得差不多了，忽然发现房地产公司因各种原因被豁免的债务，还要缴一道25%的企业所得税，将近5亿多元的税款啊！此时再去找政府，政府也是爱莫能助。

前一个案例告诉我们要关注标的公司的“前生”税务风险；后一个案例告诉我们也要关注标的公司“后世”税务风险。作为股权收购方，要考虑到收购中暗藏的风险，尽量提前识别出来。

“票”的风险，也是属于税务风险的一种。尤其是收购房地产项目公司时，一定要注意“票”的风险。为什么这么说，因为对于房地产开发企业来说，第一是票的抵税效应是体现在若干年以后的，所以股权收购时会疏忽这一点；第二是票对于房地产公司来说，抵税的效果更大更强。曾经有一家公司去收购另一家开发公司，在做尽调时，发现标的公司90%以上的成本是没有发票的，仔细一算这些成本如果不能扣的话，最后得多缴上千万元的税，在谈判的时候，通过压低价格的方式把这部分暗藏的“损失”先补了回来。

股权收购的溢价问题

股权收购中，还要特别关注股权收购的溢价问题。股权收购和资产收购，同样能够达到控制对方业务的目标。通过股权收购，收购方做了对方的大股东，控制了对方的企业。资产收购中，收购了对方的大部分实质性经营资产，同样也能达到控制对方业务的目的。资产收购和股权收购，除了交易形式不一样外，其中税负的差别是最重要的。

甲企业是房地产项目公司，注册资本5 000万元，当年拿了一块地，当时拿地成本为1亿元，该地产公司主要资产就是这块地，现在的评估价为5亿元。乙企业现在想取得这块土地的开发权，可以通过资产收购和股权收购两种方式。当然，我们这里不讨论甲企业能不能直接转让土地使用权问题，只讨论两种方式的税负和税收风险问题。

在不考虑印花税等小税种前提下，直接转让土地使用权，甲企业要缴增值税、土地增值税和企业所得税，乙企业只要缴契税。通过卖股权方式，甲企业只要缴企业所得税，乙企业基本没有税收。我们大致来算一下，两种交易模式下双方的税负情况：

先看一下通过资产转让的方式，双方的税负情况：

转让方增值税。假设转让的是2016年4月30日前取得的土地，按照差额简易征税，增值税金额约为2 000万元；转让方土地增值税方面，适用60%税率，约为2亿元。企业所得税方面，收入扣除1亿元成本再扣除土地增值税后，转让土地的所得为2亿元，按25%税率，企业所得税约为5 000万元。这样，转让方总的税负约2.7亿元。

收购方按适用税率缴纳契税。转让后，收购方取得了土地的使用权，可以在土地增值税上扣除的土地成本是5亿元，在企业所得税上，可以扣除的土地成本也是5亿元。

再来看一下通过股权转让的方式，双方的税负情况：

转让方不涉及增值税和土地增值税，企业所得税为1亿元。收购方取得股权后，土地使用权还在原公司名下，以原公司作为开发的主体，下次销售开发产品时，在土地增值税上可以扣除土地的成本是1亿元，在计算企业所得税时，可以扣除的土地成本也只是1亿元。

乙企业的老板有一万个想不通：我明明付出了5亿元的真金白银，为什么税上我只能扣1亿元？还有4亿元到哪里去了？

由于采取的是股权收购的方式，还有4亿元趴在乙企业的长期股权投资账上。

这里面有没有税负转嫁的问题？不能扣除的4亿元下次还能找得回来吗？

收购股权和收购资产的区别：股权收购中，因为标的公司的资产升值、高出账面价格而付出的股权收购溢价，不会在标的公司层面抬高资产的计税基础。

其中的土地增值税，的确存在着税负转嫁问题。如果采用资产收购方式，甲企业在转让时应就增值的4亿元缴纳土地增值税，现在由于采取股权收购方式，实质上把上一环节的土地增值税，转移到下一环节，虽然纳税人仍然是被收购企业，但最终承担这部分损失的是新股东乙企业。

我们再来看一下企业所得税。甲企业最终能在税前扣除的土地成本是1亿元，在甲企业层面会多产生所得额4亿元（不考虑多缴土地增值税后多扣除因素），造成多缴企业所得税。这只是算账算到开发公司层面，如果把账算到股东层面，股东在转让股权或企业清算时可扣的成本增加了4亿元，最后多出的4亿元最终找得回来，但得等到股权转让或清算的时候。实际上也没有多少意义了，有几个房地产开发公司会注销的？有多少企业的股东在清算时真正按规定足额缴税的？

如何解决股权收购中的股权溢价问题？应该说没有合理合规的解决渠道。解决股权溢价问题，就是解决土地增值税和企业所得税上成本的扣除问题，成本的扣除问题不就是“票”的问题吗？在目前“金三”“金四”严格的征管环境和严打虚开发票的高压态势下，在发票上做文章，可谓风险极大。现在流行的一些简单粗暴的方式，最终是得不偿失的。你看网上的一些文章：“解决股权溢价的七种方法：拆迁补偿费、咨询费、建筑材料款，工程款”等，无不都是“无中生票”“虚构成本”的高风险手法。

真要想解决股权收购中的股权溢价问题，有一点可以做到，那就是在以股权收购时，要算好税收这本账：以股权收购方式，收购方会多缴多少税，缴了税后收购方的真正利润还有多少。在做好测算的基础上，把双方的税收成本作为议价的一个重要筹码。

股权的溢价问题，在房地产公司的收购上体现得尤为明显。一是因为土地使用权的转让是受法律限制的，故房地产公司大都采用股权收购的方式，来作为拿地的重要途径。二是房地产开发销售产品时，有一个特殊的税种——土地增值税，而且土地的成本是土地增值税计算中非常重要的扣除项目，不但可以扣除，而且可以加计扣除。

在现实中见到过太多的案例，由于公司的财务和税务没有参与到投拓拿地的过程中，等真正签订了合同才让财务税务人员进行测算，这时已经为时已晚。到最后财务人员不但成了“背锅侠”，还要冒着巨大风险去“找票搞票”，一不小心栽到了监狱里。

写到这里，笔者忍不住要赞扬一下我们曾经的营改增工程。营改增工程不仅改变了中国的税制，更改变了中国的税收征管环境。以前能轻轻松松拿到几张建安发票来抵税的历史，已一去不复返了。

股权转让的土地增值税风险

股权转让到底应不应该征收土地增值税？在讲股权收购方式拿地的税务处理时，这是个敏感且回避不了的问题。

鞡有为鞡，笑有为笑。问题的起因来自《国家税务总局关于以转让股权名义转让房地产行为征收土地增值税问题的批复》（国税函〔2000〕687号，以下简称687号）文件：

广西壮族自治区地方税务局：

你局《关于以转让股权名义转让房地产行为征收土地增值税问题的请示》（桂地税报〔2000〕32号）收悉。

鉴于深圳市能源集团有限公司和深圳能源投资股份有限公司一次性共同转让深圳能源（钦州）实业有限公司100%的股权，且这些以股权形式表现的资产主要是土地使用权、地上建筑物及附着物，经研究，对此应按土地增值税的规定征税。

687号文件一出来，引进了大家热烈的讨论，有许多专家学者撰文评论，观点不一。一些基层税务机关据此文件，对特定情形下的股权转让开始征收土地增值税，引起了很多的税企争议。这里从四个角度进行思考和讨论。

1.股权转让等不等同于土地使用权的转让?

股权与土地使用权是两种完全不同的权利。股权是股东享有的，并由《公司法》或公司章程所确定的多项具体权利的综合体。土地使用权是权利人依法对国家所有的土地享有占有、使用和收益的权利，以及利用该土地建造建筑物、构筑物及其附属设施的权利。股权转让与土地使用权转让是两种完全不同的法律形式，股权转让与土地使用权转让的法律依据也不同，两者是完全不同的概念。

2.有没有足够的法律依据?

对股权转让征收土地增值税，符不符合《土地增值税暂行条例》和《土地增值税暂行条例实施细则》的规定？现行《土地增值税暂行条例》强调，转让国有土地使用权、地上的建筑物及其附着物，并取得收入的单位和个人，为土地增值税的纳税义务人。《土地增值税暂行条例实施细则》强调，暂行条例所称的转让国有土地使用权、地上的建筑物及其附着物并取得收入，是指以出售或者其他方式有偿转让房地产的行为，不包括以继承、赠与方式无偿转让房地产的行为。可见，必须有偿转让国有土地使用权、地上的建筑物及其附着物，并取得收入才产生土地增值税纳税义务。对股权转让征收土地增值税，对照现行土地增值税规定的征税范围，是缺乏一定依据的。

3. 如果要征税，对谁征税？

对股权转让行为，如果征收土地增值税，应该由谁来缴纳？甲企业转让乙企业100%的股权，乙企业对应的资产主要是土地使用权。如果要求缴纳土地增值税，这时有两种选择：甲企业缴税或由乙企业缴税。

甲企业通常不在乙企业所在的主管税务机关管辖范围，乙企业的税务机关有权要求甲企业缴纳吗？如果真的由甲企业缴纳了，以后乙企业开发房地产转让或者再次转让土地使用权时，土地的成本应该如何扣除呢？

如果由乙企业缴纳，地还是那块地，地还在乙企业名下，乙企业既没转让任何资产，也没取得任何经济利益，让乙企业缴税，似乎于法于理都说不过去。再说了，如果让乙企业缴了税，下次再转让时，乙企业能抬高土地计税的成本吗？

4. 股权转让环节不征税，会导致税款流失吗？

说了这么多，实际上对股权转让行为征收土地增值税，出发点是为了防止税款的流失。那股权转让不征土地增值税，到底会不会导致税款流失呢？继续沿用上面的例子，如果股权转让环节不征收土地增值税，其土地增值税的可扣除成本不变。股权转让环节，对甲征了土地增值税，如果允许乙企业抬高土地的扣除成本的话，考虑到加计扣除、累进税率的税率只会降低情况下，以后乙企业的土地增值税应该只会减少，不会增加。对乙征收土地增值税并同时抬高土地的扣除成本，也是同样结果。

只有一种情形下可能导致税款的流失，那就是新股东买了股权后，永远不转让土地或开发的房屋，但这种税款流失，流失的只是对股权转让征税情形下的税款。

以卖股权之名，行卖土地之实，的确是现实中比较常见的一个问题。这问题不只关系到税收上的事，在司法上，转让股权是否构成转让土地使用权之实，也是个非常有争论的话题。

为了更好规避股权转让被征收土地增值税的风险，各路专家也各献神招。有的说，687号文件说的是一次性转让100%股权，那么可以通过先转让90%，再转让10%股权的形式，来规避687号文件的规定；也有人提出通过先增资再转让股权的方式来规避转让100%股权；还有人提出，对股权转让征收土地增值税，实际上是税务机关穿透了股权外衣，直接视为资产的转让，那就想办法不让其穿透。比如在被转让的股权上面再架一层股权，转让更上层的股权，税务机关怎么也穿透不了等方法。

其实，所有的争论核心在于，对股权转让应不应该征收土地增值税，应该有一个更明确的说法。

最后，对股权转让征收土地增值税的问题，再提醒两点：一个是做类似的股权转让，一定要提前了解当地的政策口径。还有一个是不要频繁地股权转让，特别是同一个股权短时间内不要频繁地转让。

第30讲　在建工程收购的税务问题

股权收购有风险，土地使用权又不能直接卖，于是又有一种新的方式：卖在建工程。《城市房地产管理法》有专门规定，当对土地的开发强度达到25%以上时，国家允许卖。我们站在转让方和收购方的角度，来看一下这种交易模式下的税务问题。

转让方的税务处理

转让在建工程，转让方会涉及增值税、企业所得税和土地增值税等税种。

增值税处理。一般纳税人销售在建工程，按照销售不动产缴纳9%的增值税，这没有争论。对转让方来说，增值税上最大问题是，土地款对应的进项税额如何解决，特别是招拍挂取得的土地，其土地款项如何解决进项税额问题。因为这个问题不解决，相当于绝大部分的进项没得抵扣，增值税的税负就又无限接近于9%了。

在国家税务总局2016年18号公告中，讲到了房地产开发企业中的一般纳税人销售自行开发的房地产项目，适用一般计税方法计税，按照取得的全部价款和价外费用，扣除当期销售房地产项目对应的土地价款后的余额计算销售额。但在该文件及后续文件中，都没有讲到转让在建工程的土地价款的扣减。这个问题终于在2018年国家税务总局的一次政策讲解会上，给出了清晰的答案。

房地产开发企业转让在建工程可以差额纳税的政策，极大降低了其增值税的负担。在差额纳税同时，可以全额开具增值税专用发票，既保证了增值税链条的完整，也保证了下游开发商的抵扣权利。

企业所得税处理。转让在建工程，在企业所得税处理上没有特殊之处，转让所得并计当年所得缴税就行了。不过有一点，增值税上转让在建工程，是按转让不动产处理的。但国税发〔2009〕31号文件一般意义上的适用范围为从事房地产开发业务的房地产企业，转让完工产品的所得税处理。因此，转让在建工程，是否适用31号文件的规定，是有不同看法的。

土地增值税的处理。在建工程一般指取得立项批复和建设工程施工许可证，已经开工但没有建成也没有竣工验收的建筑物、构筑物、附属设施等。

整体转让未竣工决算房地产开发项目的，属于土地增值税应清算的范围，应该办理土地增值税的清算手续。土地增值税上主要有以下几个问题：

第一个问题，转让在建工程不属于预售商品房，不存在增值税和土地增值税的预缴。

第二个问题，在土地增值税清算时，其清算单位如何确定。税法对此没有明确规定，个人意见，应该按照转让的项目，作为一个整体进行土地增值税的清算。

第三个问题，在同一清算单位内，是否需要区分普通住宅、非普通住宅等不同业态。转让在建工程，由于没有到达竣工的时点，也没有实际测绘的报告，每一个住宅单元没有可依据的面积。在转让在建工程时，其价格的计算是按照整个项目进行估价，其价格也不能落实到每一个住宅单元，因此，转让在建工程，无须区分项目中各业态，只需要按照项目进行整体清算。

这在土地增值税清算申报表的填表说明中得到印证，填表说明中写道，整体转让在建工程时，数据填列至其他类型房地产中去。

当然，整体转让在建工程时，也就没有普通住宅可以免税的说法了。

第四个问题，能否加计扣除。根据土地增值税宣传提纲，对取得土地使用权后进行房地产开发建造的，在计算其增值额时，允许扣除取得土地使用权时支付的地价款和有关费用、开发土地和新建房及配套设施的成本和规定的费用、转让房地产有关的税金，并允许加计20%的扣除。加计扣除的目的，可以使从事房地产开发的纳税人有一个基本的投资回报，以调动其从事正常房地产开发的积极性。因此，只要对土地进行实质开发后再转让，就可以在计算土地增值税时加计扣除。目前，全国绝大部分地方也是这么规定和操作的。

购买方的税务处理

购买方在受让在建工程时，会涉及印花税和契税问题。其中因为交易金额都比较大，所以契税也不是一个小数。契税的计税依据，应该包括土地使用权和建筑物的总价款。

购买方在受让在建工程后，一般要重新办理项目的立项、各种审批手续，然后继续投入开发并销售，会涉及增值税、土地增值税等税种的处理。

增值税的处理。购买方凭增值税专用发票，抵扣且可以一次性抵扣进项税额。当然，这种进项税额要等到交房确认销项税额时，才能够有抵扣的机会。如果购进后，对原有建筑物进行拆除，不属于税进项税额转出事项，一般不需要作进项税额转出。

土地增值税的处理。购入方土地增值税的处理，主要有以下几方面问题：

第一，购入价款能否加计扣除问题。假如甲房地产公司从乙房地产公司购入在建工程，购入价2亿元，甲公司再投入1亿元进行开发。在进行土地增值税清算时，甲公司原购入的2亿元，肯定能够扣除，但能不能加计扣除？

这个问题，在全国性的规定中没有明确的答案。实际操作中，各地的口径有两种，一种是允许，另一种是不允许。

允许派认为，甲公司和乙公司属于两个不同的法人，且都对土地进行了实质的投入和开发，理应都可以加计扣除。目前的税法中，也没有任何条款作出这么一种解释：对同一块土地的开发，由于开发商不同，只能加计扣除一次。

反对派认为，由于政策已经允许乙公司加计扣除了，购入方甲公司就不能再加计扣除。他们更多站在重复加计扣除会导致有避税空间的角度来看待这个问题。如果允许不同开发商都能加计扣除，那完全可以通过关联方的多次转让，实行多次加计，就可以实现把高增值的项目降到低增值的项目，把低增值的项目降到免税的项目的目的了。

全国大部分地方的口径，是不允许购入方加计扣除。这里面会带来几个问题。

一个问题是购入方的土地增值税税负偏高的情况。由于土地成本是房地产成本的最重要组成部分，其对应的价款不能加计扣除，导致开发商的土地增值税税负偏高。

另一个问题是，假如上述案例中，乙公司转让款2亿元，但其土地和开发成本只有0.5亿元，也就是溢价1.5亿元。这溢价的1.5亿元，由于“一刀切”不能在购入方扣除，实际上也就一辈子没有得到加计扣除的机会。

购买方购入后发生的后续建设支出，符合开发成本的，当然可以在土地增值税清算时扣除且加计扣除。

第二，对购买方来说，还有一个问题需要关注。对原建筑物进行拆除，其原有的建造成本，在增值税、企业所得税和土地增值税上如何处理。

增值税上，可以不作进项税额的转出，因为现行增值税对进项转出，是采取正列举的形式，这种拆除不属于列举转出的范围。

会计处理上，对拆除的建筑，到底应该留在“开发成本”中资本化，还是作“营业外支出”，没有太明晰的规定。

企业所得税上，对类似的业务有较明确的规定。我们来看下《国家税务总局关于企业所得税若干问题的公告》（国家税务总局公告2011年第34号）文件规定：

> 企业对房屋、建筑物固定资产在未足额提取折旧前进行改扩建的，如属于推倒重置的，该资产原值减除提取折旧后的净值，应并入重置后的固定资产计税成本，并在该固定资产投入使用后的次月起，按照税法规定的折旧年限，一并计提折旧；如属于提升功能、增加面积的，该固定资产的改扩建支出，并入该固定资产计税基础，并从改扩建完工投入使用后的次月起，重新按税法规定的该固定资产折旧年限计提折旧，如该改扩建后的固定资产尚可使用的年限低于税法规定的最低年限的，可以按尚可使用的年限计提折旧。

从34号文件字面意思看，只适用于已经投入使用的房屋等固定资产，如推倒重置的，原净值继续“资本化”在计税成本中。对于购入未成形的在建工程拆除，是否适用该文件，会有一定争议。不过所得税上，不管是资本化还是“损失”化，总归是可以扣除的。

土地增值税上，购入在建工程拆除后，其原有成本是否可以作开发成本在清算时扣除呢？大概率是不太可能的。

第三，对于购买方来说，还有一个会计处理的问题。假如购入在建工程，对方开一张发票进来，购买方在会计处理时，是否要把土地成本和建筑物成本分开入账？这关系到后续的税务处理，如到最后土地增值税清算时，土地的成本和建安的成本的分摊方法有可能是不一样的。如果统一打包在一起，最大可能就是按建筑面积法一起分摊了。个人认为，在这个环节，要为以后的税务处理提前做好规划。

第31讲　资产剥离的几种方式

有时候，房地产企业在进行资本运作或项目合作时，由于相关的资产（包括土地、在建工程、建成物业等）装在原公司名下，所以运作的第一步，是把相关资产先剥离出来。这时，就会涉及用何种工具进行剥离的问题。前面讲的在建工程的转让，实际上属于资产的转让，资产的转让也是一种剥离的工具。不过这种模式下，对转让方来说，要承担大额的、现时的纳税义务，税收负担有点重。通过其他方式和重组的工具，也能达到剥离资产的目的。

投资、分立和划转，是剥离资产常用的其他三种方式，这里我们分析一下这三种方式的税务处理。

投资的税务处理

投资的增值税处理。营改增后，企业用实物投资，共担风险和共享利润的作为增值税的应税事项，按规定缴纳增值税。房地产企业把土地等作价投资，应该缴纳增值税。同时，出资方开具增值税专用发票，下游可以抵扣进项税额。

投资的企业所得税处理。以非货币性资产出资，企业所得税也视为应税事件，按规定确认所得并缴纳企业所得税。考虑到企业没有现金的流入，没有必要的纳税资金，财税〔2014〕116号文件，给出了分5年确认所得的定期递延纳税政策。

投资的土地增值税处理。财政部、国家税务总局2021年第21号公告规定，单位、个人在改制重组时以房地产作价入股进行投资，对其将房地产转移变更到被投资的企业，暂不征土地增值税。在投资的土地增值税处理上，应该注意两个问题：

第一，任何一方为房地产开发的企业，均不适用暂不征收的政策。但什么是房地产企业，文件没有具体的解释。

第二，对不是房地产开发的企业，将土地使用权作价投资，是否属于改制重组从而享受暂不征收政策，理解上会有差异。

这里需要重点提醒的是，改制重组中的土地增值税，是暂不征收政策，也就是说，上家对转移出去的房屋或土地使用权的增值暂时不征收土地增值税，但下家拿到的房屋或土地，在土地增值税上，其税上可扣除的基数维持不变。

投资的契税处理。投资环节不能免征契税，但财政部、国家税务总局2021年第17号公告中规定，对母公司以土地、房屋权属向其全资子公司增资，视同划转，免征契税。

改制重组中的契税，如果符合条件就可以免税。因为契税本身是一种行为税，免税的意思就是这环节的税就免掉了，对下家再转让时的契税没有影响。

我们来看一个通过投资方式剥离资产的案例：

××药业自2003年以来一直租赁使用着××生产区作为公司的药品生产基地，而这块地又是其的控股母公司××集团所有。××集团采取三步走的方式，将生产区转移到××药业的名下：

第一步，××集团先注册成立全资子公司××资产管理有限公司。

第二步，××集团将生产用地以增加注册资本的方式置入××资产管理有限公司，并完成土地使用权转让手续及公司注册资本变更手续。

第三步，××药业与××集团签订股权转让协议，受让××资产管理有限公司的全部股权，完成股权变更登记手续。至此，××药业成功购得该片土地和生产区。

这个案例中，转让方通过先设子公司，再把相关资产以投资（增资）方式，转移到子公司。这种操作方式，主要是为了解决契税的问题，其中的土地增值税，有没有适用暂不征收政策，我们不得而知。据传说，通过这种操作方式，双方省了大约1亿元的税款。

分立的税务处理

甲公司账上有两块地，想拿出一块来和别的公司合作开发。甲公司可以采取分立的形式，分立出一个与甲公司持股主体相同的乙公司，把要合作的土地装在乙公司名下。分立也是一种剥离资产的有效途径。

分立的增值税处理。按照国家税务总局2011年第13号公告以及“营改增”的财税〔2016〕36号文件，通过合并、分立、出售、置换等方式，将全部或者部分实物资产以及与其相关联的债权、负债和劳动力一并转让给其他单位和个人，不属于增值税的征税范围，其中涉及的货物转让和不动产转让，不征收增值税。

分立的企业所得税处理。原企业分立出另一家企业，持股主体和持股比例相同，企业所得税上可以适用特殊性税务处理。如上述案例中，甲公司就分出去的资产的增值，可以暂时不缴纳企业所得税，乙公司拿到分出来资产的计税基础，按照甲公司原有的计税基础来确认。

分立的土地增值税处理。财政部、国家税务总局2021年第21号公告规定，按照法律规定或者合同约定，企业分设为两个或两个以上与原企业投资主体相同的企业，对原企业将房地产转移、变更到分立后的企业，暂不征土地增值税。但同样道理，此项政策不适用于任意一方为房地产的企业。

分立的契税处理。财政部、国家税务总局2021年第17号公告规定，公司依照法律规定、合同约定分立为两个或两个以上与原公司投资主体相同的公司，对分立后公司承受原公司土地、房屋权属的，免征契税。

我们来看一个有关地产公司分立的案例报道：

荣安地产发布控股子公司“康园房产”分立公告，康园房产要一分为二，新诞生的生命体叫“康瀚投资”。公司拟通过派生分立的方式对康园房产进行分立。康园房产继续存续，作为一个单一的项目公司，另派生成立宁波康瀚投资有限公司，承继康园房产的对外投融资业务。

2014年5月，“康园房产”分立刚刚落幕，迫不及待的荣安地产就出手了！荣安地产发布公告，将分立后的康园房产100%股权全部出售，作价1.39亿元，买家为宁波另一民企巨头“恒威投资”。

上述案例中，总体操作思路是：想把装在原“康园房产”公司里的一些尾房，通过一定的方法转手出去。案例中，通过先公司分立，再出售股权的方式，达到了同样目的。分立的原因，可能是原“康园房产”里，装有不同的业务，也有可能是因为有一部分房产不想一并转让。通过分立，把要卖的和不想卖的，先装在不同的公司里。

划转的税务处理

资产的划转，是一种比较有特色的资产剥离方式，一般适用于同一企业集团内部或者母公司与全资子公司之间。传统意义上的划转，一般是不支付对价的无偿行为。

资产划转的增值税处理。增值税上，对划转这种模式如何处理没有明确的文件规定。部分税务机关认可划转可以适用不征收增值税政策，部分税务机关认为划转应该按视同销售处理。

资产划转的企业所得税处理。对母公司和全资子公司之间、股东相同的两家子公司之间，资产的划转可以适用特殊性税务处理，即划出方不需要确认所得缴纳企业所得税，划入方对划入资产的计税基础，按照划出方原来的计税基础确认。

资产划转的土地增值税处理。对划转中涉及房屋、土地使用权转移是否可以不征收土地增值税，似乎在现行文件中很难找到答案。据了解，部分地方规定，对划转这种模式，认为其本身不属于土地增值税的征税范围，可以不征收土地增值税。也有些地方税务机关的政策口径，参照财政部、国家税务总局2021年第21号公告中的规定，暂时不征收土地增值税，但对房地产行业作出了限制。

资产划转的契税处理。财政部、国家税务总局2021年第17号公告规定，对同一投资主体内部所属企业之间土地、房屋权属的划转，包括母公司与其全资子公司之间，同一公司所属全资子公司之间，同一自然人与其设立的个人独资企业、一人有限公司之间土地、房屋权属的划转，免征契税。

我们来看一家上市公司披露的公告：

> 根据国家税务总局××市税务局2020年3月27日出具的“企业资产划转完税证明”，公司项下阀门、管件等流体控制设备及器材业务相关的全部资产及负债划转至子公司××科技，该划转事项符合国家税务总局2011年第13号公告、财税〔2018〕57号文、财税〔2015〕37号文的有关规定，不属于增值税的征税范围，暂不征收土地增值税，免征契税，且因公司本次资产划转按照成本价划转，划出方和划入方均未在会计上确认损益，亦不产生企业所得税。

资产剥离工具分析总结

以上对三种常见的资产剥离工具进行了税收上的分析，三种重组的工具中，对原资产持有企业来说，分立是税负最低的模式，投资是税负最重的模式。但从程序上来说，投资是最简单的，分立是最复杂的。

到底应该采用哪种重组的工具，除了要考虑税收问题，还要综合考虑法律问题、程序复杂性等因素。

上面讲到的投资、分立、划转，包括前几讲中讲到的资产转让、股权收购等，都是并购重组的工具和手段。在运用这些重组的工具时，要考虑以下四点：

1.提前设计好交易的路径。并购重组的业务，有一个显著的特点，那就是开弓没有回头路，不能说做了一半或者做好了，发现不对，再反悔回来重新做过。再回过头来，又是一次交易一道税。

2.每一种交易的方式，对转让方的税负都是不一样的，转让方要考虑的是现时的纳税义务。对买方来说，税负也是不一样的。买方除了考虑交易时要缴多少税外，还要考虑以后有多少成本费用可以在税前扣除。

3.并购重组业务，涉及的税种多，要统筹考虑好几大税种的处理。

4.并购重组业务，不仅是税务问题，还有很多要考虑的因素，如法律上的问题、不动产过户问题、债权债务处理等。每一项重组业务，都有内在的特殊性，并购重组属于所有业务中最危险的动作，切勿随便模仿。

第32讲　法拍地的税务风险与规避

先讲一个亲身经历的案例。某地的一个企业家，在网上看到一块工业厂房和地皮的拍卖公告，算了一下起拍价不高，就缴了钱报了名，且成功拍得了厂房和土地。要缴税时，一算账，晕了。由于拍卖公告写得很清楚，上家要缴的税由竞拍者来承担，他本也打算好税由自己来承担。但真正要命的是，真要替上家缴税时才发现，上家要缴的土地增值税是个天文数字。由于原企业还活着，税务局算土地增值税时，不是按一个比例核定的算法算税，得按重置成本来计算，增值相当高，比原先预算的土地增值税多了上千万元。无奈之下，这个企业家最后牺牲了500万元的保证金，也不要这些厂房和土地了。

上面讲的虽然是拍卖工业厂房的事情，但通过司法拍卖方式，获取土地的开发权，也是房地产公司拿地的一个途径。我们也看到，个别房地产公司“艺高人胆大”，另辟蹊径，专门从事烂尾楼的收购和开发。

司法拍卖的土地使用权或者在建项目，要么是企业破产被拍卖了，要么就是还不出钱，被债主告上法庭后被拍卖的。这些资产通过司法途径拍卖，其中的税务风险必须要引起足够的重视，否则会埋下很大的雷。

票的问题

拍卖只是一种资产出售的途径和方法，它改变不了卖方的角色和卖方的纳税义务，也改变不了开票的义务。

《国家税务总局关于人民法院强制执行被执行人财产有关税收问题的复函》（国税函〔2005〕869号）规定：

> 一、人民法院的强制执行活动属司法活动，不具有经营性质，不属于应税行为，税务部门不能向人民法院的强制执行活动征税。
>
> 二、无论拍卖、变卖财产的行为是纳税人的自主行为，还是人民法院实施的强制执行活动，对拍卖、变卖财产的全部收入，纳税人均应依法申报缴纳税款。

转让方这时有两种可能，一是企业还活着且正常地经营，二是已停止生产经营且变成非正常户。第一种情况下，转让方不愿开具相关的发票；第二种情况下，转让方开不了发票。拍得方拍得资产后，手里只有拍卖成交确认书，这时拿什么凭证作为增值税、企业所得税和土地增值税的扣税凭证？

增值税的抵扣上，拍卖成交确认书肯定不是合规的抵扣凭证，因此拍得方大概率是抵扣不了增值税的。

企业所得税上，拍卖成交确认书加上相关的资金流水证据等，足以证明业务是真实发生的，但税务机关认不认可拍卖成交确认书是合规的税前扣除凭证，这得打个问号。特别是2018年国家税务总局发布的《企业所得税税前扣除凭证管理办法》中规定，企业在境内发生的支出项目属于增值税应税项目的，对方为已办理税务登记的增值税纳税人，其支出以发票（包括按照规定由税务机关代开的发票）作为税前扣除凭证。因此司法拍卖中的拍得者，也应该拿到发票作为企业所得税的扣除凭证。除非有一种情况例外，即如果对方已经成为非正常户，可以凭相关证明材料，不要求一定要有发票。

土地增值税上，拍得方没有拿到发票，要想土地增值税上扣除基本不太可能。

拍得方缴契税和办理过户，倒没有大问题。我们来看一下《国家税务总局关于契税纳税申报有关问题的公告》（国家税务总局公告2015年第67号）的规定：

> 根据房地产权属转移契税征管中遇到的实际情况，现将下列情形契税纳税申报有关问题公告如下：
>
> 一、根据人民法院、仲裁委员会的生效法律文书发生土地、房屋权属转移，纳税人不能取得销售不动产发票的，可持人民法院执行裁定书原件及相关材料办理契税纳税申报，税务机关应予受理。
>
> 二、购买新建商品房的纳税人在办理契税纳税申报时，由于销售新建商品房的房地产开发企业已办理注销税务登记或者被税务机关列为非正常户等原因，致使纳税人不能取得销售不动产发票的，税务机关在核实有关情况后应予受理。

综上，拍得方没有取得转让方开具的发票，在缴纳契税时没有大的问题。但在另外三大税种的抵扣或扣除上，会存在极大的税务风险。如果以后三个税种上都不能扣除的话，那就不是“坑”的问题了。

税的问题

拍得方的涉税问题，其实存在三个。拍得方涉税第一个问题是，拍卖过程中，由于票的问题带来的三大税种扣除的问题，这在前面作了详细的介绍。这里我们着重说一下其他两个问题。

拍得方涉税第二个问题是，转让方应该缴的税由谁缴。拍卖环节由于资产转让产生的增值税、土地增值税和企业所得税，理应由转让方缴纳，转让方是税法上的纳税义务人，这在各个税种的规定中是十分清晰的。但是，司法拍卖中，往往转让方有一些特殊的情况，要转让方缴税比较困难。所以在好多的司法拍卖中，均在拍卖公告中约定了由拍得方来缴纳本应该由转让方缴的税。这个问题，一直以来是拍卖中的一个"顽症"，我们来看一下两份公开的文件。

第一份文件是《最高人民法院关于人民法院网络司法拍卖若干问题的规定》（法释〔2016〕18号），其规定：

> 因网络司法拍卖本身形成的税费，应当依照相关法律、行政法规的规定，由相应主体承担；没有规定或者规定不明的，人民法院可以根据法律原则和案件实际情况确定税费承担的相关主体、数额。

第二份文件是国家税务总局对十三届全国人大三次会议第8471号建议的答复：

> 您提出的关于规范完善不动产司法拍卖中税费征缴的建议收悉，现答复如下：
>
> 一、关于取消不动产司法拍卖公告中由买方承担税费的转嫁条款，统一改为"税费各自承担"的建议
>
> 您提出的拍卖不动产的税费按照规定由"买卖双方各自负担"的建议，是一种较为合理的做法。根据税收征管法第四条规定，法律、行政法规规定负有纳税义务的单位和个人为纳税人。即单位或个人发生经济行为，按照法律、行政法规规定负有纳税义务，则该单位或个人属于法定的纳税人，应依法履行纳税义务。各税种单行法律及暂行条例也对不动产转让环节的各项税费和纳税主体作出了明确规定。

政策是清晰的，也就是谁的税谁来缴，但操作起来是有难度的。目前很多拍卖公告中，还注明由拍得方来缴纳转让方的税费，如果碰到这种情形，那一定要注意转让方要缴多少税。

转让方要缴多少税，每个税种的计算方法不一样。就增值税来说，要考虑转让方是一般纳税人还是小规模纳税人，如果是一般纳税人，账上有多少留抵税额等问题；就企业所得税来说，要考虑转让方是否有未弥补完的亏损，适用所得税率是25%还是15%等问题；就土地增值税来说，就更加复杂了，原来对应的土地和建筑物的成本是多少，按什么方法来计算应该缴纳的土地增值税等。本讲开头讲的案例，由于税务机关不认可核定征收的方式，税负从核定的5%跳到了按收入减扣除后的60%。

拍得方涉税第三个问题，拍得方缴了税后，能否在拍得方层面进行扣除。一般来说，拍得方帮转让方缴了该缴的税，但税务机关开的税票的抬头是转让方。拍得方拿了不是自己单位抬头的缴款书，在企业所得税前扣除，税务机关普遍是不认可的。

至此，基本上讲完了主要拿地模式下的税务风险。最后，笔者把经历过的上百个“血案”浓缩成一句话：土地的成本是房地产公司的最重要成本，这块成本税务上没处理好，将付出惨重的代价。如果说房地产开发的各环节的税务处理，是一场又一场考试，其他的考试分数低点求个及格没大问题，但土地的这场考试，是以满分作为及格标准的。

第33讲　合作开发与合作建房的税务处理与风险

合作开发和合作建房的定义，相对来说比较模糊。一般来说，合作开发的范围比较宽泛。合作的方式，可以在成立公司的基础上，双方以股权合作形式进行，也可以不成立单独的公司，以项目的形式来进行合作。

合作建房是合作开发中很冷门的一种，相对来说，合作建房范围比较狭窄。我们来看一下国家层面税收上目前对合作建房现存有效的一份文件：

《财政部 国家税务总局关于土地增值税一些具体问题规定的通知》（财税字〔1995〕48号）第二条规定：对于一方出地，一方出资金，双方合作建房，建成后按比例分房自用的，暂免征收土地增值税；建成后转让的，应征收土地增值税。

从土地增值税对合作建房的规定来看，合作建房仅限于这么一种操作方式：甲方有地，乙方有钱，双方合建，以双方名义向主管部门申请，经批准后双方共同立项，共同办理相关的手续和证件，从而成为合作项目的共同所有者，对建成后的房屋按照合同或者协议进行划分。因此，在土地增值税的处理上，由于房屋产证已办在合作各方的名下，税收处理上视为自建房处理，只要不对外销售，土地增值税可以免征。

实务中确实存在这种建房的模式，但非常少见。可能笔者孤陋寡闻，只看到过一个这样的案例。两个公司两块地，小地挨着大地，由于小地实在太小了，小得连政府都不想单独搞规划和审批，要求合在一起批，结果双方“被迫”搞成了合作建房。当然，这也称不上严格意义上的合作建房。

合作开发之组建项目公司1.0版

以成立公司名义进行合作开发，是比较常见的合作开发形式。如双方先以联合体名义去报名参加招拍挂，地拍得后，双方成立项目公司，各自参股，以股东形式参与项目的共同开发。再如房地产公司本身就有地，没实力去开发，以项目公司为载体，引进其他方参股进来，进行合作开发。无论以何种形式，开发的主体是房地产项目公司。双方股东的权利和义务，主要靠双方协议、公司的章程来进行规范和约束。

房地产项目公司的合作，虽然是以股东的形式进行合作的，但这种合作和其他行业中股东的合作有不一样的地方。做其他的行业，双方以参股方式合作，是基于一种长期合作关系，所以股东之间有着较深厚的信任基础。房地产项目合作就不一样了，双方所思所图不一样，“不求天长地久，只求此刻拥有”。最终赚钱的项目可能还好一些，亏钱的项目或盈利不多的合作项目，更容易产生矛盾，最后股东间弄得鸡飞狗跳的事，不在少数。

项目的合作，做好合作协议或公司的章程显得犹为重要。合作协议或公司的章程中，至少要约定清楚以下事项：

1. 合作各方所占股权比例和分配比例。

2. 谁操盘，谁并表。以公司名义进行合作开发，合作双方可能都是房地产开发企业，所以需要事先确定项目由哪家房地产公司为主进行操盘，最后由哪家公司进行会计上的并表。

3.公司治理。项目公司的董事会人员组成、各方人员占比，以及总经理等高层由哪一方委派。

4.财务管理。财务负责人、会计、出纳岗位由哪方派人。

5.资金管理。资金进出的管理需要设几道审批和几道U盾。

6.管理费、营销费提取。股权合作中，可能会涉及一方或双方向项目公司收取管理费、营销费等。

7.富余资金分配。项目公司资金流回正后，项目公司的资金如何分配和回流给股东层面。

8.小股东退出。小股东最终的退出方法，一般以清算、股权转让、减资、模拟清算等方式退出。

合作开发之组建项目公司2.0版

前些年流行的房地产“小股操盘”模式，实际上也是一种股权式的合作开发。对于有品牌优势的地产商来说，采用“小股操盘”模式，占项目公司的持股比例低、投入的资金少，但可获取更高收益。在“小股操盘”模式下，要注意两个税务风险点。

一个是“小股操盘”模式下，项目操盘方一方面是股东，另一方面向项目公司输出了管理和品牌，因此操盘方要单独向项目公司收取管理费（品牌费）。这其中的税务处理，有点和委托代建的税务处理相类似。下一讲中会专门讲这事。

第二个是“小股操盘”模式下，可能存在不按比例分配税后利润的情况。不按比例的分红在公司法上是允许的，但在税务处理上，不是十分清晰。目前税务机关对于不按比例的分红，持着越来越谨慎的观点和态度。

合作开发之参股公司3.0版

笔者看到网上的一份法院判决书，才知道还有3.0版本的合作开发模式。拿出来一起讨论下其中的税事。

XX公司有地，YY公司有钱。YY公司把6 800万元以增资形式投入XX公司，约定以后YY公司不承担经营风险，竣工后就分配固定数量的房屋。土地使用权一直在XX公司名下，房子建成后，根据约定，把市价9 800万元房产分给了YY公司，并办理了权属的变更。

XX公司认为这属于合作建房，可以免征增值税和土地增值税，但税务机关认为案涉房屋分配不属于合作建房而属于房屋转让，应当征税。

一审、二审法院均支持税务机关的观点。官司打到了省高院，省高院最终的判决如下：

> 本案中，YY公司对XX公司的建设项目以持有XX公司股份的形式注入6 800万元现金，该合作形式虽然不符合税务管理文件中的合作建房情形，但亦不同于传统意义上的房屋买卖。随着我国经济发展和新形势变化，对于企业经营活动中发生的新型合作方式，如不存在违反法定禁止情形的，应当予以包容和观察，而非以时间较久根据当时企业经济活动的现状而出台的管理规定套用在现阶段的企业经济活动行为，就合作建房的认定问题，经开区税务局的税务征管工作亦应适应当前的现状，对涉案合作项目就其合作形式、房屋权属转移和土地使用权转移的事实，作出合法适当的税务征收处理。

写这个案例的目的，除了想说明这种升级版的股权合作模式以外，还想提出两个问题：一是一方以参股方式把钱投进去，约定分配固定数量的房屋，这算不算是合作建房？二是股东从被投资企业分得的实物，税收上应该如何判断：是合作建房，股息分配，还是撤资行为？

合作开发之不占股权

在房地产开发中，有一种比较特殊的合作模式：一方有地，一方有钱，有地的出地，有钱的出钱，双方合作开发。严格意义上的合作开发中，双方应该共享利润、共担风险。

对于约定合作双方，共享利润、共担风险，双方尽管不是公司法意义上的股东投资，但实际上也是一种合作关系。企业所得税处理上，对这种合作开发模式，国税发〔2009〕31号文件有专门的规定：

> 凡开发合同或协议中约定分配项目利润的，应按以下规定进行处理：
>
> 1.企业应将该项目形成的营业利润额并入当期应纳税所得额统一申报缴纳企业所得税，不得在税前分配该项目的利润。同时不能因接受投资方投资额而在成本中摊销或在税前扣除相关的利息支出。
>
> 2.投资方取得该项目的营业利润应视同股息、红利进行相关的税务处理。

好多的合作开发，不成立单独公司，不以股权形式合作，更不以公司章程为规范来操作，必然带来很多法律上的纠纷。再加上很多合作开发中，合作一方不承担投资和开发的风险，要的只是一个固定的回报，由此产生的纠纷很多。为了指导各级人民法院公正及时地处理房地产纠纷案件，规范房地产市场交易行为，最高人民法院于2005年在下发的《关于审理涉及国有土地使用权合同纠纷案件适用法律问题的解释》（法释〔2005〕5号）中，专门就

“不合规”的合作开发在法律上的定性，进行了明确。

> 第二十四条　合作开发房地产合同约定提供土地使用权的当事人不承担经营风险，只收取固定利益的，应当认定为土地使用权转让合同。
>
> 第二十五条　合作开发房地产合同约定提供资金的当事人不承担经营风险，只分配固定数量房屋的，应当认定为房屋买卖合同。
>
> 第二十六条　合作开发房地产合同约定提供资金的当事人不承担经营风险，只收取固定数额货币的，应当认定为借款合同。
>
> 第二十七条　合作开发房地产合同约定提供资金的当事人不承担经营风险，只以租赁或者其他形式使用房屋的，应当认定为房屋租赁合同。

法释〔2005〕5号文件所指的这些合作开发，是以双方的合作开发协议或合同为依据，共同投资却不一定风险共担的一种项目合营或合作。合作开发房地产的当事人一方需要具备房地产开发经营资质。

这些合作开发中，土地仍旧在土地提供者名下，在开发过程中，土地使用权一直未发生变更。如果出地的一方只负责收取固定收益，那就相当于卖地。

如果出钱的人只负责分配固定数量的房屋，那相当于用钱买房子，只是钱付得早了点，有点定制和预付的意思。出钱的人，只负责收取固定数额的回报的，那相当于出钱人出借资金。出钱的人只取得房屋一定年限使用权，那相当于出钱租房子，只是钱也付得早了点，有点预付房租的味道。

以上是司法上的解释。税务机关能不能按照上述司法上的处理思路，根据形式背后的实质来进行征税？我们以最常见的情形，即出资人只分配固定数量房屋的这种情形，来分析一下各税种处理。

1.企业所得税。企业所得税上的规定倒比较清晰。国税发〔2009〕31号文件规定，凡开发合同或协议中约定向投资各方（即合作、合资方）分配开发产品的，企业在首次分配开发产品时，如该项目已经结算计税成本，其应分配给投资方开发产品的计税成本与其投资额之间的差额计入当期应纳税所得额；如未结算计税成本，则将投资方的投资额视同销售收入进行相关的税务处理。

所得税的处理上，对出资人只分配固定数量房屋，视为一种房屋的买卖行为。其付出的投资款视为支付的房款，应并计收入缴纳企业所得税。

2. 土地增值税。如果对这种合作开发行为认定为不属于财税字〔1995〕48号规定的合作建房范畴，那应该不能免征土地增值税。

3. 增值税。营业税时代，对合作开发有一些文件的规定，但增值税时代，这个事就没人说起过。增值税上如参照所得税和司法解释的口径，那就应该征收增值税。

合作开发之类似挂靠开发

挂靠开发，其形式上有点像合作开发，但实质上不是合作开发。甲房地产公司有两块地，没有钱，有钱的乙方希望来开发其中一块。标准的做法是把地转让给乙方，但土地不能单独转让，再加上转让土地，对转让方来说，要承担巨额的税收。于是双方一合计，乙方把钱投进来，以甲公司名义进行开发。这时，甲公司可以单独设一个分公司，或者不设立分公司，直接挂在甲公司名下开发。同时乙方向甲方支付土地款项。

还有一种挂靠方式，甲房地产公司有地，乙方有钱，双方协商，乙方负责其中几幢楼的开发和销售。

上述的这些开发模式，说到底都是挂靠开发。第一种方式是为了规避土地使用权不能转让和高额税负，后一种方式是为了规避土地使用权不能转让和土地不能单独分割的规定。

在这些开发模式中，我们要明确以下几个问题。

第一，谁是开发的主体。地还在甲公司名下，还得以甲公司名义立项、办理各种报批报建手续，唯有甲公司是开发主体。

第二，谁是会计的主体。土地使用权没有转到乙公司的名下，所有的成本和费用只能发生在甲公司名下，唯有甲公司是会计核算上的主体。

第三，谁是税收的主体。到了预售和销售环节，办预售证的是甲公司，开票的是甲公司，所以甲公司是销售开发产品的纳税主体。

但其实最终的税收负担者是乙公司。所以，项目开发销售的税收核算要单独归集和计算。有些情况下有些税种好算点，如甲公司没别的业务，土地增值税上算得清，但增值税和企业所得税上，涉及进项、留抵、亏损等因素，有时会比较难划分。

有些情况下税费的计算相当复杂。有一个公开的诉讼案件，乙公司挂靠甲方，只负责几幢楼的开发和销售，其中就因为土地增值税清算时是合在一起计算的，双方就如何分配其中的税款产生了纠纷，结果闹到了法院。

第四，钱怎么分。所有的钱，都在甲公司账户下，包括乙公司为开发投入的成本和产生的利润。本金这一块走往来款形式，双方有税收上的风险。至于分回去的利润，如果协议写的是项目合作，税务机关认可是税后的利润吗？

第五，税务机关发现了怎么办。挂靠开发最大的风险是道德和诚信上的风险。如上面案例，地涨价了，甲公司眼红了，低头一看账，钱啊房啊地啊，都在自己的名下，此时不敲更待何时，于是各种各样的方法都使出来。事情一闹大，税务局也就知道了。

第34讲　委托代建的税务问题与风险

委托代建的模式有多种，有些是有地没房地产开发资质的企业，让房地产公司来代为建设和销售。有些是小型房地产企业，一无品牌优势，二无运营和管理优势，但手上有地，就让一些知名的房地产公司来负责产品定位、设计、工程管理、营销等，同时开发的楼盘贴代建方品牌，以赚取更多的品牌溢价和管理溢价。有的是政府代建项目，如政府要建造公租房、公共配套设施等，就委托房地产公司进行代建，这其中包括前些年新农村改造中，村集体委托房地产公司进行代建代销的模式。委托代建，也就是传统意义上的委托建造，正在向受托方既提供品牌输出和管理服务，又提供融资等多种方式的转变。这里就传统意义上的委托代建，进行税收风险的提示。

传统代建模式下，委托方与代建方签订委托代建合同，按合同约定支付工程代建手续费或管理费，代建方负责项目工程的过程管理。代建的业务实质，是代建方提供了工程管理等服务，一般应该符合下列条件：

1.由委托方自行立项；

2.不发生土地使用权或产权转移；

3.受托方不垫付资金，单独收取代建手续费或管理费；

4.与委托方签订委托代建合同或协议；

5.施工企业将发票开具给委托单位。

代建方税务处理及风险

在传统代建业务中，代建方提供的是一种管理服务，一般按投资或销售的金额收取3%—5%的管理费或手续费。

增值税处理。代建方就取得的代建手续费或管理费收入按照“现代服务业——商务辅助服务——经纪代理服务”缴纳增值税，并向委托方开具增值税发票。

企业所得税处理。代建方按规定缴纳企业所得税。

土地增值税处理。委托代建不涉及房产和土地的转移，所以代建方不涉及土地增值税的处理。

传统代建业务中，除了委托方和代建方以外，还有施工方负责建设施工。三者之间的发票流、资金流一定要梳理清楚，否则会带来税收上的风险。这里以一个曾经碰到过的案例来梳理下其中税务风险。案例中的代建业务具体信息如下：

1.当事方：委托方甲；代建方乙；施工方丙。

2.合同流：甲与乙签订委托代建协议；乙与丙签订施工合同。

3.资金流：甲付给乙（工程款及代建管理费），乙再付给丙（工程款）。

4.发票流：乙开给甲（分别开代建管理费的发票和建筑服务发票）；丙开给乙（建筑服务发票）。

代建业务如果真的这么操作，代建方乙会承担巨大的税务风险：

1.乙开具大额的建筑服务发票定性的问题，也就是我们通常讨论的服务能否转售的问题。

2.增值税进销错配风险。增值税是按月计算且凭票抵扣的，代建业务中，一旦发生进销不配比，提前多缴的增值税，代建方可能一辈子也抵不回来。

3.企业所得税收支不配比风险。代建方乙既然开具了建筑服务的发票，税务局认定乙提供的是建筑服务，所得税的计缴上，如果按完工进度确认收入和成本，这时所得税“超缴”风险会很大。更不用说收入按进度确认、扣除按到票确认，这其中的风险更大了。

实务中，代建方为了“控制”施工方，类似上述案例中的操作方法的确是存在的，但其中的税务风险一定要提前考量。如果一定要这么操作，建议提前和主管税务机关进行有效沟通。否则稍一操作不当，赚的代建费可能用来缴税还不够。

当然了，代建业务的操作，更好的方法是建议从竞标主体、合同签订和票款的走向，重新进行梳理和设计，以规避不必要的风险。

传统的代建业务中，一定要明确当事各方在业务中干什么活、扮演什么样角色，角色不能反串。曾经有过这么一个案例，某房地产集团下属的代建公司，帮一个村里代建项目，就是纯粹收点管理费的代建。后来不知怎么搞的，一部分可以销售的房源，通过代建公司开了票出去。这种情形下，代建方要不要缴销售房屋的税费？缴，有点冤，而且税高得有点吓人；不缴，税务局在后面盯着。

委托方税务处理

这里讨论下委托方是房地产项目公司的税务处理。土地使用权、项目立项、报批报建等，都是在项目公司的名下。最终销售时，也以项目公司名义销售并开具发票。项目公司拿到的发票，是施工方开具的建安发票以及代建方开具的服务发票。

增值税处理上，按规定抵扣进项税额。

土地增值税处理。项目公司肯定是土地增值税的清算主体，其中主要问题是，支付给代建方的项目管理费，在土地增值税上按费用还是按开发成本进行扣除。

可以这么设想一下，一项代建业务中，包括项目的管理、营销和品牌的使用等服务，如果委托方和代建方就签一份合同，合同中只是笼统地约定，按销售收入的几个点收管理费或代建费，这种模式下，税务机关会认可相关的支出放在“开发成本——开发间接费”来扣除吗？

再换一种思路，委托方和代建方就项目管理单独签订一份项目管理的服务合同，约定收费的标准和金额；就品牌使用和营销，再签订一份服务的合同。两个合同两张发票，这时，项目管理的支出放在“开发成本——开发间接费”来扣除，大概率是可以被认可的。

企业所得税处理。委托方按照自行开发的房地产进行企业所得税的处理，其中主要问题是，支付给代建方的项目管理费在所得税上作费用还是作开发成本（开发间接费）处理。

第35讲　土地使用税的税务风险

在城市、县城、建制镇、工矿区范围内使用土地的单位和个人，为城镇土地使用税的纳税人。从事房地产开发业务的企业，其手里的地和其他行业的地不一样。房地产开发公司的地，只是个“原材料”，不是个“固定资产”或“无形资产”，经过加工开发后，最终还得卖出去。所以，房地产开发企业的土地使用税处理上有些特殊之处。起于何时，止于何点，需要我们一起来讨论一下。

土地使用税的起始时点

房地产企业从政府手中拍得土地，应该从何时起缴纳土地使用税？我们来看下《财政部 国家税务总局关于房产税、城镇土地使用税有关政策的通知》（财税〔2006〕186号）的规定：

> 以出让或转让方式有偿取得土地使用权的，应由受让方从合同约定交付土地时间的次月起缴纳城镇土地使用税；合同未约定交付土地时间的，由受让方从合同签订的次月起缴纳城镇土地使用税。

一般情况下，合同签订在前，土地交付在后。因此，在合同中约定土地交付时间，就从约定交付的次月起缴纳土地使用税。对房地产公司来说，这是有利的。

实务中由于各种原因，会出现土地实际交付时间和约定时间不一致的情况：

1.提前交付土地。对提前交付土地这种情况，一般视为对原合同的修改，从实际交付次月起缴纳土地使用税。

2.延期交付土地。实务中，土地延期交付的情况比较常见。由于财税〔2006〕186号文件规定的纳税起点为合同约定的次月起，所以有些税务机关对迟延交付土地，要求从约定交付的次月起缴税，口径掌握得比较紧。但有些地方，只要能提供政府出具的相关证明材料，允许按实际交付的次月起缴纳。看一个某省的规定：

> 对以有偿方式取得土地使用权，因政府拆迁等原因未能按照合同约定时间交付使用的，在未办理土地使用权属证明前，以其与土地管理部门签订的补充合同、协议或者以政府相关职能部门的补充证明上注明的交付土地时间的次月起计算缴纳城镇土地使用税。

还有一种特殊情况，比如有些特殊的地块，政府由于拆迁等原因，迟迟不能交付土地，但房地产公司办出了土地使用证，这种情形下，何时开始缴纳土地使用税，实务中会引起很大的争论。就如上面某省的规定中，其实暗含了这么层意思：办出了土地证，就得缴土地使用税。

土地使用税停止缴纳时间

我们先来看一下政策规定。《财政部 国家税务总局关于房产税、城镇土地使用税有关问题的通知》（财税〔2008〕152号，以下简称“152号文件”）规定：

> 纳税人因房产、土地的实物或权利状态发生变化而依法终止房产税、城镇土地使用税纳税义务的，其应纳税款的计算应截至房产、土地的实物或权利状态发生变化的当月末。

可以看到，152号文件以实物或权利状态发生变化作为土地使用税的截止时点。然而什么是实物或权利状态发生变化呢？由于政策不是太清晰，各地在操作中，往往有以下几种口径：

1.按预售合同来判断。我们来看一个某区税务局的文件：

> 根据《财政部 国家税务总局关于房产税、城镇土地使用税有关问题的通知》（财税〔2008〕152号）的规定，结合我区的现实，对房地产开发企业建造的商品房用地，在商品房出售之前，应依照规定征收城镇土地使用税；终止缴纳的时间应以商品房出售双方签订销售合同生效的次月起。

按预售证或预售合同来判断，这对房地产企业来说，是最有利的，可能可以少缴两年以上的土地使用税。

2.按交房来判断。从道理上来说，交房是最契合“实物或权利状态发生变化”时点的规定的。在交房的时点，实物的控制权发生转移，相关的风险和报酬也已发生转移。全国很多地方，都是按交房作为土地使用税的截止时点。

3.按办理小产权证来判断。如某省的规定：房屋交付使用，是指房地产开发企业按照售房合同的规定，将房屋已销售给购房人且购房人已办理了房屋土地使用权证或者房屋产权证，房屋所占有的土地已发生实际转移的行为。

按小业主办出产权证来进行判断，是所有判断标准中最迟的一个时间点，对房地产企业来说也最不利。何况这种标准下，如果小业主为了迟点缴契税，迟迟不去办小产权证，那相当于房地产公司背了点小黑锅。

无论按哪个时点来进行判断，都会产生一个问题，那就是涉及年度中间发生变化，土地使用税如何计算的问题。土地使用税是按年计算、分期缴纳的税种，具体的缴纳期限一般由各地自行规定。在年度中间停止缴纳土地使用税时，房地产企业最合适的做法，是按月计算出不要缴税的面积，并从应税的总面积中扣除。

本月应纳城镇土地使用税=开发初期应税土地总面积×城镇土地使用税单位税额标准×（1-累计售出房屋建筑面积占房屋建筑总面积的比例）÷12

累计售出房屋建筑面积，是指按照本地的规定，已经停止缴纳税款的房屋建筑面积之和。这种计算方法，也就是在计算土地使用税的计税面积时，是按建筑面积法进行确认的。按月计算出要缴的土地使用税，这种做法对地产公司的财务和税务人员来说，虽然能合理地少缴点税，但工作量会增加不少，其中主要的工作量是对税源登记表的维护，要按月维护和更改表中的相关数据。

实务中，有些地方税务机关采取了比较简便的操作方法，只要有一套房交房了，或者开出了第一张正式的不动产销售发票，整个项目就可以停止缴纳土地使用税。这种操作方法，对房地产公司来说，当然是好事。

土地使用税上有争论的几个点

免税和不免税之争。《财政部 税务总局关于公共租赁住房税收优惠政策的公告》（财政部 国家税务总局公告2019年第61号）规定，对公租房建设期间用地及公租房建成后占地，免征城镇土地使用税。在其他住房项目中配套建设公租房，按公租房建筑面积占总建筑面积的比例免征建设、管理公租房涉及的城镇土地使用税。《财政部 国家税务总局关于棚户区改造有关税收政策的通知》（财税〔2013〕101号）第一条规定，在商品住房等开发项目中配套建造安置住房的，依据政府部门出具的相关材料、房屋征收（拆迁）补偿协议或棚户区改造合同（协议），按改造安置住房建筑面积占总建筑面积的比例免征城镇土地使用税。

房地产企业开发项目中配套建设公共租赁住房、安置住房的，如果符合相关条件，可依比例扣除占地面积，免征土地使用税。

房地产公司存在争议的问题是项目内的绿化、道路、幼儿园等占地，能否免征土地使用税。《国家税务局关于印发〈关于土地使用税若干具体问题的补充规定〉的通知》（国税地字〔1989〕140号）规定，对企业厂区（包括生产、办公及生活区）以内的绿化用地，应照章征收土地使用税，厂区以外的公共绿化用地和向社会开放的公园用地，暂免征收土地使用税。因此，项目内的绿化、道路、幼儿园等占地，是免不了土地使用税的。在这个问题上，部分房地产公司和税务局打官司，也基本是输了的。

实际占用和实际使用之争。城镇土地使用税虽以“使用”为名，但暂行条例规定，土地使用税以纳税人实际占用的土地面积为计税依据，按照规定税额计算缴纳。一般情况下好判断，房地产公司签了土地出让合同，缴了钱，拿到土地办好证，一般意义上就符合实际占用的定义。

但会有些特殊的情况，比如地产公司拿到地，但因为政府规划等各种原因，办不了土地证，也开不了工。这种情形下，房地产公司对土地肯定未构成实际使用，但是否构成“实际占用”？从一些法院的判决来看，法律上的实际占用并非限定于实际使用，只要相关的财产处于权利人实际管控之中即可为实际占用。

这里延伸出来一个问题，房地产公司实际占用了土地但未实际使用，过了几年，政府的规划调整了，政府解除了土地出让合同，房地产公司能申请退回已缴的土地使用税吗？答案也是基本退不了。

关于土地使用税的问题，最后还得提醒两点。一个是土地使用税是个地方税种，地方在政策掌握上有较大余地，因此，在实际工作中，要对当地的政策有所了解。另一个是对一些从事物业运营的房地产公司，尤其是一些从事工业地产、物流园区运营的公司，由于土地使用税需要终身缴纳且金额也不是个小数，要用足用好税收优惠政策。

第五篇

报批报建的税务问题与风险

第36讲　报批报建过程中应注意的税务问题

房地产行业生产的产品，有许多特殊之处。不能想生产多少就生产多少，必须受容积率的限制；不能想怎么盖就怎么盖，必须受规划的限制；不能想什么时候建就什么时候建设，必须办齐了手续才能建。项目在正式开工前，地产公司要跑不少的路，盖不少的章，做好规划做好设计，才能“按图造房”。

说这么多，只想为抛出一个观点作点铺垫：大部分的地产项目，到最后要缴多少税，在办好报批报建时已经基本确定，或者说80%以上的税已经定下来了。

为什么会说这句话，是因为地产项目的税收，在房价既定的情况下，在规划和设计既定的情况下，能调节的余地已经很小了。

我们经常强调“业财税”的融合，而房地产的“业财税”融合，必须融合在业务的前端。地产的税务管理，最可怕的一点就是，前面做业务的在跑，后面做税务的在帮忙收拾。

这里就报批报建常见的一些关键点，进行分析和提示。

地装在几个公司？

一般的项目开发就一块地，装在一个公司里，没有选择的余地。

特殊的一些项目，是以一个公司名义拿地还是以多个公司名义拿地，这时就有讲究了。有些大的勾地项目，如开发大的产业园，在项目中既有住宅、商业用房的开发，又有政府指定的配套设施建设，这时怎么个装法？

如果装在一个公司，用一个公司去拿地，那企业所得税和增值税上就能起到盈亏相抵和进项税额混抵的作用，在这两个税种处理上，装在一个公司有好处。如果不同地放在不同公司，企业所得税上相当于是两个独立的主体开发，再也不是红线外那点事了。

但是，假如勾地项目中有大额财政补助，用于补助产业园、公共设施的运营，这时如果放在一个公司里，有可能被视为土地出让金返还，冲土地的成本，给土地增值税带来巨大影响。如果提前沟通好将土地直接放在运营公司，一是对可售物业的清算不影响，二是哪怕冲了土地成本，对以后的房产税缴纳来说也算是好事。

不同性质的土地，装在不同公司，还有一个好处，就是可以固化土地的成本。固化土地的成本在土地增值税上，有时是非常有利的，有利到可以省下几千万元的税款。

当然了，有些项目需要在前期就设计好拿地的主体，提前规划好后期商业、酒店等物业的自持主体。也就是相当于提前解决了建成后再从地产公司剥离资产的高税负问题。

立几个项，办几个证

立几个项，办几个证，这和土地增值税清算单位有紧密的关系。土地增值税清算的单位，全国范围内五花八门，有的以发展改革委立项为单位，有的以工程规划许可证为单位，有的干脆以预售证为单位等。在报批报建环节，财务和或税务人员一定要参与进去，各项手续一旦办好，基本上没有可反悔的空间。“多办一张证多缴上千万元税、少办一张证多缴上千万元税”，这种案例比比皆是。这里看几个实务中经常碰到的案例，会有一定的启示作用：

某地规定，土地增值税的清算单位以发展改革委立项为准。因为审批层级的原因，地产公司拿了地后在当地立项时，办了两个立项手续。这在所得税和增值税上没有问题，但在土地增值税清算时，只能按两个清算单位来进行。

某地以工程规划许可证为清算单位。某公司的一个开发项目，总共才10幢楼，刚开始办了一张工程规划许可证，后来在某个环节审查时，因为日照等原因，其中一幢楼单独办理了一张工程规划许可证。按一个清算单位还是两个清算单位，两种算法相差税款几百万元。

还有一个案例，规划中在红线内修建一个公园，在报批报建时，公园单独办了一张工程规划许可证，于是多次和税务机关沟通，希望合并在其他清算单位内。

以上案例中考虑的主要是土地增值税分几个清算单位计算。在报批报建环节，还得考虑到不同业态是否放在同一个清算单位内。如有些项目中，既有写字楼的开发，又有自持酒店的开发。一般来说，写字楼的增值高，酒店可能是负增值。如果放在同一个清算单位内，建成后分离出酒店，能实现盈亏的相抵。

地下车位与税务的关系

在土地增值税清算时，车位的处理可能会起到关键的作用，有时甚至会起到决定性的作用。因此在报批报建时，在规划车位多少、什么类型车位方面，要把税收的因素考虑进去。

地下车位有无产权和有产权之区别。有产权的地下车位，属于土地增值税的清算范围，在清算时，按照三分法中的第3类“其他类”进行清算。如果一个项目，商业占比大，车位又是收入和成本严重倒挂的，配建有产权的车位，可以拉低商业的增值额，少缴不少的土地增值税。

如果报建无产权的车位，要考虑当地的政策。需要看在当地，无产权车位是否属于土地增值税清算范围。如属于清算范围，是按其他类清算，还是并入住宅类清算？如此类情形，开发的项目中只有普通住宅和车位，当地无产权的地下车位随住宅清算，那配建无产权地下车位，极有可能拉低普通住宅的增值率。

公共配套放在哪一期建？

一些大型的开发项目中，分期建设，就要分期办理报批报建手续。如果这些项目中，政府要求建设一些公共配套设施，这时，公共配套设施放在哪一期建设，就有讲究了。既有时间上的讲究，也有空间上的讲究。

首先是空间上的讲究。理论上，公共配套设施放在增值率最高的那一期建设，能冲抵相应的增值，降低土地增值税的税负。所以，一般来说，公共配套设施放在增值率最高的一期，在税收上是有好处的。

其次是时间上的讲究。公共配套设施建在增值率最高的一期，一般也就是最后一期。但公共配套设施放在最后，也需要考虑一些其他因素。企业所得税上，没有多大的问题，国税发〔2009〕31号文件规定，公共配套设施未建或后建的，可以在当期结转收入时预提相应的成本。但土地增值税上可能就会有麻烦，公共配套设施未建，土地增值税上大概率是不能预提的，后建的公共配套设施，大概率也是不能追加到前面几期的土地增值税中扣除的。

在报批报建环节，涉及税收的问题还有很多，如容积率高低会直接影响普通住宅是否能够免税；单套的建筑面积，直接关系到普通住宅的判断；是否要带装修，装修到什么程度，对税收都有很大影响。

总之，在报批报建环节，提前做好税收规划，把税收的因素考虑进去，对房地产公司来说，这是最好的税收规划，也是成本最低、收益最高的税收筹划。

第37讲　精装修的税务处理与风险

为了避免二次装修带来的浪费，有些地方政府规定，房地产公司开发的商品房，必须经过精装修才能交付给小业主。有些房地产开发商，为了提升产品的品质，也主动以带装修的方式来吸引顾客。

对地产公司来说，从企业现金流和利润角度来考虑，有时精装修也是一种不错的选择。从现金流来考虑，装修的收入随同房价，提前在预销售环节收取，而其发生的成本往往滞后，所以对房地产公司来说，精装房也是一种很好的融资渠道。而从利润的角度来考虑，单纯开发住宅的利润，在限房价等手段的挤压下，已经被压得很低，精装修相比较来说，获取利润的空间可能比较大。有些项目中，开发一平方米的商品房，利润只有几个点，而由于装修行业的不透明，装修的利润远高于造房子的利润。这也是很多房地产开发商选择精装修的原因之一。

在精装房的开发中，税务处理是如何规定的？有哪些税务上的风险？本讲来进行详细地讲解。

增值税的处理

房地产开发公司销售带精装修的房屋，不属于增值税上的兼营行为，也不属于增值税上的混合销售行为，应当按照不动产销售的适用税率，计算缴纳增值税。装修对应的进项税额，也可以按规定进行抵扣。

在预售阶段，收到的房款中包含的装修费用，也应该一并预缴增值税。

带精装修合同中，房地产公司可能会约定同时带家具、电器等，这些价款已包含在房价中。增值税处理上，和上面讲到的硬装修处理相同。

企业所得税处理

甲公司为某房地产开发企业的项目公司，2018年取得住宅开发用地，以精装房形式对外销售，售房合同中分别约定房价和装修费用。

2020年11月，该项目通过验收并取得房屋建筑工程主体竣工备案证，且于12月开始装修。2021年11月如期交房。

按照国税发〔2009〕31号文件规定，2020年企业已办理工程的竣工备案手续，2020年应该作为其企业所得税的完工年度，结转收入和对应的成本。但是，由于装修的成本没有发生，当然也就取得不了发票，会导致很多的问题。

实务操作中，对精装房的收入和成本的结转，有以下三种观点和做法。

第一种观点和做法，就是严格按照国税发〔2009〕31号文件规定，以办理竣工备案时点作为企业所得税的完工年度。这种做法会有两个问题：最大问题是，装修的收入作了收入，装修对应的成本没有全部发生，取得不了发票，造成了收入和成本的不配比，地产公司会多缴不少的所得税。再加上后面取得的发票不能追溯到完工当年去扣除，造成了亏损，地产公司又用不上。另一个问题是，企业所得税上确认为完工年度，会计处理上没有到达交房时点，造成所得税完工年度和会计结转收入不是同一年度，所得税的纳税调整会非常烦琐。

这种做法，虽然很好地遵守了国税发〔2009〕31号文件的规定，但也给房地产企业带来了很大的伤害。仔细琢磨一下31号文件，估计这种做法也不是31号文件的本意。收入和成本的配比原则，是企业所得税上一个非常重要的原则。31号文件强调的完工年度的三个判断标准，是建立在完工的前提下。

当地如果真的是按这种方法来处理，那房地产公司一定要提前做好应对。如竣工备案的手续，能放在次年的年初就不要放在当年的年底，毕竟差1个月，就相差12个月的取票时间。

第二种观点和做法，是将竣工备案年度作为毛坯房完工年度，确认毛坯的收入并结转对应的成本；将交房年度作为精装修完工年度，确认精装修的收入和对应的成本。

这是一种比较务实的做法，清水房的收入对应清水房的成本，精装修的收入对应精装修的成本。

这也是一种可行的做法。如果当地税务机关认可这种做法，房地产公司要注意两点：一是最好要在售房合同中约定清楚清水房和精装修各自对应的价款。二是比较精准地把握好清水房和精装修的利润。如果出现清水房暴利、精装修亏损的情形，因为跨了年度，在企业所得税上，精装修的亏损是抵不了清水房的暴利的。

第三种观点和做法，是以交房作为企业所得税上的完工年度。这种做法，虽然不完全符合31号文件的字面规定，但从操作的层面来说，对房地产企业最有利，也是最大限度缩小税会差异、最便于操作的做法。当然，其前提是主管的税务机关要认可。

土地增值税的处理

在精装修的增值税和企业所得税处理上，因为房价中已包含装修的收入，所以在这两个税种的处理上，不需要太明确地区分精装修对应的收入和成本是多少。但土地增值税的处理，就有点不一样了。

《国家税务总局关于房地产开发企业土地增值税清算管理有关问题的通知》（国税发〔2006〕187号）规定，房地产开发企业销售已装修的房屋，其装修费用可以计入房地产开发成本。

什么样的装修费用，可以计入开发成本并在土地增值税上扣除呢？大部分地方的政策，硬装对应的成本可以计入开发成本，软装则不能计入成本，看一个某省的口径：

> 装修费用不包括房地产开发企业自行采购或委托装修公司购买的家用电器、家具所发生的支出，也不包括与房地产连接在一起、但可以拆除且拆除后无实质性损害的物品所发生的支出。

这也是大部分税务机关所认同的观点。但实务中，软装和硬装有时是难以区分的，如地毯算软装还是硬装？单独放置的冰箱、油烟机肯定算软装，那如果做成嵌入式的冰箱和油烟机，能算是硬装吗？不同人会有不同观点。

判断是硬装还是软装，市面上有两种比较流行的说法。一个说法是二手市场买得到的，全是软装；另一个说法是，把装修好的房子倒过来，摔下来的全是软装。

为什么在土地增值税上，要区分软装和硬装？因为在土地增值税上，如果将装修作为成本，不但可以扣除，而且可以加计扣除。装修的支出，有非常明显的土地增值税抵税效应。换一个思路，如果所有的软装都可以进成本扣除，那所有的地产项目都不用缴纳土地增值税了。增值高的项目，墙壁上挂几幅名画，增值率就一下子降下来了。

那是不是所有的硬装修成本，都可以计入开发成本？答案也是不一定。很多地方规定，装修成本要想扣除，必须是事先约定的装修，不能是事后约定的加装修。

如2016年发布的《北京市地方税务局土地增值税清算管理规程》中规定，

纳税人销售已装修房屋，应当在《房地产买卖合同》或补充合同中明确约定。没有明确约定的，其装修费用不得计入房地产开发成本。

这种口径，更多是为了防止纳税人利用精装修来做土地增值税的筹划。曾经碰到过很多地产项目，拿地的成本实在太低了，低得土地增值税清算时肯定是适用60%的税率。等房子也卖得差不多了，才想起了土地增值税要清算这回事。老板急了，得赶紧想办法啊！如果加建安成本，那也是有限的，何况建安成本加得太猛，税务局手里还有一把名为“当地平均建安造价”的刀。

于是想起了精装修这方法，老板从裤兜里掏出计算器一敲，10万平方米的建筑面积，每一平方米加4 000元的装修，4亿元的成本来了。我做好事我作主，绝对按4 000元向小业主收钱。4亿元的装修，带来的是可以多扣除1.2亿元，相当于至少可以少缴3 000多万元的土地增值税。

这种方法真能成功吗？其实成功的概率是比较低的，除非把以前的做法都倒回去，再重新做一遍合同、做一回预算，否则这种把戏，税务局一个眼神就能看破。

几种装修模式下的税务处理

最后总结一下，几种不同的装修模式下，其税务处理有什么不同。

第一种方式，售房合同或补充合同中写明的带装修。

增值税方面，按总房价和9%税率计算销项税额，装修对应的进项可以抵扣。

企业所得税方面，由于这种方式属于捆绑销售，装修成本可以扣除。

土地增值税方面，装修并入清算收入，硬装修成本可以加计扣除。

第二种方式，房地产公司同时和小业主签订两份合同，一份售房合同，另一份装修合同，同时收房款和装修款。

增值税方面，按总房价和9%税率计算销项税额，装修对应的进项可以抵扣。

企业所得税方面，装修的收入作收入，成本可以扣除。

土地增值税方面，装修收入不并入清算收入，装修成本也不得扣除。

第三种方式，房地产公司签订售房合同，装修公司签订装修合同。这种情形下，房地产公司和装修公司各收各的钱，各缴各的税。当然，装修成本也不能在地产公司进行扣除和加计扣除。

第38讲　境外设计费的税务处理

房子想要颜值高，好的设计少不了。房地产企业开发一个项目，除了建筑外观、内观等设计外，还有小区的景观、园林等，都需要专业公司和专业人员的参与。为了提升产品的品质，有不少房地产公司，专门请境外的公司进行设计。由于这种跨境的业务接触不多，在支付给境外公司费用时，怎么扣税、扣多少税，企业的财税人员总是一脸懵。

先说一个好消息。从2021年9月1日起，境内企业给支付境外机构或个人的设计费，不再需要同步代扣代缴城建税、教育费附加、地方教育附加。支付方在代扣代缴增值税的时候，不需要同步勾选以上附加税费。

政策依据是《国家税务总局关于城市维护建设税征收管理有关事项的公告》（国家税务总局公告2021年第26号）第五条：

> 采用委托代征、代扣代缴、代收代缴、预缴、补缴等方式缴纳两税的，应当同时缴纳城建税。
>
> 前款所述代扣代缴，不含因境外单位和个人向境内销售劳务、服务、无形资产代扣代缴增值税情形。

为什么说是个好消息？因为城建税、教育费附加、地方教育附加三个税费，虽然加起来数字不大，但麻烦的是要把金额倒算回去，如果同时代扣这三个税费，算起来会非常复杂。

增值税要不要代扣

设计服务属于2016年营改增的“销售服务”范畴。《财政部 国家税务总局关于全面推开营业税改征增值税试点的通知》（财税〔2016〕36号）第六条规定，中华人民共和国境外单位或者个人在境内发生应税行为，在境内未设有经营机构的，以购买方为增值税扣缴义务人。第十二条规定，在境内销售服务、无形资产或者不动产，是指：（一）服务（租赁不动产除外）或者无形资产（自然资源使用权除外）的销售方或者购买方在境内。第十三条规定，下列情形不属于在境内销售服务或者无形资产：（一）境外单位或者个人向境内单位或者个人销售完全在境外发生的服务。

估计看完所有的政策规定后，你会更加迷惑了：这增值税到底缴不缴？怎么个缴法啊？

首先要明确的是，增值税如果要缴，其纳税义务人是境外的设计公司，因为是他提供了服务。其次，如果真要缴增值税，那支付设计费的房地产公司是增值税扣缴义务人，负有法定的扣缴义务，意思也就是要扣缴不扣缴，税务机关是可以进行处罚的。再次，如果房地产公司扣缴了增值税，可以凭代扣代缴增值税完税凭证，在增值税上抵扣。最后，增值税到底要不要缴，说实话，也不是太清楚。

由于现行增值税法规中，没有对完全在境外发生的服务加以明确，所以这事会有争议。我们分两种情况进行讨论：

第一种情况：境外企业为房地产开发企业提供设计服务，只要境外企业派人来房开企业上门服务过，哪怕只待了一天，都不属于“完全在境外发生的服务”，因此要代扣增值税。

第二种情况：如果境外企业为房开企业提供概念设计服务，完全在境外设计，最后把设计图纸等发送给房地产企业，是否需要代扣代缴增值税呢？这会有争论。有人认为，完全在境外发生的服务是指，从开始到完成整个过程都在境外进行，或完全在境外消费的服务。因此，多数人倾向于这种情况也得代扣增值税。

增值税税率是6%，不能适用小规模的征收率。

所得税要不要代扣

房地产公司请境外的设计公司进行设计，这种提供设计的服务，在所得税上一般归属于提供劳务收入。

首先，所得税如果要缴，其纳税义务人是境外的设计公司，因为是他提供了劳务。其次，如果真要缴所得税，那支付设计费的房地产公司一般是所得税的扣缴义务人，负有法定的扣缴义务，意思也就是要扣缴如不扣缴，税务机关是可以进行处罚的。

说了半天没说到点子上，到底要不要代扣所得税呢？这事也会有些争论，我们得分情况进行讨论。

第一种情况：境外企业为境内房开企业提供设计服务，如果境外企业，派人来房开企业上门服务，在提供劳务期间如不构成常设机构的，境外企业可以主动提出适用税收协定（安排），从而可以享受税收协定（安排）规定的企业所得税豁免。一般意义上，按照税收协定，只要不满183天，就不构成常设机构，也就不需要缴纳所得税。

第二种情况：如果境外企业派人上门来为房开企业服务，在提供劳务期间构成常设机构的，就要缴纳所得税。

第三种情况：如果境外企业为房开企业提供概念设计服务，完全在境外设计，最后把设计图纸等发送给房地产企业，是否需要代扣代缴所得税呢？

这事会有争论，关键看境外设计公司，提供的是劳务收入还是特许权使用费。如果是劳务收入，那不用代扣所得税；如果是特许权使用费，那就由支付方代扣代缴所得税。

怎么区分是劳务还是特许权使用费？看双方合同的约定。如果设计成果归境内房地产公司所有，那就是提供劳务收入；如果设计成果归境外的设计公司所有，境内房地产公司只有使用权，那就属于特许权使用费。

当然了，上述三种情况，均不包括境外的设计公司本身在境内设有机构的情形。

包税条款下的还原

在签订境外设计合同时，一般情况下，签订的都是包税条款，即所有的税费由境内企业承担。

某房地产企业与境外设计公司，签订设计服务合同。合同价款为90万元，合同中约定90万元为税后收入，涉及的所有税费由支付方另行承担。经提前咨询税务机关后确认，设计服务按照10%预提所得税，增值税税率为6%。我们来还原计算一下：

第一步，计算出含所得税不含增值税的金额：

90÷（1-10%）=100（万元）

第二步，计算应代扣代缴的增值税和所得税：

增值税=100×6%=6（万元）

所得税=100×10%=10（万元）

含税总支出=90+6+10=106（万元）

由于双方约定的是税后收入，境外设计公司提供的凭证或者发票为90万元。房地产公司未取得该业务相关的10万元发票，即使代扣代缴了增值税和所得税，也会有不能在所得税、土地增值税前全额扣除的风险。

建议合同中这么写：设计费金额100万元（不含增值税），增值税额6万元，房地产公司需代扣代缴所得税10万元，支付时从价款中扣减。境外设计公司需提供100万元凭证或者发票，房地产公司实际支付的金额为90万元。

看了上面算法，终于可以明白不再随增值税代扣城建税和附加等是个好消息了吧。上面的算法，起码得高中毕业才能胜任，如果带有城建税及附加的算法，起码得本科毕业才算得清。

第39讲 《印花税法》实施后的税务风险与管控

2022年7月1日起，《中华人民共和国印花税法》正式施行。《印花税法》虽然基本平移了以前的做法，但较以前的条例，也有许多的变化。房地产开发公司从公司设立、拿地到竣工交房的多个环节，都会涉及合同的签订等应税行为，也都会涉及印花税的计算和缴纳。这里将《印花税法》实施后的主要变化，以及房地产公司要注意的一些问题，概括如下。

征税范围与税率

《印花税法》简并了税目。简并后的税目为4大项17个子项，并对有些税目的税率进行了调整。房地产公司可能会碰到的有：

1.删除了权利、许可证照税目，以前按件贴花的，不再需要贴花。

2.对营业账簿中资金账簿适用税率由实收资本（股本）、资本公积合计金额的万分之五降为万分之二点五，对其他账簿不再征税。

3.产权转移书据印花税。产权转移书据印花税税率为万分之五。房地产企业产权转移书据主要涉及两个环节：一是房地产企业为拿地签订的《土地出让合同》或《土地转让合同》；二是房地产企业销售商品房签订《商品房销售（预售）合同》。

需要提醒的是，股权转让合同，也应该按照产权转移书据缴纳印花税。

4.建设工程合同的印花税。建设工程合同印花税税率为万分之三。建设工程合同包括工程勘察、设计、施工合同。《印花税法》将建设工程勘察设计合同、建筑安装工程承包合同合并为建设工程合同，并将适用税率由万分之五和万分之三统一调整为万分之三。

工程监理合同不属于应税合同，不用缴印花税。

5.借款合同的税率仍然为借款金额的万分之零点五。征收印花税的借款合同，指银行业金融机构、经国务院银行业监督管理机构批准设立的其他金融机构与借款人的借款合同。

对房地产公司与非金融机构或个人签订的借款合同，不属于应税合同范围，不需要缴纳印花税。

对于委托借款合同，也属于印花税应税范围。采用委托贷款方式书立的借款合同纳税人，为受托人和借款人，不包括委托人。

6.《印花税法》将加工承揽合同修订为“承揽合同”，税率由万分之五调整为万分之三。

7.租赁合同印花税。房地产企业出租和租用房产、汽车租赁合同以及动产租赁等，按租金的千分之一缴纳印花税。

8.财产保险合同印花税。财产保险是指以财产及其有关的经济利益和损害赔偿责任为保险标的的保险。房地产企业购买的车辆保险、雇主责任险等，按保险费的千分之一缴纳印花税。房地产企业购买人身保险合同不属于印花税征税范围。

印花税的计税依据

《印花税暂行条例》对于计算缴纳印花税的销售额是否包括增值税没有明确规定，《印花税法》把计算印花税的销售额直接以法律条文的形式明确规定，应税合同的计税依据，为合同所列的金额，不包括列明的增值税税款；应税产权转移书据的计税依据，为产权转移书据所列的金额，不包括列明的增值税税款。

房地产行业在签订印花税应税合同时，最好在合同上单独列示不含税金额和增值税额，这样可以少缴点印花税。特别是房地产企业相关链条中一些特殊的行业，如做产业链配套的企业、做大宗交易的企业，就这个点上，一年也能省下不少的印花税。

同一应税凭证载有两个以上税目事项并分别列明金额的，按照各自适用的税目税率分别计算应纳税额；未分别列明金额的，从高适用税率。

同一份应税合同中，可能存在两方以上的纳税人。如果合同列明纳税人各自金额的，按列明的金额分别纳税。

同一应税合同、应税产权转移书据中涉及两方以上纳税人，且未列明纳税人各自涉及金额的，以纳税人平均分摊的应税凭证所列金额（不包括列明的增值税税款）确定计税依据。

纳税地点与纳税期限

《印花税法》第十三条第一款规定，纳税人为单位的，应当向其机构所在地的主管税务机关申报缴纳印花税；纳税人为个人的，应当向应税凭证书立地或者纳税人居住地的主管税务机关申报缴纳印花税。

印花税的纳税义务发生时间为纳税人书立应税凭证的当日。印花税按季、按年或者按次计征。实行按季、按年计征的，纳税人应当自季度、年度终了之日起15日内申报缴纳税款；实行按次计征的，纳税人应当自纳税义务发生之日起15日内申报缴纳。

《国家税务总局关于实施〈中华人民共和国印花税法〉等有关事项的公告》（国家税务总局公告2022年第14号）规定，应税合同、产权转移书据印花税可以按季或者按次申报缴纳，应税营业账簿印花税可以按年或者按次申报缴纳，具体纳税期限由各省、自治区、直辖市、计划单列市税务局结合征管实际确定。

以北京市为例，《国家税务总局北京市税务局关于印花税征收管理有关事项的公告》（国家税务总局北京市税务局2022年第4号）规定，应税合同、产权转移书据印花税按次申报缴纳，纳税人为单位的也可以按季申报缴纳。应税营业账簿印花税按年申报缴纳。

《印花税法》和原来的暂行条例相比，比较清晰地规定了纳税义务发生时间和纳税申报的期限，这是一个非常大的变化。从此，印花税的税制基本健全，印花税不再是个“缺胳膊少腿”的税种，终于长成了一个税种应有的模样。

《印花税法》实施后的税务风险

《印花税法》正式实施后，按年申报的纳税人应当自纳税义务发生之日起十五日内申报缴纳印花税，易发生逾期申报并产生滞纳金的情况。按季度或按次申报的纳税人，由于申报时须填写对应的合同所属时间，推迟申报也会存在滞纳金风险。

在《印花税法》实施前，考虑到税收征管的因素，有许多地方对印花税实行计税依据核定的办法。通常做法是，工业、商业企业的购销合同按销售收入的一定比例核定；房地产企业的不动产转移，按销售收入的一定比例核定；建筑安装合同，按工程结算收入的一定比例核定等。在原来核定征收的时候，印花税计税依据的取数，简单且方便。

《印花税法》实施后，各地都取消了计税依据核定的做法，改由纳税人自行计算申报，这对纳税人来说，增大了税务合规的风险。

国家税务总局在“印花税税源明细表”中，设置了三个必填写的栏次：税款所属期起；税款所属期止；应税凭证书立日期。因此，平时如何做好应税凭证的登记、统计等工作，是印花税法实施后面临的一个问题。

对于房地产项目公司来说，合同的管理本来就是一项经常性的工作。《印花税法》实施后，如何把合同台账的登记管理，与税务管理结合起来，是一项崭新的工作和任务。

第六篇

建设、预售阶段的税务问题与风险

第40讲 “合同控税”视角下的税务风险

业内曾经流行这么一句话：合同控税。怎么评价这句话？一方面，这句话说得有点片面，控制税负的肯定不是合同，如果合同能决定税负，那管税的人只要会写合同或改合同就行；另一方面也反映了合同在税务管理里的重要性，合同怎么签，合同怎么写，有时对税的影响很大。

合同决定不了税收，合同影响税收

我们来探讨一个很高大上且又很务实的问题，一个企业的税缴多缴少，到底是什么决定的，也就是说，产生税收的根源是什么？税收来源于交易，没有交易就没有税收。如增值税，其本身就是销售货物和提供服务才触发应税事项；企业所得税，有了交易才有了收入，有了收入才产生所得；土地增值税，本身就是对转让不动产行为征收的税；个人所得税，以雇员名义为单位提供服务才产生工资薪金，在家里躺平不参与整个社会交易活动不产生个税。

交易是产生税收的根源，交易必须以一定形式展开，这就是交易模式，交易模式是决定税负高低的决定性因素。如某明星在新加坡买豪宅，以个人名义买，印花税税率是15%；换一个交易模式，以该明星设立的合伙企业名义去买，印花税税率一下子下来了。所以，转变交易模式，才会改变税负。

合同是什么？合同是交易模式在文字或口头上的具体表达。做一项交易，定下了交易的方式，再以合同的形式加以明确和固化。因此，决定税负的不是合同，而是合同背后的交易模式。

但合同又深深影响着交易的税负。商业合同的八大条款：（一）当事人的名称或者姓名和住所；（二）标的；（三）数量；（四）质量；（五）价款或者报酬；（六）履行期限、地点和方式；（七）违约责任；（八）解决争议的方法。每一个条款都会直接或间接地影响着税务的处理。当事人条款，决定了交易的主体，也决定了纳税主体；交易标的，决定了交易的对象，不同的对象有着不同的缴税方式；违约责任，决定是赔钱、退钱等处罚措施，也影响着税务的处理。

下面，我们就房地产行业在签订合同和合同管理中要注意的一些问题，进行重点分析。

营改增后合同里如何约定增值税款

2016年营改增后，有过两次增值税税率的调整，每一次税率的调整，都会出现一些因税率调整而产生的纠纷，说到底，其根源在于合同里的涉及增值税条款没有写清楚。

网上有这么一个法院的判决书：

> 关于远鹏电气公司主张的应予扣除的增值税税率变化导致的货款差额。《采购合同》约定的货款金额包含17%的增值税税率金额，诉讼中双方认可自2018年5月起税率自17%减少为16%，则针对远鹏电气公司尚未付款且广东迪控公司未交付增值税发票部分货款，远鹏电气公司有权要求扣除相应税率变化导致的货款差额。远鹏电气公司的相应答辩意见，于法有据，一审法院予以采信。

2018年增值税税率由17%调到16%时，购买方远鹏电气公司认为税率调整了，应该按照新的税率来结清货款，从而国家税率下降的红利应该由买方来享受。卖方认为买方的这种诉求，相当于少付货款了。于是双方对簿公堂，最后法院支持买方的立场。

增值税税率调整时，不是每一个企业都会坚持这么做的。有多少企业，由于合同中对货款、税款约定不清楚，白白把税率下降的红利拱手让渡给卖方。房地产公司的建筑总包合同等跨越多个年度，更容易遇到此种情况。

房地产项目公司会与总包方、上游供应商、服务提供方签订大量的合同，在与供应商签订的合同里，建议以不含税价签订合同。这是某地产公司的合同模板：

不含税价×××元，增值税税率××%，税额×××元，价税合计×××元。如遇到国家增值税率发生调整，按最新税率进行调整。

这样签订合同有几个好处：一是万一增值税的税率再次调整，由于在合同中约定清楚了不含税价，直接按不含税价加上新税率后的税额结算开票，避免双方不必要的争议。二是增值税率往下走的概率肯定比往上走概率高，往下走时按新税率结算，当然对买方有利。三是合同标明了不含税价，能在印花税上占点小便宜。

以上是站在买方的角度，讲写合同时怎么应对税率的调整。如果站在卖方角度，又怎么处理呢？以案说事，我们还得看个案例：

林×与苏州旭高房地产开发有限公司商品房销售合同纠纷案。原告林×在增值税税率从11%调整到10%前，与旭高地产签订了商品房买卖合同，合同中约定了房屋总价。税率调整后，原告向法院提出诉讼请求，要对方退还按1%税率计算的房价以及代收契税。

被告旭高地产认为，在双方签订的购房合同中已明确约定，本合同约定的总房价款除面积差异的原因根据第八条处理外，不再做变动。

法院意见，原告和被告已经通过合同第四条作出固定房屋总价款的意思表示，因涉案商品房销售而产生的应税销售行为适用的增值税税率由11%降为10%后，不影响涉案房屋的总价款。因此，法院支持地产公司不退还房款的意见。

对房地产项目公司来说，他的下游是多个小业主。由于售房合同一般是制式合同，合同中只载明房屋总的价款。这对房地产公司来说，倒是有利的一种写法。有些售房合同中如果要约定开票的条款，不能写按几个点税率开票，应该写按规定税率开票。

合同里如何约定发票的条款

对于房地产开发企业而言，发票的重要性在本书中多次提及。一张金额100元的发票，对房地产开发企业来说，可能等同于70元面值的人民币。及时、足额取得合规的增值税发票，是房地产开发公司税务管理的重要工作。作为采购方，房地产公司在相关的合同中，对发票事项要明确地予以约定：

1.要明确对方按规定提供发票的义务。房地产企业向供应商采购货物或购买服务，应当在合同中明确供应商按规定开具发票的义务。

2.要明确对方开具发票的类型及开多少税率的发票。合同的条款中，要约定清楚对方应该开具增值税普通发票还是专用发票，税率开多少，不能只笼统写一句“提供合规的发票”。对房地产的建筑服务提供方来说，可能存在一般计税、简易计税、小规模纳税人征收率等方式的不同。因此，有必要在合同中明确对方提供发票的类型和适用税率。

3.要明确提供发票的时间要求。对房地产公司来说，取得发票的时间非常重要，同等金额相同类型的发票，早一个月取得可能是“金票”，迟一个月取得可能是“废票”。因此，在合同中明确提供发票的时间要求，是十分必要的。

实务中，甲方和乙方，经常就“拿到票再付款”，还是“先收钱再开票”，纠结个不清。说到底，都是站在自身角度来考虑。对于地产公司来说，先给票再付款是最好选择。

4.要明确发票不符合规定对方应负的赔偿责任。为防止因发票问题导致的损失，在合同中应当明确，对方对发票问题的赔偿责任，如明确对方不及时提供、交付发票或提供的发票不符合规定而造成本企业损失的，对方负有赔偿责任。

“合同控税”有重点

合同影响着税收的处理，地产公司的财税人员，参与合同的签订和审核，是管好本企业税务的一个重要切入点。

“合同控税”有重点。常规的商业合同，在地产集团层面都会有标准的合同模板。这些合同，平时做好模板的维护和更新，不会产生大的问题和风险。重点是对一些特殊的交易、特殊的事项，要进行重点的关注：

拿地的合同是重中之重。从政府手中拿地，有多种途径和方法。就拿最常见的“招拍挂”来说，政府虽然有标准的出让合同，但合同里还有补充的条款；除了正式的出让合同以外，有时还会签订补充协议。对土地出让合同的条款及补充协议，一定要从税务的角度，严格地审核和把关。否则，这里产生了毛病，相当于是“娘胎”里带来的“病”，以后一般治不了。

讲三个经历过的案例：

第一，出让合同里多一句话，多缴三千万元的土地增值税。有一个地产项目，在拿地时，政府在出让协议里多加了一句话，这句话是关于建成后的地下车位最终应如何处理的。就因为这18个字的一段话，土地增值税清算时多缴了三千万元的税款。

第二，出让合同里少一句话，多缴上千万元的税款。有一个地产项目，拿地时政府要求在红线外配建物业，但在出让公告和出让合同中都没有具体的体现。税务局死活不让企业在所得税和土地增值税上扣除，原因就是大家都找不到这句话。

第三，补充协议里约定其他事项，帮别人缴了几百万元的税款。有个拆迁的地产项目，政府在补充协议里约定，拆迁户超面积缴纳的契税，由房地产公司来承担。结果房地产公司替拆迁户缴了七百多万元的契税。关键是缴了契税，又拿不到税票，不仅多掏钱，而且在所有税上都得不到扣除。

并购重组交易和大型物业转让的合同是重中之重。这些交易具有偶发性、不可逆性、交易金额大等特点。交易的模式、交易的路径如何设计，在正式合同签订之前，都必须从税务角度进行规划和设计。落实到合同的条款中，更是要仔细地琢磨。

“合同控税”有方法

“合同控税”，要讲究方式方法。如上面讲到的房地产公司替拆迁户缴纳契税案例，不换思路就不会有出路。合同或协议已经明确房地产公司来负担税款，拆迁的业主死活不会同意打个收条。如果换了思路，把缴纳和承担契税方式，转换成拆迁款的方式，既不违反政策，又可以在增值税、企业所得税、土地增值税上扣除，说不定还赚点土地增值税上的小便宜。

“合同控税”，还要讲究细节。如上面讲到的合同条款中，对增值税税率和发票事项的约定，其实就是一些细节的问题。类似的细节还有很多，如与自然人签订的合同里，往往约定自然人取得的是税后收益，其中存在税和票怎么处理的问题。又如“一手租”和“转手租”，不仅存在房产税的差异，还存在增值税税率差异等，这里不再具体表述。

第41讲 “以票控税”视角下的税务风险

“以票控税”这种说法，大家已经耳熟能详且牢记于心了。这里，我从自己的角度，来“详说”一下票和税的关系，以及当前税收征管环境下，房地产行业应该怎么做、什么不能做、想做好怎么做的问题。

发票的中国史和世界史

发票在我国的起源，据重量级专家考证后得出结论：年代已久、史书记载不详，这事不太说得清楚。不过有一点可以肯定，发票这东西，是随着人类对经济核算的需要而产生和完善的。也就是说，古代的发票，是用来记录交易活动的过程和结果的一种书面凭据。直到1986年，我国首次对发票的立法中，也只是说，交易后收钱一方，提供给付钱方的各种票据，均属于发票的范畴。

1993年《发票管理办法》的出台，使得发票从民间自发产生的自制凭证，转为政府强制规定的一种凭证，由国家统一监制，统一管理。

国外的很多国家，对什么是发票也没有规定，甚至没有发票的概念。在他们概念中，没有形式上特别的要求，只要能比较详细记录交易的文件，都可称之为发票。

沉甸甸的发票

聊完了发票的中国史和世界史后，我们再来看一下现阶段，在“以票控税”背景下，我们赋予了发票什么样的功能。

到了现阶段，发票的定义更多是一种收付款的凭据，交易中的甲方付了钱，收到钱的乙方就开一张发票，证明交易已经钱货两清了。正如《中华人民共和国发票管理办法》中描述的，该办法所称发票，是指在购销商品、提供或者接受服务以及从事其他经营活动中，开具、收取的收付款凭证。不过，在当前的税收征管实践中，我们赋予了发票更多的功能。

第一，主要税种的收入确认功能。开了发票就要申报缴税，这在有些税种中，逻辑是成立的，但有些税种，开票就要缴税的逻辑是不成立的。《增值税暂行条例》中就明确，先开发票的，以开票时间作为纳税义务发生时间。增值税上一开票就要缴税，其逻辑基本是成立的。企业所得税上，开票时点和其收入确认时点不一定完全吻合，但在实际税收征管和风险管理时，税务机关往往把增值税申报数和企业所得税申报数进行比对。土地增值税上，在清算环节，以开票数作为土地增值税清算收入，其逻辑也基本成立。

把开票金额，作为主要税种的收入确认基数，带来最大的负面影响有两个：一个是有些企业理直气壮地开多少票、报多少税；另一个是淡化了有些税种法定的收入确认时点规则。

第二，增值税抵扣和出口退税凭证的功能。现行的增值税实行的是凭票抵扣制度。1994年税制改革时，就确立了专用发票抵扣制度。正是这项制度，把我们国家的发票抬到了无与伦比的地位。

第三，企业所得税上的税前扣除凭证。2008年《企业所得税法》实施后，强调企业发生的真实、合理、相关的支出，可以在所得税前扣除。2018年出台的《企业所得税税前扣除凭证管理办法》，明确了应该取得发票的事项必须取得发票，才能税前扣除的规则。

第四，土地增值税上的扣除功能。土地增值税在清算时，对于开发成本等，必须凭发票才能作成本扣除，这也已经成为税务机关的共识。

如何看待“以票控税”？“以票控税”是目前税务机关税收管理的重要手段和方法。这种管理的方式方法，是伴随着我国增值税制度建立以及完善过程中，在特定的历史时期，不得不采取的一种管理手段，而且经实践证明，这也是一种最为高效的管理手段。

“以票控税”在较长时间内还将继续。2022年国家虽然提出了从“以票控税”向“以数治税”方向的转变，但这种转变不是一蹴而就的。

认清形势才有方向。房地产企业作为税种超多型、税负超重型的企业，更要把好发票管理这一关，这既是降低企业经营风险的需要，也是切实好维护好自身利益的需要。

应该怎么做

对发票这张小纸条，在思想上要有足够的认识。不仅是企业的财务和税务人员，上到公司的老板，下到普通的员工，都要对发票的重要性有一定的了解。

房地产公司，要有内部的发票管理制度，用制度的手段，规范公司的发票管理。发票管理制度中，至少要明确以下事项：

要明确谁是发票的直接责任人。在取得外部开来的发票时，要明确直接经手业务和取得发票的业务人员或相关人员，是发票的第一责任人。如果发票有了故事，那经手人就是直接责任人。并要明确相关的赔偿责任。

要明确哪些情形下必须取得专用发票。对于房地产项目公司来说，都是一般纳税人，增值税的税负本身就比其他行业要高，因此能取得专用发票的必须取得专用发票。随着我国留抵退税制度的不断完善，更要以专用发票为首选发票。

除了用发票管理制度来进行管理外，房地产公司在发票管理上，还应做好以下几点：

对供应商要有所选择。在一些采购业务中，对供应商要有所识别和选择。现行发票管理的有些规定，对受票方来说，不仅要管住自己没有虚开的冲动，也要盯牢上游会不会不靠谱。最典型的是，上游走逃失联了，有可能导致他开给你的发票被列为异常凭证；上游自己有大量的异常凭证，也可能会导致他开给你的发票被列为异常凭证。识别供应商靠谱不靠谱，可以看他的经营规模，如注册资本；看他的纳税信用等级，如是否是A级或B级。

提供服务方、开票方和拿钱方，要保持一致。上游的建筑企业，会存在挂靠等情形，对于地产公司，要把好受票、付款等关口。最规范和风险最小的做法是：谁给你提供了服务，就由谁给你开票，你把钱就付给谁。

什么不能做

税收上的事情，会涉及刑事犯罪的有以下几项：逃避缴纳税款罪、骗取出口退税罪、抗税罪、虚开发票罪。虚开发票行为，一直以来是税务机关和公安机关重点打击的对象。这个问题上，企业的财税人员和老板一定要有清醒的认识。

1. 别人给你虚开也是虚开。这一点不仅是税法的规定，刑法里也写得很清楚：虚开增值税专用发票或者虚开用于骗取出口退税、抵扣税款的其他发票，是指有为他人虚开、为自己虚开、让他人为自己虚开、介绍他人虚开行为之一的。

2. 虚开普通发票也是虚开。虚开普通发票100份以上或者虚开金额累计在40万元以上的，就有可能构成刑事犯罪。

“动什么都不要动发票”，这话说得不太周全，但也道出了一个真理：发票，尤其是专用发票，是高压线，碰不得。

对于房地产企业，上游主要是建安企业。在营业税时代，发票管理有点宽松，找上游多开点票好像也是一种行业通行做法。现在的增值税税制下，开的是专用发票，再想多弄点票，风险可谓极大。

想做好怎么做：发票备注栏的事

对从事房地产开发的项目公司来说，在发票的管理中，还需要注意取得发票的合规性问题。

项目公司的上游主要是建筑企业。建筑业也属于2016年的营改增范围。建筑业是个比较特殊的行业，营改增后，国家对这个行业制定了不少单独的政策，如一般计税还是简易计税等，这都会涉及发票怎么开、税款怎么结等问题。对于下游房地产企业来说，如果没有很好理解这些特殊的政策，会吃不少的苦头。这里简单说两个事：发票备注栏的事和计税方式的事。

发票备注栏的风险。营改增这么多年了，以为发票备注栏这种小事，都引起了大家足够的重视，都能按规定开具和取得此类发票。事实远没有想象的那么简单。近年来接触了不少土地增值税清算的案例及地产公司的咨询案例，都和发票备注栏有关。在土地增值税清算的案例中，由于发票没有按规定在备注栏注明相关信息，又不能重新换开发票，清算时被调出了近千万元的开发成本，可谓损失巨大。这里将建筑服务发票的备注栏要注意问题梳理总结如下：

1. 2016年5月1日后开具的建筑服务发票，都要在备注栏备注。房地产企业要特别关注发票隐藏的风险，尤其对开发周期长、会计人员变动频繁的项目，加强发票的合规性审核，显得更为重要。

2. 无论专用发票，还是普通发票；无论自开发票，还是代开发票，都要在备注栏备注。

3.建筑服务发票备注栏未按规定备注，不仅影响土地增值税，对增值税抵扣和企业所得税税前扣除同样会有影响。国家税务总局2016年70号公告仅是土地增值税文件和管理要求，但此前总局的2016年23号公告对建筑服务发票的备注栏早已作出规定，且23号公告是对开具发票的一般性要求。真较起真来，备注栏未按规定填写的发票，在增值税和企业所得税上也属不符合规定的凭证。

4.具体哪些业务的发票要备注栏备注，可参考营改增的建筑服务税目注释。实务中容易忽视的有：装修装饰；园林绿化；有线电视、宽带、水、电、燃气、暖气等的安装费、初装费、开户费、扩容费以及类似收费。

5.销售货物同时提供安装服务，按照国家税务总局2017年11号公告和2018年42号公告的规定分别计税，同一张发票上既开具货物又开具建筑服务的，也应在备注栏备注。

想做好怎么做：计税方式的事

房地产企业对收到的建安发票，还要考虑部分材料甲供必须简易征收的税务风险。

2016年营改增后，提供建筑服务的企业，应该是所有行业中税负明显增高的行业。其中一个主要原因是，在提供建筑服务过程中，甲方老是“欺负”乙方。甲方既把大部分材料甲供，又要乙方按一般计税提供按税率开具的发票，这样一来，建筑企业能够抵扣的进项少得可怜，实际税负直逼名义税率。为解决建筑业增值税税负偏高的问题，财政部、国家税务总局2017年下发的《关于建筑服务等营改增试点政策的通知》（财税〔2017〕58号）文件中，对甲方的四大材甲供，规定了增值税必须简易征收的政策：

一、建筑工程总承包单位为房屋建筑的地基与基础、主体结构提供工程服务，建设单位自行采购全部或部分钢材、混凝土、砌体材料、预制构件的，适用简易计税方法计税。

地基与基础、主体结构的范围，按照《建筑工程施工质量验收统一标准》（GB 50300—2013）附录B《建筑工程的分部工程、分项工程划分》中的“地基与基础”“主体结构”分部工程的范围执行。

这里所说的简易征收，是必须简易征收的意思。随之而来的问题是，如果房地产企业四大材甲供，上游再开具适用税率的专用发票，严格来说，是不符合规定的专用发票，税务机关完全可以不同意企业抵扣。

碰到过类似的案例，某个房地产项目根据集团的安排，为了做钢材的供应链融资，项目所需钢材从集团的商贸公司购进。主管税务机关发现后，要求总包方已经按税率开具的专用发票，一张也不能抵扣。

发票的开具和取得过程中，要分清楚上游的计税方式。除了上面这种情形下必须简易计税外，税法还规定了几种可以选择简易征税的情形：

1.一般纳税人以清包工方式提供的建筑服务，可以选择适用简易计税方法计税。

2.一般纳税人为甲供工程提供的建筑服务，可以选择适用简易计税方法计税。

甲供工程，是指全部或部分设备、材料、动力由工程发包方自行采购的建筑工程。

3.一般纳税人为建筑工程老项目提供的建筑服务，可以选择适用简易计税方法计税。

第42讲　甲供材的税务风险

营业税时代，对于甲方提供部分建筑材料，乙方提供其余建筑劳务的工程，乙方应就全部实际收入和甲供材金额合计数作为营业税计税依据来缴税。营改增后，在增值税背景下，甲方自己的“甲供”自己抵，乙方提供多少劳务缴多少税。营改增改掉了乙方重复征税的顽症。这也是增值税制下“有增值才缴税”优于营业税制下“全额都缴税”的一种具体表现。

甲供材的税务风险

增值税下，房地产开发企业实行材料或部分材料的甲供，税务上有没有风险或要注意的地方呢？

第一个，要算好甲供材有不有利的账。甲供材的方式，站在房地产公司税务的角度，是不是最有利呢？我们来算一笔小账：

房地产项目开发的建安成本中，材料的占比在一定时期内，基本上是个较固定的区间。假设所有的材料全部实行甲供，我们来算一下，增值税进项税额的计算上，材料占比多少才能达到平衡：

$60\% \times 13\% + 40\% \times 3\% = 9\%$

也就是说，房地产企业所有的材料都甲供的话，在都能取得13%专用发票前提下，材料占总建安成本比例60%是个临界点。超过这个临界点，对增值税进项有利。但实际上材料占建安成本的比例，是达不到60%的，尤其是现在人工费越来越贵情况下。

这当然只是从增值税进项税额的角度来考量利大还是弊大，实务中，要考虑因素很多，如企业的现金流、材料质量把控、是否融资等。

第二个，甲供的材料必须在工程结算总额中包括并反映。实务中甲供材有两种模式，一是总额甲供，即工程造价中包含甲供材对应造价，在实际施工时，材料由甲方自行采购，后续支付工程款环节，将甲供材部分造价从乙方工程结算总额中扣除；二是差额甲供，即工程造价中未包含甲供材对应造价，甲供材与工程结算总额无关。为了能够让税务机关认可甲供材属于建安成本的组成部分，建议房地产开发企业甲供材料，采用总额甲供模式。

第三个，对有甲供材料的项目，税务机关在土地增值税清算审核时，会特别关注。曾经在几个清算案例中，税务机关要求提供甲供材料的入库单和出库单，并提供施工单位的领用材料证明，否则要从成本中剔除。所以，实行甲供的房地产企业，平时一定要做好材料的登记、保管、交接等手续。

第四个，要注意当地税务机关的一些特殊口径。如某地税务机关的土地增值税审核口径，对从关联方处采购的甲供材料，在土地增值税清算时一律不得扣除。如果当地真的也是这么操作的，一定得提前做好规划，否则真是“捡了芝麻丢了西瓜”。

第五个，税务机关在对甲供材审核时，会有一些特别关注的点。如有些企业，地材（沙子、石块）、钢材等都是自行采购，但开票单位来自遥远的地方，这明显不太符合商业常理，会引起税务机关的关注。

混合销售“对战”兼营

在增值税和营业税共存的时代，企业的销售行为，必须明确区分是缴增值税还是缴营业税，这不仅是两个税种的问题，更是两个税务机关谁来管的问题。因此，准确区分混合销售和兼营，是当时两税管理上的一项主要工作。营改增以及国地税机构合并后，是否还是和以前一样，需要严格区分混合销售和兼营呢？

《营业税改征增值税试点实施办法》（财税〔2016〕36号）第四十条规定，一项销售行为如果既涉及服务又涉及货物，为混合销售。从事货物的生产、批发或者零售的单位和个体工商户的混合销售行为，按照销售货物缴纳增值税；其他单位和个体工商户的混合销售行为，按照销售服务缴纳增值税。本条所称从事货物的生产、批发或者零售的单位和个体工商户，包括以从事货物的生产、批发或者零售为主，并兼营销售服务的单位和个体工商户在内。

看来，营改增后，还继续保留了混合销售和兼营的说法。这两者的确有点难区分。通俗解释下两者的不同：混合销售是同一个行为里干了两件事，比方说卖中央空调的商家，卖给你空调的同时，负责了安装也单独收了钱。所以混合销售成立的标准有两个：一是其行为必须是一项；二是该项行为必须既涉及货物又涉及服务。

兼营就是既干这活又干那活。商家在卖空调给你的同时，又有个安装队，向别人单独提供安装服务。

所以混合销售缴税的逻辑是：从主业；兼营缴税的逻辑是：各分各，销售货物按照销售货物来缴税，提供服务按提供服务来缴税。

到这层面，估计还分得清混合销售和兼营。别急，“烧脑”的内容在后面。

《国家税务总局关于进一步明确营改增有关征管问题的公告》（国家税务总局公告2017年第11号，以下简称“11号公告”）第一条规定，纳税人销售活动板房、机器设备、钢结构件等自产货物的同时提供建筑、安装服务，不属于《营业税改征增值税试点实施办法》（财税〔2016〕36号文件印发）第四十条规定的混合销售，应分别核算货物和建筑服务的销售额，分别适用不同的税率或者征收率。

首先要明确的是，11号公告只针对自产货物，也就是针对生产企业的。生产企业销售自产货物的同时提供建筑、安装服务，以前是属于混合销售并按主业即17%税率来缴税。11号公告说，这种行为现在不叫混合销售了。不叫混合销售那叫什么呢？没说。只说这种行为如果符合分别核算的条件，可以各缴各的税。

至此，你是否有点懵了？其实理解11号公告最好的办法，就是不要拘泥于叫什么，只要弄清怎么缴税就行了。理解11号公告一定要把握好三点：卖自己生产的（搞批发的不行）；同时又负责提供建安的（提供其他服务的不行）；分别核算的（一般要求是合同上要分开，会计核算上要分开）。

我们来看一下《国家税务总局关于明确中外合作办学等若干增值税征管问题的公告》（国家税务总局公告2018年第42号，以下简称“42公告”）第六条的规定：

> 一般纳税人销售自产机器设备的同时提供安装服务，应分别核算机器设备和安装服务的销售额，安装服务可以按照甲供工程选择适用简易计税方法计税。
>
> 一般纳税人销售外购机器设备的同时提供安装服务，如果已经按照兼营的有关规定，分别核算机器设备和安装服务的销售额，安装服务可以按照甲供工程选择适用简易计税方法计税。

看到这里，估计一半以上的人后悔了，后悔当初入错了行，财税这饭不好吃。文件上每个字都认识，连起来读就是读不懂。别急，贵圈有贵人，有人早帮你总结好了：

1.营改增后，不能用原来的思路去理解混合销售和兼营。哪些行为是混合，哪些行为是兼营，没有通用的判断规则，只有类似于正列举的规则。

2. 具体到业务中，先看是不是机器设备。如果是机器设备加安装，可以分别开13%加3%的发票。

3. 如果不是机器设备，是类似钢结构、防盗门窗、玻璃幕墙等业务，先看是不是他自己生产的。如果是自己生产的，可以开13%加9%或者13%加3%的发票。

4. 第3点中，如果不是自己生产的，再看他的主业是什么。主业是生产或批发，就开13%税率发票；主业是建筑安装，就开9%的发票。

最后有个风险点需要提醒，11号公告中的自产货物带安装，以及42号公告中的自产机器设备带安装，文件强调的是应分别核算货物和服务的销售额。部分地方的口径是，销售方如果没有分开核算，只按13%的税率开一张发票，属于不合规的发票，下游也不得抵扣。

第43讲　项目施工现场的水电税务处理及风险

房地产项目的施工现场，要消耗大量的水和电，其主要来源是电力公司和自来水公司的供应。由于全国绝大部分地方，在办理水、电的开户时，需要提供相关的证明。因此只能以房地产公司名义开设户头，最终发票的抬头，也只能开给房地产项目公司。房地产公司在和施工单位结算水电费用时，一般采取甲供和转供两种结算的方式。

转供方式的税务处理

水电费是工程造价的组成部分，由施工单位自行承担，一般情况下，水电费包含在工程合同总价款中。这种情形下，房地产公司相当于从供电供水部门，购进了水和电，又把其中的绝大部分转售给施工单位。在结算环节，基本上采取从应支付的工程款项中进行扣减的方法。

转供电的税务处理。房地产公司购进电的环节，取得增值税专用发票，税率为13%，可以抵扣进项税额。销售环节，开具增值税专用发票，税率也为13%。转售电，对于房地产公司和施工单位，都没有需要特别关注的地方。

转售自来水的税务处理。房地产公司从自来水公司购进的自来水，自来水公司可以适用简易征收，按3%税率缴税并开具增值税专用发票。但在转售环节，房地产公司不能适用简易征税政策，只能按适用税率9%缴税并开具专用发票。对房地产公司来说，自来水一经转手，损失了6%的增值税进项税额。

目前，自来水的销售，除了自来水公司外，只有提供物业管理服务的纳税人，可以简易计税。提供物业管理服务的纳税人，向服务接受方收取的自来水水费，以扣除其对外支付的自来水水费后的余额为销售额，可以按照简易计税方法依3%的征收率计算缴纳增值税。

这里还有一个有趣的问题，值得探讨。假如房地产公司开发的项目中，既有按简易征收的老项目，又有按一般计税的新项目。其转售的水电，需不需要按照新老项目，划分为一般计税和简易计税呢？答案是不用。新老项目，只是用来划分房地产公司开发的项目在缴纳增值税时采取何种计税方式。转售水电，是独立于房地产开发项目以外的销售业务。

转售的水电，房地产公司会计上应该计入其他业务成本。企业所得税和土地增值税的处理上，不能计入开发成本重复扣除。这也是部分房地产公司面临的税务风险。

实务中，有些房地产公司担心，其营业执照的经营范围中，没有水电的经营范围，从而不能开具相应的发票。这种理解是错误的，这种担心也是多余的。

甲供水电的税务处理

在工地施工现场，发生的水电费用支出，房地产企业还可以选择甲供方式处理。

在签订施工合同及工程结算中，约定最终支付给建筑企业的工程款，是扣除水电成本之后的金额。这样，甲乙双方按照不含水电费的金额作为结算价款，而将施工中用到的水电，作为甲方提供的材料和动力。

房地产公司拿到供水供电部门开来的发票，计入开发成本的相关明细科目，可以抵扣或者扣除。建筑企业按照不含水电费金额，与房地产公司结算并开具建筑服务发票。

能否以分割单形式分摊水电费？

有小部分房地产企业和施工单位，在进行水电费结算时，采取分割单的方式，来进行税务处理。这里面有税务风险吗？

我们来看下《企业所得税税前扣除凭证管理办法》（国家税务总局2018年第28号，以下简称“28号公告”）中，对分割单的规定：

> 第十八条　企业与其他企业（包括关联企业）、个人在境内共同接受应纳增值税劳务（以下简称“应税劳务”）发生的支出，采取分摊方式的，应当按照独立交易原则进行分摊，企业以发票和分割单作为税前扣除凭证，共同接受应税劳务的其他企业以企业开具的分割单作为税前扣除凭证。
>
> 企业与其他企业、个人在境内共同接受非应税劳务发生的支出，采取分摊方式的，企业以发票外的其他外部凭证和分割单作为税前扣除凭证，共同接受非应税劳务的其他企业以企业开具的分割单作为税前扣除凭证。
>
> 第十九条　企业租用（包括企业作为单一承租方租用）办公、生产用房等资产发生的水、电、燃气、冷气、暖气、通信线路、有线电视、网络等费用，出租方作为应税项目开具发票的，企业以发票作为税前扣除凭证；出租方采取分摊方式的，企业以出租方开具的其他外部凭证作为税前扣除凭证。

企业所得税的处理上，只有三种情形下，可以选择以分割单的方式作为税前扣除凭证：一是共同接受应税劳务，这里的应税劳务包含所有劳务服务活动，但不包括货物；二是共同接受非增值税应税劳务；三是限于租用资产行为发生的水电等费用，这里包括水电等货物。

水电不属于劳务，施工单位和房地产企业也没有租用关系，因此不能凭分割单扣除。

还要注意的一点是，28号公告是企业所得税的文件，增值税的抵扣，不能参照28号公告的规定来执行。也就是说，分割单不是增值税的抵扣凭证。有些房地产公司，用分割单来处理水电的问题，会带来增值税和所得税的双重问题。增值税上，开具的分割单不能作为施工单位的增值抵扣凭证，从而多缴增值税。企业所得税上，分割单不能作为税前扣除凭证从而多缴企业所得税。

第44讲　园林绿化的税务问题

园林绿化的原材料主要是树苗、花卉、植物种子、植物叶子、草等，这些原材料都属于增值税上的农产品。根据增值税的规定，农业生产者销售的自产农业产品，可以免征增值税。为防止增值税链条的中断，对下游采购农产品，可以采取“前免后抵、低征高抵、自开自抵”等不同方法。因此，房地产企业的园林绿化，不同的采购方式，会有不同的税务处理。

从农业生产者处直接购买

农业生产者销售的自产农产品免征增值税。农业生产者销售的自产农产品是指直接从事植物的种植、收割和动物的饲养、捕捞的单位和个人销售的所列的自产农业产品。

农业生产者如果是公司、农业合作社等组织，可以向税务机关领用增值税普通发票。地产公司从他们手里拿到的普通发票，可以凭发票上注明的农产品买价和9%的扣除率计算进项税额。即100元的发票金额，直接计算出进项税额9元。

农业生产者如果是个人的，销售其自产的农产品，由于个人不能领用增值税发票，这时有两种方法：一是个人直接到税务局申请代开免税的普通发票，地产公司可按发票上注明的农产品买价和9%的扣除率计算进项税额。还有一种方法是收购农产品的企业，向税务机关申请开具收购发票，也就是我们经常说的自开自抵，但由于房地产公司不经常发生此类业务，税务机关一般不会同意房地产公司开具收购发票。

这里有一个风险点需要关注：个人到税务机关代开普通发票，明明是自产的农产品，应该开具免税的发票，但由于各种原因，开出的却是带税率的普通发票，这时下一家就失去了抵扣的权利。

从经销商处购买农产品

相对于生产销售环节的农产品普遍免税政策，在批发零售环节，国家只给予部分特定的农产品免税的优惠。《财政部 国家税务总局关于免征蔬菜流通环节增值税有关问题的通知》（财税〔2011〕137号）规定，对从事蔬菜批发、零售的纳税人销售的蔬菜免征增值税。《财政部 国家税务总局关于免征部分鲜活肉蛋产品流通环节增值税政策的通知》（财税〔2012〕75号）规定，对从事农产品批发、零售的纳税人销售的部分鲜活肉蛋产品免征增值税。

可见，园林绿化所需的苗木、花卉等，在流通环节均不能免征增值税。房地产公司从经销商处购买的苗木、花卉等农产品，必须凭上游开具的增值税专用发票，才可以抵扣进项税额。

《财政部 国家税务总局关于简并增值税税率有关政策的通知》（财税〔2017〕37号）对从小规模纳税人处购买的农产品，作出了比较特殊的抵扣规定，从按照简易计税方法依照3%征收率计算缴纳增值税的小规模纳税人取得增值税专用发票的，以增值税专用发票上注明的金额和9%的扣除率计算进项税额。比如某房地产公司从甲小规模纳税人手上取得专票，票面金额100元，税额3元，价税合计103元，这时候，房地产公司能抵扣的进项税为：

100×9%=9元，而不是103×9%=9.27元。

这里，有一个风险点要提醒，房地产公司从小规模纳税人手上取得普通发票，不能计算抵扣进项税额。

房地产公司园林绿化的不同模式

从上面讲解可以看出，不同的采购方式，有不同的抵扣规则。不同的合同签订方法，有不一样的可抵扣税额：

1.房地产公司甲供苗木，园林公司清包工方式。房地产公司就苗木的进项税额，可以按规定抵扣。清包工开3%的专用发票抵扣。

2.园林公司自产苗木并负责施工。这时合同怎么签订，就有讲究了。如果签的是包工包料合同，怎么开票，要看园林公司是以销售为主，还是以提供服务为主。如以销售为主，园林公司可以开免税的发票，房地产公司可以抵扣进项。园林公司如果是以提供服务为主，那就开9%的专用发票。

3.第2种情况中，如果合同分开签，一份是苗木采购合同，还有一份是服务合同，园林公司给房地产公司开具一张免税的增值税普通发票，和一张9%的增值税专用发票。

实务中，部分税务机关不认可同一家公司合同分开签订、分别计税的做法。那也只有通过两家不同的公司来做这项业务了，也就是回到了第1种情况。

4.园林公司外购苗木并负责施工。这种情形下，园林公司开9%的建筑服务专用发票，房地产公司凭票抵扣。

当然，上面第2种和第3种情形，不同人会有不同理解，不同地方会有不同掌握口径，这里介绍的只是部分地方的做法。

园林绿化中的税务风险

相对于建安来说，园林绿化的弹性更大。相信有很多人听说过，某知名开发商开发的小区里，种一棵树就花了几百万元的故事。也有人可能听说过，某开发项目在清算时，园林绿化的成本高得很离谱，问一下企业财务，财务人员一脸的无辜：都怪买来的树太娇贵了，一种就死，种了几次才活了几棵。“我死给你看”，房地产公司种的名贵树木，总是这么善解人意。

我们来看一个法院的判决：

蒋某某代表××房地产公司分别与杭州××新兴园艺有限公司、杭州××环绿园艺场签订3份虚假的业务购销合同，并通过虚假走账的方式掩盖无实际货物交易的真相。虚开发票52份，票面金额共计人民币6 501 373.60元。

被告人蒋某某犯虚开发票罪，判处有期徒刑二年，缓刑二年六个月，并处罚金人民币五万元。

第45讲　几种特殊销售模式下的税务风险

行情好的时候，开发商是上帝，一张房票就能炒到几十万元。行情不好的时候，顾客才是上帝，各种促销活动层出不穷。让我们来看一下几种特殊销售模式下的税务处理与风险。

几种促销模式的税务处理

房地产行业在促销时，不同的促销方法，会带来不同的税负变化，也会隐藏不同的税务风险。

1.打折销售。销售不景气时，房地产公司也会采用打折销售的方式，尽管风险有点儿高，可能要冒点售楼部被打砸的险。

100万元的房子打9.5折，按95万元销售、收钱、开票、缴税。站在税收角度，增值税、所得税、土地增值税，全按95万元确认收入。对房地产公司来说，这种促销方式，是最省税的方式。税务上风险也不大，一般视为有正当的理由，不会有被调整收入的风险。

如存1万元抵5万元的这种促销方式，最后抵的5万元，要体现在房价和开票的金额中，否则会有虚增收入多缴税的风险。

2.买房送契税送服务。买100万元的房子，送契税送物业服务5万元。卖房子的收入，还是100万元，还得按100万元缴纳增值税、所得税和土地增值税。

3.买房抽奖送汽车。买100万元的房子，抽奖送10万元汽车。卖房子的增值税、所得税、土地增值税，还得按100万元来申报缴纳。

增值税上，10万元的车，视同收入的同时可以抵扣，也就相当于没有产生增值税。所得税上，也是视同收入的同时视同成本，一般不会产生所得税。土地增值税上，10万元不是收入，当然成本也不能扣。比较麻烦的是，房地产公司还得帮个人缴20%的个人所得税。

4.买房0首付。100万元的房子，首付如果要40万元，房地产公司为了促销，采用了0首付的促销方式，由房地产公司代垫40万元的首付款。

房地产公司的增值税、所得税和土地增值税，都是按100万元来缴税的，这没问题。问题是预缴税款时，代垫的40万元要不要预缴三大税种？房地产公司主张：我没收到这40万元，所以不用预缴税款；税务机关主张：你开了40万元的收据，就是收到了40万元，得按规定预缴。至于你又借给小业主40万元，那是两码事。言下之意，这码事中，得按规定预缴，你把钱白白给人家用，那是另一码税事。

销售还本

在一些商业用房的销售中，为了加快回笼资金，房地产公司会偷偷采取销售还本的营销模式。

某公司采取销售还本方式，房价100万元，购房后10年内还本，每年返还房款的10%。

税务处理上的风险。销售的房款，要按规定缴纳增值税、企业所得税和土地增值税等。返还给小业主的款项，不能冲减房款，也无法作为成本或费用在企业所得税前列支。

因此，从税收角度来考虑，销售还本的税负极高，一定要做好测算，谨慎使用这种模式。当然，从法律的角度，这种模式更有风险。《商品房销售管理办法》明文规定，房地产开发企业不得采取返本销售或者变相返本销售的方式销售商品房。

售后回租

现行法规中明确，地产开发企业不得采取售后包租或变相售后包租的方式销售未竣工的商品房。但有些房地产开发企业为了促销、筹集资金，也会采用售后返租的做法。

售后返租的第一步是销售，第二步是租回来。租回来的主体可能有两个：一个可能是地产公司本身，还有一个可能是相关联的商管公司。我们来看两个案例。

案例一，A房地产开发公司采用售后返租方式销售商铺。A公司与小业主同时签订房地产销售合同和租赁合同，约定商铺按优惠价85万元（原价100万元）出售，再由业主返租给开发商，开发商无偿使用三年。

这时应该按照85万元还是100万元来计征转让环节的增值税、所得税和土地增值税？我们来看某省的规定：

> 单位和个人转让房地产，同时要求购房者将所购房地产无偿或低价给转让方或者转让方的关联方使用一段时间，其实质是转让方获取与转让房地产有关的经济利益。对以此方式转让房地产的行为，应将转让房地产的全部价款及有关的经济收益确认为转让收入，依法计征土地增值税。如转让房地产价款以外的有关经济收益无法确认的，应判断其转让价格是否明显偏低。对转让价格明显偏低且无正当理由的，应采用评估或其他合理的方法确定其转让收入，依法计征土地增值税。

对这种行为，税务机关更倾向于按100万元来计算征税。

案例二，A房地产开发公司采用售后返租方式销售商铺。A公司与小业主签订房地产销售合同，约定商铺按120万元（原价100万元）出售。商管公司和小业主签订租赁合同，每年的租金为房价的10%，返租期三年。

这种售后返租的销售模式，实际上带有点融资的味道。法律上的问题，以及今后还不还得起租金问题，我们不讨论，只讨论税的问题。

对房地产公司来说，约定转让款是120万元，就按120万元来开票作收入，缴纳增值税、所得税和土地增值税。当然，这价格中包含了部分以后要返还给小业主的钱，这实际上虚高了房价，会导致多缴不少的税。

对商管公司来说，后面的3年，也会有不少的税务风险。主要是票的问题和税的问题。如果帮小业主去代开发票，又要多缴不少的税，房产税、个人所得税，加起来会吓一跳。如果不去开票，商管公司层面，一分钱的进项也没有，一分钱的成本也没有。被税务查到，还得代扣20%个人所得税。

代收费用处理

房地产开发企业在销售不动产时，有时会代其他部门收取一些诸如办证费、维修基金等费用。

我们来看一下财税字〔1995〕48号文件规定：

六、关于地方政府要求房地产开发企业代收的费用如何计征土地增值税的问题

对于县级及县级以上人民政府要求房地产开发企业在售房时代收的各项费用，如果代收费用是计入房价中向购买方一并收取的，可作为转让房地产所取得的收入计税；如果代收费用未计入房价中，而是在房价之外单独收取的，可以不作为转让房地产的收入。

对于代收费用作为转让收入计税的，在计算扣除项目金额时，可予以扣除，但不允许作为加计20%扣除的基数；对于代收费用未作为转让房地产的收入计税的，在计算增值额时不允许扣除代收费用。

实务中，把代收费用计入房价的，可能性基本没有。因此，实务处理上，代收费用的税务问题，主要是如何区分代收费用和房地产公司自身缴纳的规费的问题。如果是代收费用，土地增值税清算时，就不得扣除；政府规费，就可以扣除。

我们来看一下某市税务局对代收费用的规定：

代收费用判断，某项行政事业性收费是否属代收费用应以县级（含）以上人民政府相关收费文件为依据，文件明确费用在售房时收取且由购房人实际负担的，认定为代收费用，否则，不能视为代收费用。

代收费用和政府规费的判断标准，一般有三个。一是看地方政府的文件和规定。二是看主体，代收代收，必然有三方。三是看环节，政府规费一般发生在竣工验收之前，代收费用一般发生在交房环节。

在讲代收费用时，不得不提一下开发商代收契税问题。部分开发企业在商品房销售和交付时，会将代收契税和住宅专项维修资金作为前置条件，但有个别开发企业代收后未及时缴纳，造成购房群众无法办理不动产登记，侵害了购房群众利益。

为此，许多地方出台了不得代收契税的规定。如北京市住房和城乡建设委员会2021年下发了《关于禁止房地产开发企业违规收取契税和住宅专项维修资金有关问题的通知》，明文禁止在新建商品房交易过程中，应由购房人缴纳的契税和住宅专项维修资金，购房人应自行缴纳，房地产开发企业不得代收、代缴。

第46讲　房地产行业的留抵退税

我国自实行增值税以来，企业的留抵税额只能结转到下期抵扣，不能申请退还。到了2016年全面营改增实施后，才慢慢放开留抵税额可以申请退还的步伐。我们先回顾一下这些年留抵退税的主要历程。

留抵退税的历程1：2019年版的退税政策

2019年，财政部、税务总局、海关总署下发了《关于深化增值税改革有关政策的公告》（财政部 税务总局 海关总署2019年第39号，以下简称“39号公告”），开始在我国全面试行增值税期末留抵税额退税制度。

所有行业的一般纳税人，符合下列条件就可以申请留抵退税：

1. 自2019年4月税款所属期起，连续6个月（按季纳税的，连续两个季度）增量留抵税额均大于零，且第6个月增量留抵税额不低于50万元；

2. 纳税信用等级为A级或者B级；

3. 申请退税前36个月未发生骗取留抵退税、出口退税或虚开增值税专用发票情形的；

4. 申请退税前36个月未因偷税被税务机关处罚两次及以上的；

5. 自2019年4月1日起未享受即征即退、先征后返（退）政策的。

2019年的留抵退税制度，具有以下几个特点：

特点1，适用范围广。2019年的留抵退税制度，适用于符合条件的所有行业。从这个意义上理解，39号公告真正建立起了我国的留抵退税制度。

特点2，可以申请退还的留抵税额，仅限于增量留抵税额。增量留抵税额是指与2019年3月底相比，新增加的期末留抵税额。也就是说，不是所有留抵税额，都可以退还，2019年版的留抵退税，是不考虑存量的留抵税额。

特点3，允许退还的增量留抵税额，受比例的限制。

允许退还的增量留抵税额，按照以下公式计算：

允许退还的增量留抵税额=增量留抵税额×进项构成比例×60%

从公式可以看出，可以退还的留抵，一是受进项构成比例限制，二是有退还比例限制，只能退还60%。

特点4，退税的频率有限制。企业只能隔6个月计算和退税。

举个简单例子，某房地产项目公司2019年3月留抵税额为300万元，4—9月留抵税额分别为400万元、400万元、450万元、450万元、500万元、600万元。假设其他退税的条件均符合：

每个月的增量留抵则为：100万元，100万元，150万元，150万元，200万元，300万元。

第6个月的增量留抵税额大于50万元，因此房地产公司可以在10月初申报9月的增值税时，申请退税。

允许退还的增量留抵税额=增量留抵税额×进项构成比例×60%=300×100%×60%=180（万元）

从上面案例可以看出，2019年版的退税政策，看上去是全行业可适用的政策，真正能退税的也只是一小部分企业。只能退回增量留抵，更多考虑的是财政能否承受的因素，如果一下子可以退所有留抵税额，相当于把前几年累积起来的留抵税额，要在短时间退回，财政的压力可想而知。设置退还的比例，也更多是出于财政承受能力的考虑。6个月退一次以及每个月增量留抵要大于0，一是对退税频率作出限制，让税务机关可以从容应对这个新生事物；二是每个月增量留抵要大于0，相当于这种制度更多的是为长期进销项倒挂的纳税人而考虑的。

2019年版的退税制度的设计，倒非常契合房地产开发行业的运营规律。房地产开发的运营模式，决定了项目公司一直在积累进项税额，短时间内又不会产生销项税额，进项税额总是在越滚越大。

留抵退税的历程2：先进制造业的退税政策

为照顾部分特殊的行业，财政部和国家税务总局2019年8月下发《关于明确部分先进制造业增值税期末留抵退税政策的公告》(2019年84号公告，现已全文废止)，对部分先进制造业，制定了力度更大的退税政策。

可以退还的仍限于增量留抵税额，即与2019年3月31日相比新增加的期末留抵税额，可以按月申请退还，退还比例从原来的60%提高到100%。

本次留抵退税政策最大特点是：全额退、按月退。从一定程度上解决了这部分行业退税的进度和额度。

留抵退税的历程3：2022年版的退税政策

2020年初暴发的疫情，令许多中小微企业举步维艰。2022年3月，财政部和国家税务总局下发《关于进一步加大增值税期末留抵退税政策实施力度的公告》(财政部 税务总局公告2022年第14号，以下简称“14号公告”)，支持小微企业和制造业等相关企业的留抵退税力度。

一是将先进制造业按月全额退还增值税增量留抵税额政策范围，扩大至符合条件的制造业等行业，并一次性退还制造业等行业存量留抵税额。

二是加大小微企业增值税期末留抵退税政策力度，将先进制造业按月全额退还增值税增量留抵税额政策范围扩大至符合条件的小微企业。

三是针对上述两大板块，实行存量留抵退税制度。

对于房地产开发企业来说，要想享受2022年版的退税政策，唯一可能傍得上的是小微企业。我们也看到，14号公告出来后，有很多房地产项目公司全额申请退还了增值税留抵税额。

遗憾的是14号公告中关于小型企业和微型企业的退税制度，只是临时性安排。到了2023年起，就不再继续执行了。

目前房地产企业，只能适用2019年版的退税政策。

留抵退税要处理好6大关系：与企业所得税关系

经常有人会问这个问题：我们企业收到了留抵退税，这部分退税要不要缴企业所得税？产生这个疑惑的根源，是对企业的进项和留抵税额没有足够的了解。

企业的进项和留抵税额，都是企业自己花钱买的。我国的增值税是价外税，企业购货时付出了113万元，税率假设为13%，意思也就是真正的货款是100万元，除了支付100万元外，还先垫出了13万元的税款。这13万元的税款，等到你下次把这批货物卖掉时，再向下家收回来。平进平出不缴税，低进高出要补税，高进低出成留抵。留抵税额挂往来，那是国家欠你的钱。

明白了留抵税额的含义，也就清楚了留抵退税的性质，收回了别人欠你的钱，不用缴税。

留抵退税要处理好6大关系：与附加税的关系

“留抵退税不抵附加税，简直胜过高利贷”，业内有这么一种说法。是什么样意思呢？通过一个简单例子，你就一清二楚了。

某企业8月底留抵税额70万元，申请办理了留抵退税，全额退回了，留抵税额变回了0。9月销项税额100万元，当月没有进项税额。下面分两种情况讨论：

如果没有申请留抵退税，9月应该缴纳增值税30万元，附加税也按实际缴纳的增值税缴纳。

如果申请了留抵退税，9月应该缴纳增值税100万元，附加税也按实际缴纳的增值税缴纳。

在办理了留抵退税情况下，会比不办理退税多缴附加税，多缴的金额就是退税金额乘上附加税率。

为了避免这种情况发生，财政部和税务总局早在2018年发布的《关于增值税期末留抵退税有关城市维护建设税教育费附加和地方教育附加政策的通知》（财税〔2018〕80号）中明确，对实行增值税期末留抵退税的企业，允许其从城市维护建设税、教育费附加和地方教育附加的计税（征）依据中扣除退还的增值税税额。即企业在前期享受了增值税留抵退税政策，后期在计算城建税及附加费的计税依据时，可以从实际缴纳的增值税中扣除已经退还的留抵税额。

延续上面的案例，9月在办理申报时，如果已经申请了留抵退税，则附加税的计税依据调减到按30万元计算。

当初刚实行留抵退税时，抵附加税这个动作是纳税人在自己申报时手动操作的，不懂的人就不抵了。后来税务机关在申报系统中实行了智能自动抵减，懂和不懂的全不要考虑这事了。

留抵退税要处理好6大关系：与即征即退、先征后返的关系

39号公告规定，取得增值税留抵退税款的，不得再申请享受增值税即征即退、先征后返（退）政策。

增值税即征即退，是指按税法规定缴纳的增值税税款，由税务机关在征税时部分或全部退还纳税人的一种税收优惠。如软件企业税负超3%的退还、资源综合利用企业按一定比例的增值税退还等。

增值税先征后返（退）和即征即退的相同点是，都是纳税人先按规定计算缴纳增值税。不同点是先征后返（退）一般由财政部门负责返还；即征即退是由税务部门负责退还的。

增值税留抵退税和先征后退两者间，是水火不相容的关系。如果一个企业，既符合留抵退税又符合先征后退，只能两者选其一。为什么要作出这种规定呢?

留抵退税退的是企业可以用来抵扣的进项税，退了留抵税额后，企业下期或以后就会多缴增值税；先征后退，退的又是实际缴的增值税，所以两者不能兼容，只能二选一。如果两者可以兼容的话，理论上企业可以这么操作，所有的进项先申请全部退还后，企业再按名义增值税率缴纳增值税，最后实行先征后退。这与当初设计增值税先征后退的初衷相违背。

一些特殊的行业，一定要慎重选择留抵退税。曾经碰到过一家企业，先申请退还了几十万元留抵税额，后来在办理几百万元增值税先征后返时，税务机关不让退。最后多次协商后，把留抵税额补了回去，才同意办了先征后返。

留抵退税要处理好6大关系：与出口退税关系

纳税人出口货物劳务、发生跨境应税行为，适用免抵退税办法的，应先

办理免抵退税。免抵退税办理完毕后，仍符合规定条件的，可以申请退还留抵税额。

虽然免抵退和留抵退税退还的都是进项税额，但两者有时间上的先后。免抵退是退还出口货物承担的进项税部分，留抵退税是免抵退后余下的留抵税额。

适用免退税办法的，相关进项税额不得用于退还留抵税额。当然了，想退也退不回来的，免退税对应的进项税额，早已被清分到其他轨道上去，也形成不了企业的留抵税额。

留抵退税要处理好6大关系：与加计抵减关系

同在39号公告中，对提供邮政服务、电信服务、现代服务、生活服务四大服务业取得的销售额占全部销售额的比重超过50%的纳税人，允许按照当期可抵扣进项税额的10%计提当期加计抵减额，加计抵减税额，可以从本期销项税额中抵减，抵不完的，可结转下期继续抵减。

加计抵减的政策，实质是一种税收优惠，类似于企业所得税上的加计扣除。所得税上的加计扣除，是对一些特殊的支出，在按规定可以税前扣除的基础上，再让企业多扣一定的比例。增值税的加计抵减，是在允许企业作进项税额抵扣的基础上，按一定的比例再多抵扣点。

加计抵减，是一种虚拟的抵扣，它不进企业的进项税额和留抵税额。我们只要看一下增值税申报中的两个逻辑，就明白了。

逻辑1，当增值税申报表销项税额减去可抵扣税额（含留抵税额）大于0时，才可以抵减加计抵减的税额。

逻辑2，在增值税申报表附表中，单独核算加计抵减额的计提、抵减、调减、结余等变动情况，就明白了加计抵减是独立于进项税额和留抵税额的。

唯一会有问题的是这种情况：企业的进项税额按规定计提了加计抵减，

后来留抵退了税，会计上作了进项转出，对这种办理留抵退税后的进项转出，要不要调减已经计提的加计抵减呢？个人理解，不用。因为留抵退税而会计上处理的“进项转出”，只是会计处理方法，不是增值税政策上真正的“进项转出”。

留抵退税要处理好6大关系：与依法纳税的关系

一般纳税人应该缴纳的增值税税额，本身就是个系统的形成过程和复杂的计算过程。有收入才会形成销项税额，销项税额大小直接关系到当期能抵多少的留抵税额。企业的进项税额，本身就是形成留抵税额的来源，进项税额的真与假，该转出的是否都转出，这些因素都会直接影响留抵退税的金额。

每次国家出台留抵退税政策，都会强调要有一定的纳税信用等级，要没有骗取留抵退税、出口退税或虚开增值税专用发票、因偷税被税务机关处罚两次及以上等“前科”记录的，但是虽然设置了门槛，也还是防不胜防。

不胜防之一：收入上做文章。通过少报点收入迟报点收入，来逆向调整留抵税额。就迟报点收入来说，当期申报的收入少了，销项税额也少了，可退的留抵就多了，虽说都是自己的钱，但毕竟打了个时间差。

不胜防之二：进项上做文章。留抵税额不能退之前，假冒的进项最多抵点儿税，现在不一样了，不但可以抵，还可以申请退，“中间商终于有了差价”。于是，买进项的，自己虚开农产品发票虚增进项的，人为操作进项转出、该转的不转等手法一齐上阵。

不胜防之三：关联方交易做文章。全额退还留抵税额后，据说出现了不少这种做法，A企业有留抵但不符合退的条件，关联方B企业可以退但没留抵。一合计，A把票开给B，进项一倒腾，B就去退税了。

不胜防的做法还有很多。说到底，还是纳税意识和诚信纳税问题。税务机关一方面希望，让符合条件的企业，做到应退尽退；另一方面又担心骗取留抵退税的做法太猖狂。就好像青春期的约会，怕他不来，又怕他乱来。各级税务机关，特别是一线税务机关，采取了多手段多方法的应对措施。

最后还得交个底，为什么要花这么大的精力来讨论留抵退税的政策？主要有几个考虑：一是对房地产企业来说，留抵退税是目前最大的一个政策红利，能争取的要尽量争取到，对房地产企业来说具有重要意义。二是从以后的方向来说，留抵退税的路只会越走越宽，毕竟这符合增值税的税制特征和国际潮流。三是不少房地产企业对内部税务人员，都有退税的指标考核，留抵的退税是最容易退的税。据说这还关系到个人的生活品质问题，是什么你懂的。

第47讲　如何解决增值税超预缴？

2016年“营改增”实施后，房地产开发公司按3%预缴增值税。预缴制度带来最大的问题是，项目达不到3%的税负率，从而前期占用了大量的资金，到整个项目销售完成后，又退不了税，造成了实际的多缴税款。

预缴增值税的起止时间

国家税务总局2016年18号公告（以下简称“18号公告”）写道，一般纳税人采取预收款方式销售自行开发的房地产项目，应在收到预收款时按照3%的预征率预缴增值税。

预缴增值税的开始时点，还是比较明确的。在预销售阶段，开发商收到预收款就预缴增值税。这里有争论的问题可能有，类似于收到的诚意金、意向金、订金、定金等，要不要收到时就预缴增值税呢？

意向金、诚意金、订金等，在我国现行法律中不具有法律约束力，主要是为试探购房人的购买诚意及对其有更好的把控而创设出来的概念。在实践中，意向金（诚意金）未转定金之前客户可要求返还且无须承担由此产生的不利后果。一般意义上，意向金、诚意金等，不具有预收款性质，等转为预收款时再预缴增值税。

定金就不一样了。定金是一个法律概念，属于一种法律上的担保方式，《中华人民共和国担保法》第八十九条规定：当事人可以约定一方向对方给付定金作为债权的担保。债务人履行债务后，定金应当抵作价款或者收回。给付定金的一方不履行约定的债务的，无权要求返还定金；收受定金的一方不履行约定的债务的，应当双倍返还定金。

房地产开发企业收到购房人的定金，一般视同收到预收款，预缴增值税。

对此，各省也有一些单独的规定，如河北省税务局，曾经有过规定：

> 房地产开发企业以订金、意向金、诚意金、认筹金等各种名目向购房人收取的款项不同时符合下列条件的均属于预收款性质，应按规定预缴增值税：
>
> （一）收取的款项金额不超过5万元（含5万元）；
>
> （二）收取的款项从收取之日起三个月内退还给购房人。

房地产开发公司什么时候停止预缴增值税？如到了现房销售阶段，需不需要再预缴？这时会有几种不同观点：第一种观点，只要没交房，收到钱都要预缴增值税。第二种观点，现房销售不用预缴增值税。第三种观点，以开具发票为标准，现房销售，如开发商仍开具602的不征税发票，继续预缴增值税；如开具正式的销售不动产发票，就可以不再预缴税款。

预缴增值税，什么时候可以抵

预缴的增值税，什么时候可以抵减正常的税款？如某房地产开发公司，有两个开发项目，A项目刚开始预缴税款，B项目已经达到完工交付的时点，A项目预缴的税款能否抵减B项目的应纳税款？看一下18号公告的原文：

第十四条　一般纳税人销售自行开发的房地产项目适用一般计税方法计税的，应按照《营业税改征增值税试点实施办法》（财税〔2016〕36号文件印发，以下简称《试点实施办法》）第四十五条规定的纳税义务发生时间，以当期销售额和11%的适用税率计算当期应纳税额，抵减已预缴税款后，向主管国税机关申报纳税。未抵减完的预缴税款可以结转下期继续抵减。

18号公告表达的意思是，A项目预缴的税款，似乎只能等到A项目交房时，才能抵减。但实际工作中，大部分税务机关是允许跨项目抵减的，现行的增值税申报表也支持跨项目的抵减。如某省税务局的答复：

问：房地产开发企业有多个自行开发的房地产项目，均是新项目，一般计税方法。其中A项目处于预售阶段，按规定预缴增值税款；B、C项目已经开始交房，产生了增值税纳税义务，当期有应纳税款。请问，A项目预缴的增值税税款可否抵当期B、C项目应纳增值税税款？

2019年6月17日省税务局货物和劳务税处：A预缴的增值税可以抵减B、C项目应纳增值税税款。

解决超预缴方法：正确认识预缴税款和留抵税额关系

不上表不足以说明问题，我们先来看一下增值税申报表的计算逻辑（见表6–1）。

表 6–1　　　　　　　　增值税申报表（部分）

税款计算	应抵扣税额合计	17=12+13–14–15+16
	实际抵扣税额	18（如17<11，则为17，否则为11）
	应纳税额	19=11–18
	期末留抵税额	20=17–18
	简易计税办法计算的应纳税额	21
	按简易计税办法计算的纳税检查应补缴税额	22
	应纳税额减征额	23
	应纳税额合计	24=19+21–23
税款缴纳	期初未缴税额（多缴为负数）	25
	实收出口开具专用缴款书退税额	26
	本期已缴税额	27=28+29+30+31
	①分次预缴税额	28
	②出口开具专用缴款书预缴税额	29
	③本期缴纳上期应纳税额	30
	④本期缴纳欠缴税额	31
	期末未缴税额（多缴为负数）	32=24+25+26–27
	其中：欠缴税额（≥0）	33=25+26–27
	本期应补（退）税额	34=24–28–29

增值税申报表的设计，体现了增值税的计算逻辑。本月的销项税额减去进项税额，再减去留抵税额，为本期的应纳税额（24行）；算出应纳税额后，如果有应纳税额大于0，允许在28行抵减已预缴的税款。

在计算增值税应补税额时，先抵留抵税额，抵完了产生应纳税款，再抵已预缴税款。明白了这个计算逻辑，我们就知道，解决留抵税额是解决增值税超预缴的方法之一。

要解决增值税超预缴，前提是解决好留抵税额。留抵税额的解决，无非这几种途径，第一种是后取票，等消化完预缴税款后再取得进项票。这种方法有一定的难度，且把握得不好，会造成很大的风险。第二种方法是尽量申请办理留抵税额，在交房前，先把留抵税额降到最低金额。

还有一种更直接的办法，我们来看一下某税务局网站上的回复：

尊敬的领导！我公司为房地产开发企业，目前开发的项目暂未交付业主，按实收款申报增值税预交税款，因公司资金周转困难，难以按时缴纳税款，请问我司是否按照《国家税务总局关于增值税一般纳税人用进项留抵税额抵减增值税欠税问题的通知》(国税发〔2004〕112号）规定，用进项留抵税额抵减增值税预缴税款欠税。

提交时间 2021-03-22　16：05

××省税务局答复内容：根据《关于增值税一般纳税人用进项留抵税额抵减增值税欠税问题的通知》的规定，期末留抵税额可以抵减增值税欠税。

理论上说，留抵税额是纳税人曾经付出的真金白银，是国家欠纳税人的钱；增值税欠税是纳税人欠国家的钱，二者又同属增值税旗下，相互抵顶应该是没问题的。国税发〔2004〕112号文件也写道，对纳税人因销项税额小于进项税额而产生期末留抵税额的，应以期末留抵税额抵减增值税欠税。但实际操作起来会有一定的难度，且操作前提是必须得先有欠税，这会给企业带来一定的后遗症。

解决超预缴方法：提早开具正式发票

房地产开发企业开具正式不动产销售发票的时间，一般应该在交房环节。对预售阶段的销售，或者完工后未到交付时点的房产销售，能否先开具发票，从而可以直接计算销项税额、不再预缴3%的增值税？

根据财税〔2016〕36号的规定，增值税纳税义务的发生时点为纳税人发生应税行为并收讫销售款项或者取得索取销售款项凭据的当天；先开具发票的，为开具发票的当天。在收取预售款时直接开具发票，以提前触发增值税的纳税义务发生时间。似乎从规定上说得过去。

实际实操中，各地税务机关对该操作的认可程度不同，一定要提前与税务机关沟通。提前开具正式发票，也会有一定的风险。一个是按现行增值税率开了票、缴了税，万一哪一天税率又下调了；二是会计核算上会有很多后遗症；三是会引起增值税的收入大于企业所得税的收入和会计上的收入，容易引起系统的预警。实务中，部分税务机关认可这一做法，但有个前提条件：这个项目以后卖的房子，都得开正式发票并确认销项税额。

解决超预缴方法：申请退还预缴税款

房地产公司预缴的增值税能不能退？答案是肯定的，能退。从税理上来看，有预缴必有清算，有清算必有退税。现行增值税政策，虽然没有规定房地产公司在哪个时点进行增值税的清算，但考虑到交房时点，房地产公司正式确认销项税额并进行完整的预缴税款抵减，因此也没有必要单独规定一个清算时点。

什么时间可以退税？正是因为没有一个单独的清算时点的规定，造成了增值税预缴税款可退但不知什么时候能退的局面。个人认为，在交房增值税确认收入时点，应该办理预缴税款的退税。但大部分税务机关，以文件没明确规定为由，拒绝退还增值税。据了解，这一环节能退到税款的很少。也有一部分税务机关，允许企业办理了土地增值税清算或企业注销时，才能办理增值税预缴税款的退税。

解决超预缴方法：自谋出路

前面分析过，房地产公司按3%预缴的增值税在何时可以抵减，存在着政策规定和实务操作的差异。政策上的逻辑，只有等到项目交房时，才能抵减。但实务中，由于增值税申报表的设计，税务机关基本认可，预缴的增值税可以抵其他项目的增值税款，也可以抵其他应税行为产生的增值税。也就是允许“左手缴、右手抵”。因此，对预缴明显抵不完的一些地产项目，也有人会进行一些操作，在项目公司里装进一些其他的业务，用预缴的税款去抵其他业务产生的增值税。这种做法，个人认为，只要业务是真实的，也没有太大问题。

最后探讨一个问题。营改增后，怎么计算一个公司的增值税负？所得税也好，土地增值税也好，一般按照实际缴了多少税，就能很快算出一个项目的税负。但增值税不一样，他不能简单地按照实际缴了多少税来计算，在考虑实际缴税的同时，还得考虑项目公司曾经付出了多少进项税额，有多少最终没有抵没有退的。

第48讲　如何解决企业所得税超“预缴”

房地产开发企业在企业所得税上的风险，主要是超“预缴”引起的“前盈后亏”风险。这里我们就这个事情进行专门的讨论。

几个基本概念

在讲解如何解决企业所得税超“预缴”问题之前，我们先来了解一些基本概念。

第一个概念。完工年度之前，企业所得税按预计毛利来缴税，这不是一种“预缴”。所以，在讲所得税时，笔者一般会给预缴二字打上引号。

第二个概念。营改增对所得税“预缴”的影响。我们以一个案例来比较下营改增前和后企业所得税的缴纳情况：

某房地产公司，销售未完工产品，含税价109万元，增值税税率为9%，当地按预计毛利15%缴纳企业所得税。土地增值税的预征税率为3%，不考虑期间费用的扣除。

营业税时代：

应缴纳营业税=109×5%=5.45（万元）

应缴城市建设税、附加等=5.45×12%=0.654（万元）

应缴土地增值税=109×3%=3.27（万元）

应缴企业所得税=（109×15%-5.45-0.654-3.27）×25%=1.744（万元）

税负=1.744÷109=1.6%

增值税时代：

应缴纳增值税=100×3%=3（万元）

应缴城市建设税、附加等=3×12%=0.36（万元）

应缴土地增值税=106×3%=3.18（万元）

应缴企业所得税=（100×15%-0.36-3.18）×25%=2.865（万元）

税负=2.865÷100=2.865%

在不考虑期间费用扣除情形下，同样的收入，同样的预计毛利，营改增后，企业所得税的税款比营业税时代要多缴纳60%以上。是什么原因造成的？最主要原因是，营业税是价外税，计算缴纳的营业税，在计算缴纳企业所得税时可以全额扣除的；增值税却是价内税，预缴的增值税不能在企业所得税前扣除。如上述案例中，营改增前，可扣除的营业税及附加是6.104万元，而营改增后，可扣除的只有附加税0.36万元。

对房地产企业来说，这绝对不是一个小数目。上面案例中，企业所得税负相差1.2%，以一个50亿元货值的楼盘来说，影响的企业所得税款是6 000万元左右。

营改增后，部分税务机关也看到了这个问题，所以有意识地下调预计毛利率，来抵销企业所得税多“预缴”税负陡升的问题。

企业所得税“预缴”中的陷阱

有一个某省的房地产开发商，到外省的一个三线城市去拿一块地，准备开发商品住宅。当地的所得税预计毛利率竟然高达15%，当地税务局人士告诉企业，先按15%缴进来，以后如果利润没有这么高，可以把税款退还给企业。结果大家猜得到，这种所谓的多缴税款，怎么退得回来呢？退不回来的后果，是项目开发公司账上趴着一大堆的未弥补亏损，由于房地产开发的特殊性，又怎么消化得了呢？

还有一个比较好玩的陷阱，有的地方的预计毛利率竟然是浮动的。碰到这种情况，更加要予以重视。

解决超“预缴”：做好预缴年度的季度预缴之退税

企业所得税是按年计算、按季预缴的一个税种。1个年度的4个季度内，每个季度都要办理预缴申报手续，年度终了后，办理年度汇算清缴，多退少补。但实际没有那么简单。因此，做好季度的申报和预缴工作，直接关系到税款的缴纳。季度申报时，总体原则是保持税款的均衡缴纳，尽量不多缴纳所得税，也就是避免年度汇算清缴要退税情形的发生。

讲一个经历过的案例。某企业在外省的一个项目公司，2015年、2016年是预售阶段，2015年各季度多预缴所得税1 000多万元，2016年多预缴500多万元。当时企业所得税的政策是，多缴的税款既可以办理退税，也可以在以后年度向税务机关申请，抵顶以后年度的企业所得税。当时企业向税务局申请退税，税务局没有同意，口头意见是抵以后年度的税款。结果一直到2021年，税款没有全部抵完，项目已经处于扫尾阶段，再次向税务局申请退税，税务局以超过退税期限为由，拒绝退税。

以前这种应退不给退的情况经常发生。国家税务总局也意识到这个问题，在2017年底修改企业所得税年度申报表时，在申报表主表里，干脆取消了“以前年度多缴的所得税额在本年抵减额”栏次。

解决超“预缴”：做好预缴年度的季度预缴之亏损弥补

季度申报时也可以弥补以前年度亏损，现行季度申报表完全支持这种弥补。

2018年一季度有大额所得，2017年有大额亏损，办理一季度所得税申报时能否弥补2017年的亏损？答案是可以弥补的，关键是如果未办理2017年的年度申报，产生不了2017年度的待弥补亏损，季度申报表是生成不了待弥补亏损的，只有通过填写年度申报表的A106000“弥补亏损明细表”才能生成本年亏损结转以后可弥补的金额。所以2018年一季度要弥补2017年度亏损时，必须把2017年度申报做在2018年一季度申报前面，通过年度申报计算出全年的亏损，方可结转下一年度弥补。

解决超“预缴”：做好预缴年度的季度预缴之税金扣除

房地产企业在结转完工产品前，是按预计毛利额缴纳企业所得税的。随预售收入缴纳的土地增值税、城建税和教育费附加，实务中大部分房开企业不计入“税金及附加”科目，也就是会计上不计入当期损益，而是在交房结转收入时再计入会计损益。

这种会计上未计入损益的税金，能在缴纳当期的所得税前扣除吗？答案是可以。国税发〔2009〕31号文件规定，对企业发生的期间费用、营业税金及附加（当时未营改增）、土地增值税准予当期扣除。

2014年，国家税务总局对企业所得税年度申报表进行大修时，为解决税金的扣除问题，专门在A105010表中设计了两个行次，进行税金的纳税调整和反向纳税调整，有效解决了没有计入会计损益的税金可在年度申报时予以扣除的难题。

年度申报的问题解决了，但季度申报时，这部分未计入当期损益的税金能否扣除，一直是个谜一样的存在。大部分税务机关支持季度申报不可以扣除的观点，只允许年度申报时再作调整。为了季度申报能少预缴点所得税，很多房开企业使上了“塞”劲，季表里哪里方便往哪里塞，哪个栏次没有监控就往哪一栏塞。最常见的做法有：往“利润总额”栏里塞；往“特定业务计算的应纳税所得额”里塞；最过分的房开企业，索性也不要房地产这张皮了，拼命往建筑业靠，塞到“特定业务预缴（征）所得税额”栏里作相应扣除。

2021年，国家税务总局下发了3号公告，再一次修订了所得税季度申报表及填表说明。在对第4行“特定业务计算的应纳税所得额”的填表说明中规定：

> 房地产开发企业销售未完工开发产品取得的预售收入，按照税收规定的预计计税毛利率计算出预计毛利额，扣除实际缴纳且在会计核算中未计入当期损益的土地增值税等税金及附加后的金额，在此行填报。

至此，会计上未计入损益的土地增值税、城建税、教育费附加等，终于可以光明正大地在所得税季度申报时扣除了。

提醒下，政策是明确了，但扣不扣得了，还得看当地执行口径。

解决超“预缴”：预缴年度的季度预缴之重复缴税

做好特殊情况下的季度申报，不要产生重复缴税。我们知道，房地产公司在季度申报时，预收款对应所得是放在表格第4行“特定业务计算的应纳税所得额”进行填写申报的。2019年以前，这一行的填报口径有这么个规定：本行填报金额不得小于上期申报金额。从2019年开始，国家税务总局取消了这个限制。

取消这个关卡暗含的意义是什么？假如2020年第1季度卖了1亿元房子，按10%的毛利确认了所得1 000万元。到了第2季度，项目办好了竣工备案，也交了房，这时所得税上达到完工标准，会计上也确认了收入，假设会计利润的核算结果也是1 000万元。在第2季度所得税申报时，会计利润有个1 000万元，第4行如果只能填写大于等于上期的申报数（1 000万元），那相当于季度申报时缴了两遍税。新的填表说明的意思是，像这种情况下，可以通过第4行反冲回来。

解决企业所得税超“预缴”：做好年度申报

企业所得税是按年计算的税种，在季度申报时，一般不对税会差异进行纳税调整，但在年度申报时必须调整。

哪些税会差异需要在年度进行调整？

一个基本的判断原则，计入当期会计损益的才进行调整。如房地产企业预售期间，计入期间费用的支出：费用化的利息支出、销售费用、管理费用等。

不计入会计损益，不影响当期会计利润的项目，不需要在预售年度的纳税申报时进行调整。常见的事项有：在预售年度取得的一些不合规的工程发票或其他成本类的发票，税务机关在协查或评估时发现了，要求企业进行纳税调整。这些发票，对应的事项是计入开发成本的支出，在预售年度由于未结转开发成本，因此不需要纳税调整。

还有一个容易疏忽的事项，那就是资本化期间的利息支出。企业从非金融机构借款支付的利息，利率可能超过规定标准但由于预售期间，这些利息支出并未影响当期的利润，因此也是在结转收入和成本的年度进行纳税调整的。

在对预售年度汇算清缴的申报时，一定要分分计较，不应该调的差异绝不能调整。因为房地产项目公司预售期间的应纳税所得额都是大于0要缴税的，一旦发生纳税调增事项，就要多缴纳企业所得税。因此，能放在以后完工年度调整的，尽量往后去调整。

解决企业所得税超“预缴”：充分利用好政策

解决企业所得税超“预缴”时，站在所得税角度，要有一个原则：能进费用的尽量不进成本。特别是一些明显“预缴”比例过高、以后肯定会出现“前盈后亏”的项目，一定要有这种思路。

项目营销设施建造费。企业所得税上将其列入开发间接费，土地增值税上没有包括此项费用。从道理上说，单独建造的营销设施费，土地增值税上应该列入销售费用扣除，所以，不管是否计入“开发间接费”，对土地增值税的清算都没有影响。

换个角度，营销设施建造费就不一定要资本化到成本中去，直接放到销售费用里，可以抵减不少的“预售所得”。同理，营销设施的装修费用，也不是一个小数字，一个灯就可能上万元。能放到费用的，尽量放到费用里去。

利息的资本化时点。企业所得税上，对房地产企业的利息支出，应该资本化的必须资本化，这有明确的规定。但税法没有对资本化的起始时点作出过明确的规定，实务中基本上参照会计的处理。但房地产企业的借款利息何时开始资本化，会计上也不是太明确。有的说以拿到地为标准，有的说以实质动工为标准。曾经碰到过一个开发项目，这两个不同的时点，可以费用化的利息就相差800多万元。

利息何时资本化，对土地增值税的清算基本没有影响。因此，如果企业的财务制度中有明确的规定，以拿到施工证或正式动工，作为本企业的利息资本化时点，税务上大概率是认同的。

集团公司或其他股东费用的收取时间。集团公司向项目公司收取的服务费，包括其他股东向项目公司收取的一些费用，如果按照当地口径，只能放到项目公司的费用里列支。这种情况下，不要再等到项目结束后再收取，要提前到预售阶段，这也能解决一部分问题。

有些开发项目，也有以“抢竣备”方式，提前做好竣工备案，可以早点不“预缴”所得税。这种思路当然是对的，不过实际操作中，还要综合考虑其他因素。

以上探讨的这些思路，只是基于所得税“预缴”的角度。实际工作中，不仅要考虑企业所得税，还得考虑土地增值税；不仅要考虑政策的层面，还要考虑当地税务机关的口径。四个字：仅供参考。

第49讲　房地产企业佣金扣除中的税务风险

房地产开发企业在卖房子时，有的会由自己的营销团队进行销售，有的会委托第三方进行销售。在委托第三方销售时，须支付一定比例或金额的销售佣金。

何为佣金?

佣金一般指支付给为其提供服务的具有合法经营资格的中间人的劳务报酬，包括介绍费、服务费、居间费、手续费、经纪服务费等。

佣金依合同和交易而产生。根据《民法典》规定，中介人促成合同成立的，委托人应当按照约定支付报酬。中介人未促成合同成立的，不得请求支付报酬；但是，可以按照约定请求委托人支付从事中介活动支出的必要费用。一般意义上的佣金支付的前提是交易合同签订且交易发生，才可按照约定的比例或金额支付相关的劳务报酬。

以上说法的逻辑，也是区分佣金和业务宣传费等费用的标准。业务宣传费只是支付或发生的为宣传本单位或本单位产品的宣传支出，这种服务只管宣传推广，不承担卖不卖出去的义务。但佣金就不一样了，它必须依合同和交易而产生。在企业所得税的扣除上，也是依合同金额计算扣除。

佣金扣除的规定

房地产公司支付的佣金，会涉及增值税抵扣、企业所得税扣除、土地增值税扣除、个人所得税代扣代缴等涉税的处理。这里简单介绍下企业所得税前扣除问题。

《财政部 国家税务总局关于企业手续费及佣金支出税前扣除政策的通知》（财税〔2009〕29号，以下简称“29号文件”），对佣金的扣除作了一般性规定；国税发〔2009〕31号文（以下简称“31号文”）中，对房地产行业佣金，进行了专门的规定。对照实务操作中碰到的具体情况，房地产企业的佣金扣除有以下几个要注意的地方：

扣除比例的限制。房地产企业委托境外机构销售开发产品的，其支付境外机构的销售费用（含佣金或手续费）不超过委托销售收入10%的部分，准予据实扣除。委托境内机构或个人销售的，不得超过合同确认金额的5%。

在计算佣金的扣除限额时，一般是按单个合同金额计算扣除限额，而不是按所有合同汇总计算的。曾经碰到过一个商业地产销售的案例，部分单个合同的佣金点数达到8%或以上，在年度申报时，按单个合同金额计算，超过了比例，需要纳税调增800多万元。如果按照所有合同的金额进行计算，佣金的比例没有达到5%，不需要纳税调整。因此，如何签订委托销售合同是个技术活。

支付的对象有具体要求。29号文件规定，佣金支付对象必须是具有合法经营资格中介服务机构或个人（不含交易双方及其雇员、代理人和代表人等）。如果严格按照这一条款执行，房地产公司支付销售佣金的对象，只能是有房地产销售代理资质的企业，或者是有房地产经纪资格的自然人。

佣金的支付方式有要求。除委托个人代理外，企业以现金等非转账方式支付的手续费及佣金不得在税前扣除。

新收入准则下的销售佣金扣除

在新的收入准则实施前，房地产企业发生的销售佣金是计入销售费用直接在发生的当期扣除的。2016年，财政部公布了新的收入准则，从2021年起，所有执行会计准则的企业都要按新的收入准则执行。

新的收入准则引进了一个崭新的提法：增量成本。增量成本是指企业不取得合同就不会发生的成本（如销售佣金等）。增量成本既然“命名”为一项成本，当然必须与收入相配比，只有在收入确认年度，才能按规定结转扣除。

假如甲房地产公司在2019年预售期间发生销售佣金1 060万元。2020年，开发的项目完工竣备，企业所得税上结转收入和成本。2021年，交房给小业主，会计上结转收入和成本。

甲企业2019年的账务处理：

借：合同取得成本——销售佣金　　10 000 000

　　应交税费——应交增值税（进项税额）　　600 000

　　贷：银行存款等　　10 600 000

2021年交付确认销售房屋收入：

借：销售费用——销售佣金　　10 000 000

　　贷：合同取得成本——销售佣金　　10 000 000

由于新的准则实施后，国家税务总局对企业所得税与新准则的衔接一直未给予明确。所以，各地目前可能有三种处理的方法：

1. 销售佣金在2019年度所得税前扣除。尽管会计上计入合同取得成本，而不是作为当期费用处理。但是所得税处理上，根据31号文和相关的文件规定，房地产企业预售期间的销售费用，可以在发生年度扣除。

2. 2019年发生年度不得税前扣除，但是在2020年，在所得税上结转收入年度，销售佣金可以税前扣除。

3. 只能于2021年在会计确认收入和成本的年度税前扣除。

上述三种方法，个人更倾向于第一种处理方法。第三种方法的处理思路本身就不准确。对于房地产开发企业来说，会计上的列支和所得税上的扣除本身就是分离的，也就是说，到了所得税收入和成本结转的时点，无须考虑会计上有没有做收入和成本。

第二种方法，看上去似乎很有道理，但仔细分析也是有问题的：

首先我们要明确一个前提，不管会计上怎么处理，销售佣金就属于销售费用。会计上虽然先计入“合同取得成本”，最终也是计入销售费用的。

我们都知道，31号文件中对房地产开发企业的税前扣除，是严格区分期间费用和计税成本的。其中的计税成本，31号文件有明确的规定，包括“土前基建公开”6大项，佣金本属于销售费用的一部分，无论如何是塞不进这6大项成本明细中的。所以，佣金的类似“资本化”做法，只是会计上的一种处理方式，所得税上必须按照所得税处理思路，销售费用应该在发生当期进行扣除。

其次，与收入的配比问题。如案例中，会计上把佣金放到2021年去扣除，是因为会计上的收入体现在2021年。但是，在处理房地产企业的所得税问题时，一定要牢记一句话：房地产企业的预售收入，也是房地产所得税的收入。企业所得税上的收入体现在2019年，佣金也理应放在2019年扣除。

还有一个理由，如果执行会计准则的企业，由于会计科目的调整，佣金只能放到以后年度去扣除，这和没有执行会计准则的企业相比，明显是不公平也不合理的。至少从道理上也说不通，执行会计制度的企业，佣金在发生当期扣了；执行会计准则的企业，佣金只能在成本结转的年度扣。如果持这种操作思路，“税法跟着会计跑”，税收的固定性和刚性也就没有了。

第50讲　如何做好土地增值税的预缴

在讲增值税和企业所得税时，我们用了“如何解决这两个税种超预缴”的提法。在讲到土地增值税时，我们没有用解决超预缴的提法。原因大家也明白，土地增值税毕竟是真正意义上的预缴，后续还有一个清算的动作，真的预缴多了，还可以等到清算时再退回来。

但实际工作中，远没有这么简单，要考虑因素很多。一个因素是补税容易退税难。缴进去，一张申报表就搞定，退回来要经历层层关卡。退税，一是关系到税务机关和经办人员的责任，所以会审核得比较严格。有很多项目，企业清算结果是要退税的，一到税务机关审核，就都成了补税项目。二是当地财政的压力，钱要从当地财政掏出来，有些地方财政紧张，退税基本上是不可能完成的任务。

还有一个因素是什么时候能退回来。很多地方的税务机关，每年都会排清算的计划，对于补税项目，能提前则提前，对于退税的项目，能往后就往后。实务中，笔者经常碰到，拖了三四年都没有列入清算计划的项目。从这个角度来说，企业预缴税款，等退回来时，又没有资金的利息，白白占用了几年。

土地增值税预缴，最理想状态是清算时略微补一点税。所以，做好预缴工作也是非常重要的一个环节。

土地增值税预缴的基数

营改增后，国家税务总局在《关于营改增后土地增值税若干征管规定的公告》（国家税务总局公告2016年第70号）中规定：

> 为方便纳税人，简化土地增值税预征税款计算，房地产开发企业采取预收款方式销售自行开发的房地产项目的，可按照以下方法计算土地增值税预征计征依据：
>
> 土地增值税预征的计征依据=预收款-应预缴增值税税款

按照上面的公式来计算，一般计税方式下，房地产公司109万元的预收房款，其土地增值税预缴的依据为106万元，明显比不含税的100万元要多预缴不少的土地增值税。

文件出来后，有不少房地产公司发出了“我不想方便，我只想少预缴”的呐喊。但大部分税务机关对此文件解读是，此文件中的“可按照”是“必须按照”的意思，有些地方的税务机关也出台了必须按106万元来预缴的规定。

如何看待这个问题呢？109万元的预收款，应该按106万元来预缴，还是按100万元来预缴，个人意见，这问题上没有对与错，只有谁嘴巴大谁说了算。在当地有明确口径规定按106万元来缴的地方，就乖乖按106万元来预缴吧。曾经有一个企业，按100万元来预缴，最后还补了滞纳金。没有明确规定的地方，争取按100万元去预缴。或者争取按以下这种方法去预缴：

《中国税务报》曾经有过一篇文章，表达了这么一种观点，国家税务总局2016年第70号公告，写到的“简化”所对应的“不简化”是指，在土地增值税预缴时，也可以按照扣减土地款的销售额来计算销项税金。假设上面109

万元的预收房款，对应土地价款是50万元，那企业不想简化的话，可以这么预缴：

预缴依据=109-（109-50）÷（1+9%）×9%=104（万元）

当然，这种方法的预缴，一个是要税务机关认可，另一个是要算一下对企业是否有利。

土地增值税预缴的比例

财税字〔1995〕48号文件规定，对纳税人在项目全部竣工结算前转让房地产取得的收入可以预征土地增值税。具体办法由各省、自治区、直辖市地方税务局根据当地情况制定。财税〔2006〕21号文件规定，各地要进一步完善土地增值税预征办法，根据本地区房地产业增值水平和市场发展情况，区别普通住房、非普通住房和商用房等不同类型，科学合理地确定预征率，并适时调整。

实际的预缴比例，基本上由各省定一个规定的范围，具体标准由各地自定。全国大部分地方的做法，按普通住宅、非普通住宅和其他类型，分别制定不同的预缴比例。其中，普通住宅适用最低的预缴比例，其他类型房产适用最高的预缴比例。

对保障性住房，基本认同可以不预缴土地增值税，但须经主管税务机关的同意。但对什么是保障性住房，可能各地掌握的口径会有所不同，如某省规定，公共租赁住房、廉租住房、经济适用房、城市和国有工矿棚区改造安置住房等保障性住房，可以暂不预征。

讲一个发生在某地的案例。房地产公司在当地开发安置房项目，税务局认为安置性住房不等同于保障性住房，除非公司能提供由自然资源与规划局出具的证明该地块属于保障性住房的文书。后来经沟通，有关部门出具了文书，这个项目省了1亿多元的所得税、土地增值税预缴。

土地增值税预缴的比例中，还得关注三个问题。第一个是有些地方的预缴比例，不是一成不变的，会随着当地的税收收入形势而调整。曾经碰到过一个案例，上半年的预缴按1%，下半年就调到了2%。第二个是有些地方对预缴比例规定得比较灵活，如某地的规定，税务机关在房地产项目税收管理过程中，在把握预征不过头、尽量避免清算时出现巨额退税以及防止预征不足影响收入的大原则下，如果纳税人在房地产项目预售前一个月，提出调整预缴率书面报告的，符合相关条件，可以将土地增值税预缴比例调整为0。第三个是要注意预缴类型、预缴比例和土地增值税清算时的关联关系，特别是有些地方的土地成本分摊口径，对别墅排屋等规定有特殊的分摊方法，一定要在预缴时关注预缴和清算的关联性。

房地产公司预售期间，可能会发生退房的情况。如果预售的房款，已经预缴了增值税、所得税和土地增值税。企业所得税上，季度预缴了这套房子的税款，等到年度申报时，如果还没有卖出去，理论上可以办理退税，但增值税和土地增值税就没有当年或次年可以退的这个规定。所以在三个税种处理上，一般可以抵其他房源对应的预缴税款。

少预缴税款可以加收滞纳金和罚款吗?

财税〔2006〕21号文件里讲到，对未按预征规定期限预缴税款的，应根据《税收征管法》及其实施细则的有关规定，从限定的缴纳税款期限届满的次日起，加收滞纳金。可以见得，未按规定少预缴土地增值税，税务机关有权对纳税人加收滞纳金，在实务中也是这样操作的，没有争议。

对少预缴土地增值税，税务机关可以进行行政处罚吗？答案是不行。预缴税款的制度是一种没有完整发生纳税义务情形下的预缴措施，不能定性为偷税，也不能按税收征管法的规定进行处罚。

第51讲　房产税的处理与风险

对房地产公司来说，房产税是所有税种中的“毛毛雨”。但这点“毛毛雨”，有时也会带来较大税务风险。对从事住宅开发销售的房地产公司来说，在开发销售阶段，会面临样板房、售楼处的房产税问题。对从事经营物业开发的企业，在持有和运营物业的过程中，房产税也绝对不是一个小数字。这里对常见的几个房产税风险进行分析和提醒。

实体样板房的房产税

好多房地产开发企业，房子钻出地面不久，拿到商品房的预售证前，就会把不同户型的房子，各拿出一套来进行装修，供客户来参观和选房。这种利用开发产品作实体样板房的开发产品，要缴纳房产税吗？

我们来看《国家税务总局关于房产税、城镇土地使用税有关政策规定的通知》（国税发〔2003〕89号）规定：

> 鉴于房地产开发企业开发的商品房在出售前，对房地产开发企业而言是一种产品，因此，对房地产开发企业建造的商品房，在售出前，不征收房产税；但对售出前房地产开发企业已使用或出租、出借的商品房应按规定征收房产税。

判断房地产公司开发的样板房是否需要缴纳房产税，关键是如何定义“使用”这个词。有的地方的税务局专门下文件，规定对实体样板房要缴纳房产税，他们的角度更多是站在“房子用来住的是一种使用，房子用来参观展览也是一种使用”的观点，判断为已经构成实际使用。有些地方税务局明确对实体样板房不需要缴纳房产税，他们更多站在“样板间为房地产开发企业的一种存货，仅仅展示未构成实质使用”角度。

由于房产税也是一个地方税种，地方具有较大自主性。个人建议，样板房是否需要缴纳房产税，参照当地口径。当地没有明确规定的，可以不缴纳相关房产税。主要理由是：房产税的征税对象是房产，实体样板房还是一个半成品，不是真正意义上房产。

房地产企业的临时设施房产税

《财政部 国家税务总局检发〈关于房产税若干具体问题的解释和暂行法规〉〈关于车船使用税若干具体问题的解释和暂行法规〉的通知》（财税地字〔1986〕8号，以下简称“8号文件”）规定：

> 凡是在基建工地为基建工地服务的各种工棚、材料棚、休息棚和办公室、食堂、茶炉房、汽车房等临时性房屋，不论是施工企业自行建造还是由基建单位出资建造交施工企业使用的，在施工期间，一律免征房产税。但是，如果在基建工程结束以后，施工企业将这种临时性房屋交还或者估价转让给基建单位的，应当从基建单位接收的次月起，依照法规征收房产税。

房地产项目公司为了销售房屋而建造的售楼部和样板间等营销设施，不属于8号文件可以不征房产税的范围，应该自建造完毕次月起缴纳房产税。要缴税是非常清晰的，问题是怎么个计算法呢？

曾经碰到过这么个稽查案例。房地产公司把小区内的公配设施先建起来，当临时售楼处用。在税务稽查时，税务机关发现临时售楼处没有申报房产税，于是要求企业补缴税款。企业也认可应该缴纳房产税，但就房产税的计税原值，企业和税务机关有不同看法。企业意见是，临时售楼处计算房产税时，不应该分摊土地的成本。税务机关意见是，不仅要分摊土地的成本，还要按占地面积分摊土地成本，不能按建筑面积来分摊。由于临时售楼处只有两层楼，且占地面积也不小，结果两种分摊土地的方法，房产税相差上百万元。

以上说的临时售楼处是红线内的。实务中，有些地产公司在红线外搭建临时售楼处，这时的房产税理应不包括土地的价格，因为地本来就不是房地产公司的。

自用的开发产品，何时缴纳房产税

在一些从事商业地产开发或者工业地产开发的项目中，地产公司会自持一部分物业，用于出租或者自用。出租的应该就租金缴纳房产税，有了租金收入就应该申报缴纳，这没有多大的争议。但自用的物业从价计征房产税，应该从什么时候开始计征房产税，实务中争议很大。我们来看一个比较典型的案例。

重庆富力房地产公司，2009年建成位于江北区××天街的富力海洋广场项目，将商业房地产相继出租部分。重庆富力房地产公司根据会计师事务所出具的审计报告，于2010年6月30日将其开发建设的富力海洋广场商业房地产由开发成本转入投资性房地产及公允价值变动会计科目。2011年6月27日，重庆市国土资源和房屋管理局就上述项目的商业房地产向重庆富力房地产公司颁发房地产权证。2014年8月，重庆市地税二稽查局根据工作指派，决定对重庆富力房地产公司的纳税情况进行立案查处。市地税二稽查局于2016年1月26日作出税务处理决定，认为重庆富力房地产公司于2010年6月将开发成本36 712万元转入投资性房产，2010年6月至2013年12月期间对投资性房地产出租部分按取得的租金收入缴纳了相关税费，但对投资性房地产未出租部分未按规定申报缴纳房产税，根据相关规定，该公司投资性房地产未出租部分应按账面原值计算缴纳房产税；2010年6月1日至2013年12月31日期间，该公司投资性房地产未出租部分共计少缴房产税886万元，决定追缴重庆富力房地产公司2010年6月1日至2013年12月31日期间少缴的房产税886万元，并于2016年2月25日向重庆富力房地产公司送达该税务处理决定。重庆富力房地产公司收到税务处理决定书后，向市政府申请行政复议。市政府行政复议结果：维持市地税二稽查局作出的税务处理决定。重庆富力房地产公司仍不服，向一审法院提起诉讼，在庭审中，重庆富力房地产公司主张系会计账目处理错误，涉案房产不属于投资性房地产，不应缴纳房产税。

一审法院经审理认为，本案争议焦点是涉案房产是否应征收房产税，本案中，根据市地税二稽查局举示的审计报告、投资性房地产房屋评估明细表、结转房地产记账凭证、资产负债表、利润表、房地产权证和租赁合同等证据，能够证明重庆富力房地产公司将其开发建设的富力海洋广场项目中商业房地产于2010年6月30日从开发成本、库存商品转入投资性房地产会计科目，亦已相继出租部分房产获取租金，且重庆富力房地产公司已持有该商业房地产等事实。重庆富力房地产公司持有的江北区 × × 天街富力海洋广场项目中的商业房地产，属于投资性房地产。同时，重庆富力房地产公司将其持有的涉案房产在会计账目上从开发成本、库存商品转入投资性房地产会计科目，按投资性房地产进行管理和核算，且房地产价值随市场变化产生了损益，已构成对涉案房产的实际使用，亦相继出租部分房地产获取经济利益，房地产用途、状态、目的已发生变化，因此，该商业房地产不属于《关于房产税、城镇土地使用税有关政策规定的通知》（国税发〔2003〕89号）第一条规定的待售产品，不属于该条规定的不征收房产税的情形。一审法院的判决驳回重庆富力房地产公司的诉讼请求。

重庆富力房地产公司不服一审判决，向重庆中院提起上诉。中院的判决是，上诉人认为将涉案房产转为投资性房地产系会计账目处理错误，该房产实际不是投资性房地产，不应缴纳房产税的上诉理由缺乏证据支撑，法院依法不予支持。驳回重庆富力房地产有限公司要求撤销重庆市地方税务局第二稽查局于2016年1月26日作出的渝地税二稽处〔2016〕2号“税务处理决定书”的诉讼请求。

至此，尘埃落定。在这起税案中，房地产企业把开发产品转投资性房地产，房产税就出来了。不管你有没有出租，只要账上核算成投资性房地产，就构成了实际使用，就要开始缴纳房产税。据说这案例出来后，有部分房地产公司，采取了“用多少、转多少”的策略，以避免一次性转入、一次性全部缴房产税的情况出现。

免租期的房产税税务风险

房地产公司在出租自持物业时，往往会给予一定时期的免租期。免收租金，在增值税、企业所得税和房产税上，各有自己的规定。

增值税的相关规定。《国家税务总局关于土地价款扣除时间等增值税征管问题的公告》（国家税务总局公告2016年第86号）规定，纳税人出租不动产，租赁合同中约定免租期的，不属于《营业税改征增值税试点实施办法》（财税〔2016〕36号文件印发）第十四条规定的视同销售服务。因此，在增值税上，免租期不存在视同销售的税收风险，纳税人按实际收取的租金申报缴纳增值税即可。

企业所得税规定。企业所得税上对于免租期没有单独的文件规定，一般参照国税函〔2008〕875号文件，企业以买一赠一等方式组合销售本企业商品的，不属于捐赠，应将总的销售金额按各项商品的公允价值的比例来分摊确认各项的销售收入。因此，企业所得税上问题也不大，纳税人把租金收入按整个出租期间进行配比，申报缴纳企业所得税即可。

房产税规定。和增值税、企业所得税不同，房产税的处理上有比较特殊的规定。《财政部 国家税务总局关于安置残疾人就业单位城镇土地使用税等政策的通知》（财税〔2010〕121号）规定，对出租房产，租赁双方签订的租赁合同约定有免收租金期限的，免收租金期间由产权所有人按照房产原值缴纳房产税。

常规的理解，免租期只是一种营销的模式或手段。租12个月的话，第1个月免租金，后面11个月按规定租金计算。实际上，后面11个月的租金，已包含了第1个月的租金，也就是类似所得税处理上的“买一送一”，“免”不是一种无偿的赠送，而是一种捆绑的销售。但房产税的文件中，给出了免租期由产权所有人再缴一道房产税的处理，实际上会造成重复缴纳房产税的情况。

为了规避同一房产、同一期间缴纳两道房产税的情况发生，建议在签订房屋出租合同时，尽量避免“免租期”条款。如将条款修订为：

“租期为1月1日到12月31日，租金分期收取，第一期收取时间××月××日，租金××元；第二期租金收取时间××月××日，租金××元。”

通过这种合同条款的约定，实际上降低了各个月份租金，既达到了“免租”目的，又不会产生两道房产税的风险。

从价计征房产税的其他税务风险

房产税有两种不同的计算缴纳方式：从租计征和从价计征。在一些自持的物业运营中，房产税是一个非常重要的税种，企业可能由于选择不同的运营模式，从而产生不一样的房产税负。有兴趣的朋友，可以自己测算一下临界点，比较一下两种方式下，哪种方式的税负更轻。

从价计征的房产税中，还有一些风险点或需要关注的地方。

一是房产的计税原值，包含土地的价格。

二是对“大地小房”的房产税有一定的优惠。财税〔2010〕121号文件规定：宗地容积率低于0.5的，按房产建筑面积的2倍计算土地面积并据此确定计入房产原值的地价。该条规定可以理解为对企业减轻税负的优惠政策。对于占地面积大而房子少、空地多的情况，如果地价全额计入房产原值，税负较高。对这类“大地小房”的情况，即宗地容积率低于0.5的，允许按照房产建筑面积的2倍计算土地面积并据此确定计入房产原值的地价，可以减轻房产税负担。

三是地下建筑物的房产税。《财政部 国家税务总局关于具备房屋功能的地下建筑征收房产税的通知》（财税〔2005〕181号）中，将地下建筑物区分为两种，一种是与地上房屋相连的地下建筑，还有一种是自用的独立的地下建筑。两种建筑房产税的计算缴纳方式不一样。如何区分这两种地下建筑，实务中界限不清，多有争议。

从租计征房产税的税务风险

房地产公司的不动产出租收入，按租金收入的12%缴纳房产税，其计税依据是十分清晰的。

在物业出租中，除了向租户收取租金外，房地产公司或者房地产公司专门成立的商业运营公司，会收取一定比例或者金额的物业管理费、市场招商费等费用，这时就会面临一个问题：租金和物业管理费的比例是多少才比较合理？

很多税务机关担心，纳税人为了少缴点租金收入的房产税，人为地拆分租金收入，把应该属于租金的收入化解为物业管理费等收入。于是部分税务机关在执法时设置了一定的比例，如租金的比例不能低于总收入的8成或者7

成，低于这个比例的，纳税人按最低比例调整为租金收入申报房产税。

有一个风险点需要提示。有这样一个公开的诉讼案件，某房产公司出租房产时，向租户收取较高金额的物业管理费，但房产公司自身没有物业管理的资质，也没有成立专门的物业管理公司。法院的判定是支持税务机关的做法，即房地产公司收取的物业费应该缴纳房产税。

房地产公司在出租物业中，有可能提前跨年度一次性收取租金，这时应该何时缴纳相关的税种呢？增值税上，提前收了租金并开了发票，应该一次性缴纳增值税。企业所得税有两种处理方式，一是一次性确认收入并缴税，二是也可以分年确认收入。房产税的处理上，到底是收到的年度缴房产税，还是分年度申报，会有一定的争论。

下面是宁波市的一个解答口径：

问题内容：

出租房产中，如采用先用后付的方式，本期尚未到租金，是否要按照租赁合同约定的金额，对当年租金收入按照会计上权责发生制确认的收入缴纳房产税？

宁波市12366呼叫中心答复：

房产税按权责发生制原则申报。1.对2020年预收的2021年的租金，无须计入2020年度申报的房产税。2.对先用后付的，未收取的2020年租金，需申报计入2020年度的房产税。

再来看一个某省的口径：

最近，一些地区反映，房屋出租房产税的纳税义务发生时间不够明确，执行过程中难以掌握。对此，现明确如下：

出租房屋的纳税人，其纳税义务发生时间为实际取得租金收入的当天。

在一些大型物业出租中，为了降低房产税的税负，有些企业会采用“二次租赁”方式。如房地产公司想把酒店整体出租，按租金的12%缴税实在高了点，于是，先把酒店以极低价格租给关联方，关联方再以正常价格租给第三方。由于转租行为不是房产税的征税范围，从而规避了高额的房产税。

这里的税务风险主要是，一旦税务机关发现其中的猫腻，会有被调整的税务风险。最好思路是“二房东”要想提高租金，必须加入实质的投入，如由“二房东”负责装修等，从商业实质和合理性上解决问题。

第七篇

竣工交付阶段的税务处理与风险

第52讲　竣工备案对税收的影响

房地产开发的一般流程，房子竣工后，房地产公司先办理工程竣工验收手续，验收通过后15日内，向建设主管部门提交备案的资料，其中要提交两项重要资料：工程竣工验收报告和工程竣工验收备案表。

竣工验收以及办理竣工备案手续，对房地产公司来说，具有重要意义。竣工验收之前，所开发的产品还属于半成品，竣工验收合格后，就属于成品了，也达到了交付的条件。对小业主来说，购买的房产通过了竣工验收，交房之日指日可待，就再也没有烂尾的风险。

在税收的管理上，竣工备案也是非常重要的一个节点。

竣工备案对增值税的影响

在增值税的处理上，竣工备案以前销售的房产，都是属于预售性质，预售款项要按规定预缴增值税。只有竣工备案以后，销售的房产才有可能是现房销售，也就是才有可能停止预缴增值税；只有通过竣工备案，才能达到交付的条件，增值税上才有确认销项税额和抵扣进项税额的可能。

竣工备案对企业所得税的影响

在企业所得税的管理上，完工年度是非常重要的一个时间节点。完工以前，按照预计毛利率缴纳企业所得税，达到完工的时点，所得税上才开始结转收入和成本，后续的销售按照实际利润缴纳企业所得税。

我们来看下国税发〔2009〕31号（以下简称“31号文件”）文件对完工的时点是如何规定的。

除土地开发之外，其他开发产品符合下列条件之一的，应视为已经完工：

（一）开发产品竣工证明材料已报房地产管理部门备案。

（二）开发产品已开始投入使用。

（三）开发产品已取得了初始产权证明。

31号文件给出了完工的3个时点标准，3个时点中有一个达到，就达到所得税上完工的条件。理论上，3个时点中，竣工备案手续是最早的时间点，只有办理了竣工备案，才能领取大产权证，也才能交付使用。因此，办理了竣工备案，一般意义上就达到了完工的条件。

当然也有一些例外的情况，有些项目没办或办不了竣工验收，先交付使用了。因此，国家税务总局多次在文件中强调，只要开发产品已经办理交付手续，或者实际投入使用，都算达到完工的时点。

正因为竣工验收备案，是所得税上的重要分水岭。为了少“预缴”点所得税，早点结转所得税上的收入和成本，有的项目上会采取“抢竣备”手法。这种想早点结束“预缴”的方法，最大风险是企业到底能拿到多少发票，毕竟结转成本时，发票是最重要的所得税扣除凭证。

竣工备案对土地增值税的影响

在土地增值税的管理上，竣工备案也是一个重要的节点。可清算中的销售比例达到85%，其前提是办理竣工验收手续；应清算中的完成100%销售，其前提也必须是竣工验收。一句话：没有办理竣工备案的开发项目，达不到土地增值税清算的时点。

曾经有这么一个故事，某房产公司开发一个楼盘，销售情况很好，开盘几个月就销售完毕。这时，当地税务机关给该公司下发了土地增值税的清算通知。房地产公司和税务机关说：我这楼盘虽然卖得好，但是离竣工还有一年多的时间，肯定不能做土地增值税的清算。后来税务局收回了清算的通知。这里我们可以假设一下，如果在完工之前，真的要做土地增值税的清算，这时工程没有全部完工，房地产公司能拿到多少建安工程的发票，会多缴多少的土地增值税呢?

竣工备案是土地增值税清算的前提条件，也是土地增值税停止预缴的最早的时点，但不是土地增值税停止预缴的时点。

第53讲　土地款抵减对各税种的影响

2016年营改增时，考虑到房地产开发过程中，如果不能有效解决土地款“进项税额”抵扣的问题，房地产公司会面临增值税负偏高的情况。解决土地的“进项税额”有几种方法：一是像农产品一样，通过虚拟出一个进项税额进行抵扣；二是实行差额抵减销售额方式，解决增值税负偏高问题。最终在国家税务总局公告2016年第18号（以下简称“18号公告”）中，通过差额扣减方式予以解决：

房地产开发企业中的一般纳税人销售自行开发的房地产项目，适用一般计税方法计税，按照取得的全部价款和价外费用，扣除当期销售房地产项目对应的土地价款后的余额计算销售额。销售额的计算公式如下：

销售额=（全部价款和价外费用－当期允许扣除的土地价款）÷（1+11%）

当期允许扣除的土地价款=（当期销售房地产项目建筑面积÷房地产项目可供销售建筑面积）×支付的土地价款

当期销售房地产项目建筑面积，是指当期进行纳税申报的增值税销售额对应的建筑面积。

差额扣减，也可以采用两种方式，一种是达到条件时一次性差额扣减，还有一种是按比例的差额扣减。18号公告规定的土地价款的抵减，采取的是按比例抵减的方法，即当期确认了销项税额，对应的土地价款才可以在当期抵减。这种随销售差额扣减的设计，主要有以下几个好处：

保证销项税额不为负数。采取一次性抵扣进项税额，最大坏处是形成大量的留抵税额。在差额扣减模式下，如果一次性的差额扣减，极容易引起销售额和销项税额为负数。随同销售的同步扣减，一定程度上也能保证税款的均衡入库。

保证"该差额的差额，不该差额的不差额"。结转收入的时间点，销售的产品可能只占一部分，后续有些未销售的开发产品，到底是销售还是自用，具有不确定性。

根据《财政部 国家税务总局关于明确金融 房地产开发 教育辅助服务等增值税政策的通知》（财税〔2016〕140号）规定，向政府部门支付的土地价款，包括土地受让人向政府部门支付的征地和拆迁补偿费用、土地前期开发费用和土地出让收益等。在取得土地时向其他单位或个人支付的拆迁补偿费用也允许在计算销售额时扣除。

《国家税务总局关于土地价款扣除时间等增值税征管问题的公告》（国家税务总局公告2016年第86号）规定，"当期销售房地产项目建筑面积""房地产项目可供销售建筑面积"，是指计容积率地上建筑面积，不包括地下车位建筑面积。

应该说，现行政策对土地款扣减的范围，规定得还是比较清晰的，对纳税人来说也是有利的。有争论的也只是实物补偿能不能计入差额扣减的范围，全国大部分税务机关对此持否定的态度。

土地款抵减对土地增值税的影响

以一个简单例子来进行说明：房地产公司卖了套房子，含税价109万元，增值税税率为9%，对应的土地款40万元。

首先我们要明确几个事情：

一是增值税上的销售额是多少？按照18号公告的意思，销售额=（109−40）÷1.09=63.3万元，土地款相当于抵了36.7万元的销售额。

二是房地产公司怎么开发票？在开具发票时，房地产公司全额开具增值税发票，也就是发票上的金额为100万元，税额为9万元。

三是土地款抵减这业务，做账怎么做？我们来看一下文件规定。

《财政部关于印发〈增值税会计处理规定〉的通知》（财会〔2016〕22号，以下简称“22号文件”）是这么规定的：

> 企业发生相关成本费用允许扣减销售额的账务处理。按现行增值税制度规定企业发生相关成本费用允许扣减销售额的，发生成本费用时，按应付或实际支付的金额，借记“主营业务成本”“存货”“工程施工”等科目，贷记“应付账款”“应付票据”“银行存款”等科目。待取得合规增值税扣税凭证且纳税义务发生时，按照允许抵扣的税额，借记“应交税费——应交增值税（销项税额抵减）”或“应交税费——简易计税”科目（小规模纳税人应借记“应交税费——应交增值税”科目），贷记“主营业务成本”“存货”“工程施工”等科目。

从22号文件规定的会计处理来看，我们可以明确两个事项。第一个事项，土地款的抵减，是不影响房地产公司的销项税额的，上面案例中，对应的销项税额仍为9万元。只不过是通过“销项税额抵减”的抵销，来达到差额缴税的目的，如案例中，土地款抵了销项税额3.3万元。

第二个事项，对“多抵”的税金3.3万元，22号文件规定，不是作为企业的收益来处理，也就是不计入“其他收益”等科目，而是通过冲减“主营业务成本”来达到影响会计损益目的。

会计处理上，也没有将土地款的抵减去冲“开发成本”科目。其主要原因是，不是所有的物业都是拿来卖的，其中有可能有自持的部分。冲了开发成本，相当于调整了所有物业的成本。

实际处理中，土地增值税远比增值税和企业所得税复杂多了。在土地增值税上，由于土地款的抵减，引发的争论就一直没有停止过。

会计上，对销售额的抵减是冲“主营业务成本”的。因此，在土地增值税处理上，土地款抵减有三种不同的观点：加收入，冲成本，不影响。

首先我们来分析下，如果企业可以选择，哪种做法最有利，哪种做法最不利。不加收入和不冲成本，也就是土地款的抵减丝毫不影响土地增值税的清算，这对土地增值税来说是最有利的。

加收入和冲成本两种方法中，由于成本在土地增值税的扣除上有放大效应，因此，冲成本的做法对企业的土地增值税最不利。

再次，我们从税理上来分析，哪种做法最符合其抵减的实质。

国家税务总局《关于营改增后土地增值税若干征管规定的公告》（国家税务总局公告2016年第70号，以下简称“70号公告”）规定：

营改增后，纳税人转让房地产的土地增值税应税收入不含增值税。适用增值税一般计税方法的纳税人，其转让房地产的土地增值税应税收入不含增值税销项税额；适用简易计税方法的纳税人，其转让房地产的土地增值税应税收入不含增值税应纳税额。

从70号公告的表述来看，土地增值税的清算收入不含销项税额。这里的销项税额应该理解为未抵减前的销项税额，也就是案例中的9万元。因此，不调整土地增值税的收入，更契合70号公告的意思。当然，不调整收入的观点，也和土地增值税清算申报表中对收入的解释保持了一致。

冲成本的这种观点，更多是站在土地款的抵减实质是进项税额抵扣的角度。我们拿农产品抵扣来对比说明：

购进免税农产品，下游按税率进行抵扣，其出发点是农产品在生产环节实行的是免税政策，也就是其本身属于征税范围，只是国家出于照顾的考虑，给了生产环节免税的优惠政策。其销售的价格中，本身含有增值税的税金。因此下游购入免税农产品时，其进项税额是可以抵扣的。抵扣了进项税额，相应的农产品成本就自然少了一块。

土地出让金的抵减，其性质和购入免税农产品完全不一样。国家出让土地环节，本不属于增值税的征税范围。所以土地出让金中，本身不含有增值税税款。允许土地款抵减销项，只是考虑到房地产开发中，如果没有考虑土地款“进项税额”，会导致税负偏高的实际情况。所以对房地产开发销售的开发产品，给出了这种特殊的“优惠”。对房地产公司自持的开发产品，以及从事房地产开发以外的其他企业，均没有土地款抵减的政策。

说了这么多，笔者也不赞同冲成本的做法。因为土地款的抵减，其性质不是虚拟出一个进项税额，而只是差额扣减销售额的做法。因此，土地增值税清算时，不能冲减土地成本。

虽然笔者赞同不加收入也不冲成本的做法，但实务中还得以当地税务机关的口径为准。

土地款抵减对企业所得税的影响

营改增后，土地款抵减对各税种的影响一直是个热门话题，尤其是对土地增值税的影响，一直来争论不休。反之，土地款抵减对企业所得税的影响，大家第一感觉却是：没影响。

财会〔2016〕22号文件对土地款抵减这种类似差额征税的处理，会计上是冲减“主营业务成本”的。这给人了一种错觉：会计上冲了成本，所得税上相当于已经少了一块成本，在所得税的处理上，没有必要讨论这话题了。

事实果真如此吗？

房地产开发行业的成本结转，我们可以把他形象地分为两步：

第一步，从开发成本结转到开发产品；

第二步，结转已售开发产品的成本，确认收入同时确认主营业务成本。

我们分两种情形讨论：

第一种情形，所得税和会计处理不同步。

所得税计税成本的结转，按照国税发〔2009〕31号文件的规定，是相对独立的一个计算和分摊过程。如一开发项目，2019年符合所得税完工的条件，当年就要计算出不同成本对象的计税成本，同时在所得税上计算出已售部分的计税成本，在年度申报时，调整计税成本与预计毛利的差额。如果交房在第二年，2019年会计上没有结转收入，对应的会计处理上，自然就没有“销项税额抵减”“主营业务成本”冲减这个动作。

这时的所得税处理，其实和土地增值税清算时的处理有异曲同工之妙（土地增值税的计算是脱离会计核算的，所以有三种不同处理思路；这时的所得税计算，其实也是脱离会计核算的）。2019年所得税处理上，主动加收入，主动冲所得税的计税成本，还是等以后年度的会计处理？这在政策上是个盲点。当然了，大部分人的做法是：反正没规定，什么也不调，就等以后年度的会计处理。按照土地款适用9%的税率，相当于又多了9%的暂时性成本预提。

第二种情形，所得税和会计处理同步。如果所得税和会计处理，是同一年度完成上述两步的，所得税处理上，能不能当年度不调土地款抵减的成本？对照31号文件和所得税年度申报表逻辑，自然就会有答案了。

第54讲　企业所得税的成本分摊

在成本既定的情况下，成本的分摊方法对土地增值税最终的清算结果会起到非常大的影响。企业所得税上会不会也有很大的影响呢？这一讲我们就来讨论这个话题。

房地产开发成本分摊的规定

国税发〔2009〕31号文件（以下简称“31号文件”）中，对成本的分摊作出了详细的规定。

企业开发、建造的开发产品应按制造成本法进行计量与核算。其中，应计入开发产品成本中的费用属于直接成本和能够分清成本对象的间接成本，直接计入成本对象，共同成本和不能分清负担对象的间接成本，应按受益的原则和配比的原则分配至各成本对象。同时，31号文件规定了4种成本分摊方法：

1. 占地面积法：指按已动工开发成本对象占地面积占开发用地总面积的比例进行分配。

2. 建筑面积法：指按已动工开发成本对象建筑面积占开发用地总建筑面积的比例进行分配。

3.直接成本法：指按期内某一成本对象的直接开发成本占期内全部成本对象直接开发成本的比例进行分配。

4.预算造价法：指按期内某一成本对象预算造价占期内全部成本对象预算造价的比例进行分配。

31号文件对土地成本、公共配套设施和借款费用，严格规定了成本的分摊方法。

土地成本，一般按占地面积法进行分配。如果确需结合其他方法进行分配的，应商税务机关同意。

公共配套设施开发成本，应按建筑面积法进行分配。

借款费用属于不同成本对象共同负担的，按直接成本法或预算造价法进行分配。

除此以外的成本，其分摊方法可以由企业自主选择。

需要注意的问题

在企业所得税上，其成本的分摊，需要关注以下几点：

土地增值税清算时，采用不同的成本分摊方法，是个永久性差异。但对企业所得税来说，采用不同的成本分摊方法，一般只是一个时间性差异。不同的成本分摊方法，带来的结果是不同的成本对象间，分摊的成本不一样，已售物业和未售物业之间，分摊的成本不一样。对企业所得税来说，这更多只是一种时间性差异。因此，税务局也没有像对待土地增值税一样，过多地限制企业所得税上的成本分摊方法。实务中，对于利息支出，大部分企业也没有选择按直接成本法或预算造价法进行分配，而是“一刀切”按建筑面积法进行分摊。

有些项目中，企业所得税上不同的成本分摊方法，可能不只是时间性差异。如某企业建了两幢楼，一幢用于自持，另一幢用于销售。在企业所得税上，这是两个不同的成本对象，哪幢多摊点，哪幢少摊点，最终税收的结果肯定不一样。还有，所得税是个按年计算的税种，后面的亏损不能用前面的盈利去弥补，这也会导致不同的成本分摊方法形成的可能是永久性差异。

土地成本的分摊，有时按建筑面积法分摊，企业能起到暂时少缴不少企业所得税的效果。企业可以先进行测算，看看哪种方法对自己最有利。如果选择占地面积法以外的方法，需征得主管税务机关同意，但税务机关一般不会审批。这时如何看待“商得同意”的字面意思，就很有讲究了。

地下车位的成本问题

地下车位在土地增值税的处理上，有时会对项目的清算结果起到决定性作用。在企业所得税上，虽然没有像土地增值税那么关键，但有些项目上的作用也非同小可。

企业所得税上，地下车位是否单独保留成本？如果单独保留成本应该如何分摊成本？这些因素对某些开发项目的所得税影响会十分巨大，也是实务中非常有争论的话题。

31号文件的第三十三条规定，企业单独建造的停车场所，应作为成本对象单独核算。利用地下基础设施形成的停车场所，作为公共配套设施进行处理。

首先要明确的是，企业所得税上，作为公共配套设施来进行处理，是好事还是坏事？如果是好事，好在哪里？所得税上如果作为公共配套设施来进行处理，对应的成本就不需要单独保留，可以全部计入可售的物业中，随可售物业的出售，结转收入时成本就消化掉了。

如果车位也是用来卖的，卖的进度和商品房等物业的销售进度差不多，且商品房销售情况理想，那实际上车位保不保留成本，对所得税也没有太大影响。但有两种情况下，影响可能会非常大：

一种是车位卖得不好情况下，如果车位单独保留成本，会导致灾难性的后果。有些四五线城市开发项目中的车位，很难得有人买，房子全卖完了，车位却基本没动过。这时车位如果单独保留成本，所得税上也会出现这种情况：车位巨额的负增值抵不了商品房的正增值。

还有一种是车位以后是用来出租的。如果车位按照公共配套设施来处理，所有的成本计入了商品房的成本，这相当于提前把车位对应的成本消化掉了。一般情况下，在所得税处理上，这对开发商是有利的。最起码车位的成本打包进了商品房的计税成本，会导致商品房少缴点所得税。但也有可能会出现不利情形。车位没有单独的保留成本，致使商品房等形成巨额亏损，虽然当时不用缴所得税，但形成的亏损只能用5年。5年后，车位的租金收入对应的成本一分也没有，想用亏损却过期了，这时对企业是非常不利的。

实务中，对31号文件的第三十三条往往有不同的理解，也就是什么情形下的车位，可以不单独保留成本。比较一致的看法是，对有产权的地下车位，在所得税上是一种可售的产品，应该作为独立成本对象，并单独保留成本。对无产权的地下车位，特别是人防车位，可不可以不单独保留成本，争论可就大了。

我们来看一个总局网站上的解答：

问题内容：

国税发〔2009〕31号文第三十三条，企业单独建造的停车场所，应作为成本对象单独核算。利用地下基础设施形成的停车场所，作为公共配套设施进行处理。请问对此理解是否如下：

1.规划为可售车位的，单独核算其成本，如果车位在地下，并不享受地上配套等，是否只核算土地和建安成本，不用再核算基础设施、配套设施、开发间接费了？对于土地成本如何分摊？按车位建筑面积和其他开发产品平均分摊吗？

2. 如果是利用人防设施建造车位对外销售的，其成本是否按公共配套成本分摊到其他可售开发产品？其取得销售收入需要参与土地增值税清算吗？

回复意见：

您好：

您在我们网站上提交的纳税咨询问题收悉，现针对您所提供的信息简要回复如下：

1. 计算企业所得税时，可售车位的开发成本应与其他开发产品一样，正常分摊共同成本，分摊方法可以按照《房地产开发经营业务企业所得税处理办法》（国税发〔2009〕31号）第二十九条、第三十条的规定进行分摊。利用地下基础设施形成的停车场所，作为公共配套设施进行处理，其成本费用由可售面积承担。

2. 计算土地增值税时，利用人防设施建造的车位对外销售，根据《国家税务总局关于房地产开发企业土地增值税清算管理有关问题的通知》（国税发〔2006〕187号）第四条第（三）项第三点规定，其取得的收入要参与土地增值税清算，其成本费用可以扣除。

这里笔者谈一下自己的看法，仅供各位读者参考。

31号文件出台已有10多年的历史，其政策的本义和出发点也无从考证。从道理上来说，唯有一种地下车位可以视为公共配套进行所得税的处理，那就是项目建成后无偿提供给全体业主使用的地下车位，包括人防车位。理由是用于出售或出租的地下车位，按照31号文件的大逻辑，都属于可售物业的范围，均应该计算其独立的成本。

以上这种观点，既符合31号文件的逻辑，也符合所得税法对于收入和成本配比的原则。对于人防车位来说，也能与有些项目中以上缴人防易地建设费替代建造人防设施的情形相衔接。缴纳人防易地建设费，其缴纳的费用可以作为成本在企业所得税前扣除，但这种扣除是建立在后续不会产生对应的收入基础上。换而言之，后续能产生收入的项目，应该有其独立的成本。

如果地下车位要保留成本，应该分摊多少的成本到车位中去？尤其是土地的成本，要不要分摊到地下车位里？这又是一个绕不开的实务话题。个人意见，可以参考土地增值税中的分摊方法。

当然，对于车位是否要保留成本的问题，具体还得看各地的口径。如果当地没有明确的操作口径，地产公司可以选择对自己最有利的方式。毕竟，企业所得税上的处理，更多只是一种时间性差异。当然，前提条件是要与会计核算时的口径相吻合。

第55讲　企业所得税的税前扣除原则和扣除凭证

企业所得税上，有发票就一定能扣？没有发票就一定不能扣？这一讲中，我们来聊聊这个古老而永不过时的话题。

税前扣除原则

《企业所得税法》第八条规定，企业实际发生的与取得收入有关的、合理的支出，包括成本、费用、税金、损失和其他支出，准予在计算应纳税所得额时扣除。这段话实际上给出了所得税上的三大扣除原则：真实性、相关性和合理性。

真实性，要求企业必须真实地发生业务，其对应的支出才能在所得税前扣除。企业没有发生的业务，如会计上出于谨慎性原则预提的费用，没有真实地发生，就不能在税前扣除。当然，房地产开发公司的几项预提成本是个例外。

相关性，要求在税前的支出必须与取得的收入直接相关，也就是支出必须是为收入而发生的支出。实务操作中，相关性的判断比较抽象和主观。有一些成本和费用，很明显是为企业的经营直接发生的，如房地产公司支付的建安费、管理人员的工资等，但有些费用比较难以判断。这里举几个简单的例子：

如职工旅游费的支出，说它相关吧，还真相关。组织员工旅游，有利于员工的身心健康和增加员工间的凝聚力，能间接转化为工作的动力，从而为企业创造价值。说不相关吧，毕竟是为员工个人发生的支出，不是生产经营必需的支出。从“直接相关”的角度来看待，大部分税务机关倾向于不能扣除。

如退休员工的慰问费、过节费。有些国企或者“良心”好点的民企，每逢过年过节，会给已经退休的老员工发一点慰问费、过节费。这部分支出，按照企业意思是可以在税前扣除的，无非是放在福利费还是放在其他类别里扣除。但大部分税务机关的意思是，为退休员工而发生的支出，不应该在企业所得税前扣除。主要理由也是这部分的支出，与企业当期的生产经营不直接相关。退休的员工，已经不能为企业创造价值，这方面的支出也只是出于一种情感上的支出。

相关性的判断标准，其实也暗含了要明确界定企业的支出和股东的支出。股东的支出，虽然有时也与企业的生产经营相关，但不是直接的相关，因此不能在企业层面进行税前扣除。举个简单的例子，企业的个人股东，买了个大牌的包包，如果送给自己的女朋友，那就是个人股东的支出，与企业的经营不直接相关，不能在企业所得税前扣除。股东拿了这个包包，以企业名义，奖励给某个有突出贡献的女员工，那就是与企业经营直接相关的支出，允许作为工资薪金扣除；股东拿了这个包包，以企业名义送给某个女客户，那也是与企业经营直接相关的支出，允许作为业务招待费在税前扣除。

合理性，要求支出的金额必须合理，企业的支出要符合商业的常理。合理性的要求，有两个方面的含义，一是金额要合理，二是扣除的方法要合理。金额合理，即要求发生的支出金额不能太离谱。扣除的方法要合理，指的是该资本化的资本化，该费用化的费用化，该长摊化的长摊化。

看到这里，你以为同时符合三大条件的支出，就可以在企业所得税上列支了？这稍微高兴得早了点。不符合这三大条件的，肯定不能在企业所得税前扣除；符合了三大条件，也不一定就可以扣除。除了符合规定的扣除原则外，还必须具备非常重要的形式要件：税前扣除凭证。

税前扣除凭证

2008年的企业所得税法和实施条例，统一规范了税前扣除的范围和标准，但是没有对税前扣除凭证作出系统规定和具体解释。在具体税收征管实践中，主要依据《中华人民共和国税收征收管理法》及其实施细则、《中华人民共和国发票管理办法》及其实施细则，以及国家税务总局制定的税收规范性文件，导致纳税人和税务机关在扣除凭证的问题上，分歧很大，争论很多。其中最大的争论点，是业务真实发生的前提下，是不是一定要拿到发票才能在所得税前扣除。

十年磨一剑，国家税务总局终于在2018年下发了《企业所得税税前扣除凭证管理办法》(国家税务总局2018年28号公告，以下简称“28号公告”)。28号公告对税前扣除凭证的相关概念、适用范围、管理原则、种类、基本情形下的税务处理、特殊情形下的税务处理等予以了明确。

28号公告涉及的内容非常广泛，这里就房地产公司经常会碰到的一些问题进行介绍。我们用四句话来进行概括：

第一句话是，企业发生的各项支出，要想在企业所得税前扣除，应取得相关的税前扣除凭证。

真实性、相关性和合理性，是成本费用税前扣除的三大原则和前提条件。在符合“三性”前提下，必须要有相关的凭据进行佐证。这些证据材料统称为税前扣除凭证。税前扣除凭证上，也有“三性”要求，即真实性、合法性、关联性。

真实性是指税前扣除凭证反映的经济业务真实，且支出已经实际发生；

合法性是指税前扣除凭证的形式、来源符合国家法律、法规等相关规定；关联性是指税前扣除凭证与其反映的支出相关联且有证明力。

第二句话是，发票是重要的税前扣除凭证。

在当前“以票控税”背景下，发票无疑是最直接、最有效力证明业务真实发生以及款项支付的重要凭证。28号公告继续秉持这一传统做法，规定在企业所得税的扣除上，应该取得发票的必须取得发票才能税前扣除。28号公告是这么写的：

企业在境内发生的支出项目属于增值税应税项目（以下简称“应税项目”）的，对方为已办理税务登记的增值税纳税人，其支出以发票（包括按照规定由税务机关代开的发票）作为税前扣除凭证。

28号公告明白地告诉我们，应该有发票的，必须凭发票才能扣除。

第三句话是，发票不是唯一的税前扣除凭证。这话有以下几层意思：

1.有了发票，不一定就能税前扣除。有这么一句话：有发票不一定是真业务，真业务不一定有发票。有了发票，不代表业务就是真实的，其中的缘由你懂的。不是真实的业务，当然有了发票也不能扣除。

2.业务真实的交易，有了发票，还要有其他证明材料。

3.有些交易和业务，不需要发票也可以扣除。主要包括三类：

第一类是不属于增值税的征税范围，本身就不能开具发票。如政府收取的规费、土地出让金等，凭相关财政性票据可以扣除。企业向国家缴纳的税款，凭税款缴款书扣除。

比较难判断的是企业间发生的有些业务，到底属不属于增值税的征税范围。以违约金为例，房地产公司向上游采购一批货物，合同签订了，什么都谈好了，房地产公司说不买了，这时支付给上游的违约金，由于没有发生增值税的交易行为，也就不属于增值税征税范围。反之，如果房地产公司买了货物，但没有按规定时间支付款项，后来支付了违约金或迟付款的利息，这时的违约金就属于增值税的价外费用，应该取得发票才可以扣除。

房地产公司发生的拆迁补偿支出，不属于增值税的征税范围，也就不需要凭发票扣除。

第二类是本属于增值税的征税范围，但有些行业有其特殊性，也有其行业专属的“发票”，如火车票、飞机票等，不过这些行业也慢慢在向开具电子发票过渡。

第三类是本属于增值税的征税范围，应该开具发票，但目前情形下开不了发票或很难开发票的。

28号公告讲到，交易对方为依法无须办理税务登记的单位或者从事小额零星经营业务的个人，其支出以税务机关代开的发票或者收款凭证及内部凭证作为税前扣除凭证，收款凭证应载明收款单位名称、个人姓名及身份证号、支出项目、收款金额等相关信息。

第四句话是，应该按规定时间取得发票。

28号公告讲到，企业应当在次年汇算清缴结束前拿到相应的发票，否则不能在税前扣除。

企业在办理所得税季度申报时，只要业务真实发生，会计上已经核算列支，可以暂时不要发票。但汇算清缴结束时，必须要有发票，否则不能在当年的所得税前扣除。

同时，28号公告对没有按时取得发票的，也规定了一定的补救措施：

> 汇算清缴期结束后，税务机关发现企业应当取得而未取得发票、其他外部凭证或者取得不合规发票、不合规其他外部凭证并且告知企业的，企业应当自被告知之日起60日内补开、换开符合规定的发票、其他外部凭证。

企业在补开、换开发票过程中，因对方注销、撤销、依法被吊销营业执照、被税务机关认定为非正常户等特殊原因无法补开、换开发票的，可凭以下资料证实支出真实性后，其支出允许税前扣除：

1. 无法补开、换开发票、其他外部凭证原因的证明资料（包括工商注销、机构撤销、列入非正常经营户、破产公告等证明资料）；

2. 相关业务活动的合同或者协议；

3. 采用非现金方式支付的付款凭证；

4. 货物运输的证明资料；

5. 货物入库、出库内部凭证；

6. 企业会计核算记录以及其他资料。

前款第1项至第3项为必备资料。

这是28号公告中最有人情味的地方。开票的单位注销了，转为非正常户等情况下，不需要再凭发票，只要凭相关资料，证明业务是真实发生的，就可以在所得税前扣除。其中，业务对应的合同和非现金方式的支付凭证，是必备的资料。这也告诉我们，企业在购进金额较大的货物或服务时，一定要签订好合同并保管好。同时，支付能采用非现金方式的，就不要用现金去支付。

如何解决无票的问题

房地产公司在项目运作时，有些合法且真实发生的业务，由于交易对象、交易标的特殊性，的确拿不到发票。这时应该如何处理？这里给出三种处理思路。

第一种思路是，凭有关支付凭据，会计上该怎么做就怎么做，所得税上，汇算清缴时作纳税调增。

第二种思路是，对一些零星的支出，28号公告给出了一定的出路。对从事小额零星经营业务的个人，在一定的支付标准内，可以凭自制的收款凭证，在所得税前扣除。

第三种思路是，对一些真实的、金额也不算小的采购业务，可以委托给小公司或专门设立的个体户等。只要业务是真实的，交易是有记录的，没有太大的税务风险。

第56讲　以后年度取得的发票能否追溯调整？

在完工年度，企业所得税上结转收入和成本后，当年汇算清缴前必须取得发票，否则无法在成本中进行扣除。那以后年度拿到了发票，企业能否追溯到完工年度扣除呢？

一般规定和特殊规定

我们先来看一般性的规定。国家税务总局在2012年15号公告（以下简称“15号公告”）中规定：

六、关于以前年度发生应扣未扣支出的税务处理问题

根据《中华人民共和国税收征收管理法》的有关规定，对企业发现以前年度实际发生的、按照税收规定应在企业所得税前扣除而未扣除或者少扣除的支出，企业做出专项申报及说明后，准予追补至该项目发生年度计算扣除，但追补确认期限不得超过5年。

企业由于上述原因多缴的企业所得税税款，可以在追补确认年度企业所得税应纳税款中抵扣，不足抵扣的，可以向以后年度递延抵扣或申请退税。

亏损企业追补确认以前年度未在企业所得税前扣除的支出，或盈利企业经过追补确认后出现亏损的，应首先调整该项支出所属年度的亏损额，然后再按照弥补亏损的原则计算以后年度多缴的企业所得税款，并按前款规定处理。

国家税务总局在《企业所得税税前扣除凭证管理办法》中规定：

除发生本办法第十五条规定的情形外，企业以前年度应当取得而未取得发票、其他外部凭证，且相应支出在该年度没有税前扣除的，在以后年度取得符合规定的发票、其他外部凭证或者按照本办法第十四条的规定提供可以证实其支出真实性的相关资料，相应支出可以追补至该支出发生年度税前扣除，但追补年限不得超过五年。

15号公告和28号公告，对当年度没有取得发票、以后年度再取得的情形，均给出了5年内可以追溯到以前年度扣除的政策。

但在国家税务总局发布的《房地产开发经营业务企业所得税处理办法》（国税发〔2009〕31号，以下简称“31号文件”）中，却有不一样的规定：

第三十四条　企业在结算计税成本时其实际发生的支出应当取得但未取得合法凭据的，不得计入计税成本，待实际取得合法凭据时，再按规定计入计税成本。

31号文件规定，以后年度取得发票时，再按有关规定计入计税成本。31号文件没有写清楚，“有关规定”是指哪些规定，“计税成本”是指完工年度的计税成本，还是指完工年度以后销售房产的“计税成本”，导致实务中争论不断。

我们来看一个网上答复：

问题内容：

您好！房地产开发企业，单一项目于2015年度竣工备案，完工时工程成本已发生，但仍有大量成本发票未取得，我司在2015年完工时未按规定结转毛利额并计算企业所得税。后陆续于2016—2018年取得剩余成本发票。根据国家税务总局公告2012年第15号第六条、国家税务总局公告2018年第28号第十七条，我公司在2018年追溯调整完工年度（2015年）企业所得税时，可否将2018年以前取得的所有发票成本，按收入配比情况来结转扣除完工年度（2015年）成本，并计算应缴企业所得税？

国家税务总局××市12366纳税服务中心答复：

一、完工年度。根据《国家税务总局关于印发〈房地产开发经营业务企业所得税处理办法〉的通知》（国税发〔2009〕31号）第三十二条规定，除以下几项预提（应付）费用外，计税成本均应为实际发生的成本。

（一）出包工程未最终办理结算而未取得全额发票的，在证明资料充分的前提下，其发票不足金额可以预提，但最高不得超过合同总金额的10%。

第三十四条规定，企业在结算计税成本时其实际发生的支出应当取得但未取得合法凭据的，不得计入计税成本，待实际取得合法凭据时，再按规定计入计税成本。

二、完工年度后，每年对取得发票新增成本进行再次分配。国税发〔2009〕31号第二十八条规定，对前期已完工成本对象应负担的成本费用按已销开发产品、未销开发产品和固定资产进行分配，其中应由已销开发产品负担的部分，在当期纳税申报时进行扣除，未销开发产品应负担的成本费用待其实际销售时再予扣除。根据第二十八条规定，应由已销开发产品负担的部分，在当期纳税申报时进行扣除，不能进行追溯调整。

此外，国税发〔2009〕31号是规范房地产开发业务的特殊规定。特殊规定与一般规定不一致之处，按特殊规定执行。

答复机构：××市税务局　　答复时间：2021-04-22

××市税务局答复的观点很明确，根据31号文件意思，以后年度取得的发票，不能追溯调整完工年度已销售产品的成本。这也是目前税务机关所持的主流观点。税务机关主要基于以下几方面考虑：

15号公告和28号公告是一般性规定，31号文件是针对房地产行业的特殊性规定。特殊规定与一般规定不一致之处，应该按特殊规定处理。

31号文件已经对完工年度没有取得发票的情形，给出了先按一定比例预提的做法。

如果房地产开发企业参照其他行业，允许追溯扣除，重新计算计税成本和退税审核的工作量会非常巨大。

个人的理解

笔者认为，实务操作中，对房地产行业能不能追溯扣除的问题上，还得要考虑以下一些因素：

除了房地产行业以外的其他行业，都给予了可以5年内追溯调整做法，只有房地产行业不能调整，这种政策的解释不太合理和公平。

从税制设计的规则来看，房地产行业更有理由适用追溯调整的做法。毕竟，31号文件单独为房地产行业设计了所得税上的“收入确认规则”，这种规则明显对房地产行业是不利的，在这种规则下，如果再不适用5年追溯调整的做法，显得更加不合理。

政策的制定和解释，某种程度上要切合行业的特点。房地产行业最显著一个特点是，它不像其他行业在周而复始地配比；房地产行业的收入和成本，一生只能配比一次。对这种一生配比一次的行业，如果再剥夺它补救的机会，是违背企业所得税收入与成本配比的大规则的。

发票只是所得税前扣除的形式要件，真正所得税扣除的三大原则是“真实性、相关性、合理性”。其实《企业所得税税前扣除凭证管理办法》颁布后，发票在所得税扣除上的支撑性越来越弱化。

严格“一刀切”不让追溯调整，会让企业选择更加凶猛的做法，如采取“暴力扣除”、故意推迟计税收入和成本的结转等方式。

在目前的政策口径下，房地产开发公司后续取得的发票，追溯到完工年度进行扣除的可能性比较小。对开发公司来说，不能追溯调整的后果，是后续取得发票的年度，由于没有相应的收入与之配比，只能形成亏损，发生的亏损，由于后续没有开发的项目，只能眼睁睁看着亏损作废了。

对于所得税来说，在完工年度一定要算清楚有多少票还没有拿到，对所得税的影响有多大。

这里讲一个小技巧。催票这活，其实也不仅是靠房地产企业搞财税的人能做得好、完得成，要靠项目老总去做这事。小一点的房地产集团，可能只有老板自己发话，乙方才会听话配合。发票的背后，其实是工程的结算和工程款的支付。企业财税人员能做的，是把取票的重要性和对公司的影响说清楚，定时汇报、督促取票的进度。

第57讲　房地产行业有趣的几项扣除

房地产企业在所得税计算和缴纳时，扣除的项目很多，有成本扣除，有期间费用的扣除，有税金的扣除，有资产损失的扣除等。大部分的扣除项目和其他行业没有区别。但在一些扣除项目中，由于房地产行业所得税计算的独特个性，其扣除上会有一些独特地方。这里，我们就几项独特且有趣的扣除进行探讨。目的有两个，一个是通过了解这些项目的独特扣除方法，能对房地产行业的所得税规则和计算有更深的了解；另一个目的是剖析这些项目扣除中的税务风险，有利于更好规避其中的风险。

捐赠的扣除：想扣没得扣

根据企业所得税法等的规定，企业通过公益性社会组织或者县级（含县级）以上人民政府及其组成部门和直属机构，用于慈善活动、公益事业的捐赠支出，在年度利润总额12%以内的部分，准予在计算应纳税所得额时扣除；超过年度利润总额12%的部分，准予结转以后三年内在计算应纳税所得额时扣除。

公益性捐赠的可扣除金额的计算基数，是企业的年度利润总额，利润总额是指企业依照国家统一会计制度的规定计算的大于零的数额。

房地产公司的会计利润有其特殊性。在预售环节，预售收入不是会计上的收入，因此预售期间会计上没有利润，此间发生的捐赠支出不能在税前扣除。等到交房环节会计确认收入产生利润时，虽然没有过三年的有效期，但有可能这一年度会计有利润，但所得税上由于预缴比例高，所得税上所得是负数，从而捐赠的支出看似在所得税上形成支出和扣除，实质上只是加大所得税的亏损，是一种永远扣不了的支出。

房地产行业的捐赠支出，还有几个值得关注地方。一是很多房地产公司以集团的名义进行捐赠。在税收上，集团的捐赠支出，不能通过分摊的方式，分摊给下属的项目公司。集团公司如果没有收入及会计利润，这部分支出实际上也得不到税前的扣除。二是地产项目公司的捐赠支出，有好多是捐赠给项目所在的村里、街道等，在扣除上会有一定的异议。一般情况下，也是不能在税前扣除的。

业务招待费的扣除：想吃不能吃

企业所得税法中规定，企业发生的与生产经营活动有关的业务招待费支出，按照发生额的60%扣除，但最高不得超过当年销售（营业）收入的5‰。因此，业务招待费的税前扣除是受双比例限制的：实际发生额和当年的销售收入。

计算业务招待费扣除的销售收入，既不是会计的口径，也不是所得税的口径，而是两者的混合体。对于房地产开发公司来说，销售收入=会计上的收入+所得税上的视同销售收入+预售收入。由于房地产公司的特殊性，其在业务招待费的扣除上要注意以下三点：

一是预售年度和报批报建年度不同期的情况。如某房地产项目公司当年3月拿地，当年所有手续办好，次年1月开始预售。由于当年没有预售收入，当年发生的业务招待费又没有跨年结转的政策，因此，当年的业务招待费就不能在税前扣除了。我们知道，项目公司的报批报建环节，是发生业务招待费最多的环节。此时，如果没有扣除，就一直不能扣除了。

所以，房地产项目公司在业务招待费处理上，最麻烦的是“想吃时扣不了、不吃时扣不完”的情况。如何避免此类情况发生？第一是尽量做到报批报建年度和预售年度在同一年；第二是如果做不到第一点，要把握好业务招待费取票和入账的时间。

二是预售收入可以作为预售当年计算业务招待费的基数，同理，在结转收入当年，会计上从预售收入结转到收入的金额，不能再作为业务招待费计算的依据，我们来看下企业所得税申报表的填写口径：

A101010 一般企业收入明细表中（营业收入口径=第2行主营业务收入+第9行其他业务收入）+A105010 视同销售和房地产开发企业特定业务纳税调整明细表中的第1行视同销售（营业）收入+(23销售未完工产品的收入–第27行“1.销售未完工产品转完工产品确认的销售收入”)+从事股权投资业务的企业（包括集团公司总部、创业投资企业等）从被投资企业所分配的股息、红利以及股权转让收入。

三是要正确区分业务招待费和业务宣传费的关系。业务招待费是为招待特定的客户而发生的支出，业务宣传费是为不特定客户而发生的支出。房地产项目公司制作的小礼品，如雨伞、杯子等，印上楼盘的LOGO或标识，这些支出属于业务宣传费支出。业务宣传费具有价值小、赠送对象多、赠送对象随机的特点。

人头费扣除：可扣人不多

对于房地产项目公司来说，“人头费”的支出可金贵了。这里所说的“人头费”，是指项目公司员工的支出。企业增加一个员工，就会增加对应的工资、福利费、社保等支出，同时也会增加对应的差旅费、培训费以及办公用品（如配台电脑）等的支出。

项目公司不需要太多员工，是两方面原因造成的。一方面，项目公司的业务，基本上都是可以外包的，大到建筑施工，小到项目的具体管理。另一方面，项目公司的很多活儿都是由集团公司负责做的，大到拿地拍地，小到报个税。

但是，项目公司是独立的增值税、所得税和土地增值税的计算主体。“人头费”的支出，对项目公司来说实在很重要。于增值税来说，可以增加点可以抵扣的进项税额。于企业所得税来说，“人头”的费用，放在管理费等支出，可以抵减预售期间预缴的所得税；放在开发间接费里支出，在结转收入时，可以作为开发成本支出。对于土地增值税来说，土地增值税清算时，要点工程管理上的“人头”，多一个“人头”，就可能多上百万元的开发成本，再加上加计扣除因素，那一个“人头”两三年下来，土地增值税上可能影响的就是近百万元的税款。

实务中，如何处理好这个“人头”的问题？有的房地产公司基于税收的考虑，尽量把一些与项目相关的人员下沉到项目公司中去。实务操作中会有一定的难度，因为这不仅是一张任命文件的问题，还需要综合考虑员工的劳动合同、社保、实际到岗等因素。

特殊的成本：预提成本

粗看31号文件，房地产开发企业在完工年度，可以有三个预提：出包工程没有全额取得发票的，可预提10%；公共配套设施没建造的，可按预算造价预提；应向政府上交但尚未上交的报批报建费用、物业完善费用可以按规定预提。

细看31号文件，其实还藏着一项预提成本。31号文件第三十条规定：

> 土地开发同时连结房地产开发的，属于一次性取得土地分期开发房地产的情况，其土地开发成本经商税务机关同意后可先按土地整体预算成本进行分配，待土地整体开发完毕再行调整。

这种开发模式下的预提，一般的企业、一般的项目碰不到。假如真碰到了，那这种预提是非常有利且有效的。

房地产企业的预提，平时最常见问题和税务风险是预提成本时，出包工程10%的计算基数是以单个合同金额为基数计算，还是以所有出包工程总金额为基数计算？这两种不同的计算方法，可能影响的预提成本相差上千万元。

有些地方明文规定，只能按单个合同来计算预提。有些省份同意按总合同金额来预提，理由是31号文件对工程合同允许预提，更多是站在考虑质保金后付的情形下，给予的一种应对政策。我们看一个××省解答：

> **问：**房地产企业开发产品完工后未能取得全部工程发票的，允许按照合同金额的10%预提，这里的合同金额按照分合同计算，还是总合同计算？
>
> **答：**根据国家税务总局国税发〔2009〕31号第三十二条“除以下几项预提（应付）费用外，计税成本均应为实际发生的成本。出包工程未最终办理结算而未取得全额发票的，在证明资料充分的前提下，其发票不足金额可以预提，但最高不得超过合同总金额的10%”文件精神，房地产企业在开发产品完工后，未能取得全部工程发票的，可按总包合同计算，对其发票不足金额可以预提，但最高不得超过合同总金额的10%。

特殊的收入：成本与收入不配比

有些房地产公司在拿地时，政府要求建造一些带有公益性质的设施，如造儿童乐园、展览馆等。同时，政府考虑到房地产公司在以后运营环节，这些公益性质的运营收入，肯定覆盖不了其建造成本和运营的支出，因此政府会给这些设施进行补贴或补助。有的地产公司在和政府谈判时，要求提前拿到这一块补助的资金。

这除了前面讲到的，可能会涉及到土地出让金返还的嫌疑外，还会有一个问题，在企业所得税上，相当于是运营的补贴收入，先拿到了钱，就要缴税。但相关的建造成本没有结转、相关的运营费用没有发生，提前缴了企业所得税，后期真正运营时，收入不多，成本很高，形成倒挂。

同样的道理，有些地产公司的自持物业，在出租时，一次性收取若干年的租金，按照企业所得税的收入确认规则，跨年提前收取租金的，可以在收取租金时一次性确认收入。考虑到其成本是按年计提折旧摊销的，税法允许在租赁期限内按年计入收入。

这里还需要提醒一个容易疏忽的地方。房地产公司新建的开发产品，在没有完工或办理房地产初始登记、取得产权证前，与承租人签订租赁预约协议，收到钱时不需要缴纳企业所得税，而是从开发产品交付承租人使用之日起，再按租金确认收入的实现。

第58讲　土地增值税清算补税情形下的企业所得税退税

前面讲到过，引起房地产项目公司“前期盈利后期亏损”的原因很多。其中有一个原因是，土地增值税清算前，是按照固定的比例预缴的，如果项目的增值高，土地增值税预缴的金额小于实际应该缴纳的金额，由于税金的扣除基本上遵循的是收付实现制而不是权责发生制，从而在项目前期，土地增值税哪怕在财务上做了预提，也不能在当年的企业所得税前扣除。

文件规定

为了解决土地增值税引起的所得税“前期盈利后期亏损”问题，国家税务总局2010年曾经下发过29号公告（以下简称“29号公告”），规定房地产开发企业按规定对开发项目进行土地增值税清算后，在向税务机关申请办理注销税务登记时，如注销当年汇算清缴出现亏损，可以按照规定的计算方法，计算出其在注销前项目开发各年度多缴的企业所得税税款，并申请退税。

由于29号公告规定只能在项目公司注销前才能申请退税，但实务中，项目公司注销比较难，所以29号公告的实际执行效应不高。为此，2016年国家税务总局下发了《关于房地产开发企业土地增值税清算涉及企业所得税退税有关问题的公告》(国家税务总局公告2016年第81号，以下简称“81号公告”)，对企业所得税的退税问题重新进行了明确。

一、企业按规定对开发项目进行土地增值税清算后，当年企业所得税汇算清缴出现亏损且有其他后续开发项目的，该亏损应按照税法规定向以后年度结转，用以后年度所得弥补。后续开发项目，是指正在开发以及中标的项目。

二、企业按规定对开发项目进行土地增值税清算后，当年企业所得税汇算清缴出现亏损，且没有后续开发项目的，可以按照以下方法，计算出该项目由于土地增值税原因导致的项目开发各年度多缴企业所得税税款，并申请退税：

(一)该项目缴纳的土地增值税总额，应按照该项目开发各年度实现的项目销售收入占整个项目销售收入总额的比例，在项目开发各年度进行分摊，具体按以下公式计算：

各年度应分摊的土地增值税=土地增值税总额×(项目年度销售收入÷整个项目销售收入总额)

本公告所称销售收入包括视同销售房地产的收入，但不包括企业销售的增值额未超过扣除项目金额20%的普通标准住宅的销售收入。

(二)该项目开发各年度应分摊的土地增值税减去该年度已经在企业所得税税前扣除的土地增值税后，余额属于当年应补充扣除的土地增值税；企业应调整当年度的应纳税所得额，并按规定计算当年度应退的企业所得税税款；当年度已缴纳的企业所得税税款不足退税的，应作为亏损向以后年度结转，并调整以后年度的应纳税所得额。

(三)按照上述方法进行土地增值税分摊调整后，导致相应年度应纳税所得额出现正数的，应按规定计算缴纳企业所得税。

（四）企业按上述方法计算的累计退税额，不得超过其在该项目开发各年度累计实际缴纳的企业所得税；超过部分作为项目清算年度产生的亏损，向以后年度结转。

三、企业在申请退税时，应向主管税务机关提供书面材料说明应退企业所得税款的计算过程，包括该项目缴纳的土地增值税总额、项目销售收入总额、项目年度销售收入额、各年度应分摊的土地增值税和已经税前扣除的土地增值税、各年度的适用税率，以及是否存在后续开发项目等情况。

四、本公告自发布之日起施行。本公告发布之日前，企业凡已经对土地增值税进行清算且没有后续开发项目的，在本公告发布后仍存在尚未弥补的因土地增值税清算导致的亏损，按照本公告第二条规定的方法计算多缴企业所得税税款，并申请退税。

案例解析

和29号公告相比较，81号公告放宽了退还企业所得税的条件，只要项目公司没有其他后续开发项目的，就可以申请退还所得税。

下面我们以81号公告解读稿中的案例，来介绍其中的注意事项：

某房地产开发企业2014年1月开始开发某房地产项目，2016年10月项目全部竣工并销售完毕，12月进行土地增值税清算，整个项目共缴纳土地增值税1 100万元，其中2014—2016年预缴土地增值税分别为240万元、300万元、60万元；2016年清算后补缴土地增值税500万元。2014—2016年实现的项目销售收入分别为12 000万元、15 000万元、3 000万元，缴纳的企业所得税分别为45万元、310万元、0元。该企业2016年度汇算清缴出现亏损，应纳税所得额为–400万元。企业没有后续开发项目，拟申请退税，具体计算详见表7–1。

表 7-1　　具体计算表　　单位：万元

明细	2014年	2015年	2016年
预缴土地增值税	240	300	60
补缴土地增值税	—	—	500
分摊土地增值税	440［=1 100×（12 000÷30 000）］	550［=1 100×（15 000÷30 000）］	110［=1 100×（3 000÷30 000）］
应纳税所得额调整	−200（=240−440）	−270（=300−550−20）	450（=60+500−110）
调整后应纳税所得额	—	—	50（=−400+450）
应退企业所得税	50（=200×25%）	67.5（=270×25%）	—
已缴纳企业所得税	45	310	0
实退企业所得税	45	67.5	—
亏损结转（调整后）	−20［=（45−50）÷25%］	—	—
应补企业所得税	—	—	12.5（=50×25%）
累计退税额	—	—	100（=45+67.5−12.5）

从上面案例可以看出，清算年度（2016年）因为缴纳了清算土地增值税500万元，导致了当年所得税上发生亏损（实际亏损数为400万元）。这种情形下，企业可申请重新计算所得税后办理退税。重新计算的方法是，把所有缴纳的土地增值税（含预缴税款和清算税款），按照每年的销售收入做一次重新的配比，实际上也就是有点根据权责发生制的意思，把当年应该负担的土地增值税放到当年的所得税前扣除。

81号公告规定的退税计算方法，是一种还原计算方法。具体落实到每一年度，有可能是退税，也有可能性是补税。每年退税的金额，不能超过已缴纳的税款。实际计算中，按照每个年度缴纳税款计算退税限额。

以2014年为例，2014年实际预缴了土地增值税240万元，如果按收入的占比，当年应该分摊到土地增值税440万元，也就是在所得税前可以多扣200万元，道理上可以退所得税50万元。但是2014年实际缴的所得税只有45万元。因此，只能申请退所得税45万元，未退的部分，相当于形成了亏损20万元，在以后年度还原计算时，把这20万元亏损再考虑进去。

需要注意的问题和风险提示

根据实务中碰到一些情况，笔者提醒办理所得税退税时，要注意以下几个点：

1. 符合退税的条件，尽量在当年申请退税。多起惨案告诉我们，当年不申请退还的，以后年度能退回的概率，那是相当的低。要读懂文件规定可以退税的条件：

条件一，土地增值税清算补税引起了所得税上的亏损；条件二，项目公司没有后续开发的项目。没有后续开发项目，是指没有正在开发或中标的项目，不是指项目的物业都要卖完。

一般建议，在做土地增值税清算当年的所得税汇算清缴时，项目公司要计算好这一块内容。有些公司在请第三方出具汇算清缴报告时，一并把申请退税的情况出具了鉴证报告。待汇算清缴结束后，马上启动退税程序。

2. 土地增值税清算后，出现因清算补税引起的所得税亏损，可以申请退还。一般意义上，这里的清算补税是实际缴纳的土地增值税。曾经碰到过这么一个案例，2020年12月出了土地增值税的清算结果，由于接近年底，税务局要求在次年缴纳入库。企业在办理2020年所得税汇算清缴时，将几千万元的土地增值税在2020年做了税前扣除。税务局在审核时，认为税款的扣除应遵循实际缴纳原则，不同意在2021年就退以前年度的所得税。

3. 81号文件，相当于清算年度补缴的土地增值税，加上以前年度预缴的税款之和，在各年度之间按收入占比进行重新分摊。这里的收入，肯定是企业所得税上的收入，而不是土地增值税收入和会计上的收入概念。如案例中，2014—2016年实现的项目销售收入分别为12 000万元、15 000万元、3 000万元，且2016年为清算年度。一般情况下，土地增值税的清算年度，没有多少销售收入，或销售收入基本为0，所以，土地增值税清算的补税，基本上可按收入比例追溯到以前有收入的年度中去扣除。

假设案例中2015年度为企业所得税完工年度，结转收入和成本，会计也在这一年确认收入和成本，我们按会计收入概念重新计算一下，会得出不一样的结果。

同时，81号公告强调，销售收入包括视同销售房地产的收入，但不包括企业销售的增值额未超过扣除项目金额20%的普通标准住宅的销售收入。这时又引进了土地增值税的概念，由于普通住宅在清算时享受免征土地增值税优惠，而在预缴时除几类特殊房产外，都是要按规定预缴的。对普通住宅收入计算在内和不计算在内，会出现不一样的退税结果。

4. 81号公告讲到的是土地增值税清算补税，引起的所得税重新计算问题。实务中有另外一种情况，即土地增值税清算结果是退还大额的税款，退回的税款，应该计入当年的所得缴纳企业所得税。如果清算时间严重滞后，会出现这么一种情况：所得税结转收入年度，由于其他原因，造成的巨额亏损，因为超过了法定年限，亏损作了废。这时会造成一方面退土地增值税，另一方面亏损作废了只能缴25%所得税的情形。项目公司一定要把握好土地增值税清算的节点，尽量避免这种情况出现。

5. 81号公告想解决的是土地增值税清算补税引起的所得税亏损问题。这个文件，有没有可能把其他引起亏损的问题也解决了？有兴趣的朋友可以自己研究一下。

第59讲　完工未售物业的税务风险

房地产开发竣工后，有时房地产公司会自持一部分物业，用于出租或经营；有时对未售的物业，也没想好到底是卖还是自持。这时会计上如何处理？要不要办出小产证？如果自己运营，具体采用何种模式？这些问题都会影响税收的处理，处理不当，都会带来一定的税务风险。这里就最常见的几个税务风险，作简单提示。

转“投资性房地产”的税务风险

网上有一篇标题为《史上最悲催的房地产收购案例，投资90亿元不到8个月近乎全亏光》的文章，讲的是某国外知名地产商在2020年收购了国内一地产公司，此后收购方深陷收购泥潭，仅仅8个月的时间，投资的近90亿元人民币几近全部亏光。文章分析，这个投资血案产生的一个重要原因，是对被收购企业整体估值的误判。被收购地产公司总资产中，自持用于出租的投资性房地产账面价值占总资产的三分之一。但这些按公允方式计量的投资性房地产，投资回报率仅为1%。

其实投资性房地产这玩意儿，除了上面讲到的容易产生资产估值“虚胖”外，税收上也有不少坑和陷阱。

所得税上不能扣除折旧的风险。由于公允价值计量投资性房地产，会计上不计提折旧，所以大部分地方的税务机关，遵循“会计上没有的，所得税上也不能扣”的观点，不能在税前扣除折旧。如某省的解答：

问：以公允价值模式计量的投资性房地产，在会计处理中不对房屋或土地使用权计算折旧或摊销，是以该资产公允价值的变化计入公允价值变动损益。在税务处理时能否允许计算折旧或摊销从税前扣除？

答：考虑到以公允价值模式计量的投资性房地产是企业的投资资产，不属于消耗性资产，不需要通过折旧或摊销的方式予以补偿，因此会计核算不计算折旧或摊销。在税务处理时遵从会计处理方式，按照15号公告第八条的规定，以公允价值模式计量的投资性房地产不得计算折旧或摊销从税前扣除。

土地增值税上新房变旧房的风险。如××省的土地增值税口径：房地产开发企业建造的商品房（不含已列入固定资产或作为投资性房地产的房屋），应按照转让新建房的政策规定缴纳土地增值税。

言下之意，会计处理上，将开发产品转固定资产或投资性房地产，土地增值税上就变成旧房，下次哪一天出售时，不能加计扣除了。如果是普通住宅，当然也就没有免税的说法了。

增值税上土地价款不能差额扣减的风险。部分地方的口径是，房开企业把开发的房子转为固定资产（投资性房地产），下次转让计算增值税时，土地价款就不能从销售收入中扣减了。

房产税的风险。最典型的就是富力地产的税案，房地产企业把开发产品转投资性房地产，房产税就出来了。不管你有没有出租，只要账上核算成投资性房地产，就构成了实际使用，就要开始缴纳房产税。

看来甘蔗不能两头甜。转或不转，转到哪里，有时还真得想好了。

办出小产证风险

有些房地产企业，为了融资需要，如为了做点抵押借款，把开发产品的小证办在自己公司名下。这可能会有以下风险：

房产税风险。这种情形要不要缴纳房产税，目前的政策不明确。有些省在网上答复，可以不缴纳，有的省则答复要缴纳。

个人理解，办出了小证，做抵押贷款不构成物理上的使用。房产税的征收基础，更多强调的是一种物理使用属性，如对房产的定义，是能供人们在其中工作、学习、生活等。办出小证，以后还是要卖的，其形态仍为开发产品，不应该征收房产税。

增值税风险。个别省有规定，把开发产品办出小证，下次再销售时，增值税上土地款不能再抵减销售额。理由是国家税务总局2016年的18号公告规定，销售自行开发的房地产项目，才有抵减销售额的待遇。一旦办出了小证，很难判断是自行开发。只能按2016年14号公告规定处理，即：

> 本办法所称取得的不动产，包括以直接购买、接受捐赠、接受投资入股、自建以及抵债等各种形式取得的不动产。

土地增值税风险。办出了小证，以后再销售时，不再走网签的流程了。部分税务机关的观点是，这种情形下，类似于二手房的转让，以后只能按旧房来缴纳土地增值税。

转租房产的税收风险

一般纳税人出租其2016年4月30日前取得的不动产，可以选择适用简易计税方法，按照5%的征收率计算增值税应纳税额。取得的不动产，包括以直接购买、接受捐赠、接受投资入股、自建以及抵债等各种形式取得的不动产。

《全面推开营改增试点12366热点问题解答（一）》中提到：关于转租不动产如何纳税的问题，国家税务总局明确按照纳税人出租不动产来确定。因此，一般纳税人将2016年4月30日之前租入的不动产对外转租的，可选择简易办法征税；将5月1日之后租入的不动产对外转租的，不能选择简易办法征税。

对于转租人来说，一定要注意两道环节的税率差问题。如果是4月30日前建造的房产，产权所有人在出租时，任何时候均可以采用简易计税方法。但对于转租人来说，如果租赁合同是在4月30日后签订的，其转租行为只能适用一般计税，中间相差4%的税率差。

这里还得提醒一下，房产的转租业务，不属于增值税上差额征税的范围。差额征税的增值税应税事项，都是税法正列举的，如金融商品转让、经纪代理服务、旅游服务、纳税人转让不动产等应税销售行为，可采取差额计算方法。不动产转租业务并无明确的差额征税文件支持，因此不属于差额征税事项，相应地不得适用差额征税政策。

这一讲主要讲了完工未售物业的税务风险。有些地产开发项目中，自持的酒店等物业，装在开发公司名下。出于运营的考虑，出于资产安全的考虑，出于税务筹划的考虑，有很多企业会把酒店等自持的物业，进行资产的剥离和转移。实务中，有的会剥离到另一家公司，有的直接剥离到个人的名下。其中的税务问题，有很多很多。笔者碰到过好几起类似的案例，比如直接以很低的价格，把资产剥离到个人的名下，少缴了巨额的增值税、企业所得税、土地增值税，还少缴了一大块的个人所得税，最后被税务机关调整，此类案例比比皆是。房地产企业一定要注意其中的税务风险，提前设计好交易路径和交易方式。

第八篇

土地增值税清算的税务风险与规避

第60讲　土地增值税清算时点

先来讨论一个问题。房地产公司如果可以主动掌控清算的时点，你觉得土地增值税的清算，是早点搞好，还是晚点搞好？

一般来说，清算要补税的项目，肯定是晚点好，迟点清算迟点缴税，国家又不收利息，迟点清算可以赚点资金时间差的便宜。要退税的项目，当然是早点清算好，一方面，早退税早拿钱；另一方面，早清算，少预缴。

“细思极深”，仔细思考一下，这事还不是这么简单。对土地增值税清算时点的把握，还需要考虑以下几个方面因素：

与企业所得税的关系。土地增值税是可以在企业所得税前扣除的，可以扣除的土地增值税仅限于实际缴纳的土地增值税。虽然国家税务总局2016年86号公告规定了土地增值税清算补缴税款，引起的企业所得税上的亏损，如果没有后续开发项目的，项目公司可以申请退还企业所得税。但现实是，缴税容易退税难，退回的比例能有多少？因此，站在所得税的角度来考虑，补缴大额清算土地增值税的项目，最佳处理思路是，土地增值税清算在前、企业所得税完工结转收入在后，这样土地增值税能在企业所得税上充分地、自然地消化。

企业取票的进度。土地增值税是个凭票扣税的税种，只有拿到合法有效的扣除凭证（主要是发票），才可以在土地增值税清算时扣除。票对于土地增值税的计算来说，还有几个比较特别的地方：如果是开发成本的票，有加计放大的效应，100万元的票实际能抵130万元。土地增值税清算时，算出每个业态的单方成本，拿到的票可以进成本。清算后再拿到的票，大概率既不能追加到前面已清算的可销售面积中去，也不能全部放到以后的可销售面积中去，相当于清算后拿的票，是一张废票。

企业付款的进度。部分税务机关掌握的口径是，在土地增值税清算时，不但要拿到票，还要付清款。没有付款的成本，不能在土地增值税清算时扣除。所以，在有付款要求的地区开发的项目，还要考虑付款进度这个因素。

各业态的销售情况。举个简单例子，某项目所在地的清算政策，采用三分法，车位并入其他类进行清算。开发项目中，总体销售比例已达到85%，但其中的商铺卖完了，且商铺的增值很高，车位是负增值且没怎么卖。这时如果办理土地增值税清算的话，车位的负增值抵不了商铺的高增值。

政策和征管的因素。有这么一个传说，国地税机构合并前，有部分“聪明”的地产公司，趁机构改革前，把早该清算的项目下狠心终于清算掉了。这些地产公司担心的是机构合并后，当地的土地增值税清算口径会更加得严厉。早清算多得益，据说实际上也得到了不少好处。

这种投机的做法，并不可取。但其中也不乏给我们以启示。土地增值税的清算，要考虑征管的因素，以及当地政策口径的因素。有些地方，一些清算的口径会进行动态调整，一个政策的调整，对项目公司来说可能会多缴上千万元的土地增值税，也有可能是少缴上千万元的土地增值税。根据政策的变动，选择最有利的时点办理清算。

土地增值税清算时点：应清算

《国家税务总局关于印发〈土地增值税清算管理规程〉的通知》（国税发

〔2009〕91号，以下简称“91号文件”）中，规定了土地增值税清算的时点。清算时点分为两种情形：应清算和可清算。

应清算的意思是达到规定的时点后，纳税人不管愿不愿意，都应该进行清算。应清算的条件有三个，纳税人符合下列条件之一的，应进行土地增值税的清算：

（1）房地产开发项目全部竣工、完成销售的；

（2）整体转让未竣工决算房地产开发项目的；

（3）直接转让土地使用权的。

应清算有点“清算纳税义务发生时间”的味道，也就是这个时间点上，纳税人必须履行相关的申报和纳税义务。在不讨论整体转让在建工程和直接转让土地使用权两种情形下，对房地产项目公司来说，只要房子竣工且全部卖完了，就应该办理土地增值税的清算。当然，具体的征管实践中，土地增值税的清算没有像其他税种一样有那么强制的要求。有些地方的清算申报，是企业被动地等税务机关发出清算通知，再办理清算申报的。

话得分两头说，尽管房子卖完了，需要等税务机关的通知再去清算。但是这种情形下，主动权掌握在税务机关的手里，主管税务机关随时可以通知清算申报。实务中，有些企业会尽量避免全部卖完的情形。

土地增值税清算时点：可清算

可清算的情形，91号文件是这么规定的：

> 对符合以下条件之一的，主管税务机关可要求纳税人进行土地增值税清算。

（一）已竣工验收的房地产开发项目，已转让的房地产建筑面积占整个项目可售建筑面积的比例在85%以上，或该比例虽未超过85%，但剩余的可售建筑面积已经出租或自用的；

（二）取得销售（预售）许可证满三年仍未销售完毕的；

（三）纳税人申请注销税务登记但未办理土地增值税清算手续的；

（四）省（自治区、直辖市、计划单列市）税务机关规定的其他情况。

对前款所列第（三）项情形，应在办理注销登记前进行土地增值税清算。

这里的可清算，一般意义上不是必须的意思，是“既可以也不可以”的意思，因为91号文件已经规定了应清算的情形。下面就可清算情形，我们来讨论几个问题。

1.办理注销税务登记前，土地增值税未清算的，应该办理清算手续。

2.取得销售（预售）许可证满三年仍未销售完毕的，可以要求进行清算。这个条款虽然这么写着，但是实务中按这一条款操作的似乎不太常见。同一个项目，房地产公司可能拿几张甚至十几张预售证，全国绝大部分税务机关的口径，是以项目最后一张预售证的时间来作为判断标准的。

3.已销售面积占比85%以上，是经常用的一种情形。这种可清算的情形，前提当然也是开发项目已经竣工。以85%为标准，更多考虑是项目的房子已卖得差不多了，从及时组织税源的角度出发，给予了可清算的标准。实务中，会有这么几点争论：

已转让的标准是什么？是以签订合同为准，还是以交房为准？这个目前的政策规定上不是太明确，大部分人的理解是以交房、会计确认收入为标准。

在计算已转让的公式中，分子其实包括三个部分：已销售的、出租的和自用的。在有些不想早点清算的项目中，一定要把握好这个指标。快到85%

时，要想好能不能再出租了，能不能再自用了。

分子是已售建筑面积，分母是可售建筑面积。如果当地的车位都列入清算的范围，那分母也应该包括车位的面积。

一般来说，可清算情形下，是税务机关主动发起清算程序的。那符合可清算的条件，纳税人能不能主动发起清算呢？实务中，纳税人想主动清算，大概率税务机关是不会理的。

第61讲　土地增值税的清算单位和计算单位

土地增值税的清算单位和计算单位是两个完全不同的概念。清算单位是指计算土地增值税税款的单位，计算单位是指在同一个清算单位内的开发产品，区分几个类型，按类型分别计算收入、扣除、增值额和税金。

可以这么直观地理解，一个地产项目，在办理土地增值税清算时，税务局会先画圈。如只画了一个圈，那圈内的物业，全部放在一起清算；如画了两个圈，不同圈内的物业，分别进行土地增值税的清算。在同一个圈内，计算土地增值税时，还要根据开发产品的不同，如住宅、商业等，分别进行税款的计算。

土地增值税的清算单位

房地产公司的土地增值税有比较特殊的计算方法，他不像增值税和企业所得税，以企业为计算单位。土地增值税的计算是以清算单位进行计算的。房地产公司同时开发两个项目，这两个项目由于分别报批报建，肯定不是同一个清算单位。房地产公司开发同一个项目，由于各地对清算单位的规定不同，可能是一个清算单位，也可能是两个或两个以上的清算单位。

首先要明确同一开发项目，清算单位是分多个好还是一个好。一般意义上，清算单位越多，计算税款的时候，分得就越细，对企业越不利。分得越细，不同清算单位间盈亏就不能相互冲抵。会出现这么一种情况：各个清算单位确认的增值额（不含负增值）加起来，远远高于按项目整体计算的增值额。

可能只有一种情况下，清算单位是越多越好。如同一开发项目规模很大，没有分期情况下滚动开发，整个项目增值率低，按当地规定的预缴税率，土地增值税会明显出现超预缴情况。这种情形下，如果清算单位划得大，开发十多年也达不到土地增值税的清算时点，会累积大量的预缴税款。这种情形下，清算单位划得细点多点，把前面可以清算的税款先退点回来，对企业来说更有利。

清算单位的规定

讲完了道理，再来看规定。根据《国家税务总局关于房地产开发企业土地增值税清算管理有关问题的通知》(国税发〔2006〕187号，以下简称“187号文件”)第一条规定：土地增值税以国家有关部门审批的房地产开发项目为单位进行清算，对于分期开发的项目，以分期项目为单位清算。

从187号文件的规定看，清算单位一般以房地产开发项目为基础进行判断。187号文件也规定了分期开发项目以分期为单位清算，但文件没有明确“分期开发”“分期项目”的概念和判断标准，也没有明确“以分期项目为单位清算”是强制性规定还是宣示性规定。实践中，由于土地增值税是地方税，各省、自治区及直辖市根据房地产开发行业的特点，规定了适用于本地区房地产开发项目的清算政策。

以发展和改革委员会立项为清算单位。以发展和改革委员会立项，也就是以项目为单位进行清算，是最契合国家税务总局规定，也是最大的清算单位，对企业最为有利。如江西省规定，房地产开发项目的土地增值税清算单位应依据发展和改革委员会审批或核准的项目文件确定。

以建设工程规划许可证确定清算单位。如四川省、浙江省的土地增值税口径，以城市规划行政主管部门颁发的“建设工程规划许可证”所确认的房地产开发项目为清算单位。

其他的规定。如河北省规定，土地增值税清算以纳税人房地产开发的成本核算中最基本的核算项目进行纳税清算。西安市规定，以“建设工程规划许可证”或房管部门颁发的商品房预售证为清算单位。

一个开发项目分几个清算单位，一定会影响土地增值税的清算结果。对于清算单位，房地产公司一定要引起足够的重视。在前期的报批报建环节，一定要考虑清算单位的因素。

部分地区，为了强化清算单位的确定性，减少清算环节不必要的争议，在项目登记环节，对有争议的清算分期，经过集体审议事先确定。这种情形下，对房地产公司来说，要提前做好精准的测算，争取最有利的清算分期。

土地增值税的计算单位

《财政部 国家税务总局关于土地增值税一些具体问题规定的通知》（财税字〔1995〕48号）规定：

十三、关于既建普通标准住宅又搞其他类型房地产开发的如何计税的问题

对纳税人既建普通标准住宅又搞其他房地产开发的，应分别核算增值额。不分别核算增值额或不能准确核算增值额的，其建造的普通标准住宅不能适用条例第八条（一）项的免税规定。

《国家税务总局关于房地产开发企业土地增值税清算管理有关问题的通知》（国税发〔2006〕187号）第一条规定：

> 开发项目中同时包含普通住宅和非普通住宅的，应分别计算增值额。

《国家税务总局关于修订土地增值税纳税申报表的通知》（税总函〔2016〕309号）在土地增值税清算纳税申报表中的填表说明里写道，表中每栏按照“普通住宅、非普通住宅、其他类型房地产”分别填写。

因此，从一般意义上来说，在同一清算单位内，纳税人应按照普通住宅、非普通住宅、其他三类进行计算，也就是我们经常说的三分法。这也是全国大部分税务机关所持的观点。

对于三分法，争论最多的是，纳税人能否放弃普通住宅的免税，把普通住宅和非普通住宅放在一起计算。有些项目中，普通住宅的增值率是负数，如果能和非普通住宅放在一起，能极大拉低非普通住宅的增值率，少缴不少的土地增值税。

按理说，普通住宅增值20%以下，享受免税的税收优惠。税收优惠依纳税人申请而享受，纳税人也可以放弃优惠的享受。

但是，现实是骨感的，全国的口径基本上不同意普通和非普通混在一起计算。最典型案例是海南三正实业投资公司，在土地增值税清算时，要把普通和非普通放一起，当地税务机关要求一定要分开来算，最后官司一直打到海口中院，还是纳税人输了。

实务中，部分地方执行二分法的口径，把非普通住宅和商业等放在一起计算土地增值税。

三业态的分类标准

三分法的理解：首先分为住宅和非住宅，住宅以外的全是其他（非住宅）；再把住宅分为普通和非普通，普通以外的全是非普通。

普通标准住宅，是指按所在地一般民用住宅标准建造的居住用住宅。高级公寓、别墅、度假村等不属于普通标准住宅。普通标准住宅与其他住宅的具体划分界限由各省、自治区、直辖市人民政府规定。

《国务院办公厅转发建设部等部门关于做好稳定住房价格工作意见的通知》（国办发〔2005〕26号）规定，享受优惠政策的住房原则上应同时满足以下条件：住宅小区建筑容积率在1.0以上、单套建筑面积在120平方米以下、实际成交价格低于同级别土地上住房平均交易价格1.2倍以下。各省、自治区、直辖市要根据实际情况，制定本地区享受优惠政策普通住房的具体标准。允许单套建筑面积和价格标准适当浮动，但向上浮动的比例不得超过上述标准的20%。

普通标准住宅，一般要同时符合3个条件：

1.住宅小区建筑容积率在1.0（不含）以上。容积率是衡量建设用地使用强度的一项重要指标，容积率越高，土地使用的效益越高。因此，普通标准住宅首先要符合容积率要求。

在判断容积率指标时，一般以整个小区作为标准。容积率指标，其来源以什么为准？部分地方有自己的规定。

海南省税务局有个规定，清算项目的容积率按以下顺序确定：

（1）按建设工程规划许可证上标明的容积率确认；

（2）按建设用地规划许可证上标明的容积率确认；

（3）按土地出让合同上标明的容积率确认；

（4）按其他合理的方式确认。

2. 单套住宅建筑面积标准。具体标准由各省、自治区、直辖市自己制定，大部分地方的标准为140平方米和144平方米，这也是住宅中139—144平方米的户型多的主要原因。

在建筑面积的判断上，理应根据每一套的面积进行判断。但在个别省份，建筑面积是按照每一幢楼的平均建筑面积来进行判断的。

3. 实际成交价格标准。实务中，实际成交价格很容易取到数，但与之相比较的基数，即同级别土地上住房平均交易价格，需要动态地取数，且很难取到数。大部分地方在土地增值税清算时，基本忽略此标准。但也有些地方，干脆规定每套的售价低于一定标准的，才能算是普通住宅。

说完了普通住宅的标准，再来说一下非普通住宅。非普通住宅的第一标准是住宅，第二标准是普通住宅以外的住宅，如面积在规定标准以上的、特殊类型的住宅（别墅等）。

最后一类为非住宅，非住宅指的是除了住宅以外的非居住用房屋，包括办公用房、商业用房和厂房仓库、车库等。常见的如写字楼、酒店、商铺等。

实务中，有几类开发产品，在土地增值税清算时，对其归入哪一类，会有一定的争议：

酒店式公寓。酒店式公寓在有的地方直接叫公寓，它可以用来住也可以用来办公，但在土地增值税业态的分类上，大部分地方根据其用地的性质来判断，由于其是商业用地，所以不认可其为住宅，而将其归类为非住宅类。

联排、合院等。这是有些地方的特殊叫法，也有的地方叫联排类别墅、合院式别墅，小面积的此类产品，能否属于普通住宅，要根据各地的清算口径。

第62讲　扯不清理还乱：成本核算对象、计税成本对象与清算业态

成本核算对象、计税成本对象和清算业态，是三个不同的概念，三者有区别也有联系。这一讲，我们来扯扯清楚这三者之间的“爱恨情仇”。

成本核算对象

成本核算对象，是会计上的说法，是企业进行成本核算的载体。财政部发布的《企业产品成本核算制度（试行）》（财会〔2013〕17号，以下简称“17号文件”）规定，企业应当根据生产经营特点和管理要求，确定成本核算对象，归集成本费用，计算产品的生产成本。如制造企业，一般按照产品品种、批次订单或生产步骤等确定产品成本核算对象；如批发零售企业，一般按照商品的品种、批次、订单、类别等，确定成本核算对象。17号文件也规定，房地产企业一般按照开发项目、综合开发期数并兼顾产品类型等确定成本核算对象。企业产品成本核算采用的会计政策和估计一经确定，不得随意变更。

对房地产企业来说，合理确定成本核算对象，有利于准确核算开发产品

的成本，为管理层提供有用的经营信息和经营成果信息。会计上对怎样划分成本核算对象，规定得比较原则。如企业开发的同一个项目，可以不区分成本对象，统一作为一个成本对象来处理。也可以按照开发的产品类别来进行成本对象的划分，如同期开发的产品中，有高层、小高层、商铺三个产品，可以按照高层、小高层、商铺三个成本对象来确认。也有的企业，以开发的单幢建筑作为成本对象，如同期开发8幢住宅，以每一幢楼作为一个独立的成本对象。

会计上的成本核算对象，因企业不同而有不同的划分方法，因会计人员不同有不同的划分方法。会计上的划分，没有对与错，只有合适与不合适。成本核算对象划分得过于粗犷，成本分摊的工作量会加大；划分得过于精致，平时会计核算的工作量会加大。

成本核算对象的划分中，会碰到这么一个纠结的问题：对类似于底层商业、上面住宅的联体楼，可不可以把一幢楼肢解为两个或两个以上成本核算对象呢？如划分为住宅和商业两类，分别进行成本核算。这在实务中屡有争议。

请注意，上面讲的，只是会计核算上对成本核算对象的一般性规定。实际操作中，会计上的处理不一定按会计的方法来处理。

计税成本对象

计税成本对象，是企业所得税上的说法。《国家税务总局关于印发〈房地产开发经营业务企业所得税处理办法〉的通知》（国税发〔2009〕31号，以下简称“31号文件”）第二十六条规定，成本对象是指为归集和分配开发产品开发、建造过程中的各项耗费而确定的费用承担项目。31号文件第二十六条规定了计税成本对象的六大确定原则：可否销售原则、分类归集原则、成本差异原则、功能区分原则、定价差异原则和权益区分原则。

企业所得税上划分成本对象的目的，主要有三个：第一个目的，是同一个开发项目中，可能既有写字楼、公寓，又有商品户、门面房，不同的开发产品、不同的业态，它们的土地、建安、配套设施、各项费用所占比例不同，它们的销售单价各不相同，实现利润差异也较大，计税成本对象划分有利于企业所得税的征管。

第二个目的，通过计税成本对象的划分，可以合理区分完工、在建、未建成本对象，及时对完工的成本对象进行收入和成本的确认。举个简单例子，企业开发一个大型项目，分两期进行开发，每一期中既有住宅又有商业，如第一期中的住宅已经先开工达到竣工备案时点，而第一期的商业和第二期的所有工程都未开工。

这时，如果不划分计税成本对象，有可能产生两个结果，一个结果是税法上都视为完工处理，这对企业来说很悲催，因为只有第一期的住宅竣工备案，如果要全部结转，大部分的发票没有取得，势必造成单方建造成本很低。第二个结果是等到所有的开发产品竣工后再结转收入和成本，这对税务机关很悲催，不知猴年马月才能结转收入和成本，房地产的企业所得税就进入一个核定征收的局面。

第三个目的，所得税管理上，如果没有明确规定计税成本对象，而是跟着会计走，那么在纳税评估、税务稽查时，房地产企业的成本就没有确定性。会计上的成本核算对象，可以随时调整，所得税上的计税成本，必须具有确定性。因此所得税上，一定要有自己的计税成本对象。

根据31文件规定，成本对象由企业在开工之前合理确定，并报主管税务机关备案。《国家税务总局关于房地产开发企业成本对象管理问题的公告》（国家税务总局公告2014年第35号，以下简称“35号文件”）规定，房地产开发企业应依据计税成本对象确定原则确定已完工开发产品的成本对象，并就确定原则、依据，共同成本分配原则、方法，以及开发项目基本情况、开发计划等出具专项报告，在开发产品完工当年企业所得税年度纳税申报时，随同“企业所得税年度纳税申报表”一并报送主管税务机关。房地产开发企业将已确定的成本对象报送主管税务机关后，不得随意调整或相互混淆。如确需调整成本对象的，应就调整的原因、依据和调整前后成本变化情况等出具专项报告，在调整当年企业所得税年度纳税申报时报送主管税务机关。对不如实出具专项报告或不出具专项报告的，主管税务机关将按《税收征管法》的相关规定进行处理或处罚。

35号文件的下发，标志着房地产企业不再需要事先以备案的形式向税务机关报告计税成本对象，只需要在完工年度所得税汇算清缴时进行报告。由于35号文件没有规定专项报告的格式，这里引用了一张某地制发的报告表（见表8–1），以供参考。

表8–1　房地产开发企业已完工开发产品成本对象专项报告表

<table>
<tr><td>单位名称（公章）</td><td colspan="2"></td><td>纳税人识别码</td><td colspan="3"></td><td>开发项目名称</td><td colspan="2"></td></tr>
<tr><td>成本对象的确定原则</td><td></td><td>过渡性成本对象名称</td><td></td><td>开发期数</td><td></td><td>首期项目开工时间</td><td></td><td>全部项目预计完工时间</td><td></td></tr>
<tr><td>规划需要建设的公共配套项目</td><td colspan="5"></td><td colspan="2">公共配套设施预算造价</td><td colspan="2">万元</td></tr>
<tr><td colspan="10">成本对象明细</td></tr>
</table>

序号	成本对象名称	成本对象编号	开工时间	完工时间	占地面积	建筑面积
1						
2						
3						
4						
5						

续表

<table>
<tr><th>序号</th><th>主要成本项目分配方法</th><th>分摊方法</th><th colspan="2">相关内容</th></tr>
<tr><td>1</td><td>土地</td><td></td><td>开发项目总占地面积：</td><td></td></tr>
<tr><td>2</td><td>公共配套设施</td><td></td><td>一次性取得、分期开发用地的整体预算：</td><td></td></tr>
<tr><td>3</td><td>借款费用</td><td></td><td>开发项目总建筑面积：</td><td></td></tr>
<tr><td>4</td><td>其他成本项目</td><td></td><td>预算造价：</td><td></td></tr>
<tr><td colspan="3">主管税务机关受理专用章：
受理日期：　　年　月　日</td><td>纳税人需说明事项</td><td>填表人：
填表日期：　　年　　月　　日</td></tr>
</table>

清算业态

土地增值税的清算，等于土地增值税最终的计算。土地增值税的清算，按照不同的清算单位进行，同一清算单位中，又要按照不同业态进行计算，也就是说，土地增值税的最终计算，是按照清算业态为单位进行的。

理论上，土地增值税的计算过程，和财务会计核算关系不大。但土地增值税计算时的取数来源，是来自会计核算。如果在会计核算时，主动、提前把不同业态在会计上核算准确，一方面减轻清算时的工作量；另一方面，自然而然把会计核算的数据搬到土地增值税申报表上。正是出于这种考虑，有不少的房地产项目公司在设置成本对象时，会加杂土地增值税的因素，清晰地把普通住宅、非普通住宅、其他类别的产品，在成本对象中分别设置并分别核算。

三者之间的“恩爱情仇”

到这里为止，讲完了会计上的成本核算对象、所得税上的计税成本对象以及土地增值税上的清算业态。又应该回到这个问题：会计的成本核算对象到底应怎么设置。

第一种思路，我走我的路。会计按照会计的规定或者会计人员自身的理解去设置成本核算对象。实务中，在一些小的房地产开发企业里，由于会计人员理解的不同和习惯的不同，有的企业不区分成本核算对象，在结转成本以前，按“开发成本——6大成本明细——明细”进行核算，等到完工结转成本时，再把发生的总成本通过分配表的方式，按照一定的方法分配到住宅、商业等不同的开发产品中去。

也有的企业，在结转成本以前，按“开发成本——合同——明细”进行核算，其核算流程和上面讲到的一样。

第二种思路，成本核算对象的确定，向企业所得税靠拢。毕竟企业所得税对计税成本对象的规定，非常清晰且易于操作。

第三种思路，成本核算对象的确定，向企业所得税靠拢的同时，吸收土地增值税清算的相关规定。在设置成本核算对象时，一方面考虑到土地增值税的清算单位，按照本地对清算单位的规定，对属于不同清算单位的产品，分开设置成本对象。如某地规定以“工程规划许可证”为清算单位，假设项目只开发8幢住宅楼，领取两张“工程规划许可证”，在设置成本对象时，哪怕都是高层住宅，也加以区分。另一方面考虑清算业态的因素，在第一层意思基础上，对普通住宅、非普通住宅、商业等土地增值税上不同的业态，在设置成本对象时加以区别。

第三种思路除了能减轻以后土地增值税清算时的工作量以外，最大好处是，由于按照土地增值税的计算单位设置了不同的核算对象，有利于企业从刚开始成本核算时，对不同业态的土地增值税税负进行规划。如经过测算，普通住宅的最终增值率可能接近20%临界点，可以把本应属于共同成本的一些支出，直接对象化到普通住宅中去，把共同成本转化为直接成本。再如开发业态中，普通住宅增值是负数，但商业的增值会很高，可以把部分成本由共同成本转化为直接成本。

当然，第三种思路的最终目的，是为了以后土地增值税清算时赚点便宜。这里要考虑两个因素：一是当地税务机关，认不认同这种做法；二是做这个事的前提，是建立在比较准确的测算基础上。

过渡成本对象和最终成本对象

企业所得税上规定，开发产品能够对外经营销售的，应作为独立的计税成本对象进行成本核算；不能对外经营销售的，可先作为过渡性成本对象进行归集，然后再将其相关成本摊入能够对外经营销售的成本对象。

企业在设置成本核算对象时，应该把公建配套等不可销售的物业，先在过渡成本对象中进行归集，最后将归集到过渡成本对象的成本再二次分配到最终成本对象中去。

第63讲　土地增值税角度的开发成本6大明细

企业所得税上，将开发产品的计税成本分为土地征用费及拆迁补偿费等6大项，其中的开发间接费包含资本化利息。会计核算上，在6大成本明细基础上，把借款费用单列为第7项。土地增值税上也是6大成本明细，只是开发间接费中不包含资本化利息。这里我们重点讨论一下，土地增值税上可以扣除的6大成本明细，并就其中的风险进行提示。

取得土地的成本

由于历史的原因，土地增值税自诞生以来，就把取得土地成本分成两块：取得土地使用权所支付的金额以及土地征用及拆迁补偿费。在填写清算申报表时，也需要分开填列。

第一块的定义：取得土地使用权所支付的金额，指为取得土地使用权所支付的地价款和按国家统一规定缴纳的有关费用。

第二块的定义：土地征用及拆迁补偿费，包括土地征用费、耕地占用税、劳动力安置费及有关地上、地下附着物拆迁补偿的净支出、安置动迁用房支出等。

对于土地成本的税务处理，笔者一直在苦口婆心地强调，地的问题处理好了，项目的税务问题就成功了一半。这里，我们只讨论两个问题。

第一个问题，在有些工业用地、工业厂房的拍卖中，我们看到，有很多是以个人的名义去竞拍的。这个环节一定要考虑清楚，是以个人名义还是以公司的名义买。如果以个人名义购入后用于工业厂房等的开发，下次的开发主体必须是企业，这就又会多一道转让的手续：把个人的地装到公司的名下。这其中会产生很高的税负，所以一定要在明确以后的用途后，再想好拿地的主体。

第二个问题，对于一些特殊的地，要考虑好增值税的进项税额以及与土地增值税上的土地成本的关系。以投资进来的地为例，对方把一块成本1亿元、公允价格5亿元的地，以投资的方式投到房地产公司。这时可能会有以下几种情况：

新地。对方开9%的专用发票。房地产公司拿到进项税额是4 100万元，土地成本是4.59亿元。

新地。对方开9%的普通发票。房地产公司拿到进项税额是0，土地成本是5亿元。

老地。对方全额征税全额开专票。房地产公司拿到进项税额是2 400万元，土地成本是4.76亿元。

老地。对方差额征税全额开专票。房地产公司拿到进项税额是1 900万元，土地成本是4.81亿元。

这里只罗列4种情形，实际的情形还有很多。笔者只是想提醒一点，这些都是营改增带来的影响。一般情况下，增值税的进项税额和土地增值税上扣除的成本，是个跷跷板的关系。有的项目上，哪一种方法对企业最有利，真的要好好规划。

前期工程费

土地增值税对前期工程费定义：前期工程费，包括规划、设计、项目可行性研究和水文、地质、勘察、测绘、“三通一平”等支出。

前期工程费可从两个方面进行判断。一是发生时间，一般在取得土地使用权之后、取得施工许可证之前发生的成本；二是从性质上来看，主要是规划、设计、“三通一平”等支出。

前期工程费中，税务风险点主要有：有些企业把一些管理费用放到前期工程费列支。特别是拿地前的一些支出，不能放到前期工程费中。

建筑安装工程费

土地增值税对建筑安装工程费的定义是指以出包方式支付给承包单位的建筑安装工程费，以自营方式发生的建筑安装工程费。

建安成本上，有两个风险点要关注。第一个风险点是有部分房地产公司在建安成本上造假。其实，建安成本是最透明最不能造假的地方。

第二个风险点，房地产公司由于各种原因迟付款了，向建筑公司支付延期付款利息、违约金等，这都属于增值税的价外费用，可以和“价内”一起开具增值税发票，包含在建安款项中。在增值税、企业所得税的处理上，都没有问题。问题是，土地增值税清算时，要不要把这一块从成本中剔出来？从规定来说，土地增值税上可以扣除的建安成本，只能是建筑安装工程费，而不包括相关的价外费用。

基础设施费

土地增值税对基础设施费定义：包括开发小区内道路、供水、供电、供气、排污、排洪、通信、照明、环卫、绿化等工程发生的支出。

基础设施费有两个明显特征，第一个是空间上，仅限于开发小区内、楼体外空间的支出。第二个是支出的性质上，是附属于地表、地面的一些支出，包括地表以上和以下的支出，如修路、绿化、地下管道等项目的支出。

基础设施费中，税务风险点主要有：部分企业在园林绿化的支出上，存在着作假的情况。

公共配套设施费

土地增值税对公共配套设施费的定义，包括不能有偿转让的开发小区内公共配套设施发生的支出。

我们来看一下国税发〔2006〕187号文件对公共配套的具体界定和要求：

> 房地产开发企业开发建造的与清算项目配套的居委会和派出所用房、会所、停车场（库）、物业管理场所、变电站、热力站、水厂、文体场馆、学校、幼儿园、托儿所、医院、邮电通信等公共设施，按以下原则处理：
>
> 1.建成后产权属于全体业主所有的，其成本、费用可以扣除；
>
> 2.建成后无偿移交给政府、公用事业单位用于非营利性社会公共事业的，其成本、费用可以扣除；
>
> 3.建成后有偿转让的，应计算收入，并准予扣除成本、费用。

从公共配套的定义和规定可以看出，公共配套有三个明显特点。一是空间范围，是在开发项目内发生的支出。二是性质上，明显具有非营利的特征。三是如果从非营利变性为营利，如改变了用途、房地产公司把公共配套卖了等，就不属于公共配套了。

就公共配套的土地增值税处理，这里提醒三点。

一是公共配套是个“好姑娘”。为什么说她好呢？在税收上，公配有极大的好处。无论在增值税、所得税还是土地增值税上，公配的转移一般都不视同收入，对应的成本还可以扣除，土地增值税上还可以加计扣除。

二是要好好对待她。土地增值税上，要么产权归全体业主所有，要么无偿移交政府或相关职能部门，这样才能作为公共配套在土地增值税上扣除。实务中最大问题是，小区的会所、物业用房等，正常情况下，应移交业主委员会。如业主委员会暂未成立，要根据各地的规定妥善地处理好。如有的地方认同先由物业公司代管；有的地方认为应在小区内公告明示，也有的地方也认同在合同中注明就行。

三是不要轻易改变她。有些特殊的公共配套，如架空层等，地产商会作一些单独的用途。但至少在土地增值税清算前，不要轻易去改变用途。

开发间接费的税务处理

房地产企业的开发间接费用，是指在开发现场组织管理开发产品而发生的各项费用。开发间接费属于直接为房地产开发而发生的，但是很难精准归集于某一项具体的开发产品，因而无法将它直接计入各项开发产品成本当中。为了便于会计核算，先将这一类费用统一归集至“开发间接费用”科目，然后按照适当分配标准，再计入各项开发产品成本。

理解开发间接费，可以从以下几个角度去把握：

1.开发间接费属于开发成本的组成部分。

2.因为不能直接归属于每个开发产品，因此会计上通过开发间接费先归集，再分配到各开发产品中去。类似于工业企业的制造费用。

3.开发间接费和管理费用有明显区别。管理费用是指企业行政管理部门为组织和管理生产经营活动而发生的各种费用，它属于期间费用范畴，在发生的当期就计入当期损益。

我们来看一下会计、企业所得税和土地增值税，对开发间接费的各自的规定。

《财政部关于印发〈企业产品成本核算制度（试行）〉的通知》（财会

〔2013〕17号）中，对开发间接费作了如下规定：开发间接费，指企业为直接组织和管理开发项目所发生的，且不能将其直接归属于成本核算对象的工程监理费、造价审核费、结算审核费、工程保险费等。为业主代扣代缴的公共维修基金等不得计入产品成本。

企业所得税上，国税发〔2009〕31号文件对开发间接费的描述是：管理人员工资、职工福利费、折旧费、修理费、办公费、水电费、劳动保护费、工程管理费、周转房摊销以及项目营销设施建造费等。

土地增值税上，《土地增值税暂行条例实施细则》中规定：直接组织、管理开发项目发生的费用，包括工资、职工福利费、折旧费、修理费、办公费、水电费、劳动保护费、周转房摊销等。

从上面的规定可以看出，会计、土地增值税和企业所得税上，对开发间接费的定义大同小异，但对具体费用的例举上存在着较大差别。实务中，在企业所得税上，由于进成本还是进费用，只是个时间性差异，所以对哪些费用进了开发间接费，不会有太多争论。麻烦的又是土地增值税，由于对开发间接费理解的差异，再加上有些企业为了多扣点成本，活生生把“开发间接费”整成了“管理费用”，引起了很多的税企争议。这里就有争议或易混淆的几项费用，拿出来进行交流。

1.项目部人员的差旅费和社保。项目部人员的差旅费，进开发间接费没有问题。项目部人员的社保支出，不在土地增值税文件列举的范围内，有些税务机关据此不让扣。这是一种非常教条的观点，因为土地增值税规定出台时，我国还没有缴社保的说法。社保支出，理应和“工资、职工福利费”一样扣除。

2.业务招待费。一般意义上，不管是项目公司发生的业务招待费，还是项目部发生的业务招待费，均应该计入公司的管理费用，不能放在开发间接费里。

3.职工教育经费。一般放入管理费用，不能作为开发间接费处理。

4.物业管理费、保安费。项目完工以前的前期物业管理费和保安费用，属于为管理开发项目而发生的成本支出，如能明确划分，应该可以计入开发间接费，在企业所得税和土地增值税进行扣除。但这两项支出在实务中争论很大。

5.工程监理费、造价审核费、结算审核费、工程保险费等4项费用。会计上将这4项费用放进开发间接费，但企业所得税和土地增值税里没有明确的包括。

6.工程管理费。企业所得税上列入开发间接费，土地增值税的开发间接费中，没有正列举此项内容。对于一些代建项目等，如何处理这块支出，已在前面作了讲解。

7.模型制作费。模型、沙盘等制作费用，一般理解是为销售而发生的费用，在企业所得税和土地增值税的处理上，视为销售费用处理。

8.拿地佣金。房地产企业在拿地过程中，可能会发生一些拿地的佣金支出，拿地佣金是为取得土地而发生的支出，计入开发间接费肯定不妥当，那能否计入土地成本呢？目前能看到的规定，只有海南省有过一个解释，可以计入土地的成本。

9.耕地占用税和契税。这两项税金，都是为取得土地而发生的，计入土地的成本。

10.项目营销设施建造费。企业所得税上将其列入开发间接费，土地增值税上没有包括此项费用。从道理上说，单独建造的营销设施费，土地增值税上应该列入销售费用。

11.土地闲置费。土地闲置费不得计入土地增值税扣除项目，不得从土地增值税中扣除。企业所得税上，土地闲置费可以列入土地征用费及拆迁补偿费，从而作为拿地成本。增值税上，土地闲置费不能作为土地款进行差额扣减。

12.维修费用。项目公司发生的项目维修费用，要分情况而定。对未完工的在建工程发生的维修费用，应该计入开发成本；对于已完工但未销售的房产，发生的维修费用，笔者个人更倾向于计入销售费用；对于已销售处于保质期内发生的维修费用，从保证金中扣除；超过保修期发生的维修费用，应该由小业主承担。

13.转让房地产过程中发生的诉讼费；为房地产开发项目购买的商业保险；为办理抵押贷款而支付的资产评估、测绘、抵押权登记等费用，一般计入管理费用。

14.招标代理费。一般应该计入费用类扣除。但个别省份允许与项目相关的招标代理费，可以计入开发成本。

15.土地交易费和登记费，一般计入土地的成本。

16.地名门牌制作费，一般允许计入开发成本。

最后需要提醒的一个点。税务机关在对土地增值税进行清算审核时，有可能把计入“开发间接费”的费用剔出来，放到管理费用中去。但不太可能把计入管理费用的有些支出，重新调整到“开发间接费”中去。因此，平时的会计核算，模棱两可的支出，先计到开发间接费，从土地增值税的角度来看，可能是个较好的选择。

第64讲　土地增值税的土地成本的分摊

由于土地的成本，占所有开发成本的比重特别大，土地成本的分摊，在土地增值税清算时，显得格外重要。笔者见过许多不同的案例，因为土地成本的不同分摊方法，相差上亿元的税款。

土地成本的分摊还有个重要特点：滞后性。只有在土地增值税清算环节，才会碰到问题。许多血淋淋的教训告诉我们：前面功课不做好，后面结果很悲惨。

国家税务总局层面规定

我们先来看一下国家税务总局层面，对土地成本分摊的规定。

《土地增值税暂行条例实施细则》规定，纳税人成片受让土地使用权后，分期分批开发、转让房地产的，其扣除项目金额的确定，可按转让土地使用权的面积占总面积的比例计算分摊，或按建筑面积计算分摊，也可按税务机关确认的其他方式计算分摊。

实施细则规定了占地面积法、建筑面积法以及其他合理的方法。所以是一个开放式的答案。

国家税务总局在给广西地方税务局的批复中（国税函〔1999〕112号，以下简称“112号文件”）写道：

你局《关于转让土地计算土地增值税问题的请示》(桂地税报〔1999〕17号)文收悉。对来文请示的《土地增值税暂行条例实施细则》(以下简称《细则》)第九条“纳税人成片受让土地使用权后……可转让土地使用权的面积占总面积的比例分摊”中“总面积”的含义,现答复如下:

根据土地增值税立法精神,《细则》第九条的“总面积”是指可转让土地使用权的土地总面积。在土地开发中,因道路、绿化等公共设施用地是不能转让的,按《细则》第七条法规,这些不能有偿转让的公共配套设施的费用是计算增值额的扣除项目。

因此,在计算转让土地的增值额时,按实际转让土地的面积占可转让土地总面积来计算分摊,即:可转让土地面积为开发土地总面积减除不能转让的公共设施用地面积后的剩余面积。

112号文件对占地面积法进行了补充,占地面积法指的是实际可转让的土地面积。

《国家税务总局关于房地产开发企业土地增值税清算管理有关问题的通知》(国税发〔2006〕187号,以下简称“187号文件”)写道:属于多个房地产项目共同的成本费用,应按清算项目可售建筑面积占多个项目可售总建筑面积的比例或其他合理的方法,计算确定清算项目的扣除金额。

187号文件点明了可按可售建筑面积或者其他合理的方法分摊,所以也是个开放式的答案。

《土地增值税清算规程》写道:纳税人分期开发项目或者同时开发多个项目的,或者同一项目中建造不同类型房地产的,应按照受益对象,采用合理的分配方法,分摊共同的成本费用。

对同一类事项,应当采取相同的会计政策或处理方法。会计核算与税务处理规定不一致的，以税务处理规定为准。

清算规程中，列明了成本分摊的三大原则：受益性、合理性、一致性。没有讲明具体用什么方法来进行分摊。

从上面规定可以看出，在国家税务总局层面，对土地成本的分摊，有三个基本结论：

1. 土地成本的分摊，都是和所有成本放在一起，并没有单独就土地成本分摊，作出单独规定。

2. 对成本的分摊方法，只是作出了原则性规定，即分摊方法要符合一定的规则，但没有作出限制性的规定。

3. 国家税务总局在文件中，多次点到占地面积法、建筑面积法（可售建筑面积法），表明这些方法是主流的分摊方法。

实务中的分摊：不同清算单位间分摊

土地成本的分摊，实际上又包括两个方面的分摊：一是同一项目里不同的分期土地成本如何分摊，说得通俗点，就是同一块土地，怎么在不同清算单位间进行分摊。二是土地的成本怎么在同一清算单位内不同业态间分摊。

我们先来说第一个分摊。对于一次拿地、分期开发的项目，房开企业取得土地成本，总的分摊原则是：分期分批开发的房地产的不同期次之间，按占地面积法分摊。

但是，在实务中，各地都有自己的规定。如某市规定：

多个土地增值税清算项目共同占用同一“国有土地使用证”土地的，各清算项目的土地成本按占地面积比例分摊。

也有的地方认同在不同清算单位之间分摊土地成本，可以按占地面积法，但前提是企业能提供准确的划分资料。

不同清算单位之间的土地价款，除了上面讲到的，按建筑面积还是按占地面积进行分摊以外，其实还有一个重要问题，即在有些特殊的项目中，土地价款能否作为个别成本进行单独计价。

某地一个地产公司的土地分摊案例，当地政府要出让两块毗邻的地，一块是商住，另一块是酒店。政府有关部门在给这两块地定价时，考虑到酒店是自持的，地价定得很低，假如1亿元；商住是卖的，地价定得比较高，假如5亿元。两块地一起出让，但这些信息都没有体现在土地出让合同和补充协议中，两块地也一起开具了出让金收据。等到土地增值税清算时，企业要求把5亿元土地成本计到商住的扣除中去。但税务机关意见是，只能按占地面积法分摊土地成本，商业住宅只能分3亿元左右。两种不同的方法，税款相差近亿元。

实务中的分摊：同一清算单位内不同业态的分摊方法

同一清算单位内，可能有商业有住宅，住宅里可能有多层、高层或者别墅。其中的土地成本应该如何分摊，这也是个没有标准答案的问题。

个人理解，最合理的土地分摊方法是分两步：先横后纵。所谓横，清算单位内有多个单体建筑（一般以幢为单位），先按单体建筑的基底座面积，计算分摊各自的土地成本。所谓纵，把每个单体建筑分摊到的土地成本，再按建筑面积，分到每一个最小的单元（一般是套）。

实务中远没有说得这么简单。由于具体的分摊方法由各地自行掌握，有的税务机关比较偷懒，同一清算单位内，一律按建筑面积法分摊土地成本。如某地规定：

> 同一个清算项目，取得土地使用权所支付的金额按计容面积分摊。

有的税务机关对同一清算单位内有别墅、商业等不同开发产品的，允许采用占地面积法进行分摊。来看一个某省的规定：

土地成本按照普通住宅、非普通住宅和其他类型房地产建筑面积比例计算分摊。如果清算项目中同时包含别墅和其他多层、高层建筑的，应先按照别墅区的独立占地面积占清算项目总占地面积的比例，计算别墅区应分摊的土地成本；对剩余的土地成本，按照剩余普通住宅、非普通住宅和其他类型房地产建筑面积比例计算分摊。

同一土地增值税清算项目中，包含联排别墅、合院式别墅、单体商业服务建筑等独立占地建筑，土地成本可比照别墅，按照前款规定处理。

同是占地面积法，分摊结果相差大

按占地面积法分摊土地成本，是房开企业所得税上的首选方法，也是土地增值税清算时，部分税务机关认可的分摊方法。但同样的占地面积法，实际操作中也会有不同分摊思路，由此带来的分摊结果也差别很大。

××房开企业竞得一块土地，土地面积6 000平方米，土地成本1亿元。开发产品有高层、多层洋房两种业态，同时小区内建设幼儿园一座。高层占地面积1 200平方米，建筑面积15 000平方米；多层占地1 200平方米，建筑面积5 000平方米。幼儿园占地600平方米。

幼儿园作为公共配套设施，最终的成本由各业态的可售面积分摊，所以幼儿园分不分摊土地成本有两种选择。同时，高层和多层在分摊楼座的土地成本时，按单一楼座的占地面积占所有楼座的占地面积之和分摊土地成本，还是分两步分摊：先把土地成本在各楼座及公园绿化道路等公用部分之间进行分摊，公用部分的土地成本再按建筑面积法分摊到各单独楼座，这时又产生了两种不同的分摊方法。排列组合下，有4种不同分配方法：

1.幼儿园不单独分摊土地成本，土地成本按各楼座的占地面积占所有楼座的占地面积之和分摊。

高层分摊的土地成本为5 000万元。

2.幼儿园不单独分摊土地成本，土地成本先在各楼座及公园绿化道路等公用部分之间进行分摊，公用部分的土地成本再按建筑面积法分摊到各单独楼座。

高层分摊的土地成本为6 500万元。

3.幼儿园单独分摊土地成本，土地成本按各楼座的占地面积占所有楼座的占地面积之和分摊；幼儿园的土地成本最终随公配总成本按建筑面积法在可售面积里分摊。

高层分摊的土地成本为5 500万元。

4.幼儿园单独分摊土地成本，土地成本先在各楼座及公园绿化道路等公用部分之间进行分摊，公用部分的土地成本再按建筑面积法分摊到各单独楼座。幼儿园的土地成本最终随公配总成本按建筑面积法在可售面积里分摊。

高层分摊的土地成本为6 500万元。

上面的分析略去了计算过程。从上面的分析结合房地产企业土地增值税、所得税的计缴特点，可以得出以下结论：

1.同是占地面积法分摊，由于不同的分摊思路，产生巨大的分摊差异。

2.公配分不分摊土地成本，会不会最终影响各业态的土地成本，由其他分摊因素决定。

3.不同的分摊方法，对土地增值税来说，是永久性差异；对所得税来说，有可能是时间性差异，也有可能是永久性差异。

4.没有对与错，只是看税企双方是否都能接受。没有哪种方法更好，只有哪个项目选择哪种方法最有利。

土地成本分摊的精典案例

最后讲几个土地成本分摊的精典案例。

一个是实物拆迁如何分摊土地成本。恩施某房地产开发有限公司，就拆迁还建部分的成本如何分摊到各业态中去，和主管税务机关发生争议，最后官司一直打到了中级人民法院。

开发的项目中，既有货币安置，又有实物安置。开发的业态中，既有普通住宅和非普通住宅，也有商铺。地产公司把货币安置支出，分摊到三个业态中去，但把实物安置，只分到普通住宅和非普通住宅中去。理由是实物安置支出是住宅的专属成本，采用一一对应的方式进行分摊。两种分摊方法，土地增值税相差700万元。

税务机关和法院的意见是，申请人在开发中的拆迁行为，不仅仅是为了还建一一对应的同类产品，而是服务于整个项目。

法院判决中还有一个重要观点。即如何对案涉拆迁补偿费进行分摊计税，决定权在税务机关而非房地产开发商。对企业的分摊方法，税务机关有权不予采信。

第二个案例。某地的成本分摊口径是，对同一清算单位内相对独立占地的别墅，可以采用占地面积法分摊土地。至于什么是相对独立，当地没有明确的口径。房地产公司认为别墅区和高层住宅区之间，有小路相隔开，应该属于相对独立，就按占地面积法把土地成本给分摊了。税务局在土地增值税清算时，不认可企业的说法，不同的观点，影响的土地增值税款是8 000万元。

第65讲 房地产企业其他成本的分摊方法

前面讲了土地成本的分摊方法，这一讲我们来讲一下土地以外的其他成本的分摊。

什么情况下要分摊成本？当然是分不清的共同成本才需要分摊。所以成本分摊的最高境界是不分摊。

什么样的成本可以作为独立的成本扣除？

开发成本中除土地成本外的5大项中，前期工程费、公共配套费、基础设施费、开发间接费等几项成本中，要想单独计入某个开发的业态中，几乎不太多，只有极个别的如设计费，可能想分还分得开。但建筑安装工程费中的很多支出，是可以作为独立成本计入某个特定业态的。但税务局在审核土地增值税时，建筑安装工程费一般按建筑面积法进行分摊，要想作为单独的成本，企业必须要有充足的证据和准确的会计核算过程。

首先要明确，个别计价法对项目的土地增值税清算是有利还是不利。其中，主要的考虑因素有：

一是普通住宅能不能免税。如果普通住宅增值率刚好在20%临界点左右，这时需要考虑是否用个别计价法。

二是有的业态增值很高，有的业态负增值很大。如开发产品中，既有别墅，又有普通住宅，别墅的增值很高，普通住宅增值负得很低。这时需要考虑是否采用个别计价法，来调节不同业态间的增值。

三是不同业态的销售进度严重不一致。如车位和商业放一起清算，但商业可能早卖完了，车位等到清算时也卖不出几个。这时可以考虑是否用个别计价法来拉高商业的成本、拉低车位的成本。

明确了有些情况下采用个别计价法对土地增值税清算有利的话，就要考虑哪些建筑安装成本可以个别计价。从实际操作层面来看，个别计价法可从以下几个方面考虑：

1.地上、地下的归集。可以归集到地下成本的最大口径是：所有成本都按建筑面积分给地下。分摊到地下成本的最小口径是，只有建筑安装工程成本（还可以剔除外墙、装修等支出）归集到地下。

2.不同业态间的归集。如普通住宅和非普通住宅之间，住宅和商铺间的归集。

一般来说，像电梯这种大件，肯定可以按照专用成本进行归集。但像同一幢联体楼，上面住宅下面商业，商业的外墙大理石，可否进行单独计价，这都会有争论。

如何才能做到个别计价：

1.税务机关一般要求是，要想把某些支出单独作为某个业态的成本，必须在合同、发票、工程结算上分得开。如某市的清算规程中写道：

> 同一清算单位发生的扣除项目金额，原则上应按建筑面积法分摊。对于纳税人能够提供相关证明材料，单独签订合同并独立结算的成本，可按直接成本法归集。

因此个别计价，不是企业的财务或税务部门独自完成得了的工作，需要工程、成本、营销等部门以及总包单位的配合。

2.个别计价，一般要体现在财务核算中。如果会计处理上没有明确的记载，等到分摊成本时再去调整，估计税务机关一般也不会认可。

共同成本的分摊方法

前一讲讲到过，国家税务总局层面，对成本的分摊只是提出了要遵循三个原则：合理性、受益性和一致性，具体的分摊方法由各地掌握。

但对这三大原则怎么理解，就会有很多的争论，特别是对合理性和受益性原则的理解。个人认为，土地成本按占地面积法分摊，是最合理的方法。土地以外的其他成本，按收入占比法分摊，是最合理的方法。你想想啊，按收入比例来分摊，收入高的多摊点，收入少的少摊点，这不就是受益性原则最好的体现吗？但实务中，按收入占比法来分摊，基本上绝种了。听说其中的原因是按收入来分摊，收入的主动权掌握在企业，这方法有太多的操作空间。

解决成本的分摊方法，也需要解决两个问题。一个是分摊的范围，也就是哪些业态分摊哪些成本；另一个是定好分摊的范围后，再考虑分摊方法的问题。

关于分摊的方法，其实大部分税务机关对土地成本以外的成本，一般只认可一种方法：可售建筑面积法。

关于分摊范围的事，就如前面讲到的，地下车位是否要分摊公共配套、沿街商铺是否分摊园林绿化等问题，归根到底，这些实际上都是怎么去理解受益性原则的问题。

成本分摊，是最容易起争议的一个点。我们来看一个案例。

2019年1月，TAWD房地产公司聘请税务师事务所出具了土地增值税鉴证报告，计算确定的土地增值税清算税金为7 720万元，综合税负率为2.99%。税务局最终认可的清算税金23 144万元，综合税负率为8.5%。差异的主要原因为土地成本和建安成本的分摊原则不同。主要存在以下几大争议：

分歧1，地下建筑是否分摊土地成本？税务机关要分，企业主张不分。

分歧2，该清算项目建有酒店、公寓及写字楼、室外步行街、购物中心、地下车位等，业态复杂，税务机关诊断应该按照受益原则进行成本分摊。企业认为只有一个项目，没有分期开发，只有一种类型的房地产，不需要按照受益对象进行分摊，而应该按建筑面积法分摊。

最后结果是，合同分开的，就按个别计价法确认。

分歧3，人防成本能否土地增值税前扣除？当地税务局观点：TAWD房地产公司未取得无偿移交手续（税务局不认可竣工验收备案手续）并且已作为车库自用，相关成本费用不得扣除。

分歧4，按照受益原则分摊园林环境工程费，是按照总建筑面积分摊还是地上建筑面积分摊？

企业认为，园林环境工程费的受益对象仅为地上建筑，地下建筑不应当分摊该成本。所以本次按照受益原则分摊，应该仅在地上分摊园林环境工程费。税务局不接受按照地上建筑面积分摊，坚持按照总建筑面积分摊。

层高系数法

先来看一个某省的规定：

> 对多个清算单位或不同类型开发产品共同发生的建筑安装工程费，在按建筑面积法计算分摊时，对超标准层高可售房产应按以下方法计算：对层高高于4.5米（含4.5米）低于6米的，其可售建筑面积按1.5倍计算；对层高高于6米（含6米）的，其可售建筑面积按2倍计算。

层高系数法有这么一种意思，它不是按平面的建筑面积分摊，而是按照体积来进行分摊，该方法的出发点是，层高比较高的楼层，占用的建安成本也会多一点。

层高系数法的运用，要注意以下几点：

1.这只是部分地方认可的一种分摊方法，能否运用，要看当地是否有相应的规定。

2.可以采用层高系数法的地方，也分为两个派别。一个派别，说是符合条件必须采用层高系数法；还有一个派别，说是符合条件，房地产公司可采用也可不采用层高系数法。实务中一定要注意当地的口径。

3.对可用可不用的地方，这种分摊方法对企业是否有利，要进行测算。如开发项目中，商铺超过规定的层高，可以适用层高系数法进行分摊。但当商铺的用途为自持时，这种分摊方法对企业就不利，因为实际销售的物业分摊的成本少了。因此，是否一定用层高系数法，一定要进行测算。

4.一般意义上，只有建安工程的成本可以采用这种分摊方法。其他开发成本，如公共配套设施费、基础设施建造费、开发间接费等，不能采用此方法。层高系数法，实际上是建筑面积法的一种变形，在建筑面积法基础上，增加了一定的系数。明文规定可用层高系数法的地方，基本上也规定，只有在分摊建安成本时适用此方法。

5.层高系数法的具体运用时，也会有不同的分摊方法。假设某开发项目只开发两幢楼：A座和B座，A座为商铺和住宅，B座为住宅，商铺的层高超过标准，可以适用层高系数法。这时，建筑安装费在采用层高系数法时，有两种不同的分摊方法。一种是先按A座和B座的建筑面积进行分摊，然后A座在分配给商铺和住宅时，采用层高系数法。另一种分摊的方法是先按层高系数，把A座的建筑面积折合成可分摊的面积，再把总的建筑安装成本在两座楼之间进行分摊。这两种分摊的方法，其结果肯定是不相同的。

最后说一下，层高系数法只是土地增值税上的分摊方法，企业所得税上不适用。

土地增值税开发成本的核定

国税发〔2006〕187号文件规定，房地产开发企业办理土地增值税清算所附送的前期工程费、建筑安装工程费、基础设施费、开发间接费用的凭证或资料不符合清算要求或不实的，地方税务机关可参照当地建设工程造价管理部门公布的建安造价定额资料，结合房屋结构、用途、区位等因素，核定上述四项开发成本的单位面积金额标准，并据以计算扣除。具体核定方法由省税务机关确定。

核定开发成本的前提。前提条件是：资料不齐或者不实。什么是不实？也就是税务机关怀疑房地产公司提供的成本不真实，但又没有确凿的证据。

核定开发成本的范围。只限于四大项开发成本：前期工程费、建筑安装工程费、基础设施费、开发间接费用。也就是说，土地和公共配套设施不得核定其成本。

核定的方法和标准，一般参考当地造价部门公布的标准。我们来看一个某地发的标准（见表8-2）。

表 8-2　某地发布的核定标准　单位：元 / 平方米

类型		2017年	2018年	2019年
公共建筑（不含地下室）	高层（框剪/剪力墙结构、7层以上）	2 361	2 426	2 478
	多层（框架结构、7层及以下）	2 196	2 255	2 295
民用建筑住宅（不含地下室）	高层（框剪/剪力墙结构、12层及以上）	2 166	2 255	2 319
	小高层（框剪结构、8层以上11层以下）	1 906	2 001	2 045
	多层（框架结构、7层及以下、有电梯）	1 641	1 709	1 757
	多层（砖混结构）	1 589	1 658	1 695
	联排别墅	2 126	2 226	2 283
	独立别墅	2 318	2 386	2 453

续表

类型		2017年	2018年	2019年
地下室	地下车库（一层）	2 834	3 001	3 179
	地下车库（二层）	2 792	2 951	3 121
	地下车库（三层）	2 759	2 887	3 070
	地下人防（一层）	3 211	3 380	3 569
	地下人防（二层）	3 153	3 323	3 509
	地下人防（三层）	3 118	3 268	3 449

成本的核定，还需要关注几个点：一是土地增值税的核定，不影响企业所得税的成本。有些地方在核了土地增值税成本的同时，顺便把企业所得税的成本也核了。个人认为，这种做法，于法于理，都不可取。

二是房地产公司土地增值税成本的核定，仍然是以查账征收的方式。这是一种事后的核定，事后核定也就是对几块成本核一下，而不是核定一个总的税负率。

三是某些情况下，核定也是一种解决问题的思路。如有一个开发项目，由于房地产公司和总包方闹了矛盾，房地产公司基本上没有拿到建安发票，后来土地增值税清算时，以核定成本方式，倒解决了土地增值税上的问题。

第66讲　地下车位的土地增值税处理

地下车位的处理，对土地增值税清算有时会起到关键性的作用。这里，我们就常见的人防车位、地下有产权车位、地下无产权车位等，分别进行讨论。

人防车位的处理

从《中华人民共和国人民防空法》及有关法规中，我们可以得出以下几点结论：

1.城市新建民用建筑，按照国家有关规定修建战时可用于防空的地下室。这是国家法律规定的一种义务。如果不按规定修建，可以对当事人进行处罚。对一些特殊项目不能修建的，可以以向人民防空主管部门缴纳易地建设费方式进行替代。

2.人民防空设施属于国家所有，任何组织或者个人不得破坏、侵占人民防空设施。

3.一般的人民防空工程，由投资者使用管理，收益归投资者所有。鼓励平时开发利用人民防空工程和设施为经济建设和人民生活服务。平时使用人民防空工程和设施实行有偿使用和谁投资、谁受益的原则。

4. 人防设施平时的使用，应该本着有偿使用原则，由人防部门收取使用费。

人防设施的所有权，理应属于国家。但这些财产实在太多了，多得靠当地人防办根本管理不过来。于是，现在全国大部分地方做法是光验收，但不办移交手续。房地产公司作为投资者，大部分情况下，在人防设施上划了线，有偿让渡给小业主使用。

我们来讨论一下，这种有偿的让渡，是租还是售？这很重要，是销售，就得缴土地增值税；是租金收入，就不用缴土地增值税。

从道理上来说，房地产公司对人防车位没有转让使用权（有限使用权）的权利，不是它的东西，怎么能卖呢？这种行为，更多可以看作是一种转租的行为，因此，房地产公司的人防车位收入，不应该缴纳土地增值税。

不缴纳土地增值税，其对应的建造成本，可以分摊到可销售的物业中去吗？笔者更倾向于要放进去，一是这东西本身就是国家要求建设的，应该属于公配的范围。二是要和缴人防易地费相比，缴了人防易地费，不是应该进入开发产品的成本吗？三是其对应的收入，不属于土地增值税的范围。既然作了公配的处理，其成本就自然分摊到可售面积中去。

实务操作中，有些税务机关要求，人防车位想要扣成本，需要有移交证明，这是实务操作中最大的“梗”。

地下有产权车位的处理

地下可以办出产权的车位，肯定属于可销售的物业，属于土地增值税上的可销售产品，转让收入应该缴纳土地增值税，在清算时，一般按“其他”类清算。

有产权的地下车位，主要有两个问题。一个是需不需要分摊土地的成本？另一个是除了土地成本以外，哪些成本分摊到地下车位的成本？

地下车位，是否要分摊土地成本，实务中有几种不同的观点：

1.有产权的地下车位都要分摊土地成本。也就是以是否有产权来进行判断。

2.以是否计容为标准，计容的建筑面积，应该分摊土地成本，反之则不需要分摊。

3.以土地出让合同为标准进行判断。如出让合同中写清楚，地下部分是计算土地出让金的，地下建筑就应该分摊土地的成本。

个人认为，如果地下车位要分摊土地成本，其分摊的标准也不能“一刀切”按地上地下的建筑面积来进行均摊。从很多地方基准地价的定价来看，地下部分的土地价格，基本上都定在地上地价的20%左右。

除土地以外的其他成本，哪些应该计入地下车位的成本？这又是一个有争议的地方。这问题放在无产权车位一起讨论。

地下无产权车位的处理

我们先把无产权车位的其他税种处理来捋一捋。

无产权车位在增值税上的处理，哪怕是转让永久使用权，增值税上也按转让不动产缴纳增值税。

企业所得税上，所得税是个综合税，有收入就要缴税。所得税上最大的问题是销售还是出租的问题。如果是销售收入的话，要一次性缴税；是出租收入的话，可以在租赁年限内均摊计入。

房产税问题。如果是转让的行为，那房地产公司不用缴纳房产税。如果是租赁行为，就要按租金缴12%房产税。所以，站在房产税角度，对于无产权的地下车位，一般不要写租赁合同，而要写成转让使用权合同。

再来看下土地增值税上的处理：

地下不能办理产权的车位，如果房地产公司把它给卖了，属不属于土地增值税的清算收入？目前主要有三种观点：

第一种观点，在计算缴纳土地增值税时，收入并到“其他”类别中进行清算，同时对应的成本也可以扣除。如某省规定：

> 将不能办理产权登记的车位在建成后作为附属设施有偿转让的，应计算收入并在扣除成本和费用后缴纳土地增值税。

第二种观点，无产权的车位收入不属于土地增值税的征税范围，收入不缴土地增值税，成本也应该从总成本中剔除。如某省规定：

> 房地产开发企业单独销售无产权的车库（位）等不能办理产权的其他房地产的，不确认土地增值税计税收入，不扣除相应的成本和费用。

第三种观点，地下无产权的车位，其性质也属于公共配套，理应归属全体业主所有。开发商为了自身利益，把不能卖、不该卖的给卖了。这种收入，实际上是变相抬高房子销售价格，因此，无产权车位的销售收入，要并到房屋收入中去，缴纳土地增值税。同时，车位的成本不需要单独保留。

上面三种观点，您倾向于哪一种？但不管倾向于哪一种，最后还得看当地税务机关的口径。

上面的前两种观点，不管哪种方法，成本是要和收入对应的，作收入就扣成本，不作收入就不扣成本。所以，无产权的地下车位应该负担多少成本，在实务中是个很大的问题：

土地成本。无产权车位，一般来说不计容也不会单独缴出让金，因此不应该分摊土地成本。

其他开发成本。无产权车位是和地上的物业一样，平均分摊建安等成本，还是可以就不同成本支出，采用不同的分摊方法，这也是实务中一个难题。

我们来看一个某地口径：

> 1.房地产开发企业仅对普通住宅和非普通住宅进行精装修，其发生的精装修费用只能在普通住宅和非普通住宅中分摊，不应摊入其他类型的住宅中。
>
> 2.燃气、有线电视、网络建设费，发生在地面的景观、绿化、道路、雨污水工程支出，铝合金门窗、幕墙、石材工程支出，社区用房、物业用房、会所、幼儿园、配电房等公共配套设施费用等与地下非人防车位明显不相关，不应摊入地下非人防车位。

开发成本的分摊中，还有一个很重要问题：车位的建筑面积按多少计算。我们知道，地上的房子是按套卖、按面积卖的，每套房子都有个测绘的面积。而车位是按个卖的，一个划线车位，线内面积14平方米左右，按整层建筑面积分摊，一个车位面积可能达到40平方米左右。按小面积摊和按大面积摊，结果相差很大。

最后，对无产权地下车位做个总结：

房产税上，尽量避免签成租赁合同而缴纳房产税。

土地增值税上，如果是持第一种观点的地方，这里的操作思路是，当地要并计收入，当然成本也可以扣。如果车位是单独销售的，要视车位的收入和成本情况，一是要掌握好销售进度，二是要想好车位多分成本还是少分成本更有利。同时，有些情况下，还得考虑车位是单独销售还是随房附赠在税务上更占有优势。

土地增值税上，如果是持第二种观点的地方，这里的操作思路是，车位收入不作土地增值税收入，其中最主要问题是车位分摊多少成本的问题。操作思路当然是车位的成本越小越好，特别是有可能影响普通住宅免税的关节点上。

买房送车位的税务风险

有些地产公司的营销部门，经常会做这么一种促销活动：买房子送车位。这里面到底有没有税务风险？我们最后来聊聊这件事。

送的如果是有产权的地下车位。有产权车位，本身属于可售物业，也要走签合同、办网签等手续。在税务的处理上，买100万元房子送价值10万元的车位，送的是自己的开发产品，就相当于是实物折扣，也就是捆绑的销售。企业在合同和发票上，分别标明对应的价格，增值税、所得税、土地增值税上，按房子和车位的公允价值，把100万元分摊到各自的收入，去缴纳各自的税种。只要业主认可发票这么开，在税务处理上没有多大的风险。

送的如果是无产权的地下车位，如买100万元房子送价值10万元的车位。无产权车位不是真正的可售物业，是房地产商在偷偷地卖。当然无产权的车位，也不需要办网签手续。

虽然向小业主承诺买房送车位很容易，但实际上操作起来是比较有难度的。要过几个关口：

1.合同怎么签。售房合同上，一般也写不上去“买房送无产权车位”之类的话，所以大概率可能是，售房合同上就标明房价100万元。

小业主不放心：说好的送车位，应该有张纸。所以最大可能是，双方签一个补充协议，约定“买房送车位”之类的话。

2.办理网签时，对照售房合同，房价就是100万元。

3.开票。这时可能有三种选择：第一种是开张100万元房款的发票。第二种是发票上分别开90.9万元房款和9.1万元的车位款。第三种是开100万元房款，在备注栏写明送车位一个。

第二种发票的开法，下次小业主办过户时大概率是有问题的。第三种开票的方法，不但过户时会有麻烦，税务上也会有问题，税收上规定折扣须在金额栏注明。所以综合比较，开票可能性最大的是开张100万元房款的发票。

4.缴税。合同上标明房价100万元，发票上开的房款100万元。你说卖房子的税，是不是得按100万元来申报？

那送出去的车位怎么办？有两种方法，一种按10万元来申报三大税种的收入，相当于送车位送出了一堆的税出来。另一种办法就是挺着不申报，不过那得掂量下，有多大的风险。

第67讲　土地增值税上利息和税金的扣除

前面分析了土地增值税清算时成本和费用扣除的规定，以及税务上的风险点。这一讲，我们来探讨一下其他两项扣除内容：利息和税金的扣除。

利息的两种扣除方法

土地增值税清算时，利息的扣除有两种方法，一是据实扣除，二是按比例计算扣除。

《土地增值税暂行条例实施细则》第七条规定，财务费用中的利息支出，凡能够按转让房地产项目计算分摊并提供金融机构证明的，允许据实扣除，但最高不能超过按商业银行同类同期贷款利率计算的金额。

利息想在土地增值税前据实扣除，必须同时符合以下四个条件：

一是能够按转让房地产项目计算分摊；二是仅限于向金融机构借款的利息支出；三是扣除比例，最高不能超过按商业银行同类同期贷款利率计算的金额；四是当然得有相关扣除凭证。

利息的按比例扣除。在不适用据实扣除的情形下，房地产公司对利息的扣除，按“取得土地使用权支付的金额”和“房地产开发成本”两项之和5%以内计算扣除。

利息扣除的几个注意事项

据实扣除和按比例扣除，两种方法只能选择其中的一种。房地产项目公司，既向金融机构借钱的，又向其他企业借钱的，不能同时适用两种扣除方法。

据实扣除还是按比例扣，一是要进行测算，看看哪种方法对企业最有利；二是要熟悉当地政策，有些地方的税务机关，基本上不认同据实扣除，只认同按比例扣除。

开发项目全部都是自有资金、没发生一分钱的借款利息下，能否按比例计算扣除？这问题似乎没有多大争论，基本上是允许按比例扣除的。所以，某种意义上，土地增值税的扣除是一种兼有真实性、法定性的扣除。

据实扣除时，还有一个风险点要提示下，有利息支出的同时，把部分资金拆借给其他公司用，部分税务机关观点是应该按净额计算，意思也就是要扣除相应的利息收入。

信托借款是否能够据实扣除？信托公司属于有牌照的金融机构，当然属于土地增值税里讲到的“金融机构”。但由于信托业务的特殊性，很多信托借款只是一种通道业务，真实的资金提供方不一定是金融机构，因此有很多地方的税务机关，不认可信托借款的利息可以据实扣除。不过从2018年开始，信托产品作为资管产品的一种，税法明确由信托管理人缴纳3%的增值税，并可以由信托管理人开具普通发票。有了这张发票之后，为信托借款利息的据实扣除增加了不少的可信度和扣除理由。

委托贷款的利息，绝大部分地方不认同按“金融机构的利息支出”据实扣除。

利息的扣除上，最后讲一个小故事。某地税务机关的口径是，如果房地产公司的利息支出全部是支付给银行的，只能据实扣除。某开发公司恰好是这种情况，但支付的利息很少，根本不到5%，于是提前做了笔关联方的借款，利息最后按比例扣了。

税金的扣除

营业税时代，土地增值税前可以扣除的营业税金及附加，包括营业税及其附加。增值税时代，由于增值税价外税的特点，能扣除的只包括增值税的附加税。

营业税时代，能够扣除的税金能做到一对一地对应。卖一套房子，有多少收入，乘上营业税率及附加税率，就能准确计算出对应的税金及附加。增值税时代，除了简易计征外，附加税和收入的配比已渐行渐远。增值税的计算，由于不是按项目计算，而是以企业为单位计算的，因此税金的附加与收入不完全配比。为此，营改增后，国家税务总局制定了税金附加的扣除规则：

> （一）营改增后，计算土地增值税增值额的扣除项目中“与转让房地产有关的税金”不包括增值税。
>
> （二）营改增后，房地产开发企业实际缴纳的城市维护建设税（以下简称“城建税”）、教育费附加，凡能够按清算项目准确计算的，允许据实扣除。凡不能按清算项目准确计算的，则按该清算项目预缴增值税时实际缴纳的城建税、教育费附加扣除。

所以，增值税时代，附加税的扣除实际上有两种方法，一种是按清算项目据实扣除，还有一种是按预缴增值税时缴纳的来扣除。理论上，项目的总体增值税税负超过3%的，还是据实扣除更有利；没有达到3%，还是根据预缴增值税时缴纳的来扣除，更加有利些。这里企业有比较大的选择性。据说有点经验的财税人员，在办土地增值税清算时，利用这个政策的可选择性，一个项目也能省上几十万元的土地增值税。有兴趣的朋友，不妨试试。

地方教育附加在绝大多数的省份都是允许作为税金及附加扣除的，具体可参考当地的规定。

印花税能否在清算时单独扣除?

房地产项目公司缴纳的印花税，能不能在土地增值税清算时单独扣除?回答基本是否定的，尽管财会〔2016〕22号文件在会计处理上，把印花税从“管理费用”调整到了“税金及附加”科目核算，但这只是会计上的核算，并不代表在土地增值税上，印花税成了“与转让房地产有关的税金”中的一员。

相类似的还有房产税、车船税、城镇土地使用税。为什么营改增后，这些税种都从“管理费用”挪到了“税金及附加”科目?原因主要是营改增后，税金及附加科目核算的内容，都不需要和收入进行配比了，所以放哪儿都一样。

一般情形下，房地产公司的印花税，是不能单独在土地增值税上扣除的。但也有一些例外的情况：

例外1，拍地缴纳的印花税。有个别地方规定，拍地合同缴纳的印花税，允许并入取得土地的成本，从而在土地增值税上扣除。

例外2，签订商品房销售合同缴纳的印花税。有几个地方有单独的口径，土地增值税前可以扣除的税金及附加，包括商品房销售合同缴纳的印花税。

第68讲　转让价格明显偏低

土地增值税清算审核中，房地产转让价格经常成为税企争议的焦点。让我们先从两个轰动一时的诉讼案开始说起。

不得不说的两个案例

第一个案件是新疆瑞成房地产开发有限公司诉讼案。新疆某税务稽查局在对新疆瑞成房地产开发有限公司（以下简称“瑞成房产”）进行稽查时，发现该公司2010年以低于市场价格，销售给某投资发展有限公司离退休职工住宅。稽查局认为，公司此行为属于销售价格明显偏低且无正当理由，应按同期市场价格进行调整，并补缴营业税等相关税费。瑞成房产不服，认为按照当时市场销售价下浮20%的价格，对老职工优惠售房，是经上级主管部门批准，且目的是为了解决老国企退休职工住房困难，防止群体事件发生，所以具有正当的理由。此案件经历法院一、二审，最终的终审结果：税务机关将瑞成房产公司低于市场价格销售给退休老职工的房屋，简单地定性为“无正当理由，明显低于市场价格”属认定事实不清，主要证据不足。

第二个案件是广州德发房产建设公司诉讼案。2004年，广州德发房产建设公司（以下简称“德发公司”）与拍卖行签订委托拍卖合同，委托拍卖其自有房产。根据拍卖委托合同的约定，竞投者须缴纳拍卖保证金港币6 800万元。后只有盛丰实业有限公司一家参与拍卖并以底价1.3亿港币竞买了上述部分房产。税务局在检查中发现该情况，认为其交易价格明显低于市场价格，通过对拍卖标的周边相近日期的物业状况与拍卖标的接近的写字楼、商铺、车库进行摸查及对比，收集当时的市场交易价值数据，并与原告委托拍卖的房产的交易价格进行比较、分析，同时，考虑到原告的房产是整体拍卖，价值可能会比正常交易价格略低的实际情况，以当时市场交易价值较低的价值进行核算，核定该拍卖房产的交易价格约为3.1亿港币，认定德发公司低价拍卖的行为属于《税收征管法》第三十五条第（六）项规定的情形，要求补缴营业税及滞纳金。德发公司不服，历经行政复议、行政诉讼，官司一直打到最高人民法院。最高人民法院的最终判决是：

本案中，虽然履行拍卖公告的一人竞拍行为满足了基本的竞价条件，但一人竞拍因仅有一人参与拍卖竞价，可能会出现竞价程度不充分的情况，特别是本案以预留底价成交，而拍卖底价又明显低于涉案房产估值的情形，即便德发公司对拍卖成交价格无异议，税务机关基于国家税收利益的考虑，也可以不以拍卖价格作为计税依据，另行核定应纳税额。同时，“计税依据明显偏低，又无正当理由”的判断，具有较强的裁量性，人民法院一般应尊重税务机关基于法定调查程序作出的专业认定，除非这种认定明显不合理或者滥用职权。广州税稽一局在被诉税务处理决定中认定涉案拍卖行为存在一人竞拍、保留底价偏低的情形，广州市地方税务局经复议补充认为，涉案拍卖行为保证金设置过高、一人竞拍导致拍卖活动缺乏竞争，以较低的保留底价成交，综合判定该次拍卖成交价格不能反映正常的市场价格，且德发公司未能合理说明上述情形并未对拍卖活动的竞价产生影响的情况下，广州税稽一局行使核定权，依法核定德发公司的应纳税款，并未违反法律规定。

和谁比？

销售价格明显偏低，这个小作文里包含了两个命题子作文。一个是对标谁，也就是和谁比的问题；另一个是差多少，也就是偏差多少属于不合理问题。我们先来看一下和谁比的问题。

《土地增值税暂行条例》规定，转让房地产的成交价格低于房地产评估价格，又无正当理由的，可以按照房地产评估价格计算征收。《土地增值税暂行条例实施细则》规定，条例所称的转让房地产的成交价格低于房地产评估价格，又无正当理由，是指纳税人申报的转让房地产的实际成交价低于房地产评估机构评定的交易价，纳税人又不能提供凭据或无正当理由的行为。

土地增值税的相关法规中，写明了成交价格低于评估价，也就是只有税务机关在掌握评估价基础上，才能参照评估价进行判断。

但评估价要评估后才会有。一般来说，在进行土地增值税清算审核时，一开始税务机关会和企业同期同类开发产品的销售价格进行对比，通过销售明细表，一眼就能发现问题。这时会让企业进行说明，是什么原因导致价格偏低的。如企业提供情况说明，税务机关觉得难以采信的，双方也都很难说服对方的，一般再采取第三方评估的方法。

有些项目或有些销售的产品中，本身就是“孤品一个”，没有本企业同期同类开发产品的销售价格可比较，就拿相近时期的周边同类产品销售价格相比。

在德发案件中，根据最高人民法院判决书披露，实际平均成交单价为2 300元/平方米，当年税务机关把成交价和委托拍卖时的估值进行了对比，同时，稽查局也抽取了涉案房产周边相同或类似房产的最低成交价格，也和涉案房产的建造成本进行了比较。

低多少?

差多少算偏低？有的税务机关对照《民法典》和最高人民法院的司法解释，掌握的口径为低于30%，属于明显偏低。有的税务机关采用的标准为不能低于10%。这在全国政策上，没有统一的口径。

我更倾向于按30%来判断更为合理一些。一是30%这条线，毕竟有法律上的依据。二是对税务机关来说，土地增值税的清算，本身工作量大，压力也大，应该把有限精力投入到对成本的审核中去，如采用10%这种杠杠，且在地方规定中白纸黑字地写清楚，实际上是自加压力、自加风险。

这里，我们摘录某省《土地增值清算管理办法》的口径：

> 第三十一条　房地产开发企业销售开发产品的价格低于同类开发产品平均销售价格30%以上或者低于成本价而又无正当理由的，主管税务机关有权核定其销售价格。

什么算有正当理由?

什么算无正当理由？土地增值税上，国家层面对此没有规定。有人认为，可以借鉴一下兄弟税种——企业所得税的说法：

“无正当理由”认定应满足三个条件：一是必须存在人为规划的一个或一系列行动或交易安排；二是企业必须从该安排中获取减少应纳税额的税收利益；三是企业将获取税收利益作为其从事某种安排的唯一或者主要目的。如果纳税人的行为满足了这三个条件，则可断定其行为已构成“无正当理由”。

那什么算有正当理由？国家层面对此也没有规定，综合各地的口径，有下列情况之一的，一般可视为有正当理由：

1.采取政府指导价、限价等非市场定价方式销售的开发产品；

2.法院判决价格的开发产品；

3.以公开拍卖方式转让的开发产品；

4.基于正常商业目的整体打包销售的开发产品；

5.保障性住房、人才公寓销售（政府回购）的开发产品；

6.产品有明显瑕疵的。

“收入明显偏高”的税务风险

对房地产公司来说，收入当然做得越低越好，成本当然做得越高越好，因为房地产销售这一环节的税负是最高的。但是，有时候房地产公司会不小心把收入做高了，多缴不少的冤枉税。我们来看三个案例。

第一个是税务稽查时发现的工抵房案件。房地产公司欠总包500万元，没钱付，拿了一套差不多价格500万元的房子，签了以房抵工程款合同，把房子抵给了总包。过了一年，总包找到了想买房的张某，三方签订了工抵房协议，约定房子由地产商直接开票并过户给张某。这时房子涨价涨到550万元了，然后张某把550万元付给总包，房地产公司按550万元开票给张某。税务机关稽查后，认定房屋的销售价格为550万元，房地产公司应该按550万元来缴纳增值税、所得税、土地增值税等。

这个案例中，个人认为，房地产企业取得经济利益流入就是500万元，向税务机关提供当时的以房抵债协议，再加上发票开具金额如果为500万元，房地产公司完全可以按500万元来确认各个税种的收入。

第二个也是工抵房案例，房地产公司欠总包500万元，没钱付，拿了一套价格400万元的房子，签了以房抵债合同，把房子抵给了总包。最后房地产公司按400万元开发票，按500万元申报了企业所得税、增值税和土地增值税。

这个案例中，房地产公司实际取得了两块收入。一块收入是卖房子卖了400万元；还有一块是债务重组所得100万元。合同处理得好的话，在增值税和土地增值税上，个人认为可以按400万元来作为这两个税种的收入依据。当然，在所得税上，不管什么性质的收入都是要缴税的。

第三个案例，某房地产公司有一个不好卖的楼盘，卖了几年也卖不出几套房子。没办法，找了个第三方销售机构，由他们帮忙来代销。双方签订的合同里，约定销售价格高于6 000元每方的，全部归销售机构。没过几个月，传出了楼盘附近要修地铁的消息，所有的房子，很快以10 000元/平方米左右的价格卖完了。房地产公司拿到6 000元/平方米的钱，很开心。等要缴税的时候，开心不起来了。多出的4 000元/平方米，房地产公司肯定要作收入。但对方开一张销售佣金的普通发票过来，增值税抵不了，所得税抵不多，土地增值税没得扣。房地产公司差不多要多缴60%的税，折算下来，相当于自己按每平方米3 000多元的价格卖完了房子。

上面三个案例中，前两个案例是房地产公司不小心把卖房子的收入给抬高了，会多缴不少的税。第三个案例，从账面上看，收入比自己卖的收入多多了，实际上得到的利益是少多了。对一些特殊的销售业务，一定要注意以下三点：

1.签好合同。如第三个案例中，事先应该约定清楚，超过多少以上价格的税负，双方怎么负担。

2.开好票。要按售房的真正价格来开票，票开多了，谁也救不了。

3.报好税。房地产公司的收入，除了卖房的收入，还可能是其他的收入。所得税上，一网打尽都要缴税，但有些收入不一定是增值税和土地增值税的收入。在申报时，要注意收入的属性。

收入中的其他两个问题

既然讲到了收入的问题，再补充两个问题。一个是房地产企业分拆收入的问题；另一个是送家电送软装的问题。

首先是房地产企业分拆收入的问题。来看一个税务机关公告的稽查案例：

> 经核查，你公司从2016年6月起通过“1万元抵3万元”“2万元抵5万元”“2万元抵10万元”等团购金营销方案吸引购买者购房，你公司营销部销售人员用以广州市×××贸易行和广东×××网络科技有限公司名义设立的POS机向购房者收取购房团购金，POS机的收款结算账户为梁某某的个人账户，梁某某收到款后转到张某某的个人账户，后张某某再转给你公司营销部的相关人员，用于营销部的接待开支。
>
> 对你公司进行虚假纳税申报造成少缴的增值税2 732 214.24元、企业所得税1 387 514.25元及城市维护建设税136 610.72元共4 256 339.21元处以其少缴的税款百分之五十的罚款，即罚款2 128 169.61元。

房地产公司分拆收入，有时是为了税的考虑，有时是出于销售价格限价、变相再收点钱的考虑。比较典型的做法，如上面案例中，通过第三方公司或者个人收取一部分收入；把房价转到车位销售价中、车位销售不开发票等方法。

房地产公司分拆收入，其实税务的风险是非常高的。一是房地产公司由于其产品的特殊性，其收入是比较透明的；二是房地产公司面对的是上百个小业主，只要有一个人投诉或者举报，这事就会抖出来。

送家电送软装的收入处理。前面讲到过，房地产公司送装修，硬装修对应的成本，可以在土地增值税清算时，作为开发成本进行扣除和加计扣除。随房赠送的软装，包括送的家电等，土地增值税清算时，如何进行处理？如100万元的房款，同时送10万元家电。这时有两种不同的思路：

第一种思路，房地产公司收的100万元，其实包括了卖房钱和家电的钱，在土地增值税清算时，卖家电的钱不计入土地增值税的收入；同时，这部分对应的成本也应该从清算的成本中剔出来。

这种思路下，要把家电的收入计算出来。家电对应的收入为10÷（100+10）=9.09万元。

房价的收入=100−9.09=90.91（万元）

第二种思路，房地产公司收的100万元，包括卖房钱和卖家电的钱。在土地增值税清算时，卖家电的钱不从土地增值税的收入中剔出来，同时，这部分对应的成本也让扣除，不过不能加计扣除。

第二种思路相对来说，操作和填表都比较简单。

第69讲　清算期间和清算后的土地增值税计算和申报

理论上说，对于房地产公司的开发项目，其土地增值税的计算，是按清算单位来进行的。也就是等所有开发产品要么卖完了，要么没卖的房子也明确转自用了，才可以办理清算的事项。但是，实务操作中，由于组织财政收入的需要，国家设置了“卖得差不多就可以清算”的规定。由此，就会产生两个问题，一个是在办理清算的期间，卖的房怎么清算和计算土地增值税；还有一个是清算完毕后，卖的房子怎么计算土地增值税的问题。我们逐一进行讨论。

清算期间的土地增值税缴纳

清算申报日到清算审核结果出来，中间至少间隔几个月的时间。这段时间如何进行土地增值税的申报缴纳，全国没有统一的规定，只能按各地的口径来执行。通常的做法有：

1.继续按预征率预缴，等清算结果出来后，再按清算结果多退少补。有部分地方为减少退税频率，规定普通住宅如清算申报时符合免税条件，对清算期间的普通住宅销售停止预缴土地增值税。

2.按清算申报时成本进行“模拟扣除”缴纳。如有些地方规定：清算期间，按三分法分别计算增值额、增值率，缴纳土地增值税。其扣除项目金额按申报时的单位建筑面积扣除项目金额乘以销售或转让面积计算。等清算审核结论出来后，再根据重新确定的单位建筑面积扣除项目金额，办理税款补退手续。

无论采用何种方法，等清算结果出来后，都应该有一个多退少补的动作。无论采用何种方法，这部分在清算期间销售的房产，实际上也算有过清算这个动作，不过只是没有“全身心”地参与清算，因为这部分房产，其扣除的计算是参与了整体的计算。但其收入的计算以及整体增值额的计算，一般是没有参与到其中的。

清算后销售尾盘申报缴纳

清算后销售尾盘的申报缴纳，按国税发〔2006〕187号文件规定：在土地增值税清算时未转让的房地产，清算后销售或有偿转让的，纳税人应按规定进行土地增值税的纳税申报，扣除项目金额按清算时的单位建筑面积成本费用乘以销售或转让面积计算。因此，尾盘的土地增值税缴纳，大的规则是明确的。不明确或有争议地方主要有：

1.税金的扣除。尾盘的销售扣除尾盘对应的税金，且比清算时的税金更容易对应。但存在多项目开发情况下，要正确对应尾盘税金，也不是件容易的事情，如何解决这种不对应，是个政策上的盲点。

2.是否支持二次清算。二次清算是个小概率事件，我们最后讲这个问题。个别地方规定，对清算时未取得发票或清算时未支付款项等原因，造成清算多缴税款的，允许3年内申请退还多缴税款。这种方法既解决了二次清算的烦琐以及多次清算如何保持前后一致问题，某种程度上功效又等同于二次清算，不失为一种务实的解决方法。

3.后续取得发票能否扣除的问题。部分地方出台了政策，规定清算后取得的发票，可以按比例追加到尾盘的开发成本中去（但不能追加到已清算的成本中），但由于尾盘所占比例太小，也无多少实质意义。

4.纳税时点问题。土地增值税预缴一般“收到钱就缴税”，一套房可能有多次预缴。但销售尾盘的土地增值税，一定是按一套房一套房来计算缴纳的，在不同收款模式下，什么时候确认土地增值税收入并产生纳税义务是个问题。合同签订日？合同约定收款时间？实际收到钱？开票？还是交房？政策对此规定得比较模糊，实务中好多纳税人采取了最简单的“开票就申报”方式。××地方的规定比较具体且科学，值得借鉴：

1.采取一次性全额收款或分期收款方式销售开发产品的，于实际收讫首笔价款或取得索取营业收入款项凭据的当天确认收入的实现，并按照合同约定的总价款确定销售收入。

2.采取银行按揭方式销售开发产品的，于销售合同或协议约定收取首付款之日确认收入的实现，并按合同约定的总价款确定销售收入。

3.采取委托方式销售开发产品的，按以下原则确认收入的实现：

采取支付手续费方式委托销售开发产品的，按销售合同或协议中约定的价款于收到受托方已销开发产品清单之日确认收入的实现，并按合同约定的总价款确定销售收入。

采取视同买断方式委托销售开发产品的，于收到受托方已销开发产品清单之日确认收入的实现，并按销售合同或协议约定的价格和买断价格孰高原则确定销售收入。

采取基价（保底价）并实行超基价双方分成方式委托销售开发产品的，应于收到受托方已销开发产品清单之日确认收入的实现，并按销售合同或协议约定的价格和保底价孰高原则确认销售收入。

二次清算的意义

一次清算时，算出了项目内的总扣除金额，也计算出了单方建筑面积的成本。清算后卖的房子，收入按照实际的收入确认，扣除的项目（不含税金），按照清算时确定的单方扣除成本确认。

所以，在这种规则下，如果有二次清算，对企业来说，一般是有利的。这里所说的二次清算，是指该卖的房子全卖完了，对所有卖出的房子，最后做一次完整的清算。当然，这种清算既是对所有收入的再计算，也是对所有扣除项目的再计算。说二次清算有利，主要理由是：

清算后的申报，大部分地方规定，是按月申报的，也就是这个月卖了几套，下个月就得申报几套的土地增值税。这实际上给土地增值税的计算又人为制造了时间上的分割。我们都知道，理论上土地增值税是应该按项目计算和清算的。

时间上的分割，带来最大问题是相互之间的正增值和负增值不能相互抵减，会导致多缴税款。如1月卖得高，2月卖得低，有盈有亏不能抵。

以上说的只是如果有二次清算，清算后转让的房产可以放在一起计算。还有一个方面才是最重要的，如果有二次清算，一次清算前和一次清算后转让的房子可以一起计算，这样才实行了项目的整体计算。

在一些特殊情况下，二次清算更有意义：

一是一次清算时，扣除项目的金额不完整。包括清算时该拿的发票没拿到，这些成本就进不了清算的成本。还有，有些地方要求付款才能扣除，当时没付清款的成本也进不了清算的成本。有了二次清算，成本的完整性才有了保证。

二是特殊的清算业态中，二次清算可能是颠覆性的清算。如一次清算中，由于成本的不完整，刚好导致普通住宅增值略高于临界点。又如“其他”类别中，在一次清算时，卖出的全是巨赚的，卖不出的全是亏的，后面的亏抵不了前面的赚。如果有了二次清算，那可能相差税款上千万元。

三是有一些极端情况下，二次清算有重大意义。一个项目中只有普通住宅和非普通住宅。土地增值税一次清算后，房地产公司把一些本应该作公共配套的建筑（如小区会所）给卖了，这时，由于一次清算时其他类别中没有一分钱的成本，这里会面临很高的税负。

对房地产企业来说，大部分情况下，二次清算是有利的。但全国支持二次清算的地方比较少，这也给企业的财税人员对项目税务的把控提出了更高要求。

最后，我们一起为《××自治区房地产开发项目土地增值税管理办法》的相关规定点个赞：

第五十六条　因下列原因，纳税人自收到清算审核结果之日起三年内发现多缴税款的，可以向主管税务机关要求退还，主管税务机关应当自接到纳税人书面退还申请之日起30日内核查，对查实的事项应予以追溯调整，涉及从国库中退库的，依照法律、行政法规有关国库管理的规定退还。

（一）清算时应取得但未取得合法有效凭证，清算后取得的。

（二）清算时应实际支付但未实际支付的款项，清算后实际支付的。

（三）清算时应分摊但实际未能分摊的共同的成本费用，清算后能够按照受益对象、采用合理的分配方法分摊的。

（四）其他合法合理原因。

第70讲　旧房的土地增值税计算

在现行的土地增值税规定中，新房和旧房属于两个不同的计算体系。本书中，没有标明是旧房的，全部为房地产公司开发新房的计算和管理。在这一讲中，我们重点来探讨一下旧房的土地增值税计算。

何谓新？何谓旧？

土地增值税上的新房和旧房，有时候界限是非常清晰的，如某投资公司多年前买了一层办公楼，现在想转让，这肯定是旧房。又如房地产开发商造好了房子卖给小业主，这一般来说是新房。但有的时候，二者的界限不是很清晰。

我们先来看一下国家层面的规定。《财政部 国家税务总局关于土地增值税一些具体问题规定的通知》（财税字〔1995〕48号）规定：新建房是指建成后未使用的房产。凡是已使用一定时间或达到一定磨损程度的房产均属旧房。使用时间和磨损程度标准可由各省、自治区、直辖市财政厅（局）和地方税务局具体规定。

从国家层面的规定来看，对新房、旧房的区分，注重的是物理使用属性，使用过一段时间或达到一定磨损程度的为旧房。具体的标准由各地自行规定。

具体到每个省份的规定，可不再是“一把尺子量到底”了。把各省的规定，归纳起来可大致分为以下几种标准：

第一种，按照使用时间为标准来判断的。如浙江省规定，使用一年以上或者建成后三年以上的，为旧房。

北京市的规定，房地产开发企业建造的商品房，已自用或出租使用年限在一年以上再出售的，应按照转让旧房及建筑物的政策规定缴纳土地增值税，不再列入土地增值税清算的范围。

第二种，按是否进行过交易来判断。如某省规定，新建商品房实现销售（或视同销售）取得房屋所有权证（或办理房屋产权登记）后，即为旧房，转让时按照旧房的有关规定征收土地增值税。

第三种，对按房地产开发企业和非房地产开发企业分别进行判断。房地产开发企业以外的其他单位和个人建造的房产再转让属于转让旧房。房地产开发企业建造房产，账上放在开发产品的，都按新房处理；账上已转为固定资产或投资性房地产再转让的，就属于转让旧房。

实务中，各地观点不一，标准不同。其中，新房旧房的划分标准，带来最大问题是，房地产公司开发的商品房，如果几年卖不出去，是不是要按时间标准，或者按会计上的处理，来视为按旧房清算？

这个问题上，笔者比较赞成某学者的观点，如果允许房地产开发企业，将部分开发转让的房产适用旧房政策，这会产生两个问题。一个问题是，同一项目内的不同房产适用不同的计算方式，有的按新房清算，有的按旧房计算，于道理上不是太说得过去。第二个问题，这种人为区分，还会产生因计算方式不同而导致的“筹划”（譬如在临界点时对高增值产品采取旧房清算政策，从而降低项目整体增值率）。

事实上，旧房土地增值税主要的两种计算方式（按评估价和按发票），天然地不适用房地产公司开发销售的商品房。因此，我更倾向于土地增值税的计算方式应当按照环节来进行区分，即考虑房产是否属于新建房（一手房），而非单纯考虑房屋的使用年限、是否转固等。

新旧“二重天”

新房和旧房，虽说都是房，但在土地增值税上，它们生活在不同的世界里。新房的土地增值税计算，有清算单位、有三分法、有加计扣除、有免税不免税等。旧房因为旧了，也就没这么多讲究了。

在讨论旧房的土地增值税计算方法时，首先应该明确土地增值税的计算单位和纳税义务时间。

房地产公司开发销售的新房，是以清算单位为单位进行计算的。而旧房转让的土地增值税计算，不是以清算单位来进行计算的，而是以转让房屋的单位来计算的。转让的如果是住宅，按套来进行计算，转让的如果是商业、办公楼等，一般应该按照不动产登记的单位来计算。

旧房的土地增值税纳税义务时间，以转让为纳税的时点。不动产的转让，要办理过户手续。实务中，全国大部分地方，在办理过户手续时，要求先缴纳土地增值税等相关税费。

旧房土地增值税计算，分为三种类型。

第一种类型，按评估价扣除。财税〔1995〕48号文规定：转让旧房的，应按房屋及建筑物的评估价格、取得土地使用权所支付的地价款和按国家统一规定交纳的有关费用以及在转让环节缴纳的税金作为扣除项目金额计征土地增值税。对取得土地使用权时未支付地价款或不能提供已支付的地价款凭据的，不允许扣除取得土地使用权所支付的金额。其中，旧房及建筑物的评估价格，是指在转让已使用的房屋和建筑物时，由政府批准设立的房地产评估机构评定的重置成本价乘以成新度折扣率后的价格。

用公式表示：扣除金额=取得土地使用权所支付金额+旧房及建筑物的评估价格（重置成本价 × 成新度折扣率）+评估费用+转让环节缴纳的税金。

第二种类型，按购房发票扣除。根据财税字〔2006〕21号文件的规定，纳税人转让旧房及建筑物，凡不能取得评估价格，但能提供购房发票的，经当地税务部门确认，其扣除项目的金额，可按发票所载金额并从购买年度起至转让年度止每年加计5%的计算。对纳税人购房时缴纳的契税，凡能提供契税完税凭证的，准予作为“与转让房地产有关的税金”予以扣除，但不得作为加计5%的基数。

用公式表示：扣除金额=发票所载金额+加计扣除金额（购房发票所载金额×5%×购买年度起至转让年度止的年数）+与转让房地产有关的税金+与房地产转让有关费用。

第三种类型，核定征收。对既没有评估价格，又不能提供购房发票的，税务机关可以根据《税收征管法》第三十五条的规定，实行核定征收。

我们来看下两个地方规定：

某地规定，对纳税人转让我地行政范围内的旧房及建筑物，既不能提供购房发票，又不能提供房屋及建筑物价格评估报告的，主管税务机关可采取土地增值税核定征收办法，核定征收率为：住宅1%、非住宅1.5%。

某市规定，个人转让旧房及建筑物（不含住房），既无原购房发票信息，又不能提供旧房及建筑物价格评估报告的，主管税务机关可采取土地增值税核定征收办法，核定征收率为5%。

转让旧房中的税务风险

旧房转让的税收，对转让方来说，会涉及到增值税、所得税、土地增值税；对买方来说，主要涉及到契税。其中，很多旧房转让案例中，由于房屋购置时价格低，转让时就会面临高额的土地增值税。曾经碰到过无数个案例，想把旧房产转让掉，先算账，能够赚到几千万元；再算税，国家要拿走六七成，老板心里那个纠结啊。

这里将常见的旧房转让风险点，作简单提示。

第一个风险点，个人老板，在进行住宅以外的写字楼、商业地产投资时，一定要考虑好，相关的物业是装在个人名下，还是装在自己设立公司的名下。好几个案例中，购置物业的主要目的是升值后再转手，当时装到公司名下，转让时就会面临两道所得税问题。而且大部分地方的政策口径，是不支持公司转让旧房的土地增值税搞核定征收的；但个人转让旧房可以搞核定。所得税加上土地增值税，两项税加起来，可都是巨款哟。

第二个风险点，注意是土地使用权还是建筑物的转让。有过一个真实的案例，有一个企业，买了地，放了十多年，就在地上简单做了点平整等活儿。后来想转让了，税务机关认为是土地使用权转让，没认可搞核定征收，但当地当时对转让旧房产是可以搞核定的。

第三个风险点，要注意旧房转让的计算单位。有过这么一个法院判决案例。某单位通过拍卖取得某商场一层至三层的所有权，然后将一层以“单间商铺”为单位出售，二层和三层以“层”为单位出售，并将一层至三层作为一个计算单位，申报缴纳土地增值税。主管税务机关认为应该按照“层”作为计算单位，要求企业补缴税款500多万元。

第四个风险点，在核定征收越来越不能搞的当下，唯有两种方法可供选择：按评估价和按发票扣除。这两种方法计算出来的土地增值税肯定是不一样的，有时税款金额相差会很大。到底应该用哪一种方法？从土地增值税文件的规定来看，用按发票扣除这种方法的前提是没有评估价。但现在是21世纪20年代，根本不存在没有评估价这事。

实务中，部分税务机关的观点是，有购入发票的，必须按发票金额进行扣除，哪怕企业提供了评估报告，税务机关也只认可按发票扣除。在转让旧房时，一定要清楚当地的政策口径。

第五个风险点，公司转让旧房，由于税负实在太高，有好多公司会做一些筹划，如以转让股权名义卖物业，再如通过投资、分立、划转等方式，把要转让的物业先剥离出来等方式。在运用这些重组工具时，一方面要考虑税的问题，另一方面还需要考虑法律、交易时间等多方面问题。

第71讲　工业地产开发的税收问题

实务中，经常会碰到这么一类地产开发企业，在他们眼里，房子不是用来住的，也不是用来炒的，而是用来做生产的。这就是专门从事工业厂房开发的企业。与一般的从事住宅开发的项目相比较，其开发性质和开发流程有共同之处，也有不同之处。

工业厂房开发的特点

从事工业厂房开发的企业，其背景和经历与从事住宅、商业地产开发的房地产公司有所不同。这类开发企业中，大部分企业原来从事制造业等实体生产行业。它们有强大的上下游资源和商业网络，有较强的招商引资本领。它们最大的特长，是能把符合当地投资方向的企业引进到工业园区，做到厂房开发和项目引进同步实施。

其土地获取一般采用勾地方式，前期会和当地政府开展大量的谈判和沟通工作。土地一般以定向转让或招拍挂方式进行。在拿地条件中，有一个重要条件，就是必须把项目同步引进，同时对引进的项目有一定的要求。最基本的要求是符合当地的产业鼓励范围，同时有些地方对引进企业规模和对当地的贡献也有硬性标准。

房地产开发资质问题。从事工业厂房开发的企业，并不强调一定要有房地产开发资质，但有的企业在成立后也拿到了房地产开发资质。

能否领预售证。开发工业厂房能否领到预售证，这在每个地方的做法都不一样。个别的地方能领预售证，大部分地方不能领。

产证的分割和过户手续不一样。和开发住宅相比，开发工业地产的产证办理有所不同。工业地产的产证，首先经分割后办在开发公司的名下，分割登记时，也不是以套为单位进行的，一般以单独的每幢或者以每一层为单位进行分割。部分地方为了鼓励这种开发模式，没有强求一定要按幢或层为单位进行分割，只规定了最低的分割面积。开发企业最后以销售过户的形式，再转让登记给购买的单位或个人。

工业厂房的增值税处理

开发工业厂房的增值税处理上，有两个关键点：一个是土地价款能否抵减销售额；还有一个是如有预售款项，是否需要预缴增值税问题。

土地价款能否抵减销售额问题。国家税务总局2016年18号公告（以下简称“18号公告”）中讲道，房地产开发企业中的一般纳税人销售自行开发的房地产项目，可以扣除当期销售房地产项目对应的土地价款后的余额计算销售额。增值税对土地价款的抵减，有三个前提：主体必须是房地产开发企业，适用范围是自行开发房地产，用途必须是销售。很可惜的是，对什么是房地产开发企业，什么是开发房地产，文件都没有具体的解释。从道理上说，工业地产的开发，也是一个把一块地加工成房产的过程，也应属于地产开发。土地使用权是其成本的重要组成部分，其“进项税额”理应得到扣除。实务中开发工业厂房项目，在销售时，大部分地方也都同意了土地款的抵减。

如有预售款项，是否预缴增值税问题。18号公告讲到，一般纳税人采取预收款方式销售自行开发的房地产项目，应在收到预收款时按照3%的预征率预缴增值税。是否预缴增值税，最大判断标准是有没有预售证。如果拿到预售证并以预售方式销售，收到预售款，就预缴增值税，应该没有太大争议。反之，大部分地方的工业厂房开发，都不能领取预售证，也就没有预售这一说法，其纳税义务发生时间，就按照营改增36号文件规定，一般以交房的时点来进行判断。

工业厂房的企业所得税处理

开发工业厂房业务，在企业所得税处理上主要是这么几个问题：如果取得预售证并提前预售，是否需要在预售期间确认收入并按预计毛利缴纳企业所得税；完工年度结转收入和成本，还是等到交房时再确认收入；能否按照国税发〔2009〕31号文件（以下简称“31号文件”）规定，允许计提成本等。

我们来看一下31号文件的适用范围。31号文件中讲到：本办法适用于中国境内从事房地产开发经营业务的企业，企业房地产开发经营业务包括土地的开发，建造、销售住宅、商业用房以及其他建筑物、附着物、配套设施等开发产品。从31号文件的规定来看，其适用范围规定得比较宽泛，开发所有建筑物都应该适用。

当然，站在企业所得税的角度，不按照31号文件规定进行处理，往往对开发企业比较有利。一是纳税义务时间能往后延迟很长时间。工业厂房的销售不像住宅一样销得快，往往建成后还需要有个谈判的过程，如按照实际交房来作为所得税的纳税时点，可能会比竣工迟好长时间，这为开发企业取票争取了较长的时间。二是预售期间不需要“预缴”企业所得税，从而可以在前期少占用点资金。三是对毛利较低的项目，直接在交房环节确认收入和成本，可以避免预缴税款带来的最大弊端：前期盈利缴了税、后期亏损没法抵。

所以，企业所得税的处理上，个人认为，开发工业地产项目，领取预售许可证进行预售的，应该参照31号文件的规定进行处理。没有领取预售许可证，只是进行现房销售的，就按照一般的规定进行所得税的处理。

如果要办理预售款的预缴事项，还要注意按多少毛利率计算的问题，因为31号文件只对经济适用房、限价房和危改房有优惠的政策，对工业地产的计税毛利率，没有统一的优惠规定。我们也注意到，部分地方对特殊的一些工业厂房，如开发“小微园”的工业地产，给予了非常低的计税毛利率待遇。

对于能否预提成本问题。如果没有预售证，也就没有完工年度结转收入和成本的说法，也就没有预提的说法。问题是，交房年度确认收入和成本时，能否预提成本，这就又会有争论了。

开发工业厂房的土地增值税处理

相对于增值税和企业所得税而言，土地增值税的处理，对开发公司来说，其影响更加巨大且直接。有一个观点，不知道该讲还是不该讲。就增值税和企业所得税而言，其征税的对象是增值额或者所得额，不管是什么原因形成的增值和所得，都要并计征税的。但是土地增值税有点不一样，其征税对象也是增值，但其增值更多是一种自然增值和投资的增值。对开发住宅、商业用房的房地产项目来说，其征收土地增值税的对象，即增值部分大多是由于开发带来的增值，而对工业地产开发来说，其增值部分除了开发本身带来的增值外，还有一块是凭借开发商“招商引资能力”带来的增值。

土地增值税的处理上，其核心问题有三个：一是开发销售的工业厂房，是按旧房来缴纳土地增值税，还是按照新房来计算缴纳土地增值税；二是按新房来处理，要不要预缴土地增值税问题；三是如果按新房缴纳土地增值税，其清算时，成本能否加计扣除的问题。

按新房还是按旧房缴税问题。这个问题本身应该没有太大争议，开发企业销售其开发的工业厂房，如果没有使用，一般属于新房的销售。但有一个麻烦，工业厂房过户的手续，和销售住宅不同，住宅的大证办在房地产公司名下后，等到要过户给小业主时，这个环节才进行不动产分割的，这种手续是在不动产交易中心的专门窗口办理的。但是工业厂房不一样，他的分户产权证要过户到新业主名下，是在二手房交易的窗口办理的。所以，给人的感觉是工业厂房的过户好像是二手房的交易。

部分地方由于对工业厂房的开发业务接触不多，因此要求开发企业按照旧房的交易来缴纳土地增值税，即按评估价来缴纳土地增值税。个人认为，这种做法是经不起推敲的，也不符合工业厂房的开发实质。

第二个问题，按新房来计算缴税，要不要预缴土地增值税问题。我们都知道，按一手房来计算缴税，最后土地增值税的最终结果，是依靠清算这个动作才能完成的。虽然大部分的工业地产项目拿不到预售证，但其现房销售到真正办理土地增值税清算，中间可能隔了好几个年头。收到销售款时，是否要进行土地增值税的预缴呢？从现有政策的规定来看，只要未清算，就必须要预缴。但实际操作中，还要考虑到税务机关征管软件的设计以及当地的口径。

第三个问题，按新房来处理，能否加计扣除问题。按照新房来清算土地增值税，最大的问题是能否加计扣除问题。这个问题，是目前从事工业地产开发的公司碰到的最大问题。此问题如果没有处理好，土地增值税款可能相差几千万元。

我们来看一下土地增值税对加计扣除的现有规定：

《土地增值税暂行条例实施细则》规定，对从事房地产开发的纳税人可以进行加计扣除。国家税务总局下发的《土地增值税宣传提纲》中讲到，对取得土地使用权后进行房地产开发建造的，在计算其增值额时，允许扣除取得土地使用权时支付的地价款和有关费用、开发土地和新建房及配套设施的成本和规定的费用、转让房地产有关的税金，并允许加计20%的扣除。这可以使从事房地产开发的纳税人有一个基本的投资回报，以调动其从事正常房地产开发的积极性。

《国家税务总局关于印发〈土地增值税清算鉴证业务准则〉的通知》（国税发〔2007〕132号）中讲到，国家规定的加计扣除项目的审核，应当包括下列内容：

（一）对取得土地（不论是生地还是熟地）使用权后，未进行任何形式的开发即转让的，审核是否按税收规定计算扣除项目金额，核实有无违反税收规定加计扣除的情形。

（二）对于取得土地使用权后，仅进行土地开发（如“三通一平”等），不建造房屋即转让土地使用权的，审核是否按税收规定计算扣除项目金额，是否按取得土地使用权时支付的地价款和开发土地的成本之和计算加计扣除。

（三）对于取得了房地产产权后，未进行任何实质性的改良或开发即再行转让的，审核是否按税收规定计算扣除项目金额，核实有无违反税收规定加计扣除的情形。

从国家税务总局层面的规定来看，加计扣除的前提有两个：从事房地产开发的企业；对土地进行实质性开发。

实务中，对什么是从事房地产开发的企业，有不同认同标准。有人认为经营范围有房地产开发业务，就可认定为是房地产企业。有人认为取得房地产开发资质，就可认定为是房地产开发企业。也有人认为，除了上述两个标准外，在对项目具体判断时，还要看发展和改革委员会的立项中，标明的是房地产开发还是其他类型项目。

这里谈一下个人看法。一是土地增值税设计加计扣除的本义，其目的是为了鼓励正常的房地产开发。从这一点来看，开发住宅地产可以加计扣除，从事商业地产开发可以加计扣除，那从事工业地产开发更应该可以加计扣除。

二是加计不加计，关键看实质。土地增值税现有的文件，都支撑着这个事实，就是房地产开发不仅限于住宅和商业的开发，工业地产也属于房地产开发的一个部分。如国家税务总局下发的《土地增值税宣传提纲》讲到，对土地增值税课税，其主要目的是为了抑制炒买炒卖土地获取暴利的行为，以保护正当房地产开发的发展。土地增值主要是两方面原因，一是自然增值，二是投资增值，把“生地”变为“熟地”，建成各种生产、生活、商业设施，形成土地增值。这里讲到的生产用房开发，也属于房地产开发的组成部分。

“吃进去的是地，吐出来的是房子”，只要符合这个运营的逻辑，都应该符合加计扣除的范围。而且这种开发的实质，本身都是有目共睹的，不存在形式和实质的背离。

和工业厂房开发相近的还有从事物流地产开发、从事文化旅游地产开发等。这些项目的开发中，地产公司除了对外销售以外，还可能会留一部分或全部的开发产品，用来自持运营或出租。在运营过程中，要处理好房产税和土地使用税等税种。

第九篇

个人所得税的风险与规避

第72讲　2019年版个人所得税的变化

讲房地产行业的税务风险，就讲风险呗，为什么要讲2019年版个人所得税的变化？主要有三个原因，一是通过个税改革后的变化，看清现行个人所得税制的特点和征管逻辑；二是只有了解新个税的特点和征管逻辑，才能更好规避个税的风险，也能揭穿一些所谓的“筹划”到底有没有操作的空间；三是笔者存了点小心思，新的个人所得税法施行也有几年了，想结合实际征缴中的现状，回过头以一个税务实践者角度再审视一下当年的个税改革。

个人所得税是对个人的所得征收的一种税，实现所得的自然人，是个人所得税的纳税义务人。我国现阶段的个人所得税，普遍实行由支付人代扣代缴制度。

2018年，我国对个人所得税进行了一次较大规模的改革，对个人所得税法进行了较大幅度的修订。新的《个人所得税法》，从2019年1月1日起施行。此次个税改革，是我国个人所得税史上的一个重要里程碑，标志着我国的个人所得税从分类税制向综合与分类税制的转变。2019年版的个人所得税，不仅是税制的改革，也是个税征管的改革，更是一次个税在百姓心目中形象的改革。从此，我国的个人所得税的地位和征管质量，有了质的飞跃。

综合了

新《个人所得税法》实施后，个人所得税的税目由原来的11个调整为以下9个：

1.工资、薪金所得；

2.劳务报酬所得；

3.稿酬所得；

4.特许权使用费所得；

5.经营所得；

6.利息、股息、红利所得；

7.财产租赁所得；

8.财产转让所得；

9.偶然所得。

上述9项所得中，1—4项为综合所得，平时由支付人预扣预缴个人所得税，年终由个人实行综合所得的汇算清缴。5—9项为分类所得，其中除第5项经营所得由纳税人自行申报外，6—9项均由支付人代扣代缴个人所得税。

再来看一下税率的设计。综合所得实行超额累进税率，税率为3%—45%，个人年所得96万元以上，税率为45%；第5项经营所得也实行超额累进税率，税率为5%—35%。6—9项实行比例税率，税率均为20%。

有落差才有税务筹划的空间，个人所得税里最大的落差是：名义税率的落差和实际税率的落差。

2019年版个人所得税的最大变化，是实行了综合与分类相结合的税制，把工资薪金所得、劳务报酬所得、稿酬所得和特许权使用费所得4项所得，合并为综合所得，按统一税率统一计算方法进行合并计算缴纳。

这4项所得为什么能混在一起？它们有一个共同点，都是个人通过自身的劳动才获取的主动所得。以笔者为例，周一到周五在单位上班，拿一份工资，这是工资、薪金所得；周六到周日，有机会到外面去讲讲课，以个人名义拿点讲课费，这是劳务报酬所得；每天的晚上，码几个字，编本小书，赚的是稿酬所得；实在差钱时，狠狠心卖掉书的著作权，这是特许权使用费所得。以上的所得，都是个人付出辛勤劳动的积极所得。

正是因为所得综合了，才决定了年度终了后，必须要有汇算清缴这个动作。只有通过汇算清缴，才能把不同来源的收入，进行一次汇总的计算。也只有个人所得的“小综合”，才能为今后以家庭为单位的“大综合”打下基础。

汇缴了

综合所得的个人所得税，平时由支付方预扣预缴，年终由自然人办理汇算清缴、多退少补。

4项所得，预扣预缴的方法不一样。这里重点说一下工资薪金所得和劳务报酬所得的预扣预缴方法：

1.工资薪金所得的预扣预缴。新《个人所得税法》实施后，工资薪金所得的预扣预缴，实行累计预扣法。累计预扣法，指扣缴义务人在一个纳税年度内预扣预缴税款时，以个人在本单位截至当前月份工资、薪金所得累计收入，减除累计免税收入、累计减除费用、累计专项扣除、累计专项附加扣除和累计确定的其他扣除后的余额，为累计预扣预缴应纳税所得额。

新税法下设计和执行的累计预扣法，最大程度保证了个人平时预扣的税款和汇算清缴的税款之间，是一种无限的接近。这种预扣法带来的一些影响是：

累计预扣法下，员工每月预扣预缴税款都是以全年累计工资、薪金所得为基础来计算的。由于累计收入逐月增加，尽管员工每月收入一样，却有可能会出现适用税率上升情况，预扣税款也会出现“前低后高”的现象。

让低收入员工帮高收入员工分担点“收入”的操作更难。本次个税改革前，经常有这么一种操作手法：同一单位内部的员工，高收入员工把一部分收入分解到低收入员工这里，从而达到少缴点个人所得税的目的。在累计预扣法下，这种手法的操作难度加大了。其原因是弄得不好，低收入员工预扣时的税率，突然在某个月跳档了，会多缴不少税款。

2.劳务报酬所得的预扣预缴。劳务报酬所得以每次收入额为预扣预缴应纳税所得额，收入额等于收入减除费用后的余额。减除费用为：每次收入不超过4 000元的，减除费用按800元计算；每次收入4 000元以上的，减除费用按20%计算。

劳务报酬所得适用20%至40%的超额累进预扣率。

假设某次笔者去培训机构讲课，培训机构付了10 000元讲课费。该笔培训费应预扣预缴税额=10 000×（1–20%）×20%=1 600元。

从劳务报酬所得的预扣预缴来看，预扣预缴的税率是比较高的，最低20%最高40%，这会造成几个问题。第一个问题是预扣预缴税率的偏高，会造成个人预缴的税款多，汇算清缴后如没有这么高税负，会造成大面积大金额的退税。第二个问题是，劳务接受方和提供劳务的个人，怎么约定劳务的报酬问题。如果约定的是税前报酬，那报酬越高，扣税的比例也就高，个人拿到的钱也就越少，哪怕个人以后通过汇算清缴能把前面的税退回来。如果约定的是税后报酬，这时的个税怎么算？一般意义上也只能按预扣预缴税率倒算回去。如前面以笔者为例的10 000元讲课费，如果笔者要的是税后的报酬，那实际上税前的报酬应该是11 905元，预扣预缴税款1 905元。这里带来的最大问题是，支付方付出了较高的个税，而个人在汇算清缴时，如果实际税负没有这么高，在汇算清缴时又取得了一部分收入。

从实务操作来看，劳务报酬的预扣税率定得偏高了点。定得高后果是，由于税率偏高，导致支付单位在和个人谈报酬时，个人都要求是税后的收入。

由于个税偏高，很多企业也不愿意为个人负担这部分个税，导致也不会主动去申请开具发票。所以这些支出，好多都在账外循环了，对整个税收管理的环境来说，这其实不是好事。

说完了平时的预扣预缴，再来说下年终的汇算清缴。具体汇算清缴的流程这里不作介绍。个人所得税汇算清缴这项制度建立后，你有没有发现，大伙儿对个人所得税越来越关注了。以前的个税，单位一扣事儿就完了。现在有了专项附加扣除，有了汇算清缴，再加上汇算清缴时大概率能退点税回来。老百姓对自己的个人所得税，有了更高的关注和参与，人手一个App，这是这次个税改革最大的收获。有了这种参与度，才会有纳税意识的提高，才能为我们国家以后慢慢向直接税制为主的转变打下基础。

上网了

随着新《个人所得税法》的实施，国家加大了以信息管个税的步伐。个人的有关收入和税费信息逐步上网了，自然人税收管理系统实现了自然人税费信息的“一人式”智能归集。

上网的前提是建立自然人纳税识别号规则。自然人纳税人识别号，是自然人纳税人办理各类涉税事项的唯一代码标识。有中国公民身份号码的，以其中国公民身份号码作为纳税人识别号。

上网的结果，是个人海量的信息进行“一人式”归集和查询。这既为综合所得的汇算清缴打下了基础，又为税务机关的管理带来了方便。以前，冒用别人名字、证件发工资的做法，再也行不通了。不但税务机关能监控得到，就被冒用的人来说，在汇算清缴时发现自己在别处“被发”工资了，所有信息都在系统内，一举报就一个准。

说了这么多，最想表达的是，伴随税制的改革，带来的必然是税收的强征管。新征管背景下，个税上能做点文章的路越来越狭窄了。

第73讲　房地产公司的个人所得税风险（内）

房地产公司的个人所得税代扣事项，主要分对内的和对外的。对内的：高管、员工的工资薪金以及员工福利的个人所得税；对外的：个人提供零星劳务的个人所得税、个人拆借资金的个人所得税、营销活动中赠送礼品等活动的个人所得税等。

个人所得税的纳税人是个人，支付单位只负有扣缴税款的法律义务。按理说，支付单位准确、及时扣缴了税款，不用管太多的闲事。但是，由于个人所得税关系到每位员工的切身利益，似乎大部分员工都会这么说：就我们公司的个税缴得最多。老板怕个税缴多了，影响员工的收入和积极性。于是，企业帮员工做个税的筹划，筹划的结果是给企业带来了极大的税务风险。

“攘外必先安内”，本讲先讲一下对内的个人所得税应注意问题以及筹划中的税务风险。

高管、员工个人所得税的风险

高管、员工的工资薪金个人所得税，平时由地产公司在支付时，实行全员全额的预扣预缴。作为代扣方，由于现行个人所得税有专项附加扣除，每年要提醒员工做好专项附加扣除信息的采集和确认工作。员工的综合所得汇算清缴，理论上应该由员工自行负责办理，但主管税务机关经常会盯着企业的财会人员进行催报，财会人员应该及时督促员工，在规定期限内完成汇算清缴的申报工作。

2019年新《个人所得税法》中，引进了综合所得和专项附加扣除，理论上每个员工的个人所得税，只有等到汇算清缴时，才能知道最终的结果。有的企业与一些高管签订劳动合同时，会签订税后的报酬。在新《个人所得税法》实施后，签订税后收入的做法，极容易引起争议，强烈建议要与员工约定税前的报酬。

员工的个人所得税中，有争论且容易疏忽的是一些实物福利、员工旅游等是否需要代扣个人所得税。在我国的个人所得税法中，支付员工的报酬和员工取得的所得，从来都是不区分现金和实物等支付方式的。个人所得税历史上，曾经有一段时间对“月饼税”有极大的争论。

目前税法规定，员工福利中，对于集体享受、不可分割的、非现金方式的福利，原则上不征收个人所得税。如中秋节员工聚餐，桌子上放几块月饼，这属于集体享受不可分割的福利，不用缴纳个人所得税。但对于落袋到每个人、人手一份的实物福利，不管会计上计入哪个科目，都应该与任职受雇取得的报酬一样，要缴纳个人所得税。如中秋节，每个员工发一盒月饼，这种实物的福利也要缴纳个人所得税。实务中，由于实物福利没有代扣个人所得税，在税务稽查后被处罚的案例很是常见。

员工个人所得税的筹划与风险

由于支付方负有代扣代缴的义务，而且企业的支出都体现在账面上，要想支付工资又不想代扣个人所得税，几乎不太可能，于是乎，有些企业打起了小九九。

工资转到体外循环。有些企业，本身账外有小金库，平时把企业的收入放到账外，用老板或他人的银行卡收取营业款。为帮员工省点个人所得税，再从账外的资金给员工发放工资。这本身就是一个偷税的问题，一旦被税务局发现或员工举报，一查一个准，这种操作具有极大的税务风险。

还有一种体外发放的方法，有些房地产公司通过设立个体户、个独企业等方式，虚构与地产公司的业务，然后从房地产公司套取现金，用于发放员工的工资。这性质可更加恶劣，还有可能涉嫌虚开发票等违法问题。要知道，虚开普通发票，只要达到一定的份数和金额，也构成刑事犯罪。

地产公司还有一种比较常用的规避个人所得税的做法：把工资转化为费用。有些房地产公司，很“体贴”地帮员工省点个税，内部专门弄个规定，公司的高管、中层和普通员工，每个月可以拿多少发票到公司报销，报销的金额抵员工的工资。这种做法，对员工来说有一定的好处，但是对企业和企业财务人员来说，不仅增加了工作量，还带来了很大的税务风险，最大风险是“你体贴了员工，员工却大胆地去买票”。曾经有一个地产公司的财务人员，他们的公司就是这种做法，他经常倒苦水，因为每隔几天，税务局就会发来通知，说你们公司收到的哪几张普通发票，上游走逃失联了或者上游涉嫌虚开，要财务人员准备好资料，向税务局解释发票的由来。

还有更夸张的一个房地产项目公司，装订的凭证中，一半以上是员工报销的加油费、过路过桥费。税务局查账时，直接甩出了这么一句话：我帮你们算过了，你们加起来的加油费，公司的几辆车，哪怕每辆车每天跑48小时，也不需要加这么多的油。

采用员工报销费用的做法，对企业来说是存在巨大的税务风险的。

工资转经营所得。为解决个别高管的个人所得税偏高问题，有些房地产公司，让高管成立个体户，以个体户名义向地产公司提供劳务或服务的方式收取服务费，从而把工资成功转化为高管的经营所得。这里面有这么几个问题：一是在公司受雇或任职的高管，能不能同时以设立个体户名义向公司提供服务？这在道理上好像说不通；二是如果高管与公司签订了劳动合同，再以个体户名义提供劳务，会不会涉及虚开发票的问题？

当然，有些房地产公司会做得更加隐蔽，既然以个体户名义提供服务风险大，那换一个马甲，以合伙企业的名义来提供服务。几个公司的高管，在税收洼地成立合伙企业，以合伙企业名义向公司提供服务，从而降低个人所得税税负。这其中的风险，也主要是提供服务的真实性问题。

员工变成合伙人。有些地产公司，为了帮助高管做个税的筹划，专门想出了这么一个方法：设立有限合伙企业，让员工当合伙企业的合伙人，合伙企业以增资形式持有项目公司的股权。项目公司产生利润后，以分红形式回报给高管或员工。由于合伙企业设在有财政返还的洼地，通过这等操作，工资变成了分红，税负也从原来最高的45%降到了15%左右。

这种操作模式也有一定税务风险。第一个风险是对公司来说，本来员工的报酬可以作为工资、薪金在企业所得税上扣除，至少可以抵点所得税，现在这种操作下，由于是税后利润的分配，就不能在所得税上扣除了，从企业层面来说，这是不利的。第二个风险，这种操作模式下，一般会采用不按比例分红的方式。对于不按比例的分红，税务机关的处理也是非常谨慎的。第三个风险，合伙企业设在有财政返还的洼地，这种做法，到底还能持续多长时间？

利用政策做筹划，真行吗?

以财政返还方式降低个人所得税的税负。地产公司由于设在开发项目的当地，一般当地不会有财政返还等优惠。有些地产集团或项目公司，往往在一些有财政返还的洼地，设立集采中心或关联公司，通过关联交易，把税缴在洼地所在地，从而以财政返还名义，再返还给高管一定比例的个人所得税。

通过这种模式来减少高管实际承担的个人所得税，仔细琢磨也是有税务风险的。一是在洼地成立的公司，业务如果没有做真做实，会涉及到虚开发票的问题。二是财政返还如返到企业账户上，企业须缴纳25%的企业所得税，再返还给高管个人，属于从任职受雇单位取得的所得，又是一道个人所得税。两道所得税，加起来可能超过40%，真的可能是返了个寂寞。

有些人经常会这么忽悠，要解决高管或员工的个人所得税，有一个极好的办法。税收政策有规定：对于员工与用人单位解除劳动关系，取得的一次性补偿收入，未超过当地上年职工平均工资3倍数额以内的部分，免征个人所得税；超过的部分按照有关规定，计算征收个人所得税。

当地上年平均工资的3倍，那就相当于20万元左右的收入可以不缴纳个人所得税，对现有员工先解除劳动关系再重新签订，岂不是一条很好的路子？

不说这条政策的适用范围，单说做这种所谓的税收筹划，实务中走不走得通。一个年薪20万元左右的普通员工，全年汇缴后税负不会超过2%到3%，他想的是保住饭碗，肯定不肯为了千把元的个税，去冒这个“被解雇”的险。

想要做这种筹划的人群，肯定是高收入群体，要么是高管，要么是高收入的核心技术人员。先解除劳动合同，但公司的老板肯冒这个险吗？人家拿了钱，假戏真做真跑了。对公司来说，真的是赔了高管又赔钱。

员工低价购房的个税

员工低价购买公司开发的楼盘，对公司来说，会面临销售收入明显偏低的税务风险；对员工个人来说，也会有个人所得税上的风险。单位按低于购置或建造成本价格出售住房给员工，员工因此而少支出的差价部分，这也属于个人所得税的应税所得，个人应按照“工资、薪金所得”缴纳个人所得税。

由于2018年后个人所得税实行综合所得合并计税的规则，这种偶发的所得，可能会一下子抬高综合所得的绝对额，从而抬高年度综合所得的税率，因此对这种所得制定了单独的计税规则，允许不并入综合所得，单独拉出来计税。我们来看一下《财政部 税务总局关于个人所得税法修改后有关优惠政策衔接问题的通知》(财税〔2018〕164号)是如何规定的：

> 单位按低于购置或建造成本价格出售住房给职工，职工因此而少支出的差价部分，符合《财政部 国家税务总局关于单位低价向职工售房有关个人所得税问题的通知》(财税〔2007〕13号)第二条规定的，不并入当年综合所得，以差价收入除以12个月得到的数额，按照月度税率表确定适用税率和速算扣除数，单独计算纳税。计算公式为：
>
> 应纳税额=职工实际支付的购房价款低于该房屋的购置或建造成本价格的差额×适用税率−速算扣除数

个人所得税能否在企业所得税前扣除？

聊完了个人所得税对内的风险，我们再就个人所得税的其他几个问题进行讨论。

企业帮员工代扣的个人所得税，能不能在企业的所得税前扣除？

来看下国家税务总局对此是如何规定的。国家税务总局公告2011年第28号《关于雇主为雇员承担全年一次性奖金部分税款有关个人所得税计算方法问题的公告》第四条规定：雇主为雇员负担的个人所得税款，应属于个人工资薪金的一部分。凡单独作为企业管理费列支的，在计算企业所得税时不得税前扣除。

这一条规定，一半是“海水”，一半是“火焰”，前半句直白，后半句朦胧。结合企业所得税税前扣除的一般性原理，可从以下三个维度去理解个税的扣除问题：

第一个维度，个人所得税的纳税义务人是取得工资薪金的企业职工，企业只是履行代扣代缴义务，因此从法理上不存在个税在企业所得税前扣除的问题。

第二个维度，企业和职工约定了工资总额，在发放时只是履行了代扣代缴个税的义务，这全口径的工资薪金只要符合所得税上的标准，是可以在税前扣除的。举个知名的例子，某经济学家在某公司任职，每月工资为125万元，这125万元的月薪，只要判断为税法上合理的工资薪金，某公司是可以在企业所得税前扣除的。假设某月该公司代扣了35万元的个税，这个税只是工资中的一部分，某公司承担的是125万元的工资，而不应理解为承担的是90万元的工资加上35万元的个税。

第三个维度，有些特殊情况下，企业没有正确履行代扣代缴义务，没有代扣或少代扣个税，事后直接由企业补税了事，在账户处理上不通过“应付职工薪酬”核算，而直接列入管理费或营业外支出。这种情况，实际上是企业在正常的工资外替个人承担了个税，这部分个税不属于工资薪金，也不属于企业合理的支出，不能在企业所得税前扣除。

个税手续费返还的涉税风险

《个人所得税法》第十七条规定，对扣缴义务人按照所扣缴的税款，付给2%的手续费。房地产公司作为扣缴义务人，每年可在规定时间内，向税务机关提交上一年度扣缴税款手续费的相关资料，申请手续费的返还。

个税的手续费返还，要不要缴纳增值税、企业所得税和个人所得税？

增值税的处理上，目前的口径不是很一致，但大部分税务机关认为要缴纳增值税。这是某地税务局的解答：

个人所得税手续费返还是按照目前营改增政策相关规定，纳税人代扣代缴个人所得税取得的手续费收入应属于增值税征税范围，应缴纳增值税。

企业所得税上的处理。首先要明确的前提是，个税的手续费返还，是返给谁的？是返给扣缴义务人的，也就是返还的主体是企业。按照企业所得税关于收入的确认规则，那当然属于企业的收入，又不属于财政性资金、行政事业性收费、政府性基金等不征税收入，要缴纳企业所得税。应该说，企业所得税上没有太大的争议。

个人所得税的处理。目前明确提及个税手续费返还免征个税的政策有：

《财政部 国家税务总局关于个人所得税若干政策问题的通知》（财税字〔1994〕20号）中明确，个人办理代扣代缴税款手续，按规定取得的扣缴手续费的所得暂免征收个人所得税。注意，该文件说的是个人办理扣缴的手续。

《国家税务总局关于代扣代缴储蓄存款利息所得个人所得税手续费收入征免税问题的通知》（国税发〔2001〕31号）第二条规定，储蓄机构内从事代扣代缴工作的办税人员取得的扣缴利息税手续费所得免征个人所得税。注意，该文件说的是储蓄机构办理扣缴的手续。

如果房地产企业把个税手续费返还，奖励给办税人员提升办税能力，个人对这部分奖励能否免征个人所得税？政策上不太清晰。不过在实务中，大概率的情形是没有缴纳个人所得税的。

第74讲　房地产公司的个人所得税风险（外）

房地产公司在对外支付个人的劳务报酬、促销活动中发放礼品等行为的，作为支付方，都是负有代扣代缴个人所得税的义务。稍有不慎，忘记了代扣，或者代扣错了，都会带来税收上的风险。

购物卡的个人所得税

曾经碰到过好几起稽查案例，地产项目公司被税务稽查。企业购买的购物卡，没有按规定代扣个人所得税，最后被稽查处罚了。这里，我们来讲一下，企业购买的购物卡，能不能在企业所得税前扣除、扣除的凭证以及是否要代扣个人所得税等问题。

企业到超市等发行购物卡的商家，拿钱换一堆购物卡，同时取得发票。营改增后，国家税务总局在开票系统中专门设置了“未发生销售行为的不征税项目”，在不征税项目下设了“601预付卡销售和充值”子目。对发卡企业来说，其销售预付卡取得的收入，不是真正的收入，而属于预收款的一种。因此发卡人在这个环节，不用申报缴纳增值税。对于购卡企业来说，相当于是发生了一笔预付款，业务没有真实发生，因此拿到的这张不征税的发票，也暂时不能作为企业所得税的扣税凭证。

购卡企业只有明确购物卡的用途后，才可以把这张不征税发票作为扣税凭证。如果购物卡用来作为福利发放给员工，这属于员工取得的福利，企业应该按规定预扣预缴个人所得税，同时作为职工福利费在企业所得税前扣除，并受14%比例的限制。

如果购物卡用来采购办公用品等日常零星的采购，在消费环节，由于发卡机构不能再开具发票（包括普通发票和专用发票），购卡企业凭原来的不征税发票和购物时取得的明细，可以作为管理费用等在企业所得税前扣除。这里有个风险点需要提醒，有部分企业以购物卡方式采购办公用品，企业所得税上没有大问题，但增值税处理上，由于发放单位在所有环节都不能开具增值税专用发票，因此这种模式会丢掉对应的增值税进项税额。

如果企业将购物卡用于赠送给有业务往来的相关人员，这属于企业所得税上的业务招待费，凭有关人员的领用证明，可以作为业务招待费在企业所得税前扣除，同时受营业收入和扣除比例的双重限制。当然，还得代扣一道个人所得税。

这时代扣的个人所得税，当然不可能再由实际收到卡的人去负担，没人这么傻吧？拿着卡送人的同时，要对方再支付点个人所得税。所以这部分送出去的卡，实际上企业还要承担相应的个人所得税。

个人所得税的税率为20%，送出去1 000元的卡，代扣多少个人所得税？我等傻白甜的想法是200元的个税，但税务局在稽查或评估环节，往往按照1 000÷（1–20%）×20%来计算，也就是税款的金额为250元。意思是你送了人家1 000元的卡，同时约定帮人家负担其中的个税，实际上送出了价值1 250元的东西。实务中，大部分税务局也是这样计算的。

看到这里，你有没有这种感觉，送购物卡相当于要负担25%税率的个人所得税，但在企业所得税上扣除，最多只能扣15%（25%税率的60%）。是的，拿一张不征税发票，抵的税还没有缴的税多。于是，有些“机灵”的财务人员，拿到了购物卡的不征税发票，但在做账时宁可用白条抵账。其中的账，他可算得一清二楚。

对外营销活动中的个人所得税

企业营销活动中的个人所得税，相对来说比较复杂。我们先来看一下政策的规定。

《财政部 国家税务总局关于企业促销展业赠送礼品有关个人所得税问题的通知》（财税〔2011〕50号）中规定：

> 企业在销售商品（产品）和提供服务过程中向个人赠送礼品，属于下列情形之一的，不征收个人所得税：
>
> 1.企业通过价格折扣、折让方式向个人销售商品（产品）和提供服务；
>
> 2.企业在向个人销售商品（产品）和提供服务的同时给予赠品，如通信企业对个人购买手机赠话费、入网费，或者购话费赠手机等；
>
> 3.企业对累积消费达到一定额度的个人按消费积分反馈礼品。
>
> 企业对累积消费达到一定额度的顾客，给予额外抽奖机会，个人的获奖所得，按照“偶然所得”项目，全额适用20%的税率缴纳个人所得税。

《财政部 税务总局关于个人取得有关收入适用个人所得税应税所得项目的公告》（财政部 税务总局公告2019年第74号）中规定：

> 企业在业务宣传、广告等活动中，随机向本单位以外的个人赠送礼品（包括网络红包，下同），以及企业在年会、座谈会、庆典以及其他活动中向本单位以外的个人赠送礼品，个人取得的礼品收入，按照“偶然所得”项目计算缴纳个人所得税，但企业赠送的具有价格折扣或折让性质的消费券、代金券、抵用券、优惠券等礼品除外。

企业在营销活动中，哪些要代扣个人所得税？哪些不要代扣个人所得税？结合上面讲到的两个文件，具体到房地产企业的促销活动，可以这么理解和把握：

1.楼盘开盘蓄客，为吸引消费者前来参观，凡参观售楼处、人人有份的礼品赠送，属于业务宣传、广告中的赠送，按规定代扣20%的个人所得税。

2.签订售房合同时，给予一次性付款打几折等，属于价格折扣，不需要代扣个人所得税。

3.签订售房合同时，随房赠送家具、电器汽车，或者买房送花园、送阁楼、送车位等，属于典型的“买一送一”，这里的送，是建立在买的基础上，实质就是俗称的实物折扣，不需代扣个人所得税。

4.房地产公司搞庆典等活动，随机赠送的礼品，带有广告、业务宣传等色彩，赠送对象具有不确定性，赠送的礼品要代扣20%个人所得税。

对外支付劳务费、利息等的个人所得税

房地产企业在营销过程中，会有一些特殊的营销模式和手法。如前几年行情不好时，有些房地产公司做的“老带新”“全民营销”等活动方式。

这些活动中，房地产公司需要支付给相关人员一定比例的营销佣金。如果此人员属于本单位内部员工，应该按工资、薪金代扣个人所得税；如果此人员属于外部人员，又不是以第三方单位名义提供服务的，应该按劳务报酬代扣个人所得税。外部人员在提供服务前，一般都会约定拿到的报酬是税后的，房地产公司还要承担相应的个人所得税。

房地产公司营销活动中，会涉及到复杂且高额的个人所得税。一个是给购房者或“潜在购房者”促销时的个人所得税，还有一个是在营销活动中支付销售佣金的个人所得税。凭个人经验，站在个人所得税角度，最好的处理办法是一脚踢，让第三方公司去做这些营销活动，最后由第三方公司与房地

产公司结算，付清款开好票，没有烦琐的个人所得税问题，也就没有个人所得税的风险，此招可称为“转烦琐于人”“嫁祸于他人”。

需要说明的是，这里所讲的让第三方公司去做相关业务，指的是把这些真实业务委托给真实的第三方去做。

新《个人所得税法》实施后，由于个人所得税的税制发生了巨大变化，个人所得税的征管也发生了巨大变化，很多传统的税筹，已经没有用武之地。于是，市场上出现了很多的平台公司，包括许多的灵活用工平台。这些平台公司，打点税收征管上的“擦边球”，能把其中的个税降得很低，且能解决劳务接受方没有发票的痛点。

把一些零星、分散的劳务，通过平台公司去处理税和票的问题。对这种做法，个人还是持非常谨慎的观点。我就为你担心两点：一是你的业务是真的，但平台公司和他人的业务不一定是真的，万一哪一天平台出了事，你也得牵连上。二是你的业务刚开始时是真的，做了段时间发觉真省力，于是金额也大起来了，资金也开始回流了。

对外支付一些零星劳务的税收风险。房地产公司在运营过程中，还有一些零星的个人劳务与服务支出，这其中会涉及到个人所得税的代扣代缴问题。

曾经听说过单笔金额上千万元的介绍费支出，房地产公司为拿到另一公司的一块开发用地，借助于某个人的牵线和从中斡旋，最终拿到了这块地，也付了上千万元的佣金。如果房地产公司想规范地操作，最好方法是由个人去税务局代开发票，并由房地产公司代扣个人所得税，这样的处理对房地产公司来说是没有税务风险的。

这里面会碰到这么几个问题。个人到税务局或者在网上税务局开具普通发票时，如果税务局在代开发票环节，没有预扣个人所得税，那对房地产公司来说，在支付环节，按适用的预扣税率预扣个人所得税，这是没有争议的。无非是预扣的税率有点高，对个人来说，只有等到第二年汇算清缴时，才能把预扣的税款退回来。

麻烦的是，有些税务局在开具发票环节，先按开票收入的1%或2%之类的比例预扣了个人所得税，这时房地产企业要不要再预扣个人所得税？从税法规定来说，房地产公司作为支付方，负有完整的扣缴义务。也就是说，税务机关按点数的扣缴税款，豁免不了支付方的扣缴责任。

这里还得谈论一个话题。房地产公司在向个人拆借资金时，往往不能取得相应的利息发票，金额又比较大。于是有一些“专业”人士，专门干这活，介绍这些房地产公司，到某些地方去门征（门临）开具发票，按1%代征了个人所得税和增值税。这种操作，对房地产公司来说，实际上也是有税务风险的。房地产公司所在地的税务局，要房地产公司全额代扣个人所得税，房地产公司估计会吃大亏。

第75讲　房地产行业资本运作中的个人所得税风险

房地产行业里的许多公司，其股东可能是自然人。无论在公司层面，还是在个人股东层面，进行资本运作时，都会涉及到个人所得税的一些问题。本讲中，就个人转让公司的股权、公司收购个人手里的股权、公司层面进行资本运作等方面的个税问题，进行专门介绍。

个人转让公司的股权：在哪缴？

个人转让公司的股权，属于个人所得税法里列举的财产转让收入，按照收入减去股权的原值，按20%税率申报缴纳个人所得税。

那个人转让公司股权的税在哪缴？个人股权转让以被投资企业所在地税务机关为主管税务机关。为什么要先说清楚纳税地点的事情？因为这事在个人股权转让中很重要。个人的税收管理，不像企业一样。企业一般都有注册地，有一个稳定的经营地，并在当地办理税务登记，接受当地税务机关的管理。可是个人不一样，个人的税收管理，难在个人的流动性太强。新《个人所得税法》实施后，也只规定了个人有一个比较稳定的综合所得汇算清缴主管税务机关。

为什么说对个人股权转让有一个明确纳税地点很重要？一是这个纳税地点必须是唯一的、指定的，不能有所选择。二是这个纳税地点必须是清晰的，不会引起争执。如果这两点做不到，后果会很严重。个人转让股权，其纳税地点必须是清晰的。没有一个清晰的纳税地，就会引出很多事。曾经有人做过这么一个税收筹划，一个外省的自然人，投资在深圳的一家公司，后来想把这家公司的股权给卖了。算下来要缴好多税，这时有高人帮他策划：你老家不正是有名的税收洼地嘛，税缴回老家去，老家有税收返还，拿点个税返还，也相当于把税负给降下来了。于是这个人就照高人的这个方案去操作了。结果这税自然没有在外省缴纳成功。反过来想想，个人转让股权的纳税地点，如果真的可以随意变动，那后果会是什么？

不管你是哪里的人，不管是个人自己申报，还是受让方帮你代扣代缴，都必须在被转让股权的企业所在地缴纳。纳税地点的唯一性、指定性，断了很多人操作的空间，至少一般情况下，你不能把股权转让收入挪到别的地方去缴税了。

个人转让公司的股权：谁来缴？

谁来缴？个人转让股权，纳税义务人肯定是转让股权的个人。为方便税款的征收和缴纳，税法同时也规定了个人股权转让的扣缴义务人：买股权的人，也就是受让人。

《股权转让所得个人所得税管理办法（试行）》（国家税务总局公告2014年第67号，以下简称“67号公告”）中，对纳税人、扣缴义务人、被转让企业的义务作出了详细的规定。该文件其实对个人转让股权规定了两种不同的申报缴纳方式：一种是纳税人自我申报完税，另一种是由受让方代扣代缴税款。

我国现行的个人所得税，基本上由支付人代扣代缴税款，包括工资薪金的个人所得税，财产转让的个人所得税等。对个人所得税来说，在目前的征管形势下，代扣代缴方式是最便捷、最高效、最有利于征管的申报缴纳方式。但个人股权转让和其他所得有所不同，个人转让股权所得，是要扣除其历史成本的。考虑到有些纳税人，不愿意将自己的历史投资情况告知受让人。因此，国家税务总局很开明地制定了这种独特的申报方式。其实一句话就足以表达其出发点：只要税不跑掉，谁来申报都可以。

个人转让公司的股权：缴多少?

个人转让股权，以股权转让收入减除股权原值和合理费用后的余额为应纳税所得额。

股权转让的收入，包括因股权转让而取得的现金收入、实物收入及其他形式的经济利益。同时，与股权转让相关的各种款式，包括违约金、补偿金，都要并入股权转让收入。对按照合同约定转让人取得的后续收入，也并计股权转让收入。

税法的意思是，个人转让股权时，不能以拆分收入方式来少缴个人所得税，如果拆分了，不管取啥名，只要是与转让股权相关的，一网打尽都征个税。

税法强调的是与股权转让相关的收入要缴个税，没说所有收入都要缴个税。有个比较好玩的案例，个人股东投资一家企业时，成本1 000万元，后来个人股东借钱给企业1 500万元，再后来谈好了把股权转让给另一家公司，三方约定好，股权转让款5 000万元，个人股东借给企业的钱也不用还了。高高兴兴去按4 000万元（5 000万元–1 000万元）所得去申报了个税。这税缴得真冤啊。

如何规避其中的税务风险？有两种解决的方式。一是在股权转让合同中约定清楚股权的转让款和债权的转让款各是多少。二是拿《国家税务总局关于股权转让收入征收个人所得税问题的批复》（国税函〔2007〕244号）这个个案的批复去沟通：

一、你省某温泉公司原全体股东，通过签订股权转让协议，以转让公司全部资产方式将股权转让给新股东，协议约定时间以前的债权债务由原股东负责，协议约定时间以后的债权债务由新股东负责。根据《中华人民共和国个人所得税法》及其实施条例的规定，原股东取得股权转让所得，应按“财产转让所得”项目征收个人所得税。

二、应纳税所得额的计算

（一）对于原股东取得转让收入后，根据持股比例先清收债权、归还债务后，再对每个股东进行分配的，应纳税所得额的计算公式为：

应纳税所得额=（原股东股权转让总收入－原股东承担的债务总额+原股东所收回的债权总额－注册资本额－股权转让过程中的有关税费）×原股东持股比例。

其中，原股东承担的债务不包括应付未付股东的利润（下同）。

（二）对于原股东取得转让收入后，根据持股比例对股权转让收入、债权债务进行分配的，应纳税所得额的计算公式为：应纳税所得额=原股东分配取得股权转让收入+原股东清收公司债权收入－原股东承担公司债务支出－原股东向公司投资成本。

在个人股权转让、个人二手房买卖中，通过阴阳合同或协议的方式，以一份桌下协议（即阴合同），约定真实的交易对价、双方权利义务等，以另一份桌上协议（即阳合同），交由税务部门或相关权利登记机构办理备案登记。从而企图以较低价格纳税申报、达到少缴税的目的，是一种比较常见的做法。我们来看一份税务机关发的税务事项通知书：

林某某：（居民身份证号码：350××××××××××××××××）

事由：

我局于2019年8月5日起对你2014年1月1日至2015年12月31日期间涉税情况进行检查，经检查你以夏某某名义持有××市H房地产开发有限公司40%股权。

2014年1月24日，你以夏某某名义与××市Y投资有限公司签订《××市H房地产有限公司股权转让协议》，将夏某某名下你实际持有的40%××市H房地产开发有限公司股权转让给××市Y投资有限公司，股权转让价格为人民币8 000.00万元，并于2014年2月26日办妥股权变更手续，××市Y投资有限公司当时实际控制人为何某某。福建省××市中级人民法院（201《民事判决书》）查明2015年7月25日你与何某某签订《补充协议》，确认原《股权转让协议》中40%股权转让的实际价款为14 000.00万元。

依据：

1.根据《中华人民共和国印花税暂行条例》第一、二、三条规定，你应补缴产权转移书据印花税30 000.00元。

2.根据《中华人民共和国个人所得税法》（中华人民共和国主席令2011年第48号）第一条第一款、第二条第（九）项、第三条第（五）项、第六条第一款第（五）项规定，《国家税务总局关于发布〈股权转让所得个人所得税管理办法〉（试行）的公告》（国家税务总局公告2014年第67号）第二条、第三条、第四条、第五条、第七条、第二十条规定，你应就将××市H房地产开发有限公司40%股权转让××市Y投资有限公司未申报所得6 000.00万元申报缴纳2015年7月（税款所属期）个人所得税，补缴税款（60 000 000.00−30 000.00）×20%=11 994 000.00元。

阴阳合同果然魅力无限，几张纸就能省下上千万元的税款。上述案例中，个人转让实际持有的房地产公司的股权，就是以阴阳合同方式进行了税收筹划。这个案例中，因为牵涉到司法上的事情，被查实了股权转让的真实交易价格。

大部分的阴阳合同，税务机关拿不到“阴合同”，掌握不到真实的交易数据，怎么办？核！

67号公告规定，个人申报的股权转让收入明显偏低且无正当理由的，税务机关可以核定其收入。什么是收入明显偏低？67号公告中列举了几种情形，其中最主要情形是，申报的股权转让收入低于股权对应的净资产份额的。其中，被投资企业拥有土地使用权、房屋、房地产企业未销售房产、知识产权、探矿权、采矿权、股权等资产的，申报的股权转让收入低于股权对应的净资产公允价值份额的。

房地产公司对应的资产，不是土地就是房屋等不动产，个人转让房地产公司的股权时，这一点一定要引起关注。

房地产公司从个人手中收购股权

有些房地产公司，从个人手中以买股权的方式接盘项目公司的股权，来取得土地的开发权。这里会有一些税务风险，除了前面介绍过的股权溢价，无法在项目公司层面消化，面临高额的土地增值税、企业所得税以外，还存在下面一些税务风险。

阴阳合同会砸自己的脚。有时房地产公司作为收购方，为了尽早达成交易，也愿意配合转让人一起以阴阳合同方式做个假。对受让方来说，阴阳合同也是有税务风险的。

除了前面讲到的未履行代扣代缴义务、面临行政处罚的风险外，还隐藏着另一个风险。如上面的案例中，作为收购方的Y投资有限公司，如果下次将标的公司股权再转让时，虽然实际付出的是1.4亿元的收购款，但由于当初提供的是8 000万元的合同，股权转让时也只能扣8 000万元，哪一天标的公司注销了，在做清算时，也只能扣8 000万元的成本，这会导致后续环节多缴不少的企业所得税和个人所得税。

个人没缴税，企业有风险。从上面讲述我们得知，个人转让股权的个税，按照现行的规定，纳税人申报也可以，扣缴人申报也可以，但如果纳税人真的没有申报缴纳税款，扣缴义务人要不要负法律责任？我们来看一个案例：

国家税务总局××省税务局稽查局税务行政处罚事项告知书

吴××：

对你的税收违法行为拟作出税务行政处罚决定，根据《中华人民共和国税收征收管理法》第八条、《中华人民共和国行政处罚法》第三十一条规定，现将有关事项告知如下：

一、税务行政处罚的事实依据、法律依据及拟作出的处罚决定

根据《中华人民共和国个人所得税法》(中华人民共和国主席令第48号)第八条之规定，以支付给肖××7人股权转让所得的个人吴××为以上7人个人所得税扣缴义务人。

(二)税务行政处罚的法律依据及拟作出的处罚决定

根据《中华人民共和国税收征收管理法》第六十九条之规定，扣缴义务人应扣未扣、应收而不收税款的，由税务机关向纳税人追缴税款，拟对扣缴义务人吴××处应扣未扣、应收未收税款一倍的罚款46 233 090.00元。

个人也好，企业法人也好，作为股权的受让方，都负有法定的扣缴义务。不管股权转让合同怎么签订，受让方都有个税的扣缴义务。如果没有履行这项义务，面临的是行政处罚。在个人股权转让中，股权购买方必须要有代扣

代缴税款的意识。

实务中，因为转让方没有申报完税，税务机关最容易找的就是扣缴义务人，毕竟他还是标的公司现在的股东，比找当初转让股权的个人容易多了。如转让方没有纳税、扣缴人也没有扣缴，税务机关盯着扣缴人，转让方不配合不拿钱，也只有扣缴人自掏腰包了。当然税务机关不能要求扣缴人补缴税款，但可以进行行政处罚。一般对扣缴义务人的罚款都是1倍起步，意思也就是税款的钱不能少。

为维护自身利益，建议扣缴义务人从以下几方面着手：从自然人手中收购股权，必须在合同或协议里写明税款的有关条款；如果转让人提出自己申报完税，在股权转让合同里应该有一定的保证措施。在很多上市公司发布的公告里，我们都能看到这些具体的条款，如在付清最后一笔转让款之前，自然人应该提供相应的完税证明等保证措施。

企业层面资本运作的个税风险

在企业层面进行利润分配、未分配利润转增股本、以资本公积转股本等的资本运作，对个人股东来说，都是个人所得税的应税事项。

企业分配利润，如果是分配给个人股东的，由支付方代扣代缴20%的个人所得税。这里面没有多大的税务问题和风险。

企业用未分配利润转增股本，实际上也是对内融资的一种手段。意思就是，该分的钱不分了，用来增大公司的注册资本。但在税务的处理上，不是这么看待这事的。税法的意思是，用未分配利润转增股本，分两步走：第一步，把未分配利润分配给股东；第二步，股东用分得的钱，再向企业增资。所以，无论是企业所得税，还是个人所得税，用未分配利润转增股本是要缴纳所得税的，唯一区别在于企业所得税有普遍免税的优惠。

以资本公积转股本，要不要缴个人所得税？这问题就大了，绝对属于税

收领域的超级“网红”，反正每隔一段时间，大家都要拿出来争论一番。

资本公积转增股本的个人所得税，有“二多”：一是文件多，二是争论多。从国税发〔1997〕198号文件，到国税函发〔1998〕289号、国税发〔2010〕54号、国家税务总局公告2013年第23号、国家税务总局公告2014年第67号、财税〔2015〕116号和国家税务总局公告2015年第80号公告。把这些文件表达的政策归纳起来，我们基本上可以得出如下结论：

企业以资本公积转增股本，个人股东应按照“利息、股息、红利所得”，适用20%税率缴纳个人所得税。其中：

1.个人股东取得以股票发行溢价形成的资本公积转增的股本不征税。

2.个人取得非上市或未在全国中小企业股份转让系统挂牌的中小高新技术企业以资本公积转增的股本，一次缴纳个人所得税确有困难的，可适用五年内分期缴纳政策。

其实政策层面是比较清晰的，只是大家争论的焦点集中在非上市公司用资本溢价形成的资本公积转增股本，如果缴纳个人所得税是否合理的问题上。

如隔壁老杨夫妻开了个公司，善于经营，生意红红火火，我和老杨协商，我也来入点股，于是投入了100万元，40万元计入实收资本，还有60万元计入资本公积。

一年后公司进行资本公积转增资本，这时个人股东要缴纳20%的个税，我能接受吗？这60万元明明是我投到公司的钱，以前直接计入“实收资本”的不用缴税，怎么这次从“资本公积”一计入实收资本，只是换了个会计税目就要缴税了？

不谈政策，谈点实操。这事的税务处理上，各地税务机关掌握的尺度有松有紧。有过这么一个案例，有个公司的会计，不知道什么原因，把账上的资本公积转到了股本里，被税务机关发现后，要求补缴个人股东的所得税。

规避这个问题的税务风险，一是能不动就不要动资本公积的科目；二是真要动，一定要了解当地的政策口径。